다산 정약용과 아담 스미스

박 홍 기 지음

2008
백산서당

이 책은 2005~2006년도 한국학중앙연구원의
단독연구과제로 수행된 연구 결과물임

돌아가신 부모님과
김수창 야고버 신부님께
이 책을 드립니다.

책을 내면서

독일어 속담에 "Erst wägen, dann wagen!"이라는 것이 있다. 먼저 곰곰이 잘 생각하고, 그런 다음에 결행하라는 말이다. 이것은 어떤 일을 도모하고자 하는 사람이 실패의 확률을 줄이고 더 나은 결과를 얻기 위해 유의해야 할 당연한 경구라고 생각된다. 독일어 속담을 먼저 언급한 이유는 필자가 만약 이런 경구의 가르침에 충실히 따랐다면, 이 책을 쓰지 못했을 것이라는 점을 미리 밝혀 두고자 해서다. 이 책은 일단 시작한 뒤에 난관에 봉착할 경우 그때마다 임시변통으로 타개한다는 상당히 무지스러운 방침에 따라 집필되었다.

그럴 수밖에 없었던 이유는 의욕을 제대로 뒷받침하지 못하는 필자의 부족한 능력에 있다. 능력의 부족은 필경 무지로 귀결될 수밖에 없는데, 무지에는 두 가지 종류가 있다. 첫째는 안다고 내세울 만한 것이 없다는 의미에서의 무지이다. 수십 년 동안 다른 학자들은 일가를 이뤄 사계의 권위자가 되기에 충분한 기간 동안 공부를 한다고 했지만, 필자는 오히려 점점 더 앎에서 멀어지고 있다는 느낌을 떨쳐 버리지 못하고 있다. 둘째는 자신의 무식에 대한 무지이다. 이 두 가지 무지의 갈등과 타협의 산물이 바로 이 책이다. 따라서 모든 독자들에게 이 책을 읽기에 앞서 기대수준부터 낮출 것을 당부하고자 한다.

다산 정약용과 아담 스미스가 품고 있었던 문제의식, 당면했던 시대적 과제, 그러한 과제의 해결을 위해 제시했던 사상체계의 비교가 이 책의 주제이다. 비교는 공정성과 객관성이 생명이라고들 하는데, 필자는 공정성과 객관성의 객관적 기준을 알지 못하기 때문에 이 책에서 시도한 비교가 공정하며 객관적이라고 주장할 생각이 없다. 공정한 제3자의 입장을 유지하려고 나름대로 성실히 노력했다는 것이 비교의 자세에 관하여 필자가 할 수 있는 말의 전부이다. 비교의 과정에서 필자가 항상 염두에 두고 반추한 것은 비교의 객관성보다는 비교의 지침으로 삼은 다음과 같은 질문이었다: 다산은 그가 세운 목표를 자신이 제시한 방법으로 달성할 수 있었겠는가? 이런 질문에 대한 답변을 비교를 통해 구해 보려는 것이 이 책의 저술 목적이라고 할 수 있다. 다산학을 연구하는 학자들 가운데에는 다산의 가르침 속에서 다산이 생존했던 조선 후기의 사회가 당면했던 과제뿐만 아니라, 오늘날 우리 사회가 당면한 거의 모든 과제에 대한 해법도 찾을 수 있다고 주장하는 사람들이 없지 않다. 극소수이기는 해도 이런 사람들에 의해 조성되고 있는 학계의 미묘한 분위기 속에서 필자가 감지한 것을 조금 과장되게 표현해 본다면, 그것은 다산학의 다산교로의 변질의 기미였다. 비판에 관대하지 못한 닫힌 학문 풍토에서 어떤 분야가 민족적 정서와 결합할 경우 그것은 비교적 쉽게 교조적 성향을 띠게 된다. 이럴 때에는 무익한 논쟁을 유발하기 쉬운 비판을 가하기에 앞서 조용히 인식의 지평을 넓힐 필요가 있다. 다산의 사상체계를 비슷한 시기에 비슷한 목표를 세우고 그것을 달성하기 위해 노심초사했던 스미스의 사상체계와 가능한 한 과학(science)의 관점에서 비교해 보고자 시도한 이유가 여기에 있다.

돌이켜보건대 이것은 한마디로 무모한 시도였다. 이를 가능케 한 가장 큰 원인은 물론 필자의 무식에 대한 무지이다. 하지만 이것이 전부라고는 할 수 없다. 필자가 이런 시도를 감행할 수 있었던 것은 필자로 하여금 고전의 중요성을 깨닫게 하고 또 20년에 가까운 오랜 기간에 걸쳐 진지한 연구와 유익한 토론의 기회를 갖게 해 준 '경제사상연구회'의 탁월한 선배와 동료 교수들의 암묵적인 격려가 있었기 때문이다. 조순 선생을 위시하여 안석교, 유정호, 장오현, 서종혁, 김승진, 박세일, 이영선, 정운찬, 이계식, 전문배, 좌승희, 이지순, 박우규, 소병희, 이영환 등등의 교수들이 그분들이다. 이 모든 분들에게 이 자리를 빌려 깊은 사의를 표하고자 한다.

이제 부족한 대로 무모한 시도의 결과를 출판하면서 필자는 이 책이 건설적 비판과 생산적 토론의 계기가 되기를 바랄 뿐이다. 그런 과정에서 다산학이 다산교로 변질되는 것을 막고 건전하게 발전하는 데 일조를 하게 된다면 이 책의 출판 목적은 충분히 달성되었다고 할 수 있다. 이 책은 필자가 몸담고 있는 한국학중앙연구원의 단독저술과제(2005-2006년)로 집필되었다. 이런 저술 방법을 택한 가장 중요한 이유는 공식적 계약이라는 방식을 통하여 스스로에게 시간적 제약을 가하려는 데 있었다. 하지만 예상했던 대로 필자는 계약 기간을 지키지 못하였다. 그럼에도 불구하고 기한을 연장해 주며 끝낼 수 있도록 배려해 준 연구원에 고마움을 전하고자 한다. 그리고 집필 기간 동안 내내 한시도 헤어날 수 없었던 심리적 압박에서 잠시나마 벗어날 수 있도록 수담(手談)의 자리를 자주 만들어 준 연구원의 기우(棋友)들에게도 따뜻한 고마움을 전하고자 한다.

끝으로 흔쾌히 출판을 맡아 주시고 저자의 견해를 철저히 존중하며 읽기 좋은 책을 만들어 주신 백산서당의 관계자 여러분, 특히 김철미 주간께 정성 어린 감사의 마음을 전하고자 한다.

2008년 6월
운중동 연구실에서
박홍기

다산 정약용과 아담 스미스

◆ 책을 내면서 · 5

제1장 서론 ··· 13

제2장 아담 스미스와 다산 정약용의 생애와 시대 상황 ················ 33
  1. 아담 스미스의 생애와 시대 상황 · 34
    1) 18세기 영국의 시대 상황 · 34
    2) 아담 스미스의 생애 · 41
      (1) 유년과 수학기(1723-1748) · 41
      (2) 연구와 강의기(1748-1764) · 44
      (3) 여행과 저술기(1764-1790) · 46
  2. 다산 정약용의 삶과 시대 상황 · 48
    1) 18세기와 19세기 초엽 조선의 시대 상황 · 48
    2) 다산 정약용의 생애 · 55
      (1) 유년과 수학기(1762-1788) · 56
      (2) 연구와 사환(仕宦)기(1789-1800) · 59
      (3) 유배와 저술기(1801-1836) · 63

제3장 아담 스미스와 다산 정약용의 문제의식과 시대적 과제 ·········· 67
  1. 아담 스미스의 문제의식과 시대적 과제 · 69

1) 문제의식 · 69
     (1) 아담 스미스와 아리스토텔레스 · 71
     (2) 아담 스미스와 기독교 · 75
   2) 시대적 과제 · 80
     (1) 에피큐리언과 스토익의 갈등과 조화 · 82
     (2) 도덕적이며 부유한 자유사회로의 진화 · 86
 2. 다산 정약용의 문제의식과 시대적 과제 · 91
   1) 문제의식 · 91
     (1) 다산 정약용과 주희 · 93
     (2) 다산 정약용과 천주교 · 98
   2) 시대적 과제 · 104
     (1) 도리와 물리의 통합과 분리 · 105
     (2) 이상적 요순사회로의 회귀 · 110
 3. 요약과 비교 · 115

제4장 **아담 스미스 문제와 다산 정약용 문제** ·················· 121
 1. 아담 스미스 문제 · 122
 2. 다산 정약용 문제 · 137
 3. 요약과 비교 · 152

제5장 **아담 스미스와 다산 정약용의 사상체계** ·················· 159
 1. 체계(system)의 의미와 사상체계의 구성 · 160
 2. 신 학 · 175
   1) 아담 스미스의 자연신학과 이신론 · 175
     (1) 신의 존재와 속성에 대한 증명 · 177
     (2) 종교의 바탕이 된 인간 심성의 원리 · 182
     (3) 스미스 도덕철학체계에서 자연신학의 의미 · 185

2) 다산 정약용의 상제신학과 유신론 · 190
　　(1) 상제의 존재와 속성에 대한 증명 · 192
　　(2) 상제가 부여한 인간의 심성 · 197
　　(3) 다산 도덕철학체계에서 상제신학의 의미 · 201
　3) 요약과 비교 · 206

3. 윤리학 · 210
　1) 아담 스미스의 자제(self-command)의 윤리학 · 210
　　(1) 덕의 본질과 역할 · 211
　　(2) 도덕적 판단의 기본원리: 동감(sympathy)의 원리 · 217
　　(3) 스미스 도덕철학체계에서 윤리학의 의미 · 223
　2) 다산 정약용의 극기(克己)의 윤리학 · 230
　　(1) 덕의 본질과 역할 · 231
　　(2) 도덕적 실천의 기본원리: 서(恕)의 원리 · 237
　　(3) 다산 도덕철학체계에서 윤리학의 의미 · 242
　3) 요약과 비교 · 248

4. 법 학 · 253
　1) 아담 스미스의 치국(治國)의 법학 · 253
　　(1) 역사의 발전단계: 경제・사회발전의 4단계 · 254
　　(2) 법과 통치의 일반원리: 교환정의의 원리 · 260
　　(3) 스미스 도덕철학체계에서 법학의 의미 · 265
　2) 다산 정약용의 치인(治人)의 법학 · 271
　　(1) 역사의 발전단계: 이중적 역사관 · 273
　　(2) 법과 통치의 일반원리: 분배정의의 원리 · 278
　　(3) 다산 도덕철학체계에서 법학의 의미 · 283
　3) 요약과 비교 · 289

5. 정치경제학 · 293
　1) 아담 스미스의 경제학 · 294
　　(1) 생산성 제고를 위한 분업과 축적의 기본원리: 교환의 원리 · 296
　　(2) 시장과 정부의 상대적 역할 · 302
　　(3) 스미스 도덕철학체계에서 경제학의 의미 · 307

    2) 다산 정약용의 경세학 · 313
        (1) 이용후생의 기본원리: 지려(智慮)와 교사(巧思)의 원리 · 314
        (2) 경세치용: 시장과 국가의 상대적 역할 · 320
        (3) 다산 정약용의 도덕철학체계에서 경세학의 의미 · 325
    3) 요약과 비교 · 330

제6장 두 사상체계의 종합적 비교와 국부론 ·················· 335
    1) 신　학 · 336
    2) 윤리학 · 338
    3) 법　학 · 342
    4) 정치경제학 · 345

제7장 보론: 『로빈슨 크루소』와 『허생전』 ·················· 351

제8장 결론: 비교를 통해 본 다산 사상의 한계와 가능성 ············· 357

◆ 아담 스미스와 다산 정약용의 간추린 연보 · 379
◆ 참고문헌 · 383
◆ 찾아보기 · 395

제1장 서 론

　다산 정약용(1762-1836)은 우리 학인들에게 다양한 종류의 값진 광물을 풍부하게 매장하고 있는 거대한 광산과 같다. 그곳에서는 많은 수의 사회과학자와 인문학자들이 각자의 능력과 기호에 따라 지금까지 자신이 원하는 광맥을 찾아 채굴을 계속하여 왔는데, 어떤 이들은 바라던 광물을 찾는 데 성공하였다고 스스로 믿으며 환호하기도 하고, 기대한 만큼의 수확을 올리지 못하여 실망감을 감추지 못하는 이들도 없지 않았다. 그리고 광산의 규모가 아직도 전모를 파악하기 힘들 정도로 방대할 뿐만 아니라 보존과 관리 상태도 기대에 미치지 못하고,[1] 채광과 제련 기술도 충분치 못하여 때때로 같은 원광석을 놓고 제련

---

[1] 다산 서거 150주년을 준비하면서 1982년 개최된 〈丁茶山硏究의 現況〉이라는 학술회의에서 다산 연구의 활성화와 수준 제고를 위해 무엇보다 먼저 좀 더 체계적이며 완전한 다산전집의 출간이 요청된 사실만 보더라도 이를 짐작할 수 있다. 김영호, 〈『與猶堂全書』의 텍스트 檢討〉, 한우근 외, 『丁茶山硏究의 現況』(서울: 민음사, 1985), pp. 23-41 참조.

의 결과를 달리 주장하는 등 상반된 견해가 나오고 있는 실정이다.[2] 그러나 이는 다산의 학문체계, 즉 〈다산학〉의 연구과정에서만 나타나는 특이한 현상이 아니라 동서양의 위대한 사상가들에 대한 연구에서 공통적으로 발견되는 현상으로, 연구수준의 질적 향상을 위해 거치지 않으면 안 될 필연적 과정이라고 볼 수도 있다. 문제는 이른바 다산학을 연구하면서, 학문의 〈체(體)〉와 〈용(用)〉으로서의 경학(經學)과 경세학(經世學)에 동시에 유의할 것을 강조한 다산의 학문관에도 어긋나는, 경학이나 경세학 어느 한쪽에 치우친 주장이 다른 분야의 중요성은 경시하거나 도외시한 채 서슴없이 제기되고 있다는 데 있다.[3]

다산은 고원한 경학자가 아니며 전문적인 경세학자도 아니고 또한 순진한 서학의 신봉자도 아니다. 그는 이들 모두를 합친 종합 사상가이며, 국제정세의 변화 추세와 상대적으로 침체한 국내의 사회 현실에 대한 올바른 인식의 토대 위에서 조선사회의 재건과 부흥을 위해 나름대로 일생 동안 매진한 진정한 개혁가였다. 이런 절박한 상황에서 현실 개혁에 도움이 될 수 없는 — 그것이 비록 주희 성리학의 체계를

---

2) 다산학술문화재단에서 2003년 발행한 『다산학』 제4호에서 이영훈 교수는 다산의 사유체계에서 〈도덕과 정치의 분리〉를 발견할 수 있다고 주장한 반면, 김상준 교수는 양자의 분리가 아니라 오히려 강화된 〈정치와 도덕의 융합〉을 강조한 것이 한 예이다. 이영훈, 〈다산의 인간관계 범주구분과 사회인식〉, p. 37; 김상준, 〈南人 禮論과 근대 주권론〉, pp. 186-187 참조.

3) 예컨대 이영훈 교수는 앞의 논문에서 "오늘날 우리가 다산학의 종합적 평가에서 가장 중시해야 할 대목"으로 다산의 사유체계와 사회인식에서 〈근대로의 징후〉를 발견하는 것이라고 주장하고 있는 반면, 한형조 교수는 다산의 진정한 개성과 가치를 이해하기 위해서는 근대성이라는 안대를 벗어버릴 것을 요구하고 있다. 한형조, 〈동양철학은 왜 어려운가? 어디로 길을 뚫어야 할까?〉, 『정신문화연구』, 2003년 여름호(제26권 제2호), p. 69 참조.

어떤 의미에서든 뛰어넘은 탁월한 것이라 하더라도 — 형이상학이나, 이념의 도움 없이는 불가능한 국정 개혁을 이념에 대한 고려도 없이 추구하려는 교묘한 경세의 방략이나, 수기(修己)와 치인(治人)에 도움을 줄 수 없는 서학이라는 이단에 대한 관용과 추종 등은 그것 자체로 다산에게 의미 있는 것이 아니었을 것이다.

다산에 관한 학문적 연구의 활성화는 어떤 면에선 소 잃고 외양간 고치는 격으로 일제의 식민지배와 밀접히 관련되어 있다.4) 1930년대 후반에 다산의 1백 주기를 맞아 정인보(鄭寅普)와 안재홍(安在鴻) 등이 『여유당전서(與猶堂全書)』의 출간이라는 역사적 사업을 추진하며 조성한 다산붐은 식민지배라는 암흑의 시기에 조선학 진흥의 형식을 빌린 문화적 독립운동의 일환이었음은 두말할 나위도 없다. 광복 이후 다산을 위시하여 조선 후기의 실학자들에 대한 학계의 관심이 강화된 것도 우리 민족이 일궈 온 사상적 전통을 정립하며 그것이 지닌 발전의 잠재력을 재인식하는 과정에서 식민지배라는 치욕의 역사가 식민사관이 상정하듯 결코 필연적이 아니었음을 확인해 보고자 하는 지연된 학문적 독립운동의 한 형태로 간주될 수 있다. 이렇듯 실학 속에서 근대 지향적이며 민족의식적 사상의 실마리를 찾아보려는 사회과학자들의 노력은 무엇보다 먼저 현실적 경세론 위주의 실학 연구를 진척

---

4) 강재언 교수는 "이가환과 이승훈, 그리고 정약용 형제들에게 국정을 맡겨 백성들을 이끌게 했으면 조선은 이미 동아시아의 선진국이 되어 있을 것"이라는 李能和의 견해가 서학에 대하여 실사구시로 일관한 다산의 자세로 보아 매우 타당하다고 인정하였다. 姜在彦 『조선의 西學史』(서울: 민음사, 1990), p. 223 참조. 만약 이들의 견해가 옳다면, 이미 식민지로 전락한 상태에서 뒤늦게 다산에 관한 연구를 활성화시킨 것은 소 잃고 외양간 고친 격이라고 하지 않을 수 없다.

시켰고, 이는 다시 사변적 경학과 철학, 그리고 더 나아가 과학과 문학 등 인접분야로 연구의 외연을 확장시키는 계기가 되었다. 그러나 실학과 집대성된 실학으로서의 다산학이 본격적으로 연구되기 시작한 지 상당한 시간이 지난 오늘날까지도 실학과 다산학의 개념은 복잡다기한 실학사상과 그런 사상에 대한 연구자들의 접근방법의 다양성, 그리고 다산 사유의 남다른 복잡성 때문에 일의적으로 규정되지 못하고 상당히 모호한 상태에 머물러 있다.5)

실학과 다산학에 관한 기존의 연구가 지닌 문제점 가운데 하나는 그것이 식민사관의 극복이라는 연구의 초기에는 충분히 인정받을 수 있었던 학문적 과제의 설정에서 출발하여 전술한 바와 같이 주로 근대지향적·민족주의적, 그리고 탈성리학적 요소의 발굴이라는 관점에서 추진되었다는 데 있다. 이러한 목적론적(teleological) 연구방법은 오늘날 대체로 기피의 대상으로 인식되고 있다.6) 설정된 목적의 달성을 위해 연구가 진행될 경우 자료의 취사선택과 평가가 연구자의 의도에 따라 쉽게 왜곡될 수 있을 뿐만 아니라, 논의의 전개과정에서 논리의 비약이나 오류가 묵인될 수도 있기 때문이다. 그 결과는 실학 일반에 대한 과대평가로 나타날 수 있다. 다음으로 지적될 수 있는 문제점은 목적론적 연구에 대한 반발로 실학의 개념과 역사적 의미를 전반적으

---

5) 한우근, 〈茶山思想의 展開〉, 한우근 외, 『丁茶山硏究의 現況』, p. 14; 한형조, 『주희에서 정약용으로 - 조선 유학의 철학적 패러다임 연구』 (서울: 세계사, 1996), pp. 16-19.

6) 여기에 관해서는 Pierre Force, *Self-interest before Adam Smith: A Genealogy of Economic Science* (Cambridge: Cambridge University Press, 2003), p. 4; John M. Hobson, *The Eastern Origins of Western Civilization*, 정경옥 옮김, 『서구 문명은 동양에서 시작되었다』 (서울: 에코리브르, 2005), pp. 370-376, 394-398 참조.

로 재검토하는 과정에서 실학 또는 다산학 자체에 대한 회의적 시각이 확대되어 기존 연구성과의 전면적 부정이라는 교각살우의 잘못을 범할 우려가 없지 않다는 데 있다. 그 결과는 실학이라는 사상체계 자체가 부정 또는 과소평가되거나, 종합적·체계적 연구가 아니라 경학이 배제된 경세학이나, 경세학적 관점이 무시된 경학의 연구와 같이 연구자의 전공분야에 따라 특화된 연구의 심화로 나타날 수 있다.

다산에 관한 연구의 일차적 목적은 다산에 대한 이해를 증진시키는 데 있다. 지난 시대의 사상가들에 관한 연구가 모두 그렇듯이, 우리가 다산을 연구한다고 했을 때 우리는 두 사람의 다산을 구분할 필요가 있다. 먼저 18세기 중반부터 19세기 초엽까지 득의의 관료로 사회생활을 시작하여 불우한 유배 시절을 거친 뒤 유배에서 벗어나 귀향해 살다가 수많은 저술을 남기고 세상을 떠난 〈역사적 다산〉이다. 다음은 오늘날의 연구자들이 익히 알고 있는 〈가공된 다산〉, 즉 다산에 대하여 그들이 만들어 지니고 있는 이미지이다. 하나의 예를 들어 본다면, 경세치용파와 이용후생파의 장점을 아우르며 실사구시파의 추동력이 됨과 동시에 서양의 과학기술까지 섭취함으로써 실학을 집대성하여 한국사상사의 큰 봉우리로 우뚝 섰다고 그려진 다산이 그것이다.[7]

가공된 다산은 역사적 다산과 전혀 다른 삶을 사는 이질적인 생명체이다. 다산은 〈실학〉이란 개념을 사용한 적이 없다. 자신과 뜻을 같이하는 학인들을 모아 〈실학파〉라는 학파를 만들어 배타적 권위를 주장하며 〈실학사상〉을 펼치려 노력한 적도 없다. 더욱이 자신을 〈실학

---

[7] 이 문장은 금장태, 『한국 실학의 집대성: 정약용』 증보판 (서울: 성균관대학교 출판부, 2002), pp. 92-93에서 빌려온 것으로 금장태 교수는 이우성 교수의 실학 분류를 따르고 있다.

의 집대성자〉라고 자랑스럽게 내세운 적도 없다. 이렇듯이 실학, 실학파, 실학사상, 실학의 집대성자 등의 개념은 후대의 연구자들이 자기들의 필요에 따라 지어낸 개념이다. 이런 개념 속에 우리들의 다산 이해를 규정하거나 구조화하는 선입견이나 편견이 내포되어 있을 수 있다. 역사적 다산에 관한 깊은 식견을 바탕으로 가공된 다산의 친숙함 속에 내재되어 있는 선입견을 깨닫는 일이 바로 다산 연구의 일차적 목적이다. 이런 선입견은 완전히 제거될 필요도 없고 또 제거될 수도 없다. 역사의 핵심 자체가 선입견으로 구성되어 있기 때문이다. 따라서 실학이나 다산학이 특정 연구자의 마음에 들지 않는 어떤 선입견 위에 구축되어 있다는 이유로 폐기되어야 한다는 주장은 설득력이 없다. 제시된 이유가 또 다른 편견이나 선입견일 수 있기 때문이다. 결국 기존의 선입견에 대한 자각의 확대 과정이 다산에 대한 올바른 이해의 증진 과정이며 다산학의 발전, 즉 다산에 관한 참된 지식의 축적 과정이라 할 수 있다.

그러나 다산 연구의 궁극적 목적은 다산에 대한 올바른 이해와 참된 지식의 축적 그 자체에 있지 않다. 다산에 관한 연구는 그것이 우리 자신에 관한 지식의 증진으로 연결될 수 있을 때 비로소 의미가 있다. 달리 말하여 다산 연구는 우리들이 그것을 "너 자신을 알라"는 소크라테스의 경구에 맞게 우리 스스로를 더 잘 알게 되는 계기로 삼을 수 있을 때 가치가 있다. 이는 스스로의 무지(無知)에 대한 진지한 성찰 위에서 우리들이 추구해야 할 적절한 목적을 설정하고, 설정된 목적의 달성을 위해 해결해야 할 문제를 제대로 파악하며, 그리고 파악된 문제를 적시에 효과적으로 해결할 수 있는 능력의 제고를 의미한다고 볼 수 있다.

이렇게 본다면 다산학의 연구도 어려운 일이지만, 그에 못지않게 연구의 결과를 우리 자신이 처해 있는 상황을 개선하는 데 활용하는 일 또한 쉽지 않은 과제임을 알 수 있다. 사회의 복잡성이 증대될수록 학문분야의 분화 및 분화된 분야 사이의 단절은 심화되는 반면, 사회 각 부문의 상호의존성은 더욱 강화되어 주어진 과제의 해결을 위해 다산과 같은 종합적인 사고의 중요성은 날로 커져 가는 데 문제의 심각성이 있음을 깨달을수록 더욱 그렇다.

한국경제의 제문제(諸問題)는 경제문제만은 아니고, 그들은 거의가 다 한국의 역사와 사회에 관련되어 있다. 이 역사적인 변혁기에서 한국의 경제문제의 해결을 모색하는 데 있어서는 경제이론만으로는 옳은 결론이 도출되기가 어렵다. 아담 스미스에 준하는 박식과 구도적인 학구정신, 그리고 독창력이 있어야 하기 때문이다. 한국경제학이란 안일한 어떤 내셔널리즘으로부터 나올 수 있는 것이 아니라, 박학(博學), 심문(審問), 신사(愼思), 명변(明辯)의 공덕(功德)을 쌓은 스미스와 같은 석학(碩學)이 나올 때 그것은 비로소 가능한 것이다.[8]

우리의 역사 속에서 아담 스미스(Adam Smith: 1723-1790)에 준하는 박식과 구도적인 학구정신, 그리고 독창력을 두루 갖춘 석학을 찾는다면 다산 정약용이 안성맞춤일 듯하다. 그리고 영국의 역사 속에서 다산 정약용에 준하는 석학을 찾는다면 역시 흔히 고전경제학의 비조로 알려진 아담 스미스가 제격일 것이다. 두 사람은 모두 비슷한 시기를 살면서 경제와 철학, 그리고 인문과 사회분야를 아울러 하나의 일관된 체계(system)를 구축한 종합적 사상가이며, 구체제를 파괴하고 더욱 바

---

[8] 조순, 〈아담 스미스의 思想과 한국의 經濟社會〉, 조순 외, 『아담 스미스 硏究』(서울: 민음사, 1989), p. 27.

람직한 새로운 사회의 건설을 위해 노력한 개혁가란 점에서 같다. 물론 두 사람이 제시한 사상과 개혁의 내용은 서로 같지 않다. 그러나 만약 서학의 도입을 적극 주장한 다산과, 공리주의자일 것이라는 잘못된 선입견과는 달리 동양철학적 분위기를 물씬 풍기는 스미스가 당시에 서로 만날 기회가 있었다면, 당당한 자득의 바탕 위에서 진정한 창조적 우정을 나눌 수도 있었을 것이다.

> 문자를 뜯어 읽고 널리 보는 박학(博學)은 기본이라 자랑할 것이 못된다. 이 바탕에 〈문제〉를 제기하고 해답을 모색하는 〈구체적 탐구〉가 필요하다. 즉 심문(審問)을 토대로 신사(慎思)의 구체화, 그리고 명변(明辯)의 자신감, 마지막으로 독행(篤行)의 확인까지 나아가야 자득(自得)을 말할 수 있다. 그 자산 위에서 동양철학은 서양철학이나 다른 인문사회과학과 더불어, 호전(好戰)이나 아부의 극단을 지나, 진정한 〈우정〉을 나눌 수 있을 것이다. 우정이 있는 곳에 창조가 있다.9)

물론 이런 만남의 가정은 비현실적이다. 그렇다고 이런 만남이 전혀 불가능한 것만은 아니라고 생각된다. 비록 늦었지만 우리는 다산과 스미스의 비교를 통하여 두 석학의 만남을 주선해 볼 수 있기 때문이다. 두말할 나위 없이 비교를 통하여 우리가 얻고자 기대하는 바는 다산과 우리 자신에 대한 좀 더 진전된 이해이다.

지금까지 다산의 사상은 크게 보아 두 가지 대상과 비교되어 왔다. 그 하나는 주희(朱熹 1130-1200)의 주자학이었으며, 다른 하나는 근대성 또는 서구의 근대화와 연관된 사상이었다. 다산은 주희의 성리학, 즉

---

9) 한형조, 〈동양철학은 왜 이리 어려운가? 어디로 길을 뚫어야 할까?〉, p. 80.

신유학을 비판적으로 극복하고 공맹의 원시유학으로 회귀하기를 원한 사상가였다. 그의 사상이 반주자학적 또는 탈성리학적이라고 일컬어지는 이유가 여기에 있다.[10] 그러므로 다산 이해의 첩경은 주희에 관한 탐구라고 할 수 있다. 따라서 다산의 일차적 비교 대상은 주희가 아닐 수 없다. 다음으로, 위에서 이미 살펴본 바와 같이, 후대인들이 실학, 그리고 다산의 사상에서 근대 지향성 또는 근대로의 징후를 찾아내기를 원하였기 때문에 다산의 사상은 근대성의 본질이나 유럽의 근대화과정에서 의미 있는 역할을 수행했던 사상과 자주 비교되었다.[11]

이러한 비교는 다산 사상의 이해와 평가를 위해 필요하지만 문제점도 없지 않다. 철학적 관점에서 다산이 주희와 비교될 때에는 경학이 비교의 초점이 되어 그 논의가 현실과 괴리된 형이상학적 보편론에 머물기 쉬우며, 성리학의 전면적 검토와 비판을 통해 자신의 새로운 비전을 제시한 보수적 철학자로서의 다산이 더욱 강조되는 경향이 있다. 반면에 사회과학자들에 의해 다산의 사상이 서양의 근대 사상과 비교되었을 때에는, 거론된 사상의 의미와 그 사상이 근대화과정에서 수행했던 역할에 대하여 매우 다양한 견해가 존재한다는 점, 즉 비교의 대상이 분명치 않다는 점은 차치하고라도, 다산의 경세학이 지닌 현실 개혁적 측면이 특히 강조되어 경세학의 철학적 기초로서의 그의

---

10) 앞으로 더욱 자세히 논의하게 되겠지만 이런 관점도 오늘날 학계의 통설은 아니다. 여기에 관해서는 한형조, 〈리뷰: 하버드에서의 다산학 국제학술대회〉, 『茶山學』 제5호(2004), pp. 296-304 참조.

11) 복고적 근본주의(종교개혁), 정치신학(political theology), 계몽주의, 민권사상 또는 근대주권론, 개인주의, 평등주의 등이 비교의 과정에서 자주 거론된 서구의 사상이다.

경학이 지닌 의미가 축소되는 만큼 진보적 사회개혁가로서의 다산이 더욱 부각되는 경향이 있다. 우리가 알고 있는 다산은 어떤 형태로든 가공된 다산이지만, 분명한 것은 역사적 다산은 사회적 현실을 도외시한 우원(迂遠)한 철학자도 아니고 진지한 철학적 모색을 결여한 단순한 현실개혁가도 아니라는 사실이다. 역사적 다산에 걸맞은 균형을 유지하며 그에게 좀 더 가깝게 다가가기 위해서는 그와 비슷한 시기에 살면서 주어진 사회문제의 해결을 위해 종합적 접근을 시도한 사상가와 비교될 필요가 있다. 우리가 다산의 비교 대상으로 아담 스미스를 주목하는 우선적인 이유가 여기에 있다.

아담 스미스도 동서양의 다른 위대한 사상가들과 마찬가지로 참으로 다양하게 해석되고 또 비판되어 왔으며, 그의 명성은 그의 사후 오늘날까지 몇 차례나 등락을 거듭하였다. 스미스의 명성이 최고조에 달한 것은 영국에서 자유무역 정책이 채택되어 본격적으로 시행된 19세기 중반에서 후반까지의 기간이었다. 그러나 20세기에 접어들면서 자유무역 기조의 퇴조와 함께 하락하기 시작한 스미스의 권위는 중반에 이르러 땅에 떨어지고 말았다. 이런 상황의 도래에는 몇 가지 요인이 복합적으로 작용하였다. 무엇보다 먼저 1940년대에 일어난 이른바 〈케인즈 혁명(Keynesian revolution)〉을 들 수 있다. 케인즈의 거시경제학은 종래의 자유방임적 경제정책의 실효성을 부정하고 정부의 적극적 역할을 강조하는 경제학적 시각의 전환을 초래하여 스미스의 견해가 낡은 것이라는 인식을 확산시켰다. 다음으로 정연한 수학적 접근을 중시하는 경제학이 세분화를 거듭하며 발전하면서 폭넓은 고전경제학의 이론 체계를 종합적으로 이해하려는 학자들의 시도가 점차 약화되었다. 게다가 슘페터(J. A. Schumpeter: 1883-1950)와 같은 학자가 스미스의 독창성을 부정적으로 평가하는 바람에 이런 경향은 더욱 강화되었다.12) 이런 맥락에서 눈길을 끄는 것이 과학적 지식의 진보 패턴에 관하여 스티글러(George Stigler)가 제시한 〈효율적 시장 가설(efficient market hypothesis)〉이다.13) 이 가설은 최신의 과학적 이론은 과거에 타당했거나 유용했던 모든 지식을 더욱 순수하고 세련된 형태로 두루 포괄하고 있다고 가정한다. 따라서 만약 이 가설이 옳다면, 과학적 이론이나 지식은 수학자나 화학자들이 흔히 가정하듯이 새로운 것이 과거에 유용했던 모든 것들을 흡수하며 직선형으로 곧바로 진보하기 때문에, 최신의 이론이나 지식에 정통한 학자들은 진부한 과거의 것에 얽매일 필요가 없게 된다. 요컨대 이 가설은 난삽한 고전의 힘든 독해는 경제학과 같은 과학의 학습 방법으로 효율적이지 못하다는 점을 시사하고 있다. 그렇다면 스미스에 대한 관심과 연구도 시간이 흐르면서 당연히 줄고 또 불필요해질 것이라는 예측이 가능하다.

『스미스 구하기』(*Saving Adam Smith*)14)라는 새로운 형식의 경제소설을 쓴 바 있는 와이트(Jonathan Wight)는 아담 스미스를 대상으로 이 가

---

12) "[T]he *Wealth of Nations* does not contain a single *analytic* idea, principle, or method that was entirely new in 1776. Those who extolled A. Smith's work as an epoch-making, original achievement were, of course, thinking primarily of the *policies* he advocated - free trade, laissez-faire, colonial policy, and so on." Joseph A. Schumpeter, *History of Economic Analysis* (London: Oxford University Press, 1954), pp. 184-185.

13) George J. Stigler, "Does Economics Have a Useful Past?," *HOPE*, Vol. 1(1969), pp. 217-230.

14) Jonathan B. Wight, *Saving Adam Smith: A Tale of Wealth, Transformation, and Virtue* (Upper Saddle River, NJ: Prentice Hall, 2002). 이 책의 한국어 번역본도 나와 있으나 머리말부터 오역되고 있다.

설의 체계적 검증을 시도하였다. 면밀한 검토 끝에 그는 아담 스미스의 경우 효율적 시장 가설은 기각될 수밖에 없다는 결론에 도달하였다.15) 1970년대 중반 이후 아담 스미스에 관한 연구와 인용은 수그러들기는커녕 오히려 스미스 르네상스라고 할 정도로 부활하고 있음을 통계적으로 확인할 수 있었기 때문이다. 그 이유를 그는 경제학을 사회학, 심리학, 법학, 철학 등 인접 학문과 적절히 연관시키며, 오늘날 그 필요성에 대한 인식이 점증하고 있는 연구 방법인 학제적 또는 범학문적으로 깊이 탐구한 아담 스미스의 탁월한 능력에서 찾을 수 있다고 보았다. 하지만 이런 결론은 그렇게 새롭거나 놀랄 만한 것이 아니다. 아담 스미스의 『국부론(WN)』16) 출간 200주년에 즈음해 그간 발표된 상당한 분량의 논문과 저서를 리뷰하며 렉텐발트(Recktenwald)는 이미 1978년에 〈스미스 르네상스〉가 진행되고 있음을 간파하였기 때문이다.17)

---

15) Jonathan B. Wight, "The Rise of Adam Smith: Articles and Citations, 1970-1997," *History of Political Economy*, Vol. 34(2002), pp. 56, 74-77. 여기에서 Wight는 사회과학은 Stigler의 가설이 상정하듯이 연역적·직선적이 아니라 경우에 따라 두 걸음 전진하고 한 걸음 후퇴하는 귀납적·순환적 과정을 거치며 발전하는 경향이 있기 때문에 역사적 고전은 오늘날의 학자들에게도 통찰력 증진의 유용한 원천이 될 수 있다는 점을 새롭게 강조하였다.

16) Adam Smith, *An Inquiry into the Nature and Causes of the Wealth of Nations*, The Glasgow Edition of the Works and Correspondence of Adam Smith, Vol. II (2 vol.) edited by R. H. Campbell, A. S. Skinner, and W. B. Todd (Oxford: Oxford University Press, 1976). 『국부론』으로 번역되고 있는 이 책은 앞으로 *WN*으로 표기될 것이다.

17) H. C. Recktenwald, "An Adam Smith Renaissance *anno* 1976? The Bicentenary Output - A Reappraisal of His Scholarship," *Journal of Economic Literature*, Vol.

렉텐발트는 2세기 전의 학자인 아담 스미스에 대한 관심이 줄지 않고 오히려 크게 부활하는 현상이 그의 저작이 지닌 끈질긴 생명력에 있다고 보고 그러한 생명력의 원천을 다음과 같이 일곱 가지로 요약·정리하였다. 그것은 첫째, 예리한 경험적 관찰과 깊은 역사적 지식을 바탕으로 사회현상을 분석하고 종합한 아담 스미스의 저술이 내포하고 있는 접근시각과 분석방법의 다양성이 오늘날의 학자들에게 불어 넣어 주고 있는 영감이다. 둘째, 언제 어디서나 꾸준히 수행되어야 할 사회 속에서의 인간 행위의 탐구라는 그의 연구 주제가 지닌 초시간성이다. 셋째, 어떤 이데올로기나 추상적 관념이 아니라 현실 속에서 관찰 가능한 사람들의 자리심(self-interest)을 삶의 중요한 동인으로 인정하고 그의 사상체계의 기초로 삼은 점이다. 넷째, 아담 스미스가 *WN*에서 추구한 목적, 즉 사물의 〈원인〉과 〈질서〉, 그리고 〈정책〉의 탐구가 현대 경제학의 세 가지 과제 영역에 따른 구분, 즉 실증경제학과 규범경제학, 그리고 실천(prescriptive)경제학과 잘 대응한다는 점이다. 다섯째, 그의 현실주의(realism)이다. 아담 스미스는 높은 도덕적 기준을 세우고 그것의 구현을 위해 설교하지 않았으며, 규범적 판단의 근거도 어떤 형이상학적 체계가 아니라 사실과 있는 그대로의 인간이 지닌 심성에서 찾았다. 여섯째, 체계적 사고와 종합으로 적절한 모델을 만들어 내는 그의 탁월한 능력이 심화된 학문적 분업의 결과 더욱 많은 자료를 처리해야 하는 오늘날의 경제학자들에게 주는 매력과 교훈이

16(1978), pp. 56-83. 이 논문은 John Cunningham Wood (ed.), *Adam Smith Critical Assessments*, Vol. IV (London: Croom Helm, 1983), pp. 249-277에 전재되어 있으며 여기에서는 후자를 참조하였다. 앞으로 *Adam Smith Critical Assessments*에 실려 있는 논문은 최초 출간 연도만 논문 제목 끝의 괄호 속에 밝히고 출전은 생략하고자 한다.

다. 끝으로 인내와 근면, 그리고 자제력의 산물인 그의 성실성과 참신하면서도 절제된 삶의 방식이다.

지금까지의 서술만으로도 박학, 심문, 신사, 명변뿐만 아니라, 학자들이 학자이기 위해 갖춰야 할 필수적 자질로 오늘날엔 거의 거론조차 되지 않고 있는 독행의 경지에 이르기까지 그가 보인 모범이 새롭게 평가되어 르네상스를 구가하고 있는 아담 스미스가 다산 정약용의 훌륭한 비교 대상이 될 수 있음을 밝히는 데에는 충분할 것으로 보인다. 그러나 스미스와 다산이 좋은 비교의 대상이 될 수 있는 것은 그들 각자가 학문과 생활태도에서 높은 경지에 이르고 또 후세인들의 모범이 된 때문만은 아니다. 위에서 이미 서술한 바와 같이, 그들은 비슷한 역사적 대전환의 시기에 살면서 그들이 인식한 사회적 과제의 해결을 위해 한편으론 당시의 학문을 집대성하고, 다른 한편으론 국가의 정책 방향을 제시한 사상가이자 개혁가라는 점에서 유사하다. 그렇다면 그들이 집대성한 학문 자체의 체계와 내용뿐만 아니라, 그들이 인식하고 제시한 현실 사회의 문제와 더욱 바람직한 새로운 사회의 비전, 그리고 그런 사회의 건설을 위해 해결하고 또 취해야 한다고 본 시대적 과제와 정책의 성격 및 그 달성의 정도가 참으로 의미 있는 비교의 대상이 되지 않을 수 없다. 아담 스미스 이후의 영국과 다산 정약용 이후의 조선이 세계사의 무대에서 담당해야 했던 역할은 하늘과 땅만큼 판이한 것이었다는 사실이 고려될수록 더욱 그렇다. 주지하듯이 영국이 산업혁명 이후 부국강병을 이룩하여 무한경쟁의 제국주의 시대에 세계의 패자로 군림한 반면, 조선은 국력이 갈수록 피폐해져 탈아입구(脫亞入歐)를 외치며 한 걸음 앞서 서구화를 시도한 일본의 식민지로 전락하였다.

여기에서 다음과 같은 의문이 생기는 것은 당연하다: 왜 일본은 크게 번성한 반면 조선은 망국의 길을 걸어야만 했는가? 역사가 이렇게 전개된 이유는 무엇인가? 유사한 역사의 반복을 피하기 위해서라도 이런 질문을 스스로에게 제기하고 그 해답을 구하려는 진지한 노력은 특히 근현대사를 연구하는 인문・사회과학자들에게 주어진 필수의 과제라고 할 수 있다. 그러나 실학이나 다산학에서 근대 지향성 또는 근대로의 징후를 찾아 우리 민족에게도 발전의 잠재력이 없지 않았음을 변명하려는 목적론적 연구가 학계의 주류를 형성한 반면, 당연히 선행되어야 할 ― 혹시 거기 만에 하나라도 내재되어 있을지 모르는 ― 근대화를 지연시킨 또는 촉진하지 못한 실패의 씨앗을 찾아 자기반성의 계기로 삼으려는 시도는 상대적으로 소홀하였다고 하지 않을 수 없다.

승자의 입장에서 일본은 이런 검증작업을 비교적 충실히 수행하였다. 일본의 정치사상사를 연구한 마루야마 마사오는 자신의 주된 연구과제를 다음과 같은 질문에서 찾았다: "어찌하여 중국은 근대화에 실패해 반식민지가 되고 일본은 메이지유신에 의해 동양에서는 유일한, 그리고 최초의 근대국가가 되었는가?"[18] 그리고 경제학자 모리시마(M. Morishima)도 유사한 관점에서 연구를 수행하였다.[19] 그는 베버(Max Weber: 1864-1920)의 유심론적 지론에 입각하여, 중국과 한국을 통하여 일본에 수입된 유교가 양국의 경우와는 다르게 일본에서는 화혼양재(和魂洋才)의 슬로건을 내건 집권층의 충직한 이데올로기로 변용되어

---

[18] 마루야마 마사오 지음, 김석근 옮김, 『日本政治思想史研究』(1952) (서울: 통나무, 1995), p. 83.

[19] Michio Morishima, *Why Has Japan 'Succeeded'? Western Technology and the Japanese Ethos* (Cambridge: Cambridge University Press, 1982).

근대화로 향한 집단적 강행군을 성공적으로 뒷받침한 과정을 비교문화의 관점에서 분석하였다. 중국보다 일본이 먼저 경제발전을 이룩한 원인에 대한 탐구는 오늘날에도 계속되고 있다.[20] 그리고 "왜 중국이 아니고 일본이었나?"라는 질문보다 더 넓은 시야에서 중국과 관련된 문명사적 논쟁으로는 이른바 〈니덤 수수께끼(Needham puzzle)〉라는 것이 있다.[21] 그것은 가장 먼저 산업화와 근대화를 이룩한 지역이 "왜 중국이 아니고 유럽이었나?"라는 질문으로 요약될 수 있다.[22] 이런 질문이 가능한 것은 니덤(Needham)의 주도면밀한 연구로 과학기술과 사회제도 등 여러 면에서 중국 문명이 송대(宋代)까지는 지구상에서 가장 앞선 것이었음이 오늘날 세계적으로 공인되고 있기 때문이다. 만약 중국 또는 동양 문명이 서양 문명에 비하여 처음부터 지금까지 늘 하위에 있었다면 제기될 필요조차 없는 질문이 아닐 수 없다.[23]

---

20) 예컨대, Debin Ma, "Why Japan, Not China, Was the First to Develop in East Asia: Lessons from Sericulture, 1850-1937," *Economic Development and Cultural Change*, Vol. 52(2004), pp. 369-394. 여기에서 Ma는 19세기 중반 이후 서구 제국주의의 도전에 중국보다 더욱 열린 자세로 대응한 일본이 적절한 기술과 제도의 도입에서 앞장설 수 있었던 점을 그 원인으로 지적하였다.

21) Debin Ma, "Why Japan, Not China, Was the First to Develop in East Asia: Lessons from Sericulture, 1850-1937," p. 386.

22) Jared Diamond, *Guns, Germs, and Steel: The Fates of Human Societies* (New York: W. W. Norton & Company, 1999), pp. 409-417; John M. Hobson, 『서구 문명은 동양에서 시작되었다』, pp. 370-376에서 이런 문제가 집중적으로 논의되고 있다.

23) 이른바 오리엔탈리즘이나 유럽중심주의의 신봉자들이 간직하고 있는 견해가 이것이다. Hobson의 『서구 문명은 동양에서 시작되었다』는 이런 견해를 반박하기 위해 집필되었다.

일본과 유럽의 성공은 문명사적 관점에서 중국의 상대적 실패를 의미하고, 또 역으로 중국의 성공은 일본과 유럽의 상대적 실패를 의미한다. 실패와 성공은 이처럼 상대적이며 유동적이고, 따라서 실패에 관한 연구는 성공에 관한 연구와 상보적 관계에 있다. 오늘날 국제적으로 소득수준의 불균형이 심화되면서 특정 지역과 국가들의 상대적 성공과 실패의 원인에 관한 연구는 오히려 강화되는 추세에 있다.[24] 이런 국제적 논쟁에서 한국이 고려의 대상이 되기 시작한 것은 광복 이후의 일이었지 그 이전은 아니었다. 그렇다면 우리라도 동북아에서 먼저 근대화를 이룩한 나라가 "왜 조선이 아니고 일본이었나?"라는 질문을 제기하고 그 해답을 진지하게 탐구했어야 했다. 그리고 니덤 수수께끼의 해답을 찾는 과정에서 주자학의 실패가 논의될 수 있는 것과 마찬가지로 다산학이 지닌 장점 못지않게 단점이나 문제점도 허심탄회하게 논의될 필요가 있었다. 다산 정약용을 아담 스미스와 비교해 보려는 의도가 여기에 있다.

그러나 비교해 보려는 의도는 가상스러울 수 있으나 정작 그 시도는 무모하다고 할 수밖에 없다는 데 문제의 심각성이 있다. 큰 문제점 세 가지만 들어본다면 다음과 같다. 첫째, 인문·사회과학의 폭넓은 분야에 걸쳐 심원한 내용의 수많은 저술을 남긴 다산이나 스미스 한 사람 한 사람의 학문적 경지를 넘보는 것조차 언감생심인데, 하물며 두 석학을 비교한다고 했을 때 그것은 나비와 매미를 견주어 보려는

---

[24] L. E. Harrison and S. P. Huntington (eds.), *Culture Matters: How Values Shape Human Progress* (New York: Basic Books, 2000)에 실린 논문들과, 박홍기, 〈아시아적 가치 논쟁: 논쟁의 추이와 주요 쟁점에 관한 비판적 검토〉, 『比較經濟硏究』 제12권(2005) 제1호, pp. 191-200 참조.

하루살이의 시도로 썩 잘 비유될 수 있지 않을까 한다. 둘째, 스미스와 다산의 논저를 읽으면서도 그 본지를 제대로 파악하지 못할 가능성이 없지 않다는 해석상의 어려움이 있다. 수사학에 능통한 스미스의 영어와 당대의 문장이자 시인인 다산의 한문 자체가 특히 어렵다고 하거니와, 게다가 200여 년이라는 시간의 차이도 무시할 수 없기 때문이다. 셋째, 다산이나 스미스에 관한 기존의 연구물들이 단기간에 섭렵할 수 없을 정도로 방대하여 서술하는 과정에서 다른 학자들에 의해 이미 논의된 바 있는 사항을 두루 참고하기가 매우 어렵다는 문제가 있다. 이외에도 많은 문제점이 지적될 수 있지만 오류투성이의 저작도 경우에 따라 쓸모가 있을 수 있다는 슘페터의 다음과 같은 말로 변명에 대신하고자 한다. "우리들은 위대한 성취가 반드시 〈빛의 원천(source of light)〉이거나 또는 기본적 얼개나 세부사항에서 흠잡을 데 없어야 된다고 믿을 필요는 없다. 오히려, 우리는 그것이 〈어둠의 힘(power of darkness)〉이라고 믿고자 한다. 우리는 그것이 근본적으로 잘못되었다고 생각할 수도 있고 또는 특정의 쟁점에 관하여 견해를 달리할 수도 있다."[25]

본서의 구성과 내용은 다음과 같다. 이어지는 제1장에서는 스미스와 다산이 각각 어떤 시대 상황에서 어떠한 삶을 살았는지 약술하고자 한다. 제2장에서는 그들이 이와 같은 시대 상황 속에서 지녔던 문제의식과 스스로에게 부과한 시대적 과제가 무엇이었는지, 다시 말하여 그들의 사상체계를 성립시킨 구체적인 동기를 살펴보고자 한다. 제3장에서는 스미스 사상체계의 비일관성을 지적하며 문제로 삼은 이른

---

25) Josep A. Schumpeter, *Capitalism, Socialism and Democracy*(1942) (New York: Harper Colophon Books, 1975), p. 3.

바 〈아담 스미스 문제〉의 논의 과정을 추적하여 스미스의 사상체계 안에 과연 일관되지 않은 주장이 포함되어 있는지 서술하고자 한다. 〈아담 스미스 문제〉와 같은 성격의 〈다산 정약용 문제〉는 이제까지 정식으로 제기된 바 없다. 하지만 유사한 문제제기가 없지 않아 이를 정리해 보았다. 이 책의 중심부는 제4장이다. 여기에서는 스미스와 다산의 사상체계를 신학, 윤리학, 법학, 정치경제학을 포괄하는 도덕철학 체계로 파악하고 각각의 분야에 대해 약술하고 비교하였다. 제5장에서는 제4장에서 서술·비교된 내용을 다시 한 번 국부론의 관점에서 종합적으로 비교·검토하였다. 제6장에서는 스미스와 다산 당시의 영국과 조선 지식인들의 인식의 방법과 범위에 어떤 차이가 있었는지를 디포(Daniel Defoe)의 장편소설인 『로빈슨 크루소』와 연암 박지원의 단편소설인 『허생전』의 비교를 통해 보충적으로 검토해 보았다. 이어서 결론으로 비교를 통해 본 다산 사상의 한계와 가능성을 제시하고자 한다.

제2장 아담 스미스와 다산 정약용의 생애와 시대 상황

　아담 스미스와 다산 정약용은 위에서 이미 간단히 살펴본 바와 같이 당대의 학문을 집대성하고 개조하여 독자적 사상체계를 구축한 탁월한 학자들이며, 역사의 중대한 전환기에 바람직한 사회의 건설을 위해 노력한 개혁가들이다. 그들이 구축한 사상체계는 2세기가 지난 오늘날까지도 그 체계가 함축하고 있는 의미의 올바른 해석과 적용 가능성의 차원에서 여전히 열띤 학문적 논쟁의 대상이 되고 있을 정도로 강한 생명력을 지니고 있다. 그런 인물들인 만큼 그들의 생애 자체가 우리들의 관심을 끌기에 부족함이 없다. 그러나 여기에서 그들의 생애와 그들이 살았던 시대의 상황을 간략히 서술하고자 하는 이유는 어떤 사상이건 그것이 진공 속에서 창조된 것일 수는 없기 때문이다. 사상은 어느 한 시대의 산물인 동시에 다른 시대를 만들어 가는 원동력이라고 할 수 있다. 스미스와 다산의 사상도 그들이 살았던 시대의 사회·경제적 조건과 지성적 환경, 즉 시대정신과 문화적 전통이 각자의 생애 속에서 발효되어 빚어진 결과에 지나지 않는다. 따라서 두 사상의 비교에서 나타나는 차이의 많은 부분도 그들이 직면했던 역사적 현실, 즉 시대 상황의 차이로 설명될 수 있을 것이다.

1. 아담 스미스의 생애와 시대 상황

1) 18세기 영국의 시대 상황

아담 스미스는 1723년에 태어나 1790년까지 생존하였기 때문에 순수한 18세기의 인물이다. 18세기에 세계 각국의 정치와 종교, 그리고 문화는 다양한 모습을 보이며 서로 얽혀 있었지만 경제는 상대적으로 단순해서 중반까지만 해도 인류의 대부분이 자연조건에 크게 의존적인 농업에 종사하며 삶을 영위하고 있었다.[1] 그러던 것이 후반에 접어들며 영국에서 이른바 〈산업혁명〉이 일어나면서 상황이 조금씩 변화하기 시작하였다.[2] 경제는 구조를 다변화하는 방향으로 진화하며 국

---

1) C. A. Bayly, *The Birth of the Modern World 1780-1914* (Oxford: Blackwell Publishing, 2004), p. 27.

2) 영국의 산업혁명은 1970년대까지 대체로 W. W. Rostow, *The Stages of Economic Growth* (Cambridge: Cambridge University Press, 1960)의 논지에 따라 영국 경제 특유의 자생적 도약(take-off) 현상으로 설명되어 왔다. 그러나 1980년대에 들어와 이런 설명에 이의를 제기하는 실증적인 연구가 많이 이뤄졌다. 다음과 같은 주장이 한 예이다: "Once upon a time it seemed we had a definite event to learn about. Growth began with, growth was, an industrial

가별 차이를 확대해 간 반면, 각국의 정치와 문화는 오히려 유사성을 강화하며 점점 수렴해 가는 세계적인 전환과 재편이 뒤따랐다. 전 세계에 대한 유럽, 특히 영국의 영향력이 크게 강화된 것도 이때였다. 영국의 산업혁명 이외에도 1776년의 미국 독립과 1789년의 프랑스혁명 등이 18세기에 일어난 대표적인 큰 사건이라고 할 수 있다.

경제적 관점에서 보았을 때, 1600년 이전까지 영국은 유럽 변방의 기술 후진국이었다. 17세기 이후 18세기 중엽까지 유럽 대륙은 인도와 중국, 그리고 페르시아 등지로부터 앞선 기술을 수입하고, 영국은 — 국가의 간섭이 없었다는 통설과는 전혀 달리 — 국가의 적극적인 유치 산업 보호·장려 정책에 힘입어 유럽 대륙의 선진 국가들로부터 기술을 수입하며 〈따라잡기 성장(catch-up growth)〉의 과정에 있었다. 아담 스미스가 중상주의를 격렬하게 비판한 것도 그가 WN을 집필할 즈음에 특히 강화된 보호주의 정책 때문인 것으로 보인다. 그러나 산업혁명 과정에서 다른 국가들보다 조금씩 앞서기 시작한 영국의 기술력은 19세기 초엽에는 제조업의 거의 모든 분야에 걸쳐 세계 최고의 수준에 도달하였다. 국내외 시장에서의 경쟁에서 승리할 수 있다는 자신감을 얻은 영국의 정부와 제조업자들이 다른 나라에 대해 관세의 철폐, 시장의 개방과 같은 자유무역의 시행을 위한 정책을 채택하도록 압력을

---

revolution in late eighteenth-century Britain. Now we know quite securely that the event was really a process, smaller, far less British, infinitely less abrupt, part of a continuum, taking much more time to run." E. L. Jones, *Growth Recurring: Economic Change in World History* (Ann Arbor: The University of Michigan Press, 1988), p. 26. 여기에서 한 걸음 더 나아가 J. M. Hobson은 그의 저서 『서구 문명은 동양에서 시작되었다』, pp. 247-281에서 영국 산업혁명의 중국 기원에 관하여 상세히 기술하고 있다.

가하기 시작한 것도 이때부터였다.3)

정치·사회적으로 17세기와 18세기의 유럽은 내란과 혁명으로 점철된 시기로서 구질서는 존립의 근거를 점차 상실하며 붕괴의 위험에 처한 반면, 암중모색 중인 새로운 질서는 아직 그 모습을 뚜렷하게 드러내지 않은 과도기였다. 여기에서 구질서가 농경 위주의 전근대적, 봉건적, 절대주의적 질서를 지칭한다면, 신질서는 상공업을 중시하는 근대적, 자본주의적, 자유주의적 질서를 의미한다. 따라서 위에서 말한 과도기란 근대화의 초기 과정으로 이해될 수도 있다. 영국은 비교적 이른 17세기 중엽부터 근대화의 길로 접어들었다.4) 1688년에는 구질서와 신질서를 옹호하는 세력 간의 평화적 타협으로 〈명예혁명〉을 이룩하고 전제왕정을 의회 주권에 기초를 둔 입헌군주제로 전환하는 정치개혁에 성공하였다. 그리고 1707년에는 〈합병법(The Act of Union)〉이 발효됨에 따라 오랜 기간 적대관계를 유지해 왔던 잉글랜드와 스코틀랜드가 정치적으로 통합되면서 양 지역 사이에 존재하던 인위적 교역 장벽이 제거되고 하나의 통합된 시장이 형성되었다. 그 결과 상대적으로 낙후되어 있던 스코틀랜드가 정치적 독립성을 상실한 대신 잉글랜드의 시장과 식민지에 진출하여 경제성장에 동참할 수 있는 기회를 얻게 되었다.

잉글랜드와의 정치적 통합은 스코틀랜드의 상대적 후진성을 극복하고 경제 상황을 개선하기 위해 노력해 온 지식인과 기업가, 그리고

---

3) Ha-Joon Chang, *Kicking away the Ladder*, 형성백 옮김, 『사다리 걷어차기』(서울: 도서출판 부키, 2004), pp. 48-56, 265.

4) 다카시마 젠야, 『아담 스미스 - 근대화와 민족주의의 시각에서』(1968) (서울: 도서출판 소화, 2004), pp. 29-31.

정치가들이 여론의 반대를 무릅쓰고 고심 끝에 내린 결단이었다.[5] 경제적 빈곤을 초래하고 화해하기 쉽지 않은 다양한 지역 문화를 발생시켜 독립적 근대국가의 형성을 어렵게 한 가장 큰 원인은 스코틀랜드의 척박한 지리적 조건에 있었다. 그러나 빈곤은 스코틀랜드 사람들에게 신의 세계인 자연에 대한 이해의 증진과 생활 형편의 개선을 위해 자연과학을 발전시키고, 사회적 조건을 파악하고 변화시킬 수 있도록 인간과 사회에 관한 과학을 정립할 것을 촉구하는 강한 동기를 부여하기도 하였다. 이처럼 주어진 자연적 조건을 발전적으로 극복하기 위해 스스로 문제를 제기하고 그 해답을 찾아 열린 마음으로 노력해 온 전통이 대륙의 계몽주의와 함께 18세기 유럽 계몽주의의 쌍벽을 이룬 이른바 스코틀랜드 계몽주의의 탄생 배경이라고 할 수 있다. 잉글랜드와의 합병 이후 외국 무역과 제조업의 발달로 촉진된 경제적 번영은 탐구의 정신과 배움의 열정으로 충만한 자유스러운 지적 분위기의 조성으로 이어졌고, 이는 다시 계몽이라는 문화혁명의 추진을 고무하였던 것이다.[6] 문화혁명은 스코틀랜드의 대표적인 세 대학도시인 글래스고와 에든버러, 그리고 애버딘을 중심 무대로 하여 추진되었으며, 도덕철학 또는 정치경제학 분야에서의 개혁을 선도하며 스코틀랜드뿐만 아니라 유럽과 전 세계에 큰 영향을 미친 세 사람의 주역은 허치슨(Francis Hutcheson: 1694-1746)과 흄(David Hume: 1711-1776), 그리고 아담 스미스였다.

---

5) Roger Emerson, "The Contexts of the Scottish Enlightenment," in Alexander Broadie(ed.), *The Cambridge Companion to the Scottish Enlightenment* (Cambridge: Cambridge University Press, 2003), pp. 11-15.

6) Athol Fitzgibbons, *Adam Smith's System of Liberty, Wealth, and Virtue* (New York: Oxford University Press, 1995), pp. 12-13.

계몽주의는 흔히 구시대가 끝나 가려는 무렵 신시대의 도래를 촉진하기 위해 선각자들에 의해 개설된 사상운동의 광장 또는 사상 거래의 시장으로 비유되기도 한다.7) 계몽의 시대가 흔히 이성의 시대, 비판의 시대, 회의의 시대, 그리고 철학의 시대라고도 불리듯이,8) 이 시기엔 기존의 종교적·정치적 권위와 공동체의 규범이 개개인의 합리적 사유와 경험에서 얻어진 상식이 강조되기 시작하면서 회의와 비판의 대상이 됨과 동시에, 자신의 이익을 추구하는 독립된 개인을 구성원으로 하는 새로운 사회의 조직원리에 대한 과학적 탐구가 병행되었다. 다시 말하여 계몽주의는 기존의 정치와 경제, 그리고 문화를 전면적으로 재검토하고 바람직한 새로운 제도를 수립하기 위해 준열한 자아비판도 마다하지 않으며 외국 문물의 섭취에 적극적이었던 시기, 즉 유럽에 편협한 유럽중심주의적 사고가 자리 잡기 이전 순수한 배움의 열정이 지배하던 시기에 싹트기 시작하여 대략 한 세기 정도 지속된 정신적 개혁운동이었다. 계몽주의라는 열린 사상의 시장에서는 서양 각국 지식인들의 사상뿐만 아니라 동양, 특히 이성과 자연을 강조한 중국 사상도 부침은 있었지만 한동안 활발히 거래되며 유럽 개혁운동의 정신적 기초가 되었다는 점은 이미 잘 알려진 사실이다.9)

---

7) "The Enlightenment was a Republic of Letters, a multinational company dealing in ideas, in which people put their ideas into the public domain to be criticised and improved, or criticised and sunk." Alexander Broadie, "Introduction," in Alexander Broadie (ed.), *The Cambridge Companion to the Scottish Enlightenment*, pp. 5-6.

8) Horst Stuke, "Aufklärung," in Otto Brunner, Werner Conze, Reinhart Koselleck (Hrsg.), *Geschichtliche Grundbegriffe*, Band 1 (Stuttgart: Klett-Cotta, 1992), p. 244.

9) "The list of thinkers from the Enlightenment and pre-Enlightenment period who

현대 정치경제학의 시조 가운데 한 사람인 케네(F. Quesnay: 1694-1774)에 의해 창시된 중농주의는 유럽 계몽운동의 정치·경제학적 표현이라고 간주될 수 있다. 아담 스미스에게도 큰 영향을 미친 그는 생존 당시에 〈유럽의 공자(the Confucius of Europe)〉로 존칭될 정도로 공자의 가르침과 중국 문화에 심취하여 그것을 유럽에 전파하는 데 진력하였다.10) 중농주의로 번역되는 physiocracy는 〈자연(physio)〉과 〈지배(cracy)〉라는 두 단어가 합쳐져 이뤄진 말로서 신의 계시를 앞세운 종교적 제약과 정부의 인위적 간섭이 배제된 〈자연의 지배〉 또는 〈자연법의 지배〉를 뜻한다. 여기에서 자연법을 케네는 중국 사상에서의 천리(天理), 즉 〈도(tao)〉와 동일시하였다.11) 이처럼 케네의 예에서 잘 엿볼 수 있듯이, 중농주의에 반대한 볼테르(Voltaire: 1694-1778)나 중농학파의 정치적 영수격인 튀르고(Turgot: 1727-1781)에게도 마찬가지이지만, 초기 유럽

---

professed a more than passing interest in Eastern [Chinese] philosophy is impressive and includes Montaigne, Malebranche, Bayle, Wolff, Leibniz, Voltaire, Montesquieu, Diderot, Helvetius, Quesnay, [David Hume] and Adam Smith. They were fascinated by its philosophy, by the conduct of the state, and by its education system, and in all kinds of ways sought to hold it up as a mirror in which to examine the philosophical and institutional inadequacies of Europe, as a model with which to instigate moral and political reform, and as a tool with which to strip Christianity of its pretensions to uniqueness." J. J. Clarke, *Oriental Enlightenment: The Encounter between Asian and Western Thought* (London: Routledge, 1997), p. 42. 이외에도 John M. Hobson, 『서구 문명은 동양에서 시작되었다』, pp. 251-260 참조.

10) J. J. Clarke, *Oriental Enlightenment*, pp. 49-50.
11) 주겸지 지음, 전홍석 옮김, 『중국이 만든 유럽의 근대』(1940) (서울: 청계, 2003), pp. 356-357.

계몽주의에 대한 중국 사상의 영향은 지대한 바가 있었다. 그러나 열린 시장이 흔히 그러하듯이, 속성상 대단히 혼란스러울 수밖에 없었던 유럽의 계몽기간 동안 중국에 대한 유럽인들의 인식은 시간의 흐름과 함께 크게 변화하였다. 중국은 개혁의 기준을 제시하는 가장 앞선 이상적인 나라에서 독재군주에 의해 억압된 야만인의 나라로 격하되면서 차츰 무시되어 갔다.12) 그럼에도 불구하고 강조되어야 할 점은 동양이 서양을 배우려고 노력한 것 이상으로 서양은 훨씬 이전부터 동양을 배우려고 진지하게 노력했다는 사실이다.

지금까지 서술한 아담 스미스가 살았던 18세기의 영국과 유럽의 상황을 요약해 보면 다음과 같다. 첫째, 산업구조가 농업에서 상·공업으로 점차 고도화하며 부의 축적이 가속화되었다. 둘째, 종교와 정치적 권위가 지배하던 비교적 단순한 유기적 신분사회가 점차 개인의 합리적 이익 추구가 허용되는 복잡한 기계적 계약 사회로 이행하며 합리화와 세속화가 진행되었다. 셋째, 기독교와 같은 계시 종교의 권위보다 인간의 이성에 대한 신뢰를 바탕으로 개인의 자유를 쟁취하기 위해 전면적 문화혁명을 시도하던 계몽의 시대였다. 넷째, 찬반을 불문하고 중국의 유교 문화에 대한 계몽주의자들의 높은 관심에서 볼 수 있듯이 사상의 국제적 교류가 활발히 이뤄졌던 시기였다. 다섯째, 스코틀랜드 특유의 개혁의 열기가 잉글랜드와의 정치적 합병을 통해 경제적 번영으로 결실을 맺던 시기였다.

---

12) John M. Hobson, 『서구 문명은 동양에서 시작되었다』, pp. 255-256; Wei-Bin Zhang, *On Adam Smith and Confucius: The Theory of Moral Sentiments and the Analects* (New York: Nova Science Publishers, 2000), pp. 2, 22-28.

2) 아담 스미스의 생애

슘페터는 아담 스미스의 생애를 기술하는 데 많은 사실이나 세부사항의 도움이 필요하지 않다고 하였다. 그가 타고난 학자로서 기복이 없는 평온한 일생을 살았다고 보았기 때문이다.[13] 그렇다고 하더라도 스미스가 후세에 끼친 영향이 막대한 만큼 그의 삶 자체에 대한 관심이 줄어든 것은 아니다. 지금까지 모두 네 권의 스미스 전기가 출간되었다.[14] 여기에서는 이들 책의 내용을 중심으로 다산 정약용의 삶과의 비교를 염두에 두고 아담 스미스의 생애를 유년과 수학(修學), 연구와 교육, 여행과 저술 등의 세 시기로 나눠 약술하고자 한다.

(1) 유년과 수학기(1723-1748)

아담 스미스는 1723년 스코틀랜드 에든버러 근처의 작은 항구도시

---

13) Joseph A. Schumpeter, *History of Economic Analysis*, p. 181.

14) 지금까지 출간된 스미스 전기를 연대순으로 적어 보면 다음과 같다. Dugald Stewart, "Account of the Life and Writings of Adam Smith, LL.D.,"(1795) in Adam Smith, *Essays on Philosophical Subjects(EPS)*, The Glasgow edition of the Works and Correspondence of Adam Smith, Vol. III, edited by W. P. D. Wightman (Oxford: Oxford University Press, 1980), pp. 269-351; John Rae, *Life of Adam Smith*(1895) (New Jersey: Augustus M. Kelley, 1965); W. R. Scott, *Adam Smith as Student and Professor* (Glasgow: Jackson, 1937); Ian Simpson Ross, *The Life of Adam Smith* (Oxford: Clarendon Press, 1995).

커콜디(Kirkaldy)에서 비교적 부유한 가정의 유복자로 태어났다. 유아세례는 그해 6월 5일 받았으나 정확한 탄생일은 알려져 있지 않다. 커콜디 관세청장을 역임한 그의 부친 아담 스미스는 정치적 주권과 종교 문제를 놓고 치른 내전에서 승리자의 편이었던 프로테스탄트 휘그당(Protestant Whigs) 소속이었고, 1707년 발효된 〈합병법〉의 협상 과정에서는 스코틀랜드 국무장관의 개인 비서로 활약하기도 하였다.

후일 스미스는 자유의 신장을 위해 투쟁한 선친의 경험으로부터 〈자연적 자유(natural liberty)〉의 중요성을 체감한 듯하고, 자유는 자제력을 통하여 책임감 있게 행사되어야 한다는 교훈은 아마도 그의 모친 스미스(Margaret Douglas Smith)로부터 처음 배웠을 가능성이 있다. 깊은 신앙심을 지녔던 그의 모친은 아들과 60여 년을 함께 살며 그에게 가정적 안정을 제공하였고, 스미스도 모친에게 효도하며 평생을 독신으로 지냈다.15)

유년 시절 병약했지만 자신의 건강관리에도 철저했던 스미스는 대략 1730년부터 1737년까지 커콜디의 시립학교에서 영어 작문과 라틴어 등의 기초를 다질 수 있는 훌륭한 초기교육의 기회를 가졌다. 이때 그는 책에 대한 남다른 애정과 비범한 기억력으로 친구들의 주목을 받았다고 한다. 1737년 이 학교를 졸업한 스미스는 당시의 관행대로 14살의 나이에 글래스고 대학에 진학하여 1740년까지 체류하였다. 여기에서 스미스는 뉴턴 물리학과 수학, 그리고 스토아철학에 심취하였

---

15) Schumpeter는 아담 스미스의 삶의 무대에 그의 모친 이외의 어떤 여성도 등장하지 않았다고 주장하였고, 이 점이 인간의 본성에 대한 그의 이해에 영향을 미쳤을 가능성을 배제하지 않았다. Joseph A. Schumpeter, *History of Economic Analysis*, p. 182.

으나, 그의 도덕철학과 경제학 체계의 기초를 이룬 것은 그의 잊지 못할 스승이자 스코틀랜드 계몽운동의 상징적 인물로서 종교적 관용과 정치적 자유를 주창한 허치슨의 가르침이었다. 글래스고 대학에서 대단히 고무적인 학창 생활을 보낸 스미스는 1740년부터 1746년까지 7년 동안 스넬(Snell) 기금의 장학생으로 옥스퍼드 대학의 베이리얼(Balliol) 칼리지에 유학하였다. 옥스퍼드에서의 7년 동안은 스미스에게 지적인 측면에서 기대에 미달한 대단히 실망스러운 시기였다. 학문적 경쟁과 유인의 부재 속에 안주한 교수들은 강의에 전혀 흥미를 느끼지 못하였을 뿐만 아니라, 그나마 가르친다는 것도 종교의 비호 속에 독점적 지위를 유지하고 있던 아리스토텔레스 철학과 같이 글래스고 대학에서는 이미 논파된 것으로 간주된 철학체계와 낡은 편견들이었기 때문이다.16) 이런 분위기 때문에 스미스는 오히려 옥스퍼드 대학에서 광범하고 집중적인 독서에 몰입할 수 있었고, 그 결과 그리스와 로마의 고전에 대한 해박한 지식과 각국어로 쓰인 현대문학에 대한 이해를 크게 증진시킬 수 있었다. 스미스가 장학금을 받으며 옥스퍼드 대학에 유학한 것은 친구들과 자신의 소망에 따라 잉글랜드 국교회의 성직자가 되기 위함이었다. 그러나 성직이 그의 취향에 걸맞지 않다고 판단한 그는 친구들의 소망보다 자신의 판단을 중시하여 처음의 계획을 모두 포기하고 유학을 마치는 대로 귀향하였다. 고향에 돌아온 스미스는 2년간 그의 모친과 함께 생활하며 성직자가 아닌 학자로서의 길을 조용히 준비하였다.

---

16) Athol Fitzgibbons, *Adam Smith's System of Liberty, Wealth, and Virtue*, pp. 12-13.

(2) 연구와 강의기(1748-1764)

교수로서 인생의 출발을 스미스는 스코틀랜드의 수도 에든버러에서 1748년부터 1951년까지 3년간 성황리에 열린 공개 및 개인 강좌의 강사로 시작하였다. 그가 여러모로 칭송해 마지않은 흄과 만나 일생 동안 변함없이 지속된 우정을 맺은 곳도 여기였다.17) 강의의 주제는 그의 스승인 허치슨이 세운 체계에 따라 문학과 철학사 또는 과학사, 그리고 법학 등이었으며, 법학 강의 가운데 시민사회의 역사를 다룬 부분이 스미스 정치경제학의 핵심을 이루었다. 이 기간이 특별히 중요한 의미를 갖는 이유는 이 기간에 행한 그의 강의 내용에 비추어 보았을 때, 그가 *WN*에서 제시한 자유주의적 경제정책의 원칙을 포함한 전반적인 정치경제학 체계가 이미 이때에 독창적으로 구상되었을 가능성이 있기 때문이다.18)

에든버러에서의 성공적 강의에 힘입어 1751년 모교인 글래스고 대

---

17) Hume에 대하여 스미스는 *WN*, p. 790에서 "단연 가장 뛰어난 당대의 철학자이며 역사학자"라고 평하였고, 그가 죽은 뒤에는 한 서신에 다음과 같이 썼다: "Upon the whole, I have always considered him, both in his lifetime and since his death, as approaching as nearly to the idea of a perfectly wise and virtuous man, as perhaps the nature of human frailty will permit." Adam Smith, *Correspondence of Adam Smith*(*Correspondence*), The Glasgow Edition of the Works and Correspondence of Adam Smith, Vol. VI, edited by E. C. Mossner and I. S. Ross, 2nd ed. (Oxford: Oxford University Press, 1987), p. 221.

18) Keynes는 스미스의 자유주의적 경제정책의 원칙이 그가 중농학파와 접촉하기 훨씬 이전, 즉 에든버러 강사 시절에 이미 수립되었다고 보았다. J. M. Keynes, "Adam Smith as Student and Professor,"(1938) *Adam Smith Critical Assessments*, Vol. I, pp. 81-83.

학의 교수로 발탁된 스미스는 이때부터 1764년까지 그가 그의 인생에 서 "단연코 가장 유용했고, 그런 만큼 가장 행복하고 명예로웠던 시 기"19)로 기억한 13년간을 보냈다. 처음 논리학 교수로 시작하여 다음 해에 도덕철학 강좌로 옮긴 그의 강의는 잘 알려진 바와 같이 자연신 학, 윤리학, 정의론, 곧 법학, 정치경제학의 네 부분으로 구성되어 있었 다. 그가 강의했던 주제는 글래스고에서 곧 유행이 되었고, 특정 문제 에 대한 그의 견해는 다양한 지식인 모임에서 토론의 대상이 되었다. 스미스는 학생 또는 그 지역의 상공업자들과 함께 식민지 무역과 은 행 문제 등의 현안을 놓고 논쟁하기를 즐겼다. 그가 강의했던 윤리학 의 내용을 새롭게 정리하여 1759년에 『도덕감정론(TMS)』20)으로 출간 한 이후 스미스는 스코틀랜드의 계몽주의뿐만 아니라 유럽의 계몽주 의에 기여한 지식인으로 국내외에 널리 알려지게 되었다. 누구보다 먼 저 TMS를 읽은 흄은 스미스로 하여금 그의 도덕체계를 다시 다듬도록 비판하는 한편, 그의 출세에 도움을 줄 수 있는 저명인사들에게 그 책 을 돌렸다. 흄이 보내준 TMS를 감명 깊게 읽은 명석한 정치가 타운센 드(Charles Townshend)는 그의 의붓아들인 버클루 공작(Duke of Buccleuch) 의 국외 여행에 개인교사로 동행해 줄 것을 스미스에게 부탁하였다. 흄의 우려와는 달리 새로운 문물에 대한 갈증을 느끼고 있던 스미스 는 젊은 공작과 함께 여행하기로 흔쾌히 결심하고, "너무 이르지도 너 무 늦지도 않은 올바른 순간에"21) 글래스고 대학의 교수직을 사임하

---

19) Adam Smith, *Correspondence*, p. 309.

20) Adam Smith, *The Theory of Moral Sentiments*(*TMS*),(1759) The Glasgow Edition of the Works and Correspondence of Adam Smith, Vol. I, edited by D. D. Raphael and A. L. Macfie (Oxford: Oxford University Press, 1976). 이 책은 앞으로 *TMS* 로 표기하고자 한다.

고 새로운 세상을 향하여 출발하였다.

(3) 여행과 저술기(1764-1790)

　*WN*의 탄생에 필요한 여가와 경비를 제공하여 경제학의 발달에 부지중 크게 기여한 셈인 18세의 젊은 학생 버클루 공작과 함께 1764년 초 영국을 떠난 41세의 스미스는 1766년 10월 귀국할 때까지 툴루즈, 제네바, 파리 등지를 여행하며 많은 견문을 쌓았다. 파리에서는 당시 프랑스 주재 영국 대사관의 서기관으로 근무하던 흄에 의해 디드로(D. Diderot: 1713-1784)와 엘베시우스(C. A. Helvétius: 1715-1771) 등 이른바 〈철학자들(philosophes)〉에게 소개되었고, 제네바 근교에서는 종교적 관용을 위해 투쟁하던 볼테르를 만났다. 그리고 다시 파리에서는 흔히 〈경제학자들(économistes)〉이라고 불리던 중농학파 학자들과 접촉하게 되었다. "지극히 겸손하고 순박하여"22) 그가 후일 *WN*을 헌정하려고 했을 정도로 존경하게 된,23) 중상주의 체제를 비판하며 자유방임을 주장한 중농학파의 지도자인 케네를 필두로 미라보(Mirabeau: 1715-1789)와 튀르고 등과 가깝게 교제하며 경제현상에 대한 이론적 분석 능력을 향상시킬 수 있는 기회를 가졌다.24)

---

21) J. M. Keynes, "Adam Smith as Student and Professor," p. 75.
22) Adam Smith, *WN*, p. 679.
23) Dugald Stewart, "Accout of the Life and Writings of Adam Smith, LL.D," p. 304.
24) 이 대목에서 Quesnay와 스미스의 사제 관계에 대한 논의가 제기되어 왔다. 여기에 관해서는 John Rae, *Life of Adam Smith*, pp. 215-216; Ian Simpson Ross, *The Life of Adam Smith*, pp. 214-217 참조. Rae와 Ross는 Keynes가 시사하고 있는 것처럼 스미스가 Quesnay의 영향은 받았지만 그의 제자라고 볼 수는

불의의 사고로 예정보다 일찍 귀국한 스미스는 런던에 잠시 머무르다 커콜디로 귀향하여 1773년까지 모친과 함께 지내며 WN의 집필에 매진하였다. 1773년 봄 WN이 거의 다 완성되었다고 생각한 스미스는 집필 때문에 심신이 극도로 지친 상태에서 최악의 사태에 대비하여 흄을 자신의 저작권 유언집행인으로 세운 다음, 탈고 전의 마지막 손질과 출판을 위해 런던으로 향하였다. 그러나 WN의 출간은 그의 예상과 달리 3년 이상 미뤄질 수밖에 없었다. 가장 큰 이유는 그가 런던에서 새롭게 행한 연구의 결과를 반영하기 위하여 원고의 대부분을 새로 쓰지 않으면 안 되었기 때문이다. 다른 이유는 아메리카 식민지 분쟁의 해결이라는 당시의 중대한 정치적 현안에서 찾을 수 있다. 규제와 금지 일변도의 식민체제에서 비롯된 폭력적 분쟁을 WN이 지향하는 〈자연적 자유의 체계(system of natural liberty)〉의 근간인 자유무역 이론을 실제로 적용하여 평화적으로 해결하는 방법을 모색하는 과정에서 더 많은 정치가들의 견해를 들어 반영하고 또 지지를 얻기 위해 출간 시기를 조정했을 가능성이 있다. WN은 결국 1776년 3월 출판되었다. 계획을 위한 12년과 집필을 위한 12년 도합 24년이라는 긴 잉태 기간이 지난 뒤였다.25)

출판을 끝내고 귀향한 스미스는 그해 8월 흄의 사망을 전후하여 잠시 에든버러에 다녀온 다음, 커콜디에 머물며 다른 저서의 집필 구상에 몰두하였다. 문학과 철학 등의 역사를 다룬 〈모방예술(Imitative Arts)〉과, 그가 TMS의 말미에서 약속한 〈법과 통치의 이론과 역사〉에 관한

없다는 견해를 피력하고 있다. 중농주의의 정치경제학적 체계에 대한 스미스의 자세한 비평에 관해서는 WN, Book IV Chapter IX 참조.

25) John Rae, *Life of Adam Smith*, p. 284.

책이었지만 모두 끝내 완성하지 못하였다. 1778년 1월 가업을 계승하여 스코틀랜드 관세청장에 임명된 스미스는 모친과 함께 직장이 있는 에든버러로 이사하여 세상을 떠날 때까지 그곳에서 살았다. 1784년 모친의 사망에 따른 슬픔과 점차 악화되는 건강에도 불구하고 그의 주된 관심사는 이미 출판된 저서들을 최선의 가장 완벽한 상태로 남겨놓고, 또 구상 중인 책들을 완성하는 것이었다. 1784년의 *WN* 표준 제3판과 사망하기 직전 수정·보완 작업을 끝내고 출판한 *TMS* 제6판이 그 결실이었다. 1787년부터 1789년까지 글래스고 대학 총장을 역임하기도 했던 스미스는 자신의 더딘 집필 속도와 더 많은 업적을 이룩하지 못한 데 대해 아쉬움을 표하며, 그의 친우들에게 몇 편을 제외한 유고 전부를 소각할 것을 당부하고[26] 1790년 7월 17일 조용히 이 세상을 하직하였다.

2. 다산 정약용의 삶과 시대 상황

1) 18세기와 19세기 초엽 조선의 시대 상황

다산 정약용은 아담 스미스보다 39년 뒤인 1762년에 태어나 1836년까지 생존하였다. 이는 조선 후기인 영조 38년부터 정조와 순조의 치세를 지나 헌종 2년에 이르는 기간에 해당한다. 중세 말경까지 세계의 변방에 지나지 않았던 영국은 이 기간을 전후하여 전술한 바와 같이

---

26) John Rae, *Life of Adam Smith*, p. 434.

계몽운동과 함께 비교적 순조로운 정치개혁과 산업혁명을 거치면서 세계의 패자(覇者)로 부상할 수 있는 국력을 착실히 쌓아 간 반면, 조선은 시의 적절한 계몽과 체제개혁으로 새로운 질서를 형성하여 경제성장과 사회통합의 기틀을 다지지 못한 채 국력을 점차 소진시켜 결과적으로 왕조의 멸망에 이르는 패자(敗者)의 길을 걷고 있었다. 동양의 유교사상이 서양의 근대화를 촉진한 계몽운동의 중요한 단초를 제공했다는 사실을 염두에 두고 보았을 때, 정작 정통적 유교 국가였던 조선의 당시 현실은 일견 하나의 역설이 아닐 수 없다.

다산이 생존했던 시기 조선의 시대 상황은 대체로 임진왜란(1592-1598)과 병자호란(1636)이 조선과 동아시아에 미친 물질적·정신적 후유증의 극복 과정에서 파생된 것으로 특징지어질 수 있다. 양란은 당시 조선 지식인들의 세계관에 따르면 남과 북의 미개한 오랑캐에 불과한 왜와 여진이 문명국 조선을 상대로 일으킨 전쟁이었다. 승전으로 끝나긴 했으나 여러 해 지속된 임진왜란은 조선의 물적 생산 기반을 완전히 파괴하였고, 임금이 무릎을 꿇어야만 했던 치욕적 패전으로 종결된 병자호란은 오래 끌지는 않았으나 자존심 손상이라는 쉽게 지울 수 없는 정신적 상흔을 남겨 놓았다. 그뿐만 아니라 양란의 여파로 1644년에는 이른바 중원의 주인이 명에서 청으로 교체되었는데, 이는 특히 명분을 중시했던 조선의 지식인들에게 동아시아 문화 질서의 붕괴를 의미하는 대단히 충격적인 사건이었다.[27] 조선 사회는 결국 사대와 자주, 명분과 실리, 이상과 현실의 갈등 속에서 양란의 후유증을 치유하고 국가를 재건해야 하는 시대적 과제를 안게 되었다.

---

27) 정옥자, 〈정조시대 연구 총론〉, 정옥자 외, 『정조시대의 사상과 문화』 (서울: 돌베개, 1999), pp. 18, 30.

중국 송나라 성리학의 명분론인 화이론(華夷論)을 답습하여 일찍부터 편협한 소중화(小中華) 의식에 젖어 있던 조선의 지식인들은 명의 멸망 이후 동아시아 사회에서 유교문화를 지키고 이어갈 수 있는 유일한 정통이 조선이므로 조선이 곧 중화라는 조선 중화사상을 발전시켰다. 조선 중화의식의 고취는 전란으로 피폐해진 나라를 재건하는 과정에서 민족적 자부심의 회복과 사회의 통합을 이루기 위한 하나의 유효한 수단일 수는 있었으나, 〈존명배청(尊明排淸)〉이라는 현실과 괴리된 명분론을 강화시켜 청나라의 새로운 학문을 허심탄회하게 평가하고 수용했을 때 가능한 실리 획득의 기회를 현저하게 줄인 부작용을 초래하였다. 그 결과 실현성이 희박한 관념적 〈북벌론〉은 풍미한 반면, 18세기 이후 조선이 처해 있는 객관적 현실을 직시하고 비교적 열린 마음으로 〈북학론〉을 주장한 실학자들은 재야 소수파에 머무를 수밖에 없어 국정의 방향 설정에 큰 영향을 미치지 못하였다.28) 변통적인 개방사상인 실학은 오랑캐의 나라와 관련된 북학이나 서학을 내용으로 하기 때문에 화이론을 타파하지 않고는 수용이 불가능한 것이었다. 서학과 서교,29) 특히 서학의 수용과 활용 여부는 근대화의 성공

---

28) 강재언, 『조선의 西學史』, pp. 11-14.

29) 조선 후기엔 학문이 흔히 正學과 邪學으로 구분되었다. 正學은 곧 유학을 뜻하고, 邪學은 주로 西學을 지칭하였다. 넓은 의미의 서학은 천주교로 대표되는 서양의 종교, 그리고 서양의 과학・기술 등 두 분야를 포괄하고 있는데, 노대환 교수는 전자를 천주교, 그리고 후자를 西器로 구분하기도 하였다. 노대환, 〈정조시대 서기 수용 논의와 서학 정책〉, 정옥자 외, 『정조시대의 사상과 문화』, p. 201. 여기에서는 강재언 교수가 그의 『조선의 西學史』에서 구분한 바와 같이 종교와 관련된 서학을 西教로, 과학・기술과 관련된 서학을 좁은 의미의 서학으로 표기하고자 한다.

여부를 좌우하는 관건이었다는 점을 고려해 본다면 근대로의 역사적 전환을 어렵게 한 화이론의 폐해는 자못 심대한 것이었다고 하지 않을 수 없다.30)

17세기 중엽부터 청나라를 통하여 소개되기 시작한 서학에 대한 관심이 특히 고조된 시기는 18세기 후반, 즉 정조의 치세기(1776-1800)였다. 정조는 서교 관련 서적의 국내 반입은 철저히 금지시켰지만, 서학의 도입과 수용은 깊은 관심을 가지고 적극 추진하였다. 정조를 보필한 좌의정 채제공(蔡濟恭 1720-1799)도 서학 배척론에 담긴 당쟁적 성격을 간파하고, 사학(邪學)으로서의 서교를 직접적으로 억압하기보다 정학(正學)인 유교를 선양함으로써 사학을 자연 소멸시키려는 교화주의를 기본 방침으로 삼아 정약용을 포함한 남인계 서학 신봉자들을 정치적 탄압으로부터 보호하였다.31) 정조 치세기의 이런 분위기는 유럽의 계몽시대와 같이 사상의 자유로운 교류와 비판을 허용할 만큼 관대한 것은 아니었으나, 근대화의 관건이었던 서학 수용의 가능성을 내포하고 있었다는 점에서 서교뿐만 아니라 서학도 철저히 반대한 〈사문난적(斯文亂賊)〉과 〈위정척사(衛正斥邪)〉의 형태로 배타적 주자학 획일주의가 지배하던 정조 이전과 이후 시대의 분위기와는 상당히 다른 것이었다.

정치적으로 비교적 안정되었던 17세기 중반 이후 18세기 말까지 조선의 경제도 장기적으로 안정과 성장의 추세에 있었던 것으로 보인다.

---

30) 이정린, 『황사영백서연구 - 한반도 분단의 근본 원인을 찾아』 (서울: 일조각, 1999), pp. 75-78.

31) 곽신환, 『조선조 유학자의 지향과 갈등』 (서울: 철학과 현실사, 2005), pp. 339-348.

전란으로 황폐해진 농지는 17세기 말까지 거의 복구되고 또 추가로 개간되었으며 인구도 증가한 것으로 추정된다.32) 그러나 18세기에서 19세기에 걸쳐 산업구조가 농업으로부터 상·공업으로 고도화되면서 소득의 증가와 부의 축적이 이뤄졌다는 물증은 찾기 힘든 형편이다.33) 사료의 제약 때문에 매우 제한적이긴 해도 지금까지의 실증적 연구 결과에 따르면, 조선 사회는 20세기 초까지 5일장과 같은 향시와 시전(市廛)의 국지적 발달에도 불구하고 전반적으로 자급자족 경제에 가까운 농경사회의 특성을 유지했던 것으로 보인다. 상업을 천시하는 문화, 19세기 말에 이르도록 동전 이외에 쌀과 포목 같은 물품화폐가 중요한 교환수단으로 쓰일 만큼 미비한 화폐제도, 열악한 도로 사정 등이 상업의 획기적 발전을 저해하였기 때문이다.34) 아담 스미스가 *WN* 제1권에서 설파한 바와 같이 상업이 발전하지 못하면 시장의 확대가 불가능하고, 시장에서의 교환이 활성화되지 못하면 분업과 전문화가 촉진될 수 없어 노동과 토지의 생산성 향상이 어렵게 된다. 생산성의

---

32) 강만길, 〈丁若鏞時代의 經濟事情〉, 정석종 외, 『丁茶山과 그 時代』 (서울: 민음사, 1986), pp. 48-51; 이영훈, 〈총설: 조선후기 경제사 연구의 새로운 동향과 과제〉, 이영훈 편, 『수량경제사로 다시 본 조선후기』 (서울: 서울대학교 출판부, 2004), pp. 378-382.

33) 정옥자 교수는 정조 시대가 중세 농경사회에서 근대 상공업 사회로의 이행기에 해당한다고 거듭 강조하고 있으나, 납득할 만한 실증적 자료는 제시하지 않고 있다. 정옥자, 〈정조시대 연구 총론〉, pp. 17, 35, 37.

34) 이영훈, 〈총설: 조선후기 경제사 연구의 새로운 동향과 과제〉, pp. 372-378. Charles Dallet도 화폐제도의 불비와 한심스러운 교통로가 조선의 상업 발전에 큰 장애가 되었다고 지적하였다. 샤를르 달레 원저, 안응렬, 최석우 역주, 『韓國天主敎會史(上)』(1874) (서울: 한국교회사연구소, 1979), pp. 265-267.

향상이 없는 곳에서 소득의 증가와 부의 축적, 그리고 제조업의 발달은 기대할 수 없다. 아담 스미스는 경제가 장기적으로 수렵과 어획, 목축, 농경, 상업 등의 4단계를 거치며 발전한다고 생각하였다. 그리고 중상주의적 정책을 적극 추진하고 있던 영국은 이미 가장 앞선 상업의 단계에 도달했다고 보고 이를 정치경제학적 분석의 주된 대상으로 삼았다.35) 이런 관점에서 보더라도 중상주의 국가와는 거리가 멀었던 정약용 당시의 조선은 상업 단계 이전, 즉 농경의 단계에 머물러 있었다고 하지 않을 수 없다.

상업의 단계에 도달한 경제에서는 자원의 배분과 소득의 분배 등과 같이 어느 사회도 회피할 수 없는 기본적인 〈경제문제〉의 해결 과정에서 자유로운 경제주체들이 모여 자발적으로 거래하는 시장이 주도적 역할을 담당할 수 있다. 경쟁적 시장에서 형성된 가격체계가 다양한 경제행위를 상호 조정하는 올바른 지침이 될 수 있기 때문이다. 그러나 시장이 이런 기능을 담당할 수 있도록 성숙하지 못한 사회에서는 경제문제가 다른 방식으로 해결될 수밖에 없다. 전통적 농경사회에서 사회나 공동체, 그리고 국가의 역할이 특히 중시되는 것은 이런 맥락에서다. 19세기 중엽 이후 농업 생산성의 하락으로 심각한 위기에 봉착하게 되는 조선의 경제가 17세기 중반부터 18세기 말까지의 기간엔 안정적 통합과 성장을 이룰 수 있었던 것은 국가 주도의 경제문제 해결 방식, 즉 국가적 재분배 체제가 비교적 원활하게 작동하였기 때문인 것으로 보인다.36)

---

35) Adam Smith, *WN*, pp. 427, 689-694.

36) 이영훈, 〈총설: 조선후기 경제사 연구의 새로운 동향과 과제〉, pp. 379-382; 그리고 이영훈 편의 『수량경제사로 다시 본 조선후기』에 실려 있는 박기주,

국가가 경제문제의 해결을 주도하는 저생산성 사회에서는 재화의 생산과 관련된 경제보다 생산물의 분배와 관련된 정치와 윤리가 더욱 중시될 수밖에 없다.37) 생산성 향상을 위한 〈경제적 분업〉보다 재분배의 관장과 직결된 〈정치적 분업〉이 더욱 정교하게 이뤄지고, 만약 모든 구성원들의 자율적·합리적 판단을 고취하며 제도를 새롭게 정비하려는 미래 지향적 계몽주의로 나라의 분위기를 쇄신하지 못하면, 기존의 신분적 위계와 정치적·도덕적 권위를 지키려는 반동적 복고주의가 득세할 가능성이 높다는 점도 이런 사회가 지닌 특성이라고 할 수 있다. 서양 과학·기술의 수용에 깊은 관심을 가지고 있던 정조 조차도 서학에 반대하는 고루한 속유(俗儒)들의 강력한 비판에 굴복하여 홍문관에 소장되어 있던 서양서를 모두 소각하라는 조처를 취하지 않을 수 없었던 것이나,38) 정조와 소수의 선각자들이 모색했던 서학 수용의 가능성이 1801년의 이른바 신유교옥(辛酉敎獄)을 계기로 완전히 무산되면서 서교뿐만 아니라 서학도 배척하는 위정척사가 조선 말기의 지배적 시대사조로 정착된 것도 이와 무관하지 않다.

다산 정약용은 아담 스미스보다 한두 세대 쯤 나중에 살았지만, 지금까지 본 바와 같이 그가 살았던 당시 조선의 상황은 오히려 스미스

〈재화가격의 추이, 1701-1909: 慶州 지방을 중심으로〉, pp. 216-217과 이영훈·박이택, 〈농촌 미곡시장과 전국적 시장통합, 1713-1937〉, pp. 272-273에서도 같은 주장이 거듭되고 있다.

37) "18세기 조선 왕조처럼 거대 규모의 국가적 재분배 체제에 토대를 둔 道德經濟(moral economy)의 예를 세계사의 다른 나라에서 찾기란 그리 쉽지 않을 터이다." 이영훈, 〈총설: 조선후기 경제사 연구의 새로운 동향과 과제〉, p. 378.

38) 노대환, 〈정조시대 서기 수용 논의와 서학 정책〉, pp. 236-239.

시대 영국의 그것보다 여러모로 상당히 뒤떨어진 것이었다. 첫째, 다산 시대의 조선은 여전히 자급자족적 농경사회에 머물러 있었다. 상업과 공업은 저발전 단계에 있었고 경제의 성장과 부의 축적도 이뤄지지 못하였다. 둘째, 유기적 신분사회의 틀이 견고하게 유지되고 있었기 때문에 소유권의 정립과 보호, 그리고 이윤의 합리적 추구와 같은 근대화에 필요한 제도와 정신은 발전할 수 없었다. 셋째, 외국의 새로운 문물을 도입하여 사회를 개혁하려는 계몽주의보다 반동적 복고주의가 득세한 가운데 종교적 관용보다는 박해가 일상화되어 있었다. 넷째, 자기 완결적 소중화 의식에 사로잡혀 사상의 국제적 교류는 매우 제한된 범위 안에서 소규모로 이뤄질 수밖에 없었다. 다섯째, 국가적 재분배 체제로 운영되던 경제는 국제무역의 축소와 농업 생산성의 하락으로 와해의 조짐을 보이고 있었다.

2) 다산 정약용의 생애

풍우란은 책을 저술하여 주장을 수립하는 일은 중국의 철학자가 보기에는 가장 불우한 경우로서 부득이한 경우에나 하는 일이라고 간파하였다.[39] 소중화로 자처한 조선에서도 이 점에서 중국과 별 차이가 없었다면, 긴 유배 기간 동안 수많은 책을 저술한 다산 정약용보다 더 불우한 철학자는 조선 역사에서 찾기 힘들 것으로 보인다. 다산은 아담 스미스의 평온한 삶에 비하면 참으로 파란만장한 일생을 살았다. 아담 스미스와 비교하여 또 하나 다른 점은 다산학의 활성화에도 불

---

39) 풍우란 지음, 박성규 옮김, 『중국철학사 상』(서울: 까치글방, 1999), p. 10.

구하고 스미스 전기에 견줄 만큼 그간의 연구 성과를 반영한 다산 전기가 별로 없다는 사실이다. 다산의 생애는 흔히 수학기, 사환기(仕宦期), 유배기, 귀향기 등 4시기로 구분된다.40) 여기에서는 수학기, 사환기, 그리고 유배기와 귀향기를 연결된 것으로 보아 하나로 묶어 전체를 세 시기로 나누고 그의 생애를 간략히 서술하고자 한다.

(1) 유년과 수학기(1762-1788)

다산 정약용은 1762년 6월 16일 경기도 광주군 초부면 마재, 지금의 남양주시 와부읍 마재에서 정재원과 해남 윤씨 사이에서 태어났다.41) 사도세자가 죽음을 당하는, 다산의 삶을 기구하게 만들었을 뿐만 아니라 나아가 조선의 역사 전개를 파국으로 이끈 운명적 사건도 이 해에 일어났다. 이 사건을 계기로 기존의 당파는 사도세자에 동정적인 시파(時派)와 비판적인 벽파(僻派)로 분열되었는데, 당시 권력을 장악하고 있던 노론은 대부분 벽파에 속한 반면 권력에서 소외된 남인들은 주로 시파에 속하였고 다산의 가문도 여기에 속하였다.

다산은 어려서부터 뛰어나게 총명하였고 자라서는 학문을 좋아하였다. 일찍부터 부친에게서 틈틈이 경전과 역사를 배웠고, 독서와 작

---

40) 금장태, 『한국 실학의 집대성: 정약용』, pp. 27-28; 김문식, 〈정약용의 대외 인식과 국방론〉, 『茶山學』 제4호(2003), p. 129. 비교적 자세한 다산 연보는 금장태 교수의 책 pp. 353-363; 그리고 박석무, 『다산 정약용 유배지에서 만나다』(파주시: 한길사, 2003), pp. 531-542에 실려 있다.

41) 정약용의 가문과 인맥에 관해서는 정약용 편찬 정갑진·정해렴 역주, 『압해정씨가승』(서울: 현대실학사, 2003); 고승제, 『다산을 찾아서』(서울: 중앙일보사, 1995), pp. 15-94 참조.

문, 시를 짓는 데도 열심이었다. 1770년에는 모친을 여의었고, 아담 스미스가 WN을 출간할 즈음인 1776년 2월에는 15세의 나이로 홍화보의 딸과 혼인하였다. 같은 해 3월에는 영조가 세상을 떠나고 사도세자의 아들 정조가 즉위하였다. 처가가 서울이었고 또 마침 부친이 호조좌랑으로 다시 벼슬에 나가자, 서울 남촌에 집을 구해 살면서 누님의 남편인 이승훈(1756-1801), 큰형의 처남인 이벽(1754-1786), 성호(星湖) 이익(1681-1763)의 종손(從孫)인 이가환(1742-1801) 등 서학 신봉자들과 교유하였다. 이때 성호가 지은 책들을 구해 읽고 비로소 실학과 접하게 된 다산은 학문에 뜻을 두고 성호를 사숙(私淑)하게 되었다고 한다. 한동안 부친을 따라 거처를 옮겨 다니며 독서에 열중하다가 과거시험 준비에 몰두한 다산은 1783년 이른 봄 증광감시(增廣監試)의 초시(初試)와 회시(會試), 즉 진사과에 합격한 뒤 정조 임금을 처음 뵙고 성균관에 입학하여 태학생으로 학업을 계속하였다.

성균관 태학생 시절 다산은 자신을 지극히 아껴 준 정조와의 만남 이외에 또 다른 중대한 만남의 기회를 갖게 되는데, 그것은 서학, 즉 서양의 과학기술과 천주교와의 본격적인 만남이었다. 일찍이 성호 이익은 서양의 종교(서교)와 과학기술(서학)을 엄밀하게 구별하고, 천주교는 불교와 같이 환망(幻妄)하다고 비판한 반면 서양의 천문, 지리, 수학, 역법(曆法) 등은 중국에 없는 묘법이라고 절찬한 바 있다.[42] 조선 후기 실학의 정립에 결정적 역할을 한 성호의 가르침을 따르는 성호학파는 스승의 이러한 〈동도서기(東道西器)〉적 원론에 대해 어떤 입장을 취하느냐에 따라 흔히 성호우파와 성호좌파로 구분된다. 스승처럼 서학은 배우되 유교적 교리에 입각하여 서교는 철저히 배척한 공서파

---

42) 강재언, 『조선의 西學史』, p. 206.

(功西派)라고도 불리는 신후담(1702-1761), 안정복(1712-1791)과 같은 이들이 전자에 속하고, 주자학에 비판적이며 서학뿐만 아니라 서교에 대해서도 열린 태도를 취한 권철신(1736-1801)과 그의 문하에서 서교를 신앙의 대상으로 수용하기 시작한 이벽과 이승훈 등의 이른바 신서파(信西派)가 후자에 속한다.43) 다산이 성균관 유생 시절 천주교를 듣고 알게 된 것은 이벽과 이승훈 등을 통해서였다. 이들은 이승훈이 북경에서 영세를 받고 귀국한 1784년 봄 이후 우리나라 최초의 천주교 신앙 공동체를 조직하여 은밀하게 교리 연구와 신앙 의례를 위한 집회를 이어 나갔는데, 다산도 그의 두 형인 정약전(1758-1816), 정약종(1760-1801)과 함께 여기에 동참하였다. 그러나 은밀한 신앙 공동체의 비밀은 오래 유지되지 못하였다. 1785년 봄 이벽, 이승훈, 정약전, 정약용, 권철신의 아우 권일신 등이 역관 김범우의 집에서 개최한 집회를 추조, 즉 형조의 관리가 적발한 이른바 〈을사추조적발사건(乙巳秋曹摘發事件)〉이 발생하였기 때문이다. 이 사건을 계기로 사학(邪學)을 배척하는 비판이 비등하여 이벽, 이승훈 등은 배교를 선언하고 신앙 공동체의 활동도 일시적으로 중단되었다. 2년 후인 1787년 겨울 다산은 성균관 근처의 마을에서 그간 신앙생활을 재개한 이승훈 등과 성경 강습회를 열고 있던 중 발각되어 성균관 유생들의 비판을 받은 이른바 〈정미반회사건(丁未泮會事件)〉에 다시 연루되기도 하였다. 두 사건을 거치며 다산은 비판과 공격의 표적이 되기도 하였으나, 정조와 채제공의 비호로 무마될 수 있었다.

학문을 연마하며 인생을 설계할 20대 한창의 나이에 이뤄졌던 서학과의 만남은 다산에게 이처럼 시련과 고초를 안겨주기도 하였으나, 다

---

43) 강재언, 『조선의 西學史』, pp. 150-151.

른 한편으론 당시의 피폐한 정치・경제적 상황의 개혁을 위해 긴요했던 기존의 성리학적 세계관을 대체할 수 있는 새로운 세계관과 유용한 이론적・실천적 근거를 제공해 주었다는 점에서 큰 의미를 지닌 것이었다고 하겠다. 이것은 유럽 계몽운동 초기에 기독교적 세계관의 틀을 깨는 데 유교가 수행했던 것과 유사한 역할을 다산을 포함한 성호좌파 실학자들에게는 천주교가 담당했다고 볼 수도 있다.

(2) 연구와 사환(仕宦)기(1789-1800)

프랑스혁명이 일어나던 해인 1789년 1월 28살이 된 다산은 마침내 과거시험의 문과에 합격하여 벼슬길에 나가게 되었다. 종7품의 희릉직장(禧陵直長)이라는 벼슬을 받고, 곧 이어 유능한 신진 문신들에게 계속 학문에 매진할 수 있도록 주던 명예로운 직책인 초계문신(抄啓文臣)에 임명되었다. 이렇게 시작된 다산의 관료 생활은 그가 39세 되던 1800년 봄 낙향할 때까지 약 12년의 길지 않은 기간 동안 정조의 극진한 총애와, 시기하고 견제하는 무리들의 온갖 비방과 공격을 함께 받으며 지속되었다. 다산의 생애에서 이 기간은 아담 스미스가 28세에 글래스고 대학의 교수가 되어 40세에 그만둘 때까지 그의 인생에서 가장 행복하고 명예롭게 보낸 13년간이었다고 회고한 기간과 거의 일치한다. 다만 다산도 그의 벼슬살이 12년간을 인생에서 가장 행복하고 명예로운 기간으로 생각했는지는 분명치 않다. 그러나 군사(君師), 즉 임금이면서 스승을 자처한 정조와 함께 보낸 시간은 다산에게도 가장 유용했고 또 행복과 명예가 함께한 시간이었을 것임에 틀림없다. 정조가 묻는 질문에 답하는 형식으로 지리, 문체(文體), 인재 등용, 토목, 축성(築城) 등 국가 운영 전반에 관한 경세론적 정책과 방안을 제시하고 또 『중용』, 『대학』, 『시경』 등의 경전을 새로운 시각에서 연구·해석하는 작업을 거치며 자신의 학문 체계를 넓고 깊게 구축할 수 있는 기회를 가졌기 때문이다.

이와는 달리 다산의 벼슬살이는 처음부터 반대파의 끊임없는 방해로 순조롭지 못하였다. 가벼운 시련은 곧 닥쳐왔다. 과거 급제 이듬해인 1790년 초에 다산은 채제공의 천거로 예문관 검열(檢閱)에 임명되었으나, 반대파에서 이를 격식에서 벗어난 정실 인사라고 비난하자 사의를 표하고 임금의 부름에도 불구하고 관청에 나가지 않았다. 정조는 이에 다산을 충청도 해미로 유배시켰다가 열흘 만에 풀어 주었다. 해미에서 돌아와 예문관 검열로 복직한 다산은 다음해 가을엔 정5품인 사헌부 지평(持平)으로 승진하였다. 다산에게 더욱 큰 시련을 예고한 이른바 진산사건(珍山事件), 즉 호남의 진산에 사는 다산의 외종형 윤지충과 그의 외종형인 권상연이 새로운 천주교 전례에 따라 조상 제사를 폐지하고 신주를 불태운 사건이 발생한 것도 이 해였다. 서민도 아닌 양반 가문에서 조상의 제사를 폐지한 사건은 충효를 기본으로 하는 정도(正道)로서의 유교에 대한 정면 도전으로 받아들여져 사회적으로 큰 물의를 빚게 되었다. 이 사건을 계기로 남인 내에서는 홍낙안, 이기경, 목만중과 같이 노론과 결탁하여 당파적 입장에서 척사론을 강력히 주장한 공서파가 등장하였고, 신서파는 여전히 천주교를 믿는 서교파와 배교를 선언한 서학파로 양분되었다. 이벽과 정약종 등이 전자를 고집한 반면, 다산은 정약전, 이가환 등과 함께 후자의 길을 선택하였다. 이 사건 이후 남인 공서파는 1801년의 처참한 교옥이 일단락될 때까지 신서파를 고발하고 모함하는 일을 끈질기게 계속하였다.

1792년 3월 다산은 정6품인 홍문관 수찬(修撰)에 임명되었고, 4월에는 진주목사로 있던 부친상을 당하였다. 그해 겨울에는 상중임에도 불구하고 수원성을 쌓기 위한 규제(規制)를 지어 올리라는 임금의 명령을 받고 기중기의 설계를 완성하여 축성의 비용을 크게 절감하는 데 기여하였다. 1794년 삼년상을 마친 다산은 다시 정5품인 성균관 직강(直講), 홍문관 교리와 수찬에 제수된 뒤 곧바로 경기도 암행어사에 임명되었다. 민정을 두루 살핀 다산은 복명(復命)하며 당시 경기 관찰사이던 서용보(徐龍輔)의 탐욕도 보고했는데, 이것이 무서운 악연이 되어 1800년 순조가 즉위할 때 우의정이 된 서용보의 보복을 여러 차례 받게 된다.[44]

1795년에 다산은 종3품인 사간원 사간(司諫)에서 정3품 당상관인 승정원 동부승지를 거쳐 병조참의에, 그리고 이가환은 공조판서로 임명되었다. 그 무렵 중국인 주문모(周文謨 1752-1801) 신부의 밀입국 전교 사건이 발각되었는데, 이 사건은 남인 시파의 세력 확대를 우려하고 있던 공서파에게 신서파를 공격할 수 있는 좋은 빌미를 주었다. 이에 정조는 반대파의 공격을 완화시키기 위해 7월 하순에 이가환은 충주 목사로, 당상관인 다산은 종6품 외직(外職)인 충청도 금정(金井)의 찰방(察訪)으로 좌천시키고, 이승훈은 예산으로 유배시켰다. 찰방은 비교적 한가한 직책이었기 때문에 10월 말경부터 11월 초에 걸친 열흘 동안엔 온양의 봉곡사(鳳谷寺)에서 그 지역의 선비들과 함께 성호의 저술을 교정하고 정서하는 집회를 개최하기도 하였다.[45] 5개월 정도를 금정에

---

44) 서용보와의 끈질긴 악연에 관한 내용은 다산의 〈自撰墓誌銘 壙中本〉, 『與猶堂全書』 제1집 제16권에 적혀 있다. 앞으로 『與猶堂全書』의 인용은 『與猶堂全書』, I:16:1-3 [2:629-632]와 같이 표기하고자 한다. I:16:1-3은 제1집 16권 1-3면을 뜻하고 [2:629-632]는 2001년에 출간된 아름출판사 영인본의 해당 권 수와 면수를 표시한다.

45) 이 집회에서 토론한 내용과 지은 시는 다산의 〈西巖講學記〉, 『與猶堂全書』,

서 보낸 다산은 그해 연말 다시 서울로 올라왔다.

서울에 올라온 다산은 1797년 6월 승정원 동부승지에 제수될 때까지 정조의 총애를 한껏 받으며 고전의 교정과 편찬사업에 종사하였다. 그러나 임금의 신임과 총애가 두터워질수록 반대파의 비방도 비례하여 더욱 심해졌다. 다산은 이런 곤혹스러운 상황에서 벗어나기 위해 자신이 천주교 신자라는 비방에 대해 변명하고 동부승지의 면직을 요청하는 상소를 올렸다.46) 정조는 이 상소에 만족하여 사직을 허락하지 않았으나, 반대파의 비방이 계속되자 몇 년 뒤 다시 중용할 것을 약속하며 다산을 황해도 곡산부사에 임명하였다. 두 번째 외직인 곡산부사로 재임한 약 2년 동안 다산은 목민관으로서 백성을 위한 정치를 구현할 수 있는 소중한 기회를 가졌다. 부임 첫 해 겨울엔 홍역의 치료에 관한 의서인 『마과회통(麻科會通)』을 펴내기도 하였다.

1799년 4월 다산은 다시 병조참의라는 내직에 임명되었다. 그에 대한 정조의 각별한 총애는 날로 깊어져 밤늦도록 대좌하는 날이 많아지자, 반대파의 경계와 공격도 점증하였다. 더욱이 반대파의 파상공세에 대하여 군건한 방파제가 되어 주었던 채제공도 이 해 정월 이미 세상을 떠난 뒤라 처지가 더욱 곤궁해진 다산은 그의 형 정약전과 자신에 대한 모함이 이어지자 고심 끝에 6월 사직을 원하는 상소를 올렸고, 그로부터 한 달 만에 정조의 마지못한 허락을 받았다. 1800년 봄 고향 마재로 돌아온 다산이 고향집에 〈여유당(與猶堂)〉이란 당호를 지어 붙인 직후인 6월, 곧 다시 부르겠다는 언질을 보내준 정조 임금마저 49세

I:21:23-38 [3:399-430]에 기록되어 있다.

46) 〈自明疏〉라고도 하는 다산의 〈辨謗辭同副承旨疏〉, 『與猶堂全書』, I:9:42-46 [2:86-94]를 말한다.

의 젊은 나이로 갑자기 세상을 떠나자, 12년에 걸친 그의 벼슬살이도 함께 끝나고 말았다.

(3) 유배와 저술기(1801-1836)

1801년 2월 초 다산은 그의 형인 정약전, 정약종, 그리고 이가환, 이승훈, 권철신 등과 함께 체포되어 하옥되었다. 정조의 뒤를 이어 어린 나이로 임금에 오른 순조를 대신하여 수렴청정을 하던, 당색이 노론 벽파인 정순대비(貞順大妃) 김씨가 천주교라는 사학의 척결을 명분으로 삼아 반대당인 남인 시파를 제거하기 위해 신유교옥을 일으켰기 때문이다. 이 과정에서 이가환과 권철신은 옥사하고, 정약종과 이승훈은 참수형을 당하였으며, 정약전은 신지도로, 그리고 다산은 별다른 혐의가 없는 것으로 판명되었음에도 불구하고 우의정 서용보 한 사람의 반대 때문에 경상도 장기(長鬐)로 유배되었다. 그 해 10월 큰형 정약현의 사위인 황사영(1775-1801)의 백서사건(帛書事件)이 일어나자 다산과 정약전은 다시 서울로 잡혀 왔다가 각각 강진과 흑산도로 이배되었다. 1801년 11월부터 1818년 8월 해배될 때까지 대략 18년간의 전라도 귀양살이 가운데 처음 8년간은 강진읍에서 보냈고, 1808년 봄부터 나머지 10년간은 다산으로 옮겨 살았다.

강진에 도착한 다음해인 1802년부터 다산은 아침부터 밤까지 건강을 해칠 정도로 공부와 저작에 매진하였다. 외로운 처지에 의지할 것이라고는 읽고 쓰는 일밖에 없었기 때문이다.[47] 이처럼 어쩔 수 없이

---

47) 〈示二子家誡〉, 『與猶堂全書』, I:18:5 [3:112]; 〈寄二兒〉, 『與猶堂全書』, I:21:4 [3:361].

다산의 저술 활동은 그의 인생의 황금기인 강진 유배 시절에 절정에 달하게 되었다. 1803년 겨울에 대비가 다산의 석방을 명령했으나 정승 서용보의 저지로 무산된 일도 이를 돕는 셈이 되었다. 강진읍에서 어렵게 지내는 동안 다산은 토지 및 군사제도, 정부구조, 재정 등 국가경영과 직결된 정치·경제적 연구는 뒤로 미루고, 무엇보다 먼저 예학(禮學), 그 중에서도 특히 장례 및 제사와 관련된 상례(喪禮)에 대한 연구와 저술부터 시작한 뒤 역학(易學)으로 관심 분야를 확대하였다. 다산초당으로 거처를 옮긴 이후 연구 환경이 개선되자, 앞서 시작한 6경과 4서의 경학 연구를 차차 매듭지어 감과 동시에 뒤로 미뤄 두었던 경세학 연구에 심혈을 기울였다. 1817년에 집필을 시작한 뒤 미완으로 남겨둔 『경세유표(經世遺表)』와 1818년 봄 해배 직전 저술을 끝낸 『목민심서(牧民心書)』, 그리고 고향에 돌아온 이듬해에 완성한 『흠흠신서(欽欽新書)』 등이 그 결실이었다. 주자학을 넘어 공자와 맹자의 원시유학으로 복귀하려는 다산의 이른바 수사학적(洙泗學的) 경학, 즉 철학, 종교, 윤리에 관한 연구가 6경의 새로운 주석과 4서의 독창적 해석에 집약되어 있다면, 그의 현실 개혁적 경세학, 즉 정치, 경제, 법률에 관한 연구의 성과는 위의 이른바 일표이서(一表二書)에 종합되어 있다.

종교적 관점에서 보았을 때, 강진 유배 시절의 다산은 서교에 대해서는 이전의 시기와 다르게 비교적 소원한 관계를 유지한 반면, 불교와는 새롭게 깊은 인연을 맺었다. 아암(兒菴)이나 초의(草衣) 같은 유능한 학승들과 사제지간을 맺으며 늘 함께했을 뿐만 아니라, 불사(佛事)에도 적극 관여하여 유교와 불교의 상호 이해의 증진에 크게 기여하였기 때문이다. 다산초당에서 다산은 불승 외에도 배움을 청해 찾아온 여러 제자들을 가르칠 수 있는 절호의 기회를 가질 수 있었다. 그 가운데 흔히 18제자라고 불리는 이들이 가장 뛰어났는데, 이들은 다산이 다산초당을 떠나기 직전에 맺은 〈다신계(茶信契)〉의 계원들로서 다산의 두 아들도 여기에 포함되어 있었다.48)

1818년 8월에 다산은 18년간의 긴 유배 생활을 끝내고 비로소 고향으로 돌아왔다. 이듬해 겨울 조정에서는 다산에게 다시 벼슬을 주고자 했으나 서용보의 반대로 무산되었다. 고향에 돌아와서도 다산은 이미 이뤄진 저술을 재정리하는 한편, 상서학(尙書學)에 조예가 깊은 학자들과 교유하며 상서 연구에 특히 힘을 쏟았다.49) 이들뿐만 아니라 다산은 만년에 강화도의 양명학 계열, 즉 강화학파 계열의 학인들과도 깊은 친교 관계를 유지하였다. 다산은 고향에서 회갑을 맞아 스스로 자신의 묘지명을 지으며, 그때까지 그가 펴낸 연구서가 경서에 관한 것이 232권, 경세론을 포함한 기타 문집이 260여 권에 달한다고 밝혔다.50) 그 이후에도 저술 활동이 지속되었기 때문에 다산은 500권 정도에 이르는 방대한 분량의 저서를 남긴 셈이다. 묘지명을 쓰고 14년이 지난 1836년 2월 22일, 마침 회혼 기념일이던 그날 아침 다산은 고향집에서 세상을 하직하였다. 1838년 6월에 부인 홍씨도 다산의 뒤를 따랐다. 다산은 모두 6남 3녀를 낳았으나 3분의 2는 어려서 죽고 2남 1녀만 장성하였다.

---

48) 박석무, 『다산 정약용 유배지에서 만나다』, pp. 497-502.
49) 시기별 다산 사상의 연속성과 단절성에 관해서는 김영호, 〈『與猶堂全書』의 텍스트檢討〉, pp. 36-39 참조.
50) 〈自撰墓誌銘 集中本〉, 『與猶堂全書』, I:16:13, 18 [2:653, 663].

제3장 아담 스미스와 다산 정약용의 문제의식과 시대적 과제

　비슷한 시기였지만 욱일승천의 기세를 띤 영국과 서산낙일의 운명에 맡겨진 조선의 시대 상황 속에서 생존해야 했던 아담 스미스와 다산 정약용의 삶의 형식과 내용은 퍽 대조적이었다. 영국이 앞에 있는 목적지를 향해 힘껏 달리는 말이었다면 스미스는 거기에 채찍을 가하는 기수(騎手)에 비유될 수 있고, 조선이 난파 직전의 위기에 몰린 배였다면 다산은 영광스러웠던 지난날을 회상하며 배 안의 감옥에 갇혀 있는 타수(舵手)에 비유될 수 있다.

　스미스는 다산에 비하여 기복이 훨씬 적은 평온한 삶을 살았다. 그럼에도 불구하고 그는 의도했던 필생의 저술 목표를 달성하지 못했을 뿐만 아니라 이미 집필한 상당량의 원고마저 태워 없앨 것을 부탁하고 세상을 하직하였다. 이는 자신의 악필과 생각보다 느린 연구 진척을 하소연하기도 했던 스미스의 완벽 지향적이며 지나치게 세심한 성격 탓이라고 볼 수 있다.[1] 이에 비하여 폐족의 화를 당하고 귀양살이를 하는 등 인생의 온갖 신산을 맛보면서도 다산은 오히려 유유자적하며 스스로 대견스럽게 여길 정도로 방대한 저술을 남겼다. 다산도 자신의 저작을 태워 버려도 좋다고 말한 적이 있지만, 그것은 그 내용이 미흡하다고 여겨서가 아니라 읽고 알아주는 이가 없는 세태를 한탄했기 때문이다.[2]

두 석학은 물론 몇 가지 공통점도 지니고 있다. 첫째로는 건강을 해칠 정도로 연구와 저술에 몰두한 치열한 학구열을 들 수 있다. 둘째, 스미스와 다산 모두 당대의 뛰어난 문장가였다는 점이다.[3] 다만 라틴어가 아니라 영어로 썼던 스미스와 달리,[4] 다산은 한글이 아닌 한문 문장가였다는 점은 지적해 둘 필요가 있다. 셋째, 당시의 사회가 안고

---

1) Ian Simpson Ross, *The Life of Adam Smith*, pp. 233-234, 245.

2) "육경과 사서로써 자기 몸을 닦고 1표와 2서로써 천하·국가를 다스리니, 본말을 갖춘 것이다. 그러나 알아주는 이는 적고 나무라는 이는 많으니, 만약 천명이 인정해 주지 않는다면 비록 한 횃불로 태워 버려도 좋다." 민족문화추진회, 『국역 다산시문집 7』, 〈자찬 묘지명(自撰墓誌銘) 집중본(集中本)〉 (서울: 솔, 1985), p. 145.

3) 다산이 탁월한 문장가였다는 점은 재론을 요하지 않는다. 스미스에 대하여 Mark Blaug는 다음과 같이 썼다: "In addition, he was the last great economist for a long time to come to write superb English: to read him is to want to read him aloud! … Adam Smith, perhaps the best stylist that economics has ever seen, was soon to be followed by David Ricardo, perhaps the worst stylist that economics has ever seen." Mark Blaug, *Economic Theory in Retrospect*, 5th ed. (Cambridge: Cambridge University Press, 1996), pp. 62-63.

4) 스미스 시대의 유럽에서도 성직자와 학자들이 썼던, 그리고 대부분의 일반인들은 이해할 수 없었던 신성한 언어는 라틴어였다. Adam Smith, *WN*, pp. 765-766 참조.

있던 문제의 핵심과 그 시기가 당면한 시대적 과제를 정확히 파악하고 올바른 해결책을 제시하기 위해 체계적으로 노력한 사상가였다는 점이다. 물론 문제를 의식하고 과제를 해결하기 위해 노력한 점은 유사하지만, 그 내용은 그들이 처했던 시대 상황과 지녔던 사고방식이 달랐던 만큼 다를 수밖에 없다. 여기에서는 스미스와 다산이 지녔던 문제의식과 시대적 과제를 좀 더 구체적으로 살펴보고자 한다. 스미스와 다산은 철학과 신학이 결합된 당시의 지배적 사상체계 속에서 국가와 사회의 진보를 위해 우선적으로 해결해야 할 문제의 단서를 찾았다. 그리고 구체제의 존립을 뒷받침하고 있는 사상체계의 해체와, 바람직한 새로운 사회질서의 구축에 필요한 대안의 제시를 시대적 과제로 삼았다.

1. 아담 스미스의 문제의식과 시대적 과제

1) 문제의식

산업혁명이 시작되기 직전이었던 18세기 중엽의 유럽과 영국에서는 이미 두 가지 다른 종류의 혁명이 동시에 진행되고 있었다. 상인과 제조업자들에 의해 그들도 전혀 감지하지 못한 가운데 조용히 진행되고 있던 상업자본주의라는 경제혁명이 그 하나이고, 다른 하나는 위에서 이미 살펴본 바와 같이 일부의 앞선 지식인들이 의도적으로 추진하고 있던 계몽주의라는 문화혁명이었다. 경제혁명은 중세 서구 역사의 주역이었던 강력한 봉건영주들을 그들로부터 아무런 저항도 받지 않고 철저히 무력화시켰던 무혈과 무언의 혁명이었다. 상인과 제조업자들이 봉건영주들의 허영심을 자극하여 그들의 권력과 권위의 토대가 되었던 수많은 가신과 소작인들을 거느리는 데 필요한 토지 생산 잉여의 거의 대부분을 하찮고 쓸모없는 사치품의 판매대금으로 흡수해 버렸기 때문이다.5) 봉건주의라는 중세적 지배질서가 이처럼 붕괴하면서 사회는 잦은 전쟁과 자의적 폭력, 그리고 그에 따른 혼란에서 벗어나 점차 평온과 질서를 되찾고, 영주들에게 사실상 노예처럼 종속되어 있던 신민(臣民)들은 자유와 안전의 획득과 함께 권리와 책임을 동시에 지닌 독립된 개인, 즉 시민(市民)으로 새롭게 태어나게 되었다.6) 경제가 사회적 스트레스를 야기할 정도로 급속히 성장하기 시작한 것도 이 무렵이었다. 하지만 이러한 역사적 대전환의 과정이 마찰 없이 순탄하게 이뤄진 것만은 아니었다. 경제성장이 영국의 전통적 사회구조의 존속을 위협하기 시작하고 상업의 발달은 공동체 구성원들이 지녔던 경건한 신앙심과 덕성의 부패를 조장한다고 여겨지자, 부와 상업적 가치가 과연 사회적으로 바람직한 것인가에 관한 그리스 시대 이래의 오래된 정치적 논란이 재개되었다.7) 토지에 경제적 기반을 둔 보수 세력들이 전래의 엄격한 신앙과 도덕의 유지를 앞세워 자유주의와

---

5) 스미스는 *WN*, Book III, Chapter IV에서 이 과정을 자세히 기술하고 있다.

6) 이 과정에 대한 좀 더 극적인 서술은 박세일, 〈아담 스미스의 道德哲學體系 - 神學·倫理學·法學·經濟學의 內的 聯關에 대한 統一的 把握을 위하여〉, 조순 외, 『아담 스미스 硏究』, pp. 33-34 참조.

7) Athol Fitzgibbons, *Adam Smith's System of Liberty, Wealth, and Virtue*, pp. 12-13, 48. 상인과 관련하여 스미스도 문제의 일부분을 다음과 같이 시인하였다: "A merchant, it has been said very properly, is not necessarily the citizen of any particular country." Adam Smith, *WN*, p. 426.

자유무역을 신봉하는 신흥 상업자본가 계층에 대한 반감을 드러내며 시대 사조의 변화에 대한 저항을 시도한 것이었다. 다른 계몽주의자들과 마찬가지로 중세의 후진성과 무지, 그리고 이에 바탕을 둔 미신으로부터 해방된 자유롭고 질서 있는 새로운 사회로의 진보와 그것을 가능하게 할 제도적 전제 조건을 모색하던 스미스는 이런 정치적 논란으로 사회의 개혁이 지연될 것을 우려하였다. 그리고 수구 세력이 간직하고 있는 중세의 낡은 세계관과 그런 세계관을 뒷받침하고 있는 사상체계가 온존하는 한 계몽이 쉽지 않다는 데 문제의 핵심이 있음을 간파하였다. 이런 맥락에서 그가 사회의 진보를 방해하는 가장 큰 장애물로 지목한 것이 아리스토텔레스의 철학과 기독교 신학이었다.

(1) 아담 스미스와 아리스토텔레스

종교적 관용과 정치적 자유를 추구하는 지성인들의 자유화 운동인 영국의 계몽주의가 스코틀랜드에서 먼저 시작된 이유는 잉글랜드의 거의 모든 대학이 전래의 구습에 젖어 개혁의 필요성을 느끼지 못하고 있었기 때문이다. 글래스고 대학을 졸업하고 짧지 않은 기간 동안 옥스퍼드 대학에서 공부할 기회를 갖게 된 스미스가 그곳에서 발견한 것은 글래스고 대학에서 느낄 수 있었던 강렬한 탐구의 정신과 배움의 열정이 아니라, 새로운 사조에는 무관심한 채 이미 논파된 학설과 낡은 편견에 안전한 은신처를 제공하고 있는 불가침의 성역이었다.[8] 로크(John Locke: 1632-1704)나 흄과 같은 자유사상가들의 책은 읽는 것조차 허용되지 않은 반면, 글래스고에서는 구시대의 유물로 간주된 아리

---

8) Adam Smith, *WN*, p. 772.

스토텔레스 철학은 여전히 가르쳐지고 있었다.

아리스토텔레스 철학은 고대로부터 중세를 거쳐 근대 초기에 이르는 장기간에 걸쳐 서구인의 철학적·종교적 사고에 큰 영향을 미쳤다. 아리스토텔레스는 스승인 플라톤의 관념철학에 대응하여 선험적 관념보다 사람들이 역사 속에서 구체적인 경험을 통하여 인식할 수 있는 것의 탐구에 바탕을 둔 철학을 가르치기 시작하였다. 집적된 지식이 체계화되어 역사상 최초로 과학의 수준에 근접하게 된 것은 바로 그의 이러한 철학 덕분이었다. 윤리학적 관점에서 정치와 경제적 질문을 다루는 사회철학을 구축한 것도 그였다.9) 그러나 처음부터 유물론적 요소와 관념론적 요소를 동시에 지니고 있어 갈등의 씨앗을 내포하고 있던 아리스토텔레스 철학은 종교와 다른 철학의 영향을 받아 수정·보완되면서 다양한 형태로 전승되었다. 특히 13세기 중엽 아퀴나스(Thomas Aquinas: 1225-1274)에 의해 기독교 철학과 종합되고 나아가 가톨릭교회의 공식 철학으로 수용되면서 아리스토텔레스의 철학은 새로운 전성기를 맞게 되었다. 가톨릭교회의 의미에서 정화(淨化)된 형태로 기독교 세계관과 융합된 아리스토텔레스 철학은 그 이후 서구 사회의 도덕과 정치에 큰 영향을 미치며 근대 초기까지 꾸준히 전수되었다. 반면 르네상스 이후부터 당시 새롭게 등장한 자연과학의 공격을 받기 시작한 아리스토텔레스의 물리학은 비교적 일찍 뉴턴의 물리학으로 교체되었다.

아리스토텔레스 철학이 교회의 비호를 받으며 계속 영향력을 유지했을 때 문제가 되는 것은 그것이 중세의 낡은 봉건적 세계관을 지지

---

9) F. Van Steenberghen, "Aristotelismus," in Joachim Ritter (Hrsg.), *Historisches Wörterbuch der Philosophie*, Band 1 (Basel: Schwabe & Co, 1971), Sp. 509-510.

하여 사회의 진보에 장애가 된다는 데 있었다. 아리스토텔레스는 하이에크(F. A. Hayek)가 지적한 바와 같이[10] 과학자로서 뛰어난 성취에도 불구하고 전반적으로 지극히 근시안적이며 정태적인 세계관을 간직하고 있었다. 그는 국가와 사회를 실천이성과 직관적 판단 능력을 지닌 소수의 유덕한 엘리트와 철인왕에 의해 가장 잘 통치될 수 있는 폐쇄된 소규모의 유기적 공동체로 파악하였다. 아리스토텔레스가 흔히 최초의 경제학자로 간주되기도 하지만 그는 시장의 기능에 대하여 전적으로 무지하였다. 그가 논의한 것은 소규모의 가정경제(*oikonomia*)에 불과하였고, 시장경제(*chrematistika*)라 할 수 있는 것은 오직 경멸의 대상으로 고려될 뿐이었으며, 시민의 생존이 이미 외국과의 곡물 무역에 크게 의존하고 있던 아테네에 살면서도 자급자족(*autarkos*)을 이상적인 사회질서로 꿈꾸고 있었기 때문이다. 생물학자로서의 아리스토텔레스는 복잡한 구조의 형성과 직결된 〈진화(evolution)〉와 〈자생적 질서(spontaneous order)〉라는 개념을 터득하지 못하고, 인간과 자연은 현재의 모습으로 계속 존재해 왔다는 정태적 견해를 간직하고 있었다. 그 결과 모든 질서는 인간이 임의로 만든 질서(*taxis*)로 보았기 때문에 시장과 언어 같은 자연발생적 질서(*cosmos*)를 제대로 인식하지 못하였다. 중세와 근대 초기의 가톨릭교회가 이자를 모두 고리대로 비난하고 이윤의 추구를 경멸하는 등 반상업적인 태도를 견지한 것도 전적으로 아리스토텔레스의 윤리학 때문이었다. 이런 맥락에서 보았을 때, 사유재산 및 개인의 책임 등과 관련된 소수의 추상적 행위 규칙을 준수하

---

10) F. A. Hayek, *The Fatal Conceit: The Errors of Socialism*, The Collected Works of Friedrich August Hayek, Vol. 1, edited by W. W. Bartley, III (London: Routledge, 1988), pp. 11, 32, 45-47.

며 많은 사람들이 시장에서 서로 거래할 때 인간의 지식과 인식의 한계를 뛰어넘는 무한히 확장 가능한 질서가 자생하며, 이런 질서 속에서는 사익의 추구가 공익의 증진으로 귀결될 수 있다는 스미스의 주장은 아리스토텔레스의 정태적이며 근시안적인 사고를 극복하고 부와 자유가 함께하는 새로운 사회로의 이행을 촉진하기 위해 없어서는 안 될 전제 조건이었다는 점을 쉽게 알 수 있다.[11]

스미스는 과학적 담론 방법으로 두 가지, 즉 아리스토텔레스 방법과 뉴턴 방법이 있다고 보고 각각의 특징을 논하였다.[12] 전자가 하나하나의 현상을 서로 다른 원리를 사용하여 분리해서 설명하는 방법이라면, 후자는 이미 알려졌거나 증명된 소수의 원리로 다수의 현상을 함께 연결하여 설명하는 방법이다. 두 가지 방법 가운데 스미스는 공통의 연결 원리로 여러 현상을 설명하는 뉴턴의 방법이 더욱 철학적이며 독창적이라고 평가하였다. 여기에서 조금 더 나아가 그는 철학 자체를 자연에 내재된 연결 원리를 탐구하는 과학, 즉 제각각 단절된 상태로 존재하고 있는 듯이 보이는 대상을 서로 연결할 수 있는 보이지 않는 사슬을 찾아서 혼돈(chaos) 속에 질서(order)를 부여하기 위한 상상력의 기예(art)로 파악하였다.[13] 그리고 뉴턴의 방법을 자연 현상의

---

11) F. A. Hayek, *The Fatal Conceit*, pp. 14, 146.

12) Adam Smith, *Lectures on Rhetoric and Belles Lettres*(*LRBL*), The Glasgow Edition of the Works and Correspondence of Adam Smith, Vol. IV, edited by J. C. Bryce (Oxford: Oxford University Press, 1983), pp. 145-146.

13) Adam Smith, *EPS*, pp. 45-46. 스미스는 철학, 과학, 자연철학 등의 개념을 거의 동의어로 사용하였다: "In fact the terms philosophy, physics, arts, sciences, and natural philosophy are used almost indiscriminately." W. P. D. Wightman, "Introduction," in Adam Smith, *EPS*, p. 12.

설명을 위해 사용한 과학이 〈자연철학〉이라면, 같은 방법을 도덕의 영역에 적용하여 다양한 행위준칙을 소수의 공통의 원리로 설명하려는 과학이 바로 〈도덕철학〉이라고 주장하였다.14) 스미스의 모든 학문적 노력이 무질서하게 보이는 사회의 윤리, 정치, 경제 현상 속에서 그 현상에 질서를 부여하는 연결 원리, 즉 〈질서 원리〉를 찾는 데 집중되고 있다는 점에서 보았을 때, 이는 일관된 주장이라고 할 수 있다. 결국 스미스의 철학관이나 과학관 또는 방법론의 관점에서도 아리스토텔레스는 구시대의 유물로서 극복의 대상으로 간주되고 있음을 알 수 있다.

(2) 아담 스미스와 기독교

아담 스미스와 기독교의 관계에 대해서는 그가 실패한 기독교도였다는 주장과, 확실히 기독교 신자였다는 뚜렷한 증거는 없다는 주장이 엇갈리고 있다.15) 영국 국교회의 성직자가 되어야 하고 그렇지 못할 경우 거액의 벌금을 물어야 한다는 조건으로 스넬 기금의 지원을 받아 옥스퍼드 대학에 유학을 했던 스미스가 결국 이 조건을 충족시키지 않은 것으로 보아, 그가 애초부터 확고한 기독교 신앙을 지니지 않았든가 또는 지니고 있었다 하더라도 어떤 이유에서든 그것을 지킬 필요성을 느끼지 못할 정도로 그의 신앙심이 흔들리지 않았나 하

---

14) Adam Smith, *WN*, pp. 768-769. 제시된 시스템의 反證 가능성의 관점에서 스미스가 지적한 자연철학과 도덕철학의 차이점에 관해서는 Adam Smith, *TMS*, pp. 313-314 참조.

15) Athol Fitzgibbons, *Adam Smith's System of Liberty, Wealth, and Virtue*, pp. 36-37.

는 추측은 가능하다.16) 그가 기독교 신자였다는 증거보다 오히려 당시의 계몽주의자 가운데 거의 유일하게 기독교적 관념론을 부정하고 철저히 유물론적 입장을 취했던 흄과 마찬가지로 기독교의 몇몇 핵심적 교의에 비판적이었다는 증거는 쉽게 찾을 수 있다. 예컨대 이웃에 대한 극단적 동정심을 요구하는 기독교의 가르침을 스미스는 터무니없고 비이성적일 뿐만 아니라, 누구에게도 도움이 안 되는 불필요한 것이라고 폄하하였다. 왜냐하면 우리 형제들이 불행한 처지에 있다는 이유로 다른 사람들의 행복을 끊임없이 비난하고, 번영을 자축하는 자연스러운 마음을 불경스럽게 여기는 기독교의 부자연스러운 동정심의 윤리가 납득할 수 없고 또 그러한 윤리가 정작 불행한 사람들이나 동정하는 사람들 모두에게 도움이 되지도 않는다고 생각하였기 때문이다: "온 지구를 통틀어 평균적으로 본다면, 고통과 불행을 당하고 있는 사람이 하나라면 번영과 기쁨 속에 있거나 또는 괜찮은 형편에 있는 사람은 스물이 될 것이다. 왜 우리가 스무 명과 함께 즐거워하지 못하고 한 사람을 위해 모두 슬퍼해야 하는지 그 이유를 알 수 없다."17)

　기독교에 대한 스미스의 비판적 태도는 다른 면에서도 찾아볼 수 있다. 그는 중세 이래 자연철학과 도덕철학이 기독교 신학의 시녀로 전락하면서 나타난 몇 가지 심각한 폐해에 관하여 언급하였다. 우선 그는 소수의 자명한 진리 이외에는 명료하고 확실한 어떤 것도 찾아

---

16) W. R. Scott, *Adam Smith as Student and Professor*, pp. 42-43.

17) Adam Smith, *TMS*, p. 140. 비슷한 견해가 같은 책 p. 283에도 피력되어 있다. 그러나 스미스는 같은 책 p. 25에서 우리의 이웃을 우리 자신처럼 사랑하라는 기독교의 계율을 스토익들의 자제력과 함께 위대한 도덕률로 인정하기도 하였다.

낼 수 없는 형이상학은 가장 숭고한 학문으로 간주되어 깊이 연마된 반면, 관찰과 실험을 통하여 많은 유용한 것을 발견할 수 있는 실용적인 과학은 철저히 무시되었다는 점을 지적하였다. 두 번째 폐해로 스미스는 철학의 여러 분과 가운데 제일 중요한 분과인 도덕철학이 신학 때문에 가장 심하게 타락되었다는 점을 들었다. 고대 철학에서는 인생의 의무가 현세에서의 행복과 삶의 완성에 기여하는 데 있다고 간주되었는데, 신학에 종속된 이후 인생의 의무가 오로지 내세에서의 행복 추구에 있다고 본 도덕철학이 내세에서의 행복을 얻기 위해서는 자유롭고 관대하며 활기찬 행동이 아니라 참회와 고행 등 금욕적 처신만을 요구할 정도로 변질되었다고 보았기 때문이다.18) 마지막으로 스미스가 지적한 좀 더 현실적인 폐해는 빈곤과 무지, 그리고 무관심 속에서 살아가고 있는 서민들이 그들에게 정작 필요한 것은 세상사에 적극 참여할 수 있게 돕는 느슨한 방임주의적 도덕률과 즐거운 오락의 기회임에도 불구하고, 과도하게 비사교적인 엄숙주의적 도덕체계를 요구하는 광신적 기독교 종파에 쉽게 귀의하여 사회로부터 소외될 가능성이 느슨한 도덕체계를 따르는 상류층보다도 훨씬 더 높게 되어 있다는 점이었다.19)

---

18) Adam Smith, *WN*, pp. 770-771. 따라서 덕성의 함양과 현세에서의 행복을 서로 무관한 것으로 보는 기독교가 영적인 초월성 또는 탈속성을 부정하는 스미스에게 애처롭고 우울하며 억압적이고 미신적인 종교로 비춰진 것은 당연하다고 하겠다. Adam Smith, *TMS*, pp. 139, 283; Adam Smith, *Lectures on Jurisprudence(LJ)*, The Glasgow Edition of the Works and Correspondence of Adam Smith, Vol. V, edited by R. L. Meek, D. D. Raphael, and P. G. Stein (Oxford: Oxford University Press, 1978), p. 451.

19) Adam Smith, *WN*, pp. 794-795.

이런 폐해에 대한 구제책으로 스미스는 중상류 계층에게는 과학과 철학의 학습을 권장하고, 일반 서민들에게는 좀 더 많은 기분 전환과 건전한 유흥의 기회를 가질 것을 당부하였다. 과학은 무지에서 비롯된 광신과 미신이 지니고 있는 독에 대한 훌륭한 해독제이며, 그림·시·음악·무용·연극·전시 등의 취미활동을 통한 여가의 적극적 선용은 미신과 광신의 온상인 우울하고 음침한 기분을 날려 버릴 수 있는 좋은 계기가 된다고 보았기 때문이다.[20] 스미스는 이처럼 신학과 형이상학에 대한 천착보다는 철학과 과학의 탐구와 교육이, 그리고 초월적 종교에의 귀의보다는 현세에서의 도덕적이며 즐거운 삶이 지난 시기의 무지와 빈곤에서 벗어날 수 있는 올바른 길임을 강조하였다.

그렇다고 해서 스미스가 흄처럼 신과 종교를 전적으로 부정한 무신론자는 아니었다. 그는 종교뿐만 아니라 신(God)과 섭리(Providence) 등의 개념을 자연(Nature) 개념과 함께 자주 사용하였다. 그러나 그가 염두에 둔 신은 플라톤이나 기독교인들이 상정한 초월적인 인격신이 아니라, 세상을 창조한 〈제1원인〉이기는 하지만 주재하지는 않고 다만 세상 속에 섭리 혹은 자연의 법칙으로 편재하는 스토익들의 현명하고 선한 신이었다.[21] 다시 말하여 스미스는 기독교의 유신론(theism)도 아니고 흄의 무신론(atheism)도 아닌 스토익적 자연종교, 즉 이신론(理神論

---

20) Adam Smith, *WN*, pp. 796-797.

21) Adam Smith, *TMS*, pp. 36, 87; Adam Smith, *EPS*, pp. 116-117. 신, 섭리, 자연의 법칙 등은 스토아철학에서 거의 동의어로 쓰였다고 한다. "The key words in the Stoic vocabulary are all basically synonymous: God, Zeus, creative fire, ether, the word(logos), reason of the world, soul of the world, law of nature, providence, destiny, and order." Philip P. Hallie, "Stoicism," in *The Encyclopedia of Philosophy*, Vol. 8 (New York: Macmillan, 1978), p. 21.

deism)의 신봉자였다. 휴머니즘과 관용의 정신의 산물인 이신론은 정통 교회나 계시의 권위를 인정하지 않는 대신, 인간이 지닌 이성과 도덕성의 의미를 특히 강조하며 종교적 박해의 종식과 개인의 표현의 자유, 즉 종교적 관용과 정치적 자유를 적극 주장하는 개혁 지향적인 종교관이었다.[22]

흥미롭게도 무신론자일 뿐만 아니라 반이신론자이기도 한 흄은 이신론의 전형을 유교에서 찾았다. 그는 이 세상에서 이신론자들의 정규 집단은 오로지 공자의 제자들뿐이라고 주장하였다.[23] 영국의 사상가들 가운데 중국의 문물에 가장 깊게 매료된 집단이 이신론자들이었으며, 그들은 그들의 견해를 뒷받침하기 위해 자주 유교철학을 원용했다는 점도 이런 주장과 무관하지 않을 듯하다.[24] 위에서 이미 서술한 바와 같이, 스미스에게 적지 않은 영향을 미친 프랑스의 중농주의자 케네는 자연법을 자연이 스스로 조화와 질서를 찾아가는 원리로 파악된 중국 사상에서의 천리, 즉 도(tao)와 동일시하였다. 이런 맥락에서 보았을 때, 스미스는 스토아철학과 유교철학을 이신론의 관점에서 동일시했을 가능성이 없지 않다.[25] 만약 그렇다면 그는 자유롭고 부유하며

---

22) Ernest Campbell Mossner, "Deism," in *The Encyclopedia of Philosophy*, Vol. 2 (New York: Macmillan, 1978), pp. 326-336.

23) D. Hume, *Essays, Moral, Political, and Literary*, edited by Eugene F. Miller (Indianapolis: Liberty Fund, 1985), p. 78.

24) J. J. Clarke, *Oriental Enlightenment*, p. 51.

25) 스미스의 다음과 같은 표현에서 이를 엿볼 수 있다. "The Stoics, the most religious of all the ancient sects of philosophers, seem in this, as in most other things, to have altered and refined upon the doctrine of Plato. The order, harmony, and coherence which this philosophy bestowed upon the Universal System, struck

도덕적인 새로운 사회의 구축을 모색하는 과정에서 유교철학이 유용한 지침이 될 수 있음을 부인하지는 않았을 것으로 보인다.

2) 시대적 과제

중세의 낡은 사상체계와 세계관의 해체는 당연히 다가올 새로운 사회에 걸맞은 새로운 사상체계와 세계관의 구축을 필요로 하였다. 스미스에게 이것은 아리스토텔레스 철학과 기독교 신학을 뉴턴의 과학 및 변화된 상황에 맞춰 적절히 수정된 스토아철학으로 대체하고, 이를 바탕으로 무질서하게 보이는 윤리와 정치, 그리고 경제의 여러 현상을 조리 있게 설명할 수 있는 일관된 분석적 개념 체계를 정립하는 것을 의미하였다. 당시 해체되고 있던 중세적 공동체와 생성 과정 중에 있었던 근대 시민사회 사이에는 몇 가지 관점에서 간과할 수 없는 구조적인 차이가 있었다. 우선 종교와 정치의 관점에서 중세 사회가 신과 국가 중심의 공동체, 즉 신과 국가가 신분과 직분으로 종속된 신민들을 다스렸던 전제적 신앙·정치 공동체로 파악될 수 있다면, 새로운 사회는 신과 국가로부터 해방되어 새롭게 태어난 인간, 즉 독립적인 개인들로 구성된 세속화된 민주적 시민사회라고 할 수 있다. 이것은 명령과 복종(subordination)으로 지배되던 비교적 단순한 수직적 공동사회(Gemeinschaft)가 평등한 개인들로 이뤄진 복잡한 수평적 이익사회(Gesellschaft)로 이행하고 있었음을 뜻하는 것이기도 하였다. 경제적 관

---

them with awe and veneration." *EPS*, p. 116; "… pure and rational religion, free from every mixture of absurdity, imposture, or fanaticism, such as wise men have in all ages of the world wished to see established." *WN*, p. 793.

점에서 보았을 때, 중세의 경제가 정체된 자급자족적 가정경제(*oikonomia*)였다면 새로운 시대의 경제는 빠르게 성장하는 이윤 추구적 교환경제(*katallaxia*),26) 즉 자본주의 경제였다.

이처럼 주어진 목적(*telos*)에 따라 움직이던 사회에서 법칙(*nomos*)이 지배하는 새로운 사회로의 이행은 철학적 관점에서도 간단치 않은 문제를 제기하였다. 잘 알려진 바와 같이, 자연 및 인간의 본성과 행위를 파악하는 데 통용되었던 구시대의 목적론적 모델이 근대의 초엽에 홉스(Thomas Hobbes: 1588-1679)와 맨더빌(Bernard de Mandeville: 1670-1733)의 기계론적 모델로 점차 대체되면서 목적론(teleology)과 기계론(mechanism)을 중재하여 조화시키는 문제가 새롭게 대두되었기 때문이다.27) 그 특성상 변화의 과정을 목적인(final cause)이 아니라 오로지 동력인(efficient cause)에 의해서만 설명할 수 있는 기계론적 모델은 무한한 욕구를 지닌 개인들의 상호작용만을 설명할 수 있을 뿐, 그러한 상호작용의 결과가 초래할 결과에 대해서는 어떤 결론도 명확하게 제시할 수 있는 입장에 있지 못하였다. 여기에서 제기되는 문제가 이른바 〈조정의 문제(coordination problem)〉 또는 〈결속의 문제(cohesion question)〉이다: 어떤 조건 하에서 이기적인 개인들의 상호작용의 결과가 홉스가 말한 만인

---

26) Katallaxia는 "교환하다"는 뜻을 지닌 그리스어 동사 katallattein에서 비교적 최근에 만들어진 명사이다. F. A. Hayek, *Law, Legislation and Liberty*, Vol. 2, *The Mirage of Social Justice* (London: Routledge & Kegan Paul, 1982), pp. 108-109. Oikonomia와 katallaxia가 지닌 의미의 비교에 관해서는 Peter F. Koslowski, "The Ethics of Capitalism," in Svetozar Pejovich (ed.), *Philosophical and Economic Foundations of Capitalism* (Lexington, Massachusetts: Lexington Books, 1983), pp. 39-40 참조.

27) Peter F. Koslowski, "The Ethics of Capitalism," pp. 39-40.

의 만인에 대한 투쟁이 일상화된 〈자연상태〉로 귀결되지 않고, 맨더빌의 우화가 시사하듯이 사회의 결속을 유지하며 공익의 증진을 초래할 수 있는가? 이 문제의 해결이 스미스와 동시대의 지식인들에게 주어졌던 가장 중요한 시대적 과제였다고 할 수 있다.28)

(1) 에피큐리언과 스토익의 갈등과 조화

아담 스미스가 한창 활동하던 18세기 중엽에 사익의 추구와 공익에 관한 오래된 논의가 새롭게 활성화되었다. 그것은 맨더빌 이외에도 자리심(self-interest)에 따른 개인의 행위를 옹호하는 엘베시우스와 같은 네오 에피큐리언들의 주장이 당시 사회의 보수적 분위기에 비하여 기대 이상의 호응을 얻게 되었기 때문이었다. 이들은 자리심을 인간 행동의 유일한 동기로 간주하고, 그것을 기본 원리 또는 통합 원리로 삼아 모든 사회현상을 설명하려고 시도하였다.29) 이것이 이른바 〈이기가설(selfish hypothesis)〉 또는 〈경제인(homo economicus) 가설〉로서 오늘날 주류 경제학 이론의 불가결한 토대를 이루고 있는 핵심 가설이기도 하다.30)

---

28) J. A. Schumpeter, *History of Economic Analysis*, p. 185; Jerry Evensky, "'Chicago Smith' versus 'Kirkaldy Smith'," *History of Political Economy*, Vol. 37(2005), pp. 197-198.

29) 특히 Helvétius는 자리심을 인간 행동의 유일한 동기로 보았을 뿐만 아니라, 인간 사회의 영역에서 자리심의 원리가 담당하고 있는 역할을 자연계에서 중력의 법칙이 담당하고 있는 역할과 비교하기도 하였다. J. A. Schumpeter, *History of Economic Analysis*, p. 130.

30) Jerry Evensky, "'Chicago Smith' versus 'Kirkaldy Smith'," pp. 197-198; Pierre Force, *Self-interest before Adam Smith: A Genealogy of Economic Science*, pp. 4-5,

스미스의 스승인 허치슨과 그의 동료였던 흄은 이 가설의 타당성을 단호하게 부정하였다. 그러나 스미스는 그들과 달리 이 가설에 대하여 비판적 수용의 입장을 취하였다. 그는 상업사회의 개인들이 지닌 자리심을 모든 행위의 유일한 동기는 아니지만, 다른 동기와 함께 하나의 강력한, 그리고 칭찬할 만한 행위의 원리로 인정하는 데 주저하지 않았다.[31]

윤리와 경제에 관한 스미스의 사고에 가장 큰 영향을 미친 것은 위에서 시사한 바와 같이 스토아철학이었다. 스토아철학의 신봉자, 즉 스토익으로서 스미스는 우주와 조화를 이루고 신(God)에 순종하는 자연적인 삶을 이상으로 삼았다. 우주적 질서 또는 신의 현현으로서의 자연(Nature)이 스미스의 모든 저작의 철학적 기초가 되어 있는 것은 이 때문이다. 그는 우주와 자연뿐만 아니라 인간 사회도 조화롭게 작동하는 하나의 거대한 기계로 파악하였다.[32] 하지만 스토익들은 사회의 조화가 모든 구성원들의 행위가 도덕적일 경우에만 생성·유지된다고 생각하지는 않았다. 그들은 이 세계가 현명하고 강력하며 선한 신의 섭리에 의해 다스려지고 있다고 믿었기 때문에 그 속에서 일어나는 모든 일을, 그것이 비록 인간의 악덕과 어리석음에서 비롯된 것일지라도, 신이 세운 계획의 필수적 구성 요소로서, 그리고 전체의 질서 유지와 행복의 증진에 기여하는 것으로 파악하였다.[33] 스토익들은 또한 모든 사람들이 스스로를 분리·고립된 존재가 아니라 선한 신이 다

259.

31) Adam Smith, *TMS*, p. 304.
32) Adam Smith, *EPS*, p. 66; *TMS*, pp. 19, 289, 316, 326.
33) Adam Smith, *TMS*, p. 36.

스리는 세계의 시민 또는 광대한 자연공화국의 구성원으로 인식할 필요가 있으며, 전체의 이익을 위해 자신의 사소한 이익은 항상 희생할 준비가 되어 있어야 한다고 생각하였다. 그리고 자기 자신에게 일어난 일을 자신의 이기적 열정이 원하는 관점이 아니라, 좀 더 냉정하게 세계의 다른 시민들이 그것을 보는 관점에서 바라볼 필요가 있음을 강조하였다.34) 스토익들이 〈자제(self-command)〉를 자연의 위대한 계율이라 부르며 가장 중요한 덕목으로 강조한 이유가 여기에 있다.

이러한 스토익들이 가장 혐오스럽게 여겨 배척한 집단이 에피큐리언들이었다. 스미스도 에피쿠로스(Epicurus: 341-270 B.C.)의 도덕체계를 자신의 것과는 양립할 수 없는 불완전한 것이라고 폄하하였다.35) 에피큐리언들은 육체적 쾌락을 자연적 욕구의 유일한 궁극적 목표로 삼았다. 이것은 우선 이들이 스토익과 달리 이기적 또는 자기 중심적임을 의미한다. 다음으로 자연적 욕구의 충족에 적합한 행동 양식이 바로 덕의 본질이라고 한다면, 이들의 주덕(主德)은 쾌락의 증진과 고통의 경감을 위해 취해진 모든 행위의 장·단기적 효과에 대한 주도면밀한 검토와 비교, 즉 〈신중(prudence)〉이라고 할 수 있다.36) 그러나 에피큐리언들은 신중뿐만 아니라 절제, 관용, 정의 등과 같은 여타의 모든

---

34) 기독교인들의 핵심 계율이 "네가 너 자신을 사랑하듯이 네 이웃을 사랑하라"는 말로 표현될 수 있다면, 스토익들의 그것은 "네가 네 이웃을 사랑하는 만큼 너 자신을 사랑하라"는 말로 요약될 수 있다. Adam Smith, *TMS*, pp. 25, 139-141.

35) Adam Smith, *TMS*, pp. 298, 307.

36) 스미스는 신중의 덕을 상급과 하급으로 나누고, 전자를 플라톤이나 아리스토텔레스학파에 속하는 현인의 속성으로 본 반면 후자를 에피큐리언의 그것으로 간주하였다. Adam Smith, *TMS*, p. 216.

덕의 가치를 덕 자체가 아니라 그 덕이 쾌락의 증진과 고통의 경감을 위해 지닌 유용성, 즉 〈효용(utility)〉에서 찾았다.

스미스는 스토익의 주장을 모두 무비판적으로 긍정하지도 않았고, 에피큐리언의 지론을 모두 맹목적으로 부정하지도 않았다. 그는 스토익의 숙명론과 그에 따른 비과학적인 태도, 그리고 극단적 자제력의 요구와 같은 도덕적 완벽주의에 비판적이었다.[37] 포괄적 윤리학에서 좀 더 세분화된 경제학적 주제의 연구에 몰두하게 된 이후 스미스는 자연스럽게 에피큐리언의 주덕인 신중에 더욱 큰 관심을 쏟았다. 그 결과 TMS에서는 비교적 차가운 존경밖에 받지 못했던, 근면과 검약을 생활 신조로 삼아 오로지 자신의 처지를 개선하기 위해 현재의 소비를 줄이고 저축에 힘썼던 에피큐리언인 〈신중한 사람(prudent man)〉이 그 후 〈절약하는 사람(frugal man)〉으로 WN에 다시 등장하여 자본축적으로부터 경제성장, 그리고 사회진보로 이어지는 동태적 진화과정에서 주역의 역할을 담당하게 되었다.[38] 하지만 스미스는 이런 행위의 적정 여부에 대한 최종 판단은 행위자의 가슴 속에 가상적으로 존재하는 〈공정한 관찰자(impartial spectator)〉의 찬동 또는 〈동감(sympathy)〉을 전제로 한다고 보았다.[39] 효용의 극대화를 추구하는 에피큐리언의 행위도 스토익의 주덕인 자제의 제약에서 벗어날 수는 없는 것으로 파악된 셈이다. 바로 여기에, 즉 모든 인간은 자리심에 따른 이기적 행위

---

37) Adam Smith, *EPS*, p. 63; *TMS*, pp. 143, 156, 292-293; Athol Fitzgibbons, *Adam Smith's System of Liberty, Wealth, and Virtue*, p. 31.

38) Adam Smith, *TMS*, pp. 212-217; Adam Smith, *WN*. pp. 337-343.

39) Adam Smith, *TMS*, p. 215. 이런 주장이 들어 있는 *TMS*의 제6장은 스미스가 타계하기 직전에 출간된 이 책의 제6판을 위해 전적으로 새롭게 집필한 부분임을 상기할 필요가 있다.

자임과 동시에 자기 행위의 도덕적 관찰자라는 스미스의 스토익적인 믿음 속에 새롭게 제기된 조정의 문제를 풀 수 있는 가장 중요한 단서가 들어 있다. 중세의 종교와 정치의 억압에서 해방된 시민들로 구성된 자유사회가 홉스의 자연상태 또는 무질서와 유혈극을 초래하지 않고 질서와 결속을 형성·유지할 수 있는 것은 결국 근대를 상징하는 네오 에피큐리언의 효용과, 고대로부터 전습된 스토익의 도덕 사이에 존재하는 균형 때문이라고 할 수 있다. 이처럼 스미스는 멘더빌의 지론을 혹독하게 비판하면서도 거기에 포함되어 있는 일말의 진리를 인정한 것과 마찬가지로,[40] 에피큐리언의 자기 중심적 주장을 타인에 대한 배려를 전제로 하는 스토익의 자연적 조화의 관점에서 수용하며 주어진 시대적 과제의 해결을 시도하였다.

(2) 도덕적이며 부유한 자유사회로의 진화

스미스가 사용한 〈보이지 않는 손(invisible hand)〉이란 은유는[41] 세상에서 일어나는 모든 개별 사건이 현명하고 선한 신의 섭리에 따라 전체의 질서와 행복에 기여하는 방향으로 작용한다는 고대 스토익의 형이상학을 강하게 연상시킨다. 개인의 이기적이며 근시안적인 행위가 거시적으로는 그 행위가 전혀 의도하지 않았던 공익의 증진에 부합하

---

40) Adam Smith, *TMS*, pp. 308-313.

41) Adam Smith, *TMS*, pp. 184-185; Adam Smith, *WN*, pp. 455-456. 이와는 전혀 다른 의미로 쓰였지만, 스미스가 언급한 아마도 최초의 〈보이지 않는 손〉은 그의 *EPS*, p. 49에 나온다. 스미스가 사용한 〈보이지 않는 손〉의 서로 다른 의미에 관해서는 A. L. Macfie, "The Invisible Hand of Jupiter," *Journal of the History of Ideas*, Vol. 32(1971), pp. 595-599 참조.

는 결과를 초래하리라는 것이 이 은유의 주된 명제이기 때문이다. 이 손은 사회의 번영과 진보를 기원하는 자비로운 스토익의 신의 손이며, 이른바 〈맨더빌의 역설(paradox)〉을 역설이 아닌 사실로 확인시켜 주는 손이라고 할 수 있다.42) 블록(Blaug)은 〈보이지 않는 손〉이 경쟁적 시장의 자동 균형 메커니즘에 지나지 않는다고 보았지만,43) 그것이 지닌 더욱 깊은 의미는 위에서 논의한 바 있는 기계론과 목적론의 융합이라는 세기적 과제의 해결을 위한, 라이프니츠(Leibniz: 1646-1716)의 〈예정조화(pre-established harmony)〉와 유사한 기능을 담당하는,44) 개념적 장치로 해석될 수 있다는 데서 찾을 수 있다. 이 손은 기계론적 시스템 속에 존재하는 목적론적 요소로서, 이기적 개인으로 구성된 시민사회라는 새로운 시스템이 결국 하나의 자생적 질서를 이루며 안정적으로 발전할 수 있음을 보이기 위해 도입된 조정자의 역할을 담당한다.

이런 조정자로서의 〈보이지 않는 손〉의 개념 속에는 스미스의 기대와 우려가 동시에 배어 있다. 각각의 경제주체는 최선을 다하여 사익의 극대화에만 전념하고 자신의 행위가 사회에 미칠 파급효과를 전혀 고려하지 않을 때, 그것을 의도했을 때보다 오히려 더 효과적으로 공익의 증진에 기여한다는 가설을 세운 데에서 볼 수 있듯이, 그는 인간의 이기적 행위가 초래하는 의도되지 않은 이타적 결과에 큰 기대를 걸었다.45) 이와 동시에 그는 이런 기대만으로는 새로운 시스템의 완

---

42) Luciano Andreozzi, "A Note on Paradoxes in Economics," *Kyklos*, Vol. 57(2004), pp. 5-6.

43) Mark Blaug, *Economic Theory in Retrospect*, p. 57.

44) 조셉 니덤 지음, 콜린 로넌 축약, 김영식·김제란 옮김, 『중국의 과학과 문명: 사상적 배경』(서울: 까치, 1998), pp. 315-318; Peter F. Koslowski, "The Ethics of Capitalism," pp. 39-40.

전성, 즉 이해관계의 자연적 조화가 보장될 수 없다는 현실적 우려를 함께 지니고 있었다. 〈보이지 않는 손〉과 함께 〈자연의 기만(deception)〉이라는 다소 파격적인 개념까지 동원한 것도 이런 우려를 반영한 것으로 짐작된다.46) 그뿐만 아니라 스미스는 WN에서 개인이나 집단의 무분별한 사익 추구가 시장의 자율 조정기능에 일임되었을 경우 공익과 조화를 이룰 수 없음을 입증하는 여러 사례에 관해 언급하였다.47) 이것은 보이지 않는 신의 손도 특정의 조건이 충족된 경우에만 기대에 상응하는 기능을 수행할 수 있음을 뜻하며, 스미스도 이런 사실에 대하여 우려만 하지 않고 필요한 조건의 탐색에 몰두하였다.

스미스는 자리심이 시민사회의 전반적 후생을 증진시키는 인간 행동의 강력한 동기임을 인정하였다. 이런 의미에서 자리심은 일종의 덕(virtue)으로 간주될 수 있다. 하지만 이 덕은 쉽게 타인의 권익을 침해하는 악(vice)으로 변질될 수 있다는 데 문제가 있다. 특히 소수의 이해당사자들이 〈집단행동(collective action)〉으로 강력한 세력을 형성하여 시장의 기능을 왜곡시킬 경우 〈보이지 않는 손〉의 선기능은 기대하기 어렵게 된다. 따라서 〈보이지 않는 손〉이 제 기능을 발휘하기 위한 전제조건은 집단행동에서 비롯되는 반사회적 문제의 해결에 필요한 제도의 정비라고 할 수 있다.48) 스미스도 이 점, 즉 자리심은 그것을 일

---

45) Albert O. Hirschman, *The Passions and the Interests: Political Arguments for Capitalism before Its Triumph* (Princeton, New Jersey: Princeton University Press, 1977), pp. 104-105.

46) D. D. Raphael and A. L. Macfie, "Introduction" in Adam Smith, *TMS*, p. 8.

47) J. Viner, "Adam Smith and Laissez Faire,"(1927) *Adam Smith Critical Assessments*, Vol. I, 153-155. 여기에서 Viner는 스미스가 지적한 조정 실패의 여러 가지 사례를 나열하고 있다.

정 한계 내로 제어할 수 있는 사회적 제도하에서만 공익의 증진에 기여하는 동기로 인정될 수 있다는 점을 끊임없이 강조하였다.49)

제도의 정비는 주로 세 영역에서 논의되었다. 윤리와 법, 그리고 경제의 영역이 그것이다. 스미스는 윤리학을 개인의 행위에 관한 이론보다는 주로 행위에 대한 사람들의 판단에 관한 이론으로 파악하였기 때문에, 개인의 도덕적 행위 규범에 관해서는 깊이 논의하지 않았다. 하지만 그는 인간 행위를 여러모로 세세히 규제하려는 기독교적 결의론(casuistry)을 부정하고 고대의 윤리학자들처럼 완전하지는 않지만 역사 속에서 진화해 온 도덕규범의 준수와 덕의 실천을 권장하였다.50) 덕이 사람들로 하여금 일상생활 속에서 안전과 이득을 얻게 하는 가장 확실하고 쉬운 방법일 뿐만 아니라, 사회의 질서와 결속을 강화하는 데에도 크게 기여한다고 보았기 때문이다.51) 법의 관점에서 스미스는 사람들 사이의 분쟁을 공평하게 중재하여 사회의 무질서를 미연에 방지하기 위해 정의의 규칙을 바로 세우고 또 그것을 엄정하게 집행할 제도의 확립을 역설하였다.52) 경제의 영역에서는 상대적으로 열악한 근로자들의 생활조건을 가능한 한 조속히 향상시키기 위하여 자원배분의 효율성과 국부의 증진을 촉진할 수 있도록, 불평등을 조장하

---

48) Mancur Olson, "Collective Action," *The New Palgrave: A Dictionary of Economics*, Vol, 1 (London: The Macmillan Press Limited, 1987), pp. 474-477; Luciano Andreozzi, "A Note on Paradoxes in Economics," p. 11.

49) Mark Blaug, *Economic Theory in Retrospect*, p. 61; Pierre Force, *Self-interest before Adam Smith: A Genealogy of Economic Science*, p. 262.

50) Adam Smith, *TMS*, pp. 298, 327-341.

51) Adam Smith, *TMS*, pp. 298, 316.

52) Adam Smith, *TMS*, pp. 86, 340-341.

는 기존의 특권적 제도를 개혁 또는 폐지함과 동시에 집단행동의 가능성을 축소시키며 능력에 따른 자유경쟁을 가능하게 하는 새로운 제도의 구축을 촉구하였다.53)

결국 덕이 존중되는 사회, 법치가 구현된 사회, 자유롭고 능력에 따른 경쟁이 가능한 사회를 이루기 위해 인간의 노력이 지속적으로 경주될 경우, 그 사회는 비로소 신의 〈보이지 않는 손〉의 인도를 받아 자리심에 따른 사익의 정당한 추구와 전체의 공익이 조화를 이뤄 상승 작용하는 자연적 자유의 체계로 진화하게 된다는 비전을 신학, 윤리학, 법학, 경제학을 포괄하는 하나의 일관된 학문체계를 구축하여 과학적으로 논증하는 작업이 스미스가 자각했던 시대적 과제의 핵심이라고 할 수 있다.54) 자연적 자유의 체계로의 진화는 중상주의 시대의 〈특권적 상업의 체계〉에서 벗어남을 의미하며, 정부나 국가의 적극적 간섭이 강조되던 〈인위적 유위(有爲)의 체계〉에서 자유방임(laissez faire)과는 달리 꼭 필요한 경우 극히 제한된 개입이 허용되는 〈자연적 무위(無爲)의 체계〉로의 이행을 뜻한다. 그리고 스미스는 덕이 존중되는 사회를 항상 염두에 두었으나 결코 덕치(德治)를 주장하지는 않았다. 덕치는 경제성장에 무관심하거나 소극적일 뿐만 아니라 권위주의와 폭력으로 귀결될 가능성이 높다고 보았기 때문이다.55)

---

53) Adam Smith, "An Early Draft of Part of *The Wealth of Nations*(*ED*)," in W. R. Scott, *Adam Smith as Student and Professor*, pp. 322-335; Adam Smith, *WN*, pp. 135-159, 452-472, 724-758.

54) Adam Smith, *WN*, pp. 687-688.

55) Adam Smith, *TMS*, pp. 62-64, 241, 341; Athol Fitzgibbons, *Adam Smith's System of Liberty, Wealth, and Virtue*, pp. 46-48.

2. 다산 정약용의 문제의식과 시대적 과제

1) 문제의식

상공업의 점진적 발달에 따른 봉건주의의 의도되지 않은 해체와 그에 뒤이은 급속한 경제성장을 경험하며 사회의 순조롭고 지속적인 발전을 위해 걸림돌을 제거한다는 의미에서 해결해야 할 문제의 실마리를 찾았던 스미스의 경우와, 당시 조선의 암울한 현실 속에서 전반적 사회개혁을 위해 노심초사했던 다산의 경우는 판이한 것이었다. 실질과 실용보다는 명분과 형식을 중시하는 사고방식의 만연, 명분과 주장의 차이에 따른 파당의 형성과 세습, 그리고 비생산적 당쟁의 일상화, 행정적 실무에는 무능하지만 가렴주구(苛斂誅求)에는 유능한 관료들의 당파적 임용, 부패한 관료들과 유착된 지방의 큰 세력가와 상인들의 농간과 협잡, 국력의 고갈과 힘없는 백성들의 날로 피폐해져 가는 삶 등 사회경제적 위기 상황이 다산이 당면한 현실이었다. 이런 위기를 조장한 직접적인 원인은 전정(田政), 군정(軍政), 환곡(還穀)을 아우르는 이른바 삼정(三政)의 문란이었다. 다산은 각각의 폐단에 대하여 다음과 같이 한탄하여 마지않았다. "오늘날 국가에 가장 긴급한 것은 전정이다. 오랜 시일을 전야에 살면서 전정의 문란함을 직접 보고, 진실로 눈물을 흘리고 싶은 때가 많았다. … 위로는 나라를 가난하게 하고 아래로는 백성을 벗겨내어 그 중간에서 살찌는 자는 탐학한 관원과 간활(奸猾)한 아전들이니 어찌 원통하지 않은가?"[56] "첨정(簽丁)하여 군포를 거두는 법은 양연(梁淵)에서 시작되어 오늘에 이르렀는데, 그 폐단이 크고 넓어 백성들의 뼈를 깎는 병으로 되었다. 이 법이 고쳐지지 않으면 백성들은 모두 죽어갈 것이다."57) "환자(還上)는 사창(社倉)이 일변한 것이며, 조적(糶糴)도 아니면서 백성의 뼈를 깎는 병폐가 되었으니 백성이 죽고 나라가 망함은 바로 눈앞에 닥친 일이다."58)

백성이 죽고 나라가 망할 정도로 심각한 위기의 좀 더 근원적인 원인을 다산은 당시 사회의 교조적 질서 및 통치의 원리였던 주자학과 주자학의 본령인 성리학, 그리고 성리학의 핵심인 이기론에서 찾았다. 그는 주희의 이기론을 둘러싼 성리학자들의 형이상학적 논쟁을 공소(空疎)한 것이라고 신랄하게 비판하였다.59) 국력의 회복과 민생의 안정을 위한 실용적 방안을 현실과 괴리된 난삽하고 공허한 성리학 속에서는 찾을 수 없을 뿐만 아니라, 그것이 오히려 당시의 피폐한 현실을 초래하고 또 고착시킨 사상적 배경이 된다고 보았기 때문이다.60) 아담 스미스가 아리스토텔레스 철학과 아퀴나스의 신학을 비판하면서 지녔던 것과 상당히 유사한 문제의식을 다산은 주자학, 즉

---

56) 민족문화추진회, 『국역 경세유표 I』, pp. 72, 74.
57) 다산연구회, 『譯註 牧民心書 IV』 (서울: 창작과비평사, 1984), p. 108.
58) 다산연구회, 『譯註 牧民心書 III』 (서울: 창작과비평사, 1981), p. 8. 〈還上〉은 이두로 읽어 〈환자〉라고 하며, 還穀의 별칭이다.
59) 〈五學論 一〉, 『與猶堂全書』, I:11:19 [2:239]; 〈答李汝弘〉, 『與猶堂全書』, II:19:30 [3:244]. 스미스도 철학자들이 우주의 조화와 행복이라는 아무리 숭고한 사색에 몰두한다 하더라도, 그들이 그 자신과 그의 가족, 그리고 친우들과 국가의 행복 추구라는 보다 평범한 실제적 직무를 태만히 한다면 그것은 무의미하다는 점을 강조하였다. Adam Smith, *TMS*, p. 237.
60) 한형조, 『주희에서 정약용으로』, p. 246.

신유학(Neo-Confucianism)에서 발견한 셈이다. 실질과 실용을 중시하는 의식을 고취시켜 사회개혁과 국부의 증진을 도모하기 위해서는 성리학의 공소한 이론체계를 근본적으로 비판하고 그것을 대체할 수 있는 새로운 탈성리학적 패러다임의 제시가 필요하다는 점을 그는 절감하였다.61) 이러한 다산의 개신유학적 시도에 도움이 된 것이 원시유학을 재발견하려는 성호좌파의 이른바 수사학적(洙泗學的) 지향과 하늘의 의미를 되찾는 데 도움을 준 서학, 즉 천주교의 보유론적(補儒論的) 교리였다.62)

(1) 다산 정약용과 주희

아담 스미스가 근대사회의 질서 원리를 찾아 그 사회로의 순조로운 도정을 모색하는 과정에서 서구 중세사회의 보편적 사유양식이었던 아리스토텔레스 철학이라는 장애물을 넘어야 했던 것과 마찬가지로, 다산 정약용도 침체의 늪에 빠져 기력을 상실한 조선 사회에 활력을 불어넣기 위해서는 당시 정치, 경제, 사회, 문화의 모든 영역에서 거의 독점적 영향력을 행사하고 있던 주자학과 어떤 형태로든 대결하고 또 극복하지 않으면 안 되었다. 니덤이 중국 역사에서 가장 탁월한 종합가로 평가한 주희(1130-1200)는 공교롭게도 아퀴나스(1225-1274)가 아리스토텔레스 철학과 기독교 철학의 획기적 종합을 이룩하기 직전, 도가

---

61) 윤사순, 〈茶山의 人間觀 - 脫性理學的 觀點에서〉, 한우근 외, 『丁茶山硏究의 現況』, pp. 141-143; 한형조, 『주희에서 정약용으로』, pp. 212-214.

62) 이을호, 〈茶山經學 成立의 背景과 性格〉, 한우근 외, 『丁茶山硏究의 現況』, pp. 118-120; 강재언, 『조선의 西學史』, pp. 150-153.

의 우주론과 불교의 형이상학을 유학의 본령인 윤리학과 종합하여 이른바 신유학을 탄생시킨 주역 가운데 한 사람이었다.63) 이렇게 형성된 주희의 사유체계는 일상적 규범과 의례의 문제에 한정되어 있던 전통적 유가의 그것을 훌쩍 뛰어넘어 하나의 유기체로 간주된 우주 전체를 철학적 사색의 대상으로 포괄하는 장대한 규모로 확장되었다.

그렇다고 주희가 처음부터 이처럼 방대한 철학체계의 구축을 순수한 〈이론을 위한 이론〉의 관점에서 시도한 것은 아니었다. 그의 학문에 대한 태도는 지극히 현실 지향적인 것이었다.64) 주희가 살았던 시대의 남송(南宋)의 사회현실은 극에 달한 황실의 사치와 관료의 부패로 위에서 잠시 엿본 다산 당시 조선의 현실보다 더 피폐했으면 피폐했지 조금도 나을 것이 없었다. 주희의 철학은 이런 현실을 바로잡으려는 〈실천을 위한 이론〉, 즉 사회비판과 개혁을 위한 이론으로 구상된 것이었다. 하지만 그가 시폐(時弊)의 극복을 위한 해결책을 질서와 제도의 개혁에서 찾지 않고, 오히려 〈이(理)〉, 〈천리(天理)〉, 〈기(氣)〉, 〈성(性)〉 등과 같은 형이상학적 개념으로 당시의 통치질서를 정당화하면서, 오직 행위자들의 인욕(人欲)의 제거와 기질의 변화와 같은 〈수양공부〉에 국한시켜 찾는 바람에 관념론에 치우쳤다는 비판을 면하기는 어렵다.65) 이러한 〈주희의 철학〉은 원대(元代) 이후에 관학화와 교조화의 과정을 거치며 주희의 문제의식과 동떨어진 사변적 형이상학인

---

63) 조셉 니덤, 『중국의 과학과 문명: 사상적 배경』, p. 294.

64) 다산도 앞에서 인용한 그의 〈五學論〉에서 성리학은 강하게 비판한 반면, 주희의 치열한 학문적 탐구의 정신과 적극적인 현실참여 태도는 높이 평가하였다.

65) 이승환, 『유가사상의 사회철학적 재조명』(서울: 고려대학교 출판부, 1998), pp. 322-346.

〈주자학〉 또는 〈성리학〉으로 탈바꿈하였다.66) 고려 말 한반도에 전해진 이후 조선조의 정통 학문으로 자리 잡은 것도 주희의 철학이 아니라 주자학이었다.

주희는 세계를 〈이〉와 〈기〉의 결합으로 파악하였다.67) 〈이〉와 〈기〉의 결합으로 구상된 세계관이 정식화된 것이 이기론이며 성리학도 바로 이 이기론의 토대 위에 서 있다. 주희가 삼교의 통합을 이루면서 깨달은 점은 도덕성이 근본적으로 자연 안에 심어져 있다는 것이었다. 이것은 우주의 본성 자체가 도덕적임을 의미하며, 시간과 공간을 초월한 어딘가에 있으면서 모두에게 명령하는 윤리적 인격신의 존재를 부정하는 것이었다.68) 주희는 인간뿐만 아니라 자연 안의 모든 조직은 〈천리〉, 즉 인의예지(仁義禮智)라는 규범을 구현하도록 예정되어 있음을 확신하고, 이런 맥락을 『중용』의 첫머리를 해석하며 〈성즉리(性卽

---

66) 이런 의미에서 〈주희의 철학〉과 〈주자학〉은 〈Philosophy of Marx〉 및 〈Marxism〉 또는 〈Economics of Keynes〉 및 〈Keynesian Economics〉와 대비된다고 볼 수 있다.

67) Needham은 주희가 사용한 〈理〉를 〈조직〉이나 〈조직의 원리(principle of organization)〉 또는 〈패턴〉으로, 그리고 〈氣〉를 〈물질-에너지(matter-energy)〉로 번역하는 것이 가장 적절하다고 보았다. 조셉 니덤, 『중국의 과학과 문명: 사상적 배경』, pp. 303-304. 그러나 주자학에서 〈理〉는, 아담 스미스가 사용한 〈자연〉이란 다의적 개념처럼 조직이나 조직의 원리라는 현상계의 존재법칙 이외에 인간을 포함한 모든 존재가 마땅히 지켜야 할 이념이나 가치 또는 당위 원칙을 뜻하기도 한다. 한형조, 『주희에서 정약용으로』, pp. 121-122; 이승환, 『유가사상의 사회철학적 재조명』, pp. 261-262.

68) 조셉 니덤, 『중국의 과학과 문명: 사상적 배경』, pp. 292-293. 이런 맥락에서 Hume이 말한 이신론자들의 정규 집단으로서 공자의 제자들이란 바로 신유가를 의미함을 알 수 있다.

理>라는 명제로 집약하여 표현하였다. 성리학이라는 명칭도 여기에서 비롯되었다. 성리학은 이처럼 <이>와 <기>의 이원론적 조합을 통하여 세계에 대한 해석과, 인간의 본질에 대한 이해, 그리고 그 이해의 바탕 위에서 인간이 가야 할 <길[道]>을 동시에 일러주고 있는, 본원유학의 관심 범위를 뛰어넘는 통합적 철학체계이다.

이종교배로 태어난 성리학은 그로 인하여 다음과 같은 두 가지 기본적인 문제를 떠안게 되었다. 첫째는 <이>와 <기>라는 형이상학적 개념의 해석에 관한 문제이며,69) 둘째는 본원유학과의 관계 설정, 즉 양립 가능성에 관한 문제이다. 주희 이후의 철학사는 중국과 조선을 막론하고 이런 문제들을 둘러싼 논쟁의 전개과정에 불과하다고 해도 과언은 아니다. 스미스가 지적한 바와 같이 형이상학의 천착이 생산적인 경우는 드물다. 중국에서도 서양의 근대과학의 사절들인 예수회 선교사들이 17세기 초엽에 내방하여 새로운 실험적 철학을 소개할 때까지 아주 쓸모없는 형이상학적 논쟁이 거듭되고 있었다.70) 이런 상황은 좁은 사상의 시장에서 성리학이 완전에 가까운 독점을 이루고 있었던 다산 당시의 조선에서도 당파적 편견까지 가세하여 더욱 악화된 모습으로 재현되고 있었다. 임진왜란 이후 점차 실용적 학문에 눈을 뜨게 된 일군의 실학자들은 이런 비생산적 논쟁에 얽혀들지 않으려는 조심스런 태도를 견지하였다. 그러나 다산은 달랐다. 조선 사회가 당면한 위기의 사상적 근원이 성리학에 있음을 간파한 그의 치열한 문제의식

---

69) 理, 氣와 밀접한 관련을 맺으며 자주 사용되는 몇 가지 대립 개념의 예를 들면 다음과 같다.
　理: 太極; 形而上; 體; 性=本然之性(四端); 未發; 天理[公]; 是; 正]
　氣: 陰陽; 形而下; 用; 情=氣質之性(七情); 已發; 人欲[私]; 非; 邪]
70) 조셉 니덤, 『중국의 과학과 문명: 사상적 배경』, pp. 314-315.

이 그로 하여금 논쟁의 방관적 국외자로 머물 것을 허용하지 않았기 때문이다.

성리학 논쟁에 적극 참여하며 다산이 도달한 결론은 다음과 같다. "알맹이 없는 고고한 마음으로 스스로 옳다고 오만을 떨고 있으니, 끝내 이들 성리학 하는 사람과는 같이 손잡고 요순과 주공(周公)·공자의 문하로 들어갈 수 없다."71) 이것은 현실과 괴리되어 실증이 불가능한 공허한 이기론을 비판하고, 이러한 이기론 위에 서 있는 성리학은 본원유교와 양립할 수 없음을 밝힘과 아울러 그 자리에 순수한 공맹의 가르침, 즉 수사학이 다시 세워져야 함을 천명한 것이다. 다산은 성리학의 잘못된 방법론의 영향으로 수양공부에 치우쳐 능동적 실천의 의지를 상실한 채 자기 유폐적 무위의 삶에 안주한 사람들도 질타하였다: "요즈음 사람들은 마음 다스리는 것을 성의(誠意)로 여겨, 허령불매(虛靈不昧)한 본체를 잡아 배 안에다 넣어 둔 채, 그것의 참되고 망령됨이 없는 이치를 돌이켜 살펴보려고 한다. 이것은 모름지기 평생토록 가만히 앉아서 말없이 자기 뱃속을 관찰한다면 바야흐로 가경(佳境)이 있을지 모르지만, 그렇게 되면 이것은 좌선(坐禪)이 아니고 무엇이겠는가."72)

도탄에 빠진 사회는 이용·후생의 증진을 위한 적극적 실천을 요구하고 있음에도 불구하고, 대다수의 지식인들은 성리학 때문에 파당이나 지어 백해무익한 공리공담에 골몰하거나 선승처럼 〈향벽관심(向壁

---

71) 민족문화추진회, 『국역 다산시문집 5』, 〈오학론(五學論) 1〉 (서울: 솔, 1983), p. 119.

72) 전주대 호남학연구소, 『國譯 與猶堂全書 1』, 〈대학공의〉 (전주: 전주대학교 출판부, 1986), p. 26. 번역문에 약간의 수정을 가하였음.

觀心)〉에 탐닉한다면, 성리학과의 정면 승부를 거치지 않고 사회개혁을 이루기는 연목구어가 아닐 수 없다. 주희가 위기에 처한 나라를 구하고 또 불교와 도교와의 경쟁에 직면한 유학을 보강하기 위하여 양교의 장점을 유학에 접목시켜 성리학이라는 복합적 철학체계를 발전적으로 구축해 간 반면, 다산은 역으로 개혁의 장애물로 간주된 성리학을 그 형이상학적 구도의 비현실성과 비정통성에 대한 비판을 통하여 해체하고 새로운 〈실학의 체계〉를 정립하기 위해 원시유학의 재발견에 몰두하였다.73) 이 과정에서 다산은 적지 않은 도움을 서학과 서교, 즉 천주교로부터 받았다.

(2) 다산 정약용과 천주교

다산의 생애를 그토록 파란만장하게 만든 것은 천주교였다. 조선왕조의 후기에 중국을 통하여 전래된 서학은 당시의 지배적 이데올로기였던 주자학과 갈등을 빚으며 수용되는 과정에서 각계각층의 다양한 반응을 불러일으켰다. 전술한 바와 같이 서양의 과학과 천주교 신앙을 포괄하는 넓은 의미에서의 서학에 가장 열린 태도로 접근한 집단은 남인계의 성호학파 지식인들이었다. 그러나 성호학파의 지식인들이라고 해서 서교에 대하여 모두 같은 반응을 보였던 것은 아니다. 이들은 좁은 의미의 서학, 즉 서양의 과학・기술은 수용하려 한 반면 서교는 불교처럼 이단시한 우파(공서파)와 서학과 서교를 동시에 수용하려는 좌파(신서파)로 분리되었다. 성호좌파는 1791년에 일어난 진산사건을

---

73) 다산이 원시유학의 관점에서 주희를 비판한 자세한 내용은 한형조, 『주희에서 정약용으로』, pp. 145-214 참조.

계기로 다시 서교를 버리고 유교로 돌아선 서학파와 죽음도 불사하며 신앙을 지키려는 서교파로 양분되었다.[74] 그것은 진산사건의 와중에서 천주교 신앙이 생과 사를 결정짓는 관건이 되었을 뿐만 아니라, 서교의 세계관이 유교의 그것과 본질적으로 다르다는 점, 즉 현세를 더 나은 세상으로 만들기 위해 바람직한 〈왕중심 질서〉 또는 〈인간중심 질서〉를 구축하고자 노력하는 유교에 비하여, 서교는 현세보다 내세를 중시하는 〈신중심 질서〉의 구현을 염두에 두고 있다는 점이 확연히 드러났기 때문이다.[75] 진산사건과 1801년의 백서사건을 거치며 천주교 신앙이 해묵은 당쟁에서 비롯된 정치적 탄압의 빌미로 십분 활용되면서 많은 유능한 인재들이 희생됨과 동시에 서학마저 덩달아 배척되는 바람에, 외세가 무력으로 개국을 강요할 때까지 조선은 외국 문물의 자발적 도입을 통한 근대화의 길을 멀리하고 세계사의 흐름에 역행하는 쇄국의 길을 걷게 되었다.

성호좌파였다가 후일 단순한 서학파임을 강변하여 간신히 죽음을 모면했던 다산과 천주교의 관계는 주로 두 가지 시각에서 논의되어 왔다. 그의 천주교도 여부와 그의 사상에 대한 천주교 사상의 영향 여부가 그것이다.[76] 다산은 그의 이른바 〈자명소〉와 〈묘지명〉 등의 기록을 통하여 자신과 천주교의 관계를 소상히 밝혔다. 다산의 기록에 따르면, 그가 천주교에 관한 이야기를 처음 들은 것은 1784년(23세) 외

---

74) 강재언, 『조선의 西學史』, p. 221.

75) 안외순, 〈丁若鏞의 사상에 나타난 西學과 儒學의 만남과 갈등〉, 『정치사상연구』 2집(2000년 봄), pp. 24-28.

76) 최석우, 〈丁若鏞과 天主敎의 관계: Daveluy의 備忘記를 중심으로〉, 최석우 외, 『茶山 丁若鏞의 西學思想』 (서울: 다섯수레, 1993), p. 20.

우 이벽을 통해서였다. 이에 깊은 흥미를 느낀 다산은 곧 교리를 배우는 일방, 예수회 소속의 이태리 신부인 마테오 리치가 1603년 북경에서 펴낸 『천주실의』와 같은 교회서적을 읽기 시작하였고, 1787년(26세)부터 1791년(30세)까지는 입교한 신앙인으로 생활하다가 진산사건 이후 배교하였다. 지금까지 논란이 지속되고 있는 점은 다산의 배교 동기와 배교 이후의 회심(回心) 여부이다. 제시된 견해는 대략 세 가지 정도로 요약될 수 있는데, 하나는 다산의 배교가 강요된 선택이었으며 유배에서 풀려난 이후 바로 회심하여 참된 참회자로 여생을 살았다는 해석이다.[77] 다른 하나는 다산의 배교는 천주교에 대한 환멸에서 비롯된 진지한 것이었으며 회심이란 있을 수 없다는 주장이며,[78] 마지막으로는 다산이 마지못해 외유내야(外儒內耶)의 생활, 즉 유가인 체한 천주교인으로 이중적 생활을 했을 가능성에 대한 추측이다.[79] 다양한 견해에도 불구하고 모두가 인정하는 한 가지 사실은 다산이 한동안 독실한 천주교인이었다는 점이다.

다산이 천주교 사상으로부터 영향을 받았다는 데 이의를 제기하는 사람은 없다. 다만 받은 영향의 크기에 관하여 약간의 견해 차이가 있을 뿐이다. 다산은 서교와의 접촉 이전에 이미 수사학을 지향하고 있었다는 주장과, 접촉 이후에 서교의 영향을 받아 수사학에 관심을 갖게 되었다는 주장의 차이가 그것이다.[80] 하지만 어떤 경우이든 다산

---

77) 최석우, 〈丁若鏞과 天主敎의 관계: Daveluy의 備忘記를 중심으로〉, pp. 44-46.

78) 이동환, 〈茶山思想에서의 '上帝' 도입경로에 대한 序說的 고찰〉, 강만길 외, 『茶山의 政治經濟 思想』(서울: 창작과비평사, 1990), pp. 301-302; 안외순, 〈丁若鏞의 사상에 나타난 西學과 儒學의 만남과 갈등〉, pp. 28-29.

79) 금장태, 〈茶山의 儒學思想과 西學思想〉, 최석우 외, 『茶山 丁若鏞의 西學思想』, pp. 99-100.

이 주희의 성리학을 비판하고 수사학을 재정립하는 과정에서 『천주실의』로부터 강한 이론적 영향을 받았다는 점은 부정하지 않는다. 무신론적 입장에 서 있는 주자학이라는 지배 이데올로기에 대하여 마테오 리치가 선교사의 입장에서 지녔던 문제의식과, 다산이 실학자의 입장에서 지니고 있었던 문제의식은 거의 같은 것이었다. 마테오 리치는 선교를 위해 유일신인 〈천주(天主)〉를, 그리고 다산은 무기력한 조선 사회에 활력을 불어넣기 위해 만물의 주재자인 〈상제(上帝)〉라는 의미에서의 〈하늘[天]〉 개념을 새롭게 정립할 필요가 있었고, 그 과정에서 하늘에서 인격성을 제거해 버린 주희의 이기론을 철저히 비판·극복할 필요가 있었다는 점에서 그렇다.

주희는 하늘과 신에 관하여 다음과 같이 말하였다. "푸른 하늘이 천(天)이라고 불린다. 그것은 끊임없이 회전하고, 모든 방향으로 펼쳐져 있다. 그 위에 모든 악한 행위들을 심판하는 사람이 있다고 때때로 말해진다. 이것은 분명히 잘못된 것이다. 그러나 질서를 잡는 [원리가] 없다고 말하는 것도 똑같이 잘못일 것이다."[81] 당연히 마테오 리치의 생각은 주희와 달랐다. "우리의 천주는 바로 중국의 옛 경전에서 말하는 상제입니다. … 이 상제는 [우리 눈에 보이는] 푸른 하늘을 말한 것이 아닙니다. … 더욱 깊이 사색하여, 만일 하늘[天]을 상제로 이해한다면 말이 됩니다. 天이라는 글자는 하나[一]와 크다[大]일 뿐입니다. [성리학에서 말하는] 이(理)가 사물의 주재자가 될 수 없다는 것은 이미 분명히 아셨을 것입니다."[82] 다산도 『중용』을 해석하며 마테오 리

---

80) 예컨대 이동환 교수가 전자의 지지자라면, 안외순 교수는 후자의 지지자이다.

81) 주희, 『朱子全書』 卷四十九, 조셉 니덤, 『중국의 과학과 문명: 사상적 배경』, p. 313에서 재인용.

치처럼 하늘을 두 종류로 구분하였다: "고명배천(高明配天)의 천(天)은 푸르고 푸르러 형체 있는 하늘을 말하고 유천오목(維天於穆)의 천은 영명(靈明)하여 주재(主宰)하는 하늘을 말한 것입니다."[83]

다산이 성리학을 비판하고 해체하는 데 사용한 가장 중요한 연장은 바로 푸른 하늘 이외의 또 다른 하늘, 즉 만물을 주재하는 초월적 상제라는 의미의 하늘 개념이었다. 이 하늘을 재발견하고 응용하는 과정에서 다산이 천주교 교리로부터 많은 도움을 받았다는 사실은 대체로 인정되고 있다. 따라서 주희가 삼교 통합으로 〈주자학〉을 세웠듯이, 다산도 유학과 서학을 창조적으로 융합하여 〈실학의 집대성〉,[84] 즉 〈다산학〉을 이뤘다는 평가가 가능할 것으로 보인다. 하지만 위에서 시사한 바와 같이 다산 경학과 천주교 교리 사이에는 융합의 가능성만 있었던 것이 아니라 효론(孝論)과 전례(典禮)의 문제에서처럼 배교의 원인이 되었을 정도로 심각하게 상충되는 대목도 없지 않았다. 다산은 마테오 리치처럼 지상의 왕 대신 하늘의 신이 중심이 되는 질서를 구

---

82) 마테오 리치 지음, 송영배 외 옮김, 『천주실의』(서울: 서울대학교출판부, 1999), pp. 99-100, 101, 104. 理가 사물의 주재자가 될 수 없다는 데 대한 논증은 위의 책 pp. 81-97에서 이뤄지고 있다.

83) 민족문화추진회, 『국역 다산시문집 4』, 〈중용책(中庸策)〉, p. 67. 다산이 정조가 내린 〈中庸疑問〉 70조에 대한 답으로 〈中庸策〉을 당시 천주교 신앙운동에 열심이었던 이벽의 도움을 받아 작성한 시기는 그가 『천주실의』를 최초로 접했던 시기와 일치한다.

84) 강재언, 『조선의 西學史』, pp. 212-217; 금장태, 〈茶山의 儒學思想과 西學思想〉, pp. 94-97; 안외순, 〈丁若鏞의 사상에 나타난 西學과 儒學의 만남과 갈등〉, pp. 10-11; 이동환, 〈茶山思想에서의 '上帝' 도입경로에 대한 序說的 고찰〉, pp. 307-310.

현하고자 노력한 것 같지는 않다. 오히려 천주교가 유교를 보완할 수는 있어도 대체할 수는 없다는 입장에 철저했다고 볼 수 있다. 따라서 다산이 염두에 둔 상제의 존재양식은 천주교에서의 천주의 그것과는 같다고 보기 어려운 면이 있다.85)

주희가 세계와 인간을 이해하는 데 사용한 기본 도식인 이기론에서의 〈이〉는 원리 또는 이념으로서 행위의 능동적 주체가 될 수 없는 형이상학적인 개념에 불과하다. 그러므로 주희와 다산의 사상체계가 지닌 차이를 엿볼 수 있는 가장 빠르고 좋은 방법은 이기론의 〈이〉의 자리에 인격적 하늘이나 상제 또는 상제의 명령을 대입하여 그 결과를 살펴보는 것이다. 다산이 세운 경학 체계가 성리학처럼 인간 내면의 〈이〉를 관조하는 〈향벽관심〉이 아니라, 인간 상호간의 관계 속에서 상제의 명령에 부합하는 행위, 즉 〈실천윤리〉를 강조하는 것도 이런 관점에서 어렵지 않게 이해될 수 있다. 불교와 도교의 영향을 받은 주희로 인해 〈형이상학〉으로 변질되었던 유학이 천주교의 영향을 받은 다산에 의해 다시 원래의 실용주의적 〈인간학〉으로 환원된 셈이다. 그것은 요컨대 주희의 〈이신론(deism)〉이 다산에 와서 〈유신론(theism)〉으로 바뀌며 초래된 결과이다. 하지만 이것은 외견상, 신학적 관점에 국한시켜 볼 경우, 아담 스미스가 기독교를 비판하며 기독교적 유신론의 중세사회에서 세속화된 스토익적 이신론의 근대사회로 시대의 흐름을 따라 걸어 내려왔던 길을, 다산은 오히려 천주교의 도움을 받으며 이신론적 중세사회에서 유신론적 고대사회로 거슬러 올라간 것으로 비유될 수도 있다.

---

85) 이을호, 〈茶山經學 成立의 背景과 性格〉, pp. 130-131; 장승구, 『정약용과 실천의 철학: 다산 철학의 근대성 탐구』 (서울: 서광사, 2001), pp. 94-96.

2) 시대적 과제

국가의 지속적 발전을 저해하는 전통사회의 낡은 이념과 질서, 그리고 제도를 비판·극복하고, 다가올 새 시대의 사회상을 제시하며, 그 사회의 안정적 발전을 담보할 수 있는 새로운 사상체계와 세계관, 그리고 제도를 면밀하게 구상하고 제시하는 작업은 아담 스미스와 마찬가지로 다산에게도 절실한 시대적 과제였다. 그러나 풍전등화(風前燈火)와 같은 위기를 실감하며 살아야 했던 다산의 과제가 주마가편(走馬加鞭)의 입장에 있었던 스미스보다 한결 더 심중한 것이었다고 하지 않을 수 없다. 위기에 처한 조선의 현실을 개혁하기 위해서는 반개혁적 이데올로기인 주자학이 정착시킨 완고한 패러다임의 청산이 급선무였다. 다산 경학(經學), 즉 유교 경전의 해석에 관한 그의 방대한 저술은 개혁의 전제조건인 패러다임의 전환을 위한 이념적 모색의 부산물에 지나지 않는다. 〈정(靜)의 철학〉이라고 부를 수 있는 주자학의 근본관념은 〈무위(無爲)〉에 있다. 자연은 조화와 균형을 이루려는 경향이 있는데, 그것은 자연이 전지전능한 인격적 지배자의 명령에 따르기 때문이 아니라 그런 본성을 스스로 지니고 있기 때문이다. 따라서 이러한 자연의 질서에 인위적 조작을 가하는 것은 올바른 정책이 될 수 없다.[86] 아담 스미스가 새로운 사회질서를 구상하며 그 원리로 염두에

---

86) 조셉 니덤, 『중국의 과학과 문명: 사상적 배경』, pp. 382-385. 전술한 바와 같이, 중국 철학 특히 주자학의 이런 관점이 프랑스 중농주의자들의 계몽주의적 개혁사상에 강한 영향을 미쳤다. 중농주의자들이 말한 laissez-faire는 바로 〈無爲〉의 번역어이다: "The wise ruler knows that, at a certain level of

두었던 것이 〈자연적 자유〉, 즉 주희가 설파했던 〈무위〉의 관념이었던 반면, 다산은 역으로 인간의 능동적 실천 및 조작을 강조하는 〈유위(有爲)〉의 패러다임을 구축하기 위해 주희가 사용한 기본 개념과 개념 상호간의 관계를 철두철미 비판하며 〈동(動)의 철학〉을 정립하려고 심혈을 기울였다. 그 첫걸음이 바로 궁극적 존재의 원리인 하늘은 〈이〉가 아니고 〈상제〉를 의미한다는 명제이다.[87] 상제 도입의 가장 중요한 철학적 의미는 주희에 의해 〈이〉로 통합된 자연세계의 물리(物理)와 도덕세계의 도리(道理)를 분리시키는 데서 찾을 수 있다. 그것은 아담 스미스가 기독교 철학과 형이상학을 실용적 관점에서 비판한 것과 마찬가지로, 물리와 도리가 모호하게 융합되어 있는 한 무익한 사변적 논쟁만 무성해질 뿐 인간의 삶에 꼭 필요한 실천윤리도 자연과학도 발전할 수 없다고 보았기 때문이다. 그리고 앞으로 지향해야 할 바람직한 사회의 모델로 다산은 통념과는 달리 이런 〈유위의 질서〉가 이상적으로 구현되었다고 본 요순시대의 사회를 제시하였다.

(1) 도리와 물리의 통합과 분리

주희의 성리학과 이기론이 삼교 통합의 결과임은 위에서 이미 서

---

operating, the best policy is in a sense to do nothing, a policy summed up in the central philosophical concept of *wu-wei* which is translated into French as *laissez-faire*. ⋯ It was this principle which also inspired Quesnay and which, through his disciple Adam Smith, entered into modern economic thinking." J. J. Clarke, *Oriental Enlightenment*, p. 50. 주희와 신유가의 사상이 서양의 철학과 과학에 미친 영향에 관해서는 조셉 니덤, 위의 책, pp. 315-318 참조

87) 장승구, 『정약용과 실천의 철학: 다산 철학의 근대성 탐구』, pp. 63-64.

술한 바 있다. 통합의 과정에서 고대 도가와 고대 유가가 서로 다른 의미로 사용하였던 〈도(道)〉라는 개념이 〈이〉로 통일되었다. 도가는 자연에만 관심이 있었고 인간에는 무관심했다. 반면 유가는 인간에만 관심이 있었고 자연에는 무관심했다. 따라서 도가는 비인간적 자연의 〈도〉, 즉 〈물리〉에만 관심이 있었고, 유가는 비자연적 인간의 〈도〉, 즉 〈도리〉에만 관심이 있었다. 〈도〉의 두 가지 사용법이 주희에 의해 〈이〉로 통합되면서 〈이〉 개념에는 인간 세계의 당위규범으로서의 윤리적 성격과, 자연세계의 조직원리로서의 물리적 성격이 뒤섞이게 되었다. 이것이 다시 자연뿐만 아니라 인간 사회에도 무관심했던 불교의 선험적 관념론의 영향을 받아 형이상의 〈이〉로 정착되었다. 주희는 자연과 인간의 세계를 〈이〉가 음양오행과 같은 형이하의 〈기〉와 만나 생성·변화하는 장대한 무대로 파악하였고, 그것을 정식화한 것이 이기론이다. 이기론은 결국 이원론이기 때문에 〈이〉와 〈기〉 가운데 어떤 계기에 선행성과 우월성을 부여하느냐에 따라 주리론과 주기론으로 구분된다. 우주의 생명 에너지, 즉 〈기〉가 자기조직적(self-organizing) 실재라는 주장이 주기론이며, 모든 개별적 생성·변화의 과정은 조직원리, 즉 〈이〉의 보편성의 증거에 지나지 않는다는 주장이 주리론이다. 이 양자의 대립과 갈등으로부터 위에서 말한 무익한 형이상학적 논쟁이 끊임없이 이어졌고, 그것은 특히 자연과학의 발달에 치명적인 후유증을 남겼다. "고대에 있어서는 서양보다 탁월했던 동양의 과학기술이 왜 근세에 와서 낙후하게 되었는가? 그것은 한마디로 말하여 도리와 물리를 분리시키지 못하고 오히려 도리에 물리를 종속시킴으로써 물리의 자립적인 발전을 저해시킨 데 있다고 생각된다. 즉 〈격물궁리(格物窮理)〉를 도학적인 내성(內省)에 왜소화시키고 말았다는 말이다."[88]

이원론자인 주희는 주리론의 입장을 선호하였다. 주리론적 이기론은 보편성의 원리인 〈이〉를 개별적 자기조직의 원리의 〈기〉보다 존재와 가치의 측면에서 우선적이며 우월한 것으로 인식한다. 그 결과 구체적인 사물에 대한 실증적 탐구보다 보편적 원리에 대한 형이상학적 사유를 더욱 중시하는 경향이 있다. 그리고 주희는 인간을 포함한 천지만물이 동등한 〈이〉를 분유(分有)한다고 보기 때문에, 〈이〉의 측면에서 인간과 동물, 식물 등을 존재론적 연속성을 지닌 하나의 실재로 간주한다.[89] 단지 타고난 기질의 차이에 따라 〈이〉라는 순수한 본성을 실현할 수 있는 가능성에 차이가 있을 뿐이라고 본다. 이것이 이른바 성리학의 〈이일분수(理一分殊)〉의 논리, 즉 똑같은 하나의 〈이〉로 말미암아 만물의 평등성이 보장되는 반면, 다양한 기질에 따라 차별성 또한 인정된다는 본원적 평등과 현실적 차별화의 논리이다. 이런 형이상학적 논리는 기존의 통치구조와 신분질서를 그것이 어떠한 형태의 것이든 적실한 것으로 합리화하는 데에도 활용될 수 있다. 또 이 논리를 역으로 적용하면, 순수한 본연의 〈이〉에, 즉 모든 덕성을 선험적으로 구비하고 있는 인간의 본성에 좀 더 가깝게 다가가기 위해서는 다양한 육체적 욕망으로 흐려진 기질을 금욕적 수양을 통해 교정해야 된다는 극단적 엄숙주의가 정당화될 수도 있다.

다산의 사유는 지금까지 간추려 살펴본 주희의 형이상학적 철학체계를 근본적으로 부정하는 데서 출발한다. 그 첫 단계가 전술한 바와 같이 하늘은 비인격적 〈이〉에 불과하다는 주희의 주장을 천주교 교리의 도움을 받아 하늘은 곧 인격적 상제라는 명제로 대체한 것이다. 이

---

88) 강재언, 『조선의 西學史』, pp. 225-226.
89) 이런 관점을 〈天人合一의 사상〉 또는 〈天人一元論〉이라고 한다.

것은 다산이 주희의 성리학이 상정한 우주론과 인간학의 연속적 관점, 즉 〈천인합일〉의 사상에서 벗어나 인간 중심적 세계관의 구축에 필요한 〈천인분리〉의 입장에 서 있다는 것을 의미한다. 이런 입장의 차이가 지닌 좀 더 구체적인 함의는 그의 주자학 부정의 두 번째 단계라 할 수 있는 이기론적 도식의 폐기 시도에서 엿볼 수 있다. 다산은 〈기〉를 〈자유자(自由者)〉로, 그리고 〈이〉를 〈의부자(依附者)〉로 파악하였다.90) 이것은 마테오 리치가 『천주실의』에서 〈태극〉과 〈이〉가 천지만물의 근원이 될 수 없음을 아리스토텔레스의 범주론을 빌려 설명하며 사물의 두 가지 범주, 즉 실체와 속성을 각각 〈자립자(自立者)〉와 〈의뢰자(依賴者)〉로 나타낸 것과 대동소이하다.91) 마테오 리치와 다산의 견해에 따르면 주리론의 입장과는 반대로 실체인 〈기〉가 속성에 불과한 〈이〉보다 존재의 형식에서 앞서고 가치의 측면에서 귀한 것으로 간주된다. 실체가 없다면 속성은 존립할 수 없기 때문이다. 이런 관점으로부터 참으로 존재하는 것은 하나하나의 구체적 사물이라는 인식론적 결론이 쉽게 도출될 수 있다. 이런 유명론적(nominalistic) 인식론은 주리론적 사유와 달리 개별적 사물에 대한 경험적·실증적 탐구를 중시한다. 다산의 인식론적 전환, 즉 〈이 : 기〉의 논리에서 〈자유자 : 의부자〉 도식으로의 전환은 이처럼 물리에 대한 관심을 증폭시키는 결과를 초래하였다.

---

90) 『中庸講義補』, 『與猶堂全書』, II:4:65 [4:365]: "蓋氣是自由之物 理是依附之品 而依附者必依於自由者." 앞으로 『與猶堂全書』 안의 단문이 아닌 저서를 표기할 때는 『與猶堂全書』를 생략하고 『中庸講義補』, 1:65 [4:365]처럼 표기하고자 한다. 이것은 『中庸講義補』 卷一의 65면을 뜻한다.

91) 마테오 리치, 『천주실의』, pp. 84-89. 여기에서 마테오 리치는 〈이〉가 속성이며 〈기〉가 실체라는 주장의 논증을 시도하였다.

모든 존재를 자립성이 있는 실체[자유재]와 실체에 의존적인 속성[의부재]으로 구분한 다산은 실체를 다시 영명성(靈明性)을 구비한 무형의 〈정신적 존재〉와 영명성이 결여된 유형의 〈질료적 존재〉로 양분하였다.[92] 예컨대 상제가 전자라면 초목과 금수는 후자이다. 그렇다면 인간은 어디에 속하는 존재인가? 다산은 인간을 〈신형묘합(神形妙合)〉 혹은 〈심신묘합(心身妙合)〉의 존재로 파악하였다. 상제로부터 부여받은 정신이 육체와 묘하게 합쳐져 하나로 조화를 이룬 특이한 존재로 본 것이다.[93] 따라서 인간은 초목이나 금수와 같을 수 없고, 천인합일은 옳은 관점이 될 수 없다. 다산은 이런 주장의 타당성을 그의 이른바 〈성삼품설(性三品說)〉로 뒷받침하였다. 초목은 살아 있기에 생성(生性)은 있으나 지각능력인 각성(覺性)이 없고, 금수란 생성과 각성은 있지만 만물의 이치를 깨닫고 선악을 판별할 수 있는 영성(靈性)이 없으며, 사람만이 생성과 각성, 그리고 영성을 모두 지니고 있다는 가설이 그것이다.[94] 다산의 〈성삼품설〉은 마테오 리치의 〈혼삼품설(魂三品說)〉과 내용은 조금 다르지만 논리의 구조는 동일하다는 점이 다시금 지적될 필요가 있다.[95]

---

92) 장승구, 『정약용과 실천의 철학: 다산 철학의 근대성 탐구』, p. 60.

93) 둘이 곧 하나이고 하나가 곧 둘임을 시사하는 〈묘합〉은 서양은 물론 중국과도 다른 한국적 사유의 독특한 원리라는 주장이 있다. 이을호, 〈茶山 經學 成立의 背景과 性格〉, pp. 126-128. 그러나 이것도 『천주실의』의 영향으로 보는 것이 옳을 듯하다. 김형효, 〈茶山 實學의 독법과 양면성의 이해〉, 김형효 외, 『茶山의 사상과 그 현대적 의미』 (성남: 한국정신문화연구원, 1998), pp. 8-11.

94) 『中庸講義補』, 1:47 [4:329]; 『論語古今註』, 9:11 [6:105-106].

95) 마테오 리치, 『천주실의』, pp. 123-125. 魂三品은 生魂, 覺魂, 靈魂을 말한다.

다산과 마테오 리치가 생명을 지닌 모든 피조물을 상·중·하 세 등급으로 나눠 고찰한 것은 각 등급 사이에는 간과할 수 없는 질적 차이가 있으며, 인간이 그 가운데 상제와 천주를 대리하는 최상의 존재인 점을 부각시키기 위한 시도의 일환으로 보인다. 상제는 모든 것을 조화(造化)하고 주재하며 보살피는 초월적 존재이다. 그리고 우주만물에 생존 및 운행의 법칙을 부여하였다. 사물 속에서 이 법칙을 탐구하고 발견하여 후생의 증진에 이용하는 것은 상제로부터 유일하게 영명(靈明)을 부여받은 인간의 권리이다.[96] 이로써 정신적 가치를 특히 숭상한 정통 성리학에서 천시되었던 물질은 인간의 실증적 인식과 효율적 활용의 대상으로 새롭게 부상하게 되었다. 결국 다산의 존재론적 전환, 즉 비인격적 조직의 원리와 이념에 불과한 주희의 〈태극〉과 〈이〉의 세계에서 인격적 상제 세계로의 전환은 그의 인식론적 전환과 함께 사회개혁이라는 시급한 시대적 과제 수행의 전제조건이었던 물리와 도리의 분리를 위한 철학적 필요조건의 구축 과정으로 이해될 수 있다.

(2) 이상적 요순사회로의 회귀

실생활과 직결된 형이하학의 관점에서 보았을 때, 다산은 적어도 다음과 같은 두 가지 측면에서 주희와 획기적으로 달랐다. 첫째, 주희가 인간의 이기적 욕망을 천리와 대립되는 부정적인 것으로 인식한 데 비해, 다산은 그것이 유용한 행위의 원동력이 될 수 있음을 인정한 점이다. 만약 인간이 아무런 욕심이 없다면 나쁜 일도 하지 않겠지만

---

96) 『中庸講義補』, 1:2 [4:240]: "天下萬民 各於胚胎之初 賦此靈明 超越萬類 享用萬物"

착한 일도 할 수 없을 것으로 보았기 때문이다. 이러한 다산의 현실적 인간 이해는 그로 하여금 인간의 욕망을 도덕이나 기타 수단으로 무조건 억제하려고 하기보다는, 가능한 한 합리적으로 충족시키려고 노력해야 할 필요성을 잘 인식하게 하였다. 둘째, 주희가 현실의 폐단을 척결하기 위한 방안으로 기존의 체제는 문제 삼지 않고 오로지 위정자 개개인의 인격적 수양만을 중시한 데 비해, 다산은 개인의 수양보다는 제도와 구조의 개혁을 더욱 중시한 점이다.[97]

다산은 시간이 지나면서 모든 사물에 폐단이 생기는 것은 자연적인 현상이라고 보았다. 따라서 문제가 되는 것은 폐단 자체가 아니라 폐단을 고치려는 노력의 부재이다. 그는 특히 인간의 기본적 욕구충족과 관련된 법과 제도 등에 폐단이 생겼음에도 불구하고 온갖 이유를 들어 개혁을 게을리 한 나라는 부패하고 위축되어 망하지 않은 경우가 없다고 지적하였다. "조종(祖宗)의 법에 대해서는 좋으면 그대로 두고 폐단이 있으면 좋게 고쳐야 하는 것이다. 경세제민(經世濟民)에 밝은 선비가 매양 일을 하려 하면 용렬하고 무식한 사람들이 번번이 조종(祖宗)의 법임을 인용하여 호령함으로써 백세(百世)에 잘 다스려진 정치가 없게 되었다."[98] 이렇듯 개혁의 관점, 즉 유위와 작위의 관점에서 안일

---

97) 장승구, 『정약용과 실천의 철학: 다산 철학의 근대성 탐구』, pp. 98-100, 151-152.

98) 민족문화추진회, 『국역 다산시문집 5』, 〈급암론(汲黯論)〉, p. 168. 폐단의 발생과 치유에 관한 문제에 대해서는 『국역 다산시문집 4』, 〈폐책(弊策)〉, pp. 98-101 참조. 다산의 이런 통찰은 최근의 제도주의 경제학의 연구결과와도 일치한다. "Institutions that at one point were beneficial can also, with the passage of time, become roadblocks for development." Erik S. Reinert, "Institutionalism Ancient, Old and New," WIDER Research Paper No. 2006/77, Helsinki:

한 무위의 정치를 질타하여 마지않은 다산이 조선의 장래에 대한 비전으로 바로 그 〈무위이치(無爲而治)〉의 성군으로 알려진 요순의 치세를 제시한 것은 일견 의외로운 일이 아닐 수 없다.

다산은 요·순·주공(周公)·공자의 세계나 단군 시대의 고풍이 조선에 새롭게 구현되기를 평생 희구하였다. 그가 개혁의 청사진으로 삼기 위해 저술한 『경세유표』가 『주례(周禮)』의 구도를 그대로 답습하고 있는 이유도 여기에 있다. 요컨대 다산의 생애를 일관하는 학문적·사상적 입장은 수사의 세계, 즉 선진(先秦) 고경(古經) 세계의 회복이었다고 할 수 있다.99) 그렇다면 고경 세계의 어떤 점이 다산을 그토록 매혹시켰는지 묻지 않을 수 없다. 그의 〈오학론〉이 이런 의문에 첫 단서를 제공하고 있는 듯이 보인다. 〈오학론〉 다섯 편은 성리학, 훈고학, 문장학, 과거학, 술수학 등이 지니고 있는 비학문적 성격을 비판하는 내용을 담고 있다. 그리고 각 편의 말미에는 하나같이 이런 학문을 하는 사람들과는 같이 손잡고 요순과 주공·공자의 문하로 들어갈 수 없다는 문장이 반복되고 있다. 다산은 그 이유로 이들 학문이 형이상학이

UNU-WIDER, July 2006, p. 3. 이런 주장은 일견 자명한 듯해도 후진국 개발정책과 관련하여 중요한 함의를 지닌다.

99) 이동환, 〈茶山思想에서의 '上帝' 도입경로에 대한 序說的 고찰〉, pp. 305-306, 310-315. 이런 입장은 다산 특유의 것이 아니라 어쩌면 동양적 사고의 일반적 경향일 수 있다: "Generally, too, outside western Europe, benign change was still envisaged as an attempt to return to a golden age of the past, even where great virtuosity was employed to smuggle in innovation under this rubric. In parts of western Europe, by contrast, public men brazenly trumpeted the virtues of the future and of a complete rupture with the past." C. A. Bayly, *The Birth of the Modern World 1780-1914*, p. 292.

나 미사여구 또는 허황된 미신에 치우쳐 주공과 공자의 가르침의 핵심인 효제(孝悌)와 충신(忠信)을 제대로 이해하지 못하고, 또 그것을 실행하는 데 필수적인 예악(禮樂)과 형정(刑政)의 문제를 도외시하고 있는 점을 지적하고 있다. 이로 미루어 보아 다산이 염두에 둔 선진 고경의 세계는 국가의 통치구조 및 관련 제도가 현실에 맞게 잘 구비·운영되고 있는 실용적이며 도덕적인 사회임을 짐작할 수 있다.

요순의 통치방식에 대한 다산의 직접적인 평가는 다른 곳에서 찾아볼 수 있다. 다산은 『경세유표』를 저술하며 요순이 도덕적 교화에 의한 〈무위이치〉로 태평시대를 이뤘다는 세속의 고정관념을 진실을 오도하는 잘못된 것으로 강하게 반박하였다. "마음을 분발하고 일을 일으켜서 천하 사람을 바쁘고 시끄럽게 노역(勞役)시키면서, 한번 숨 쉴 틈에도 안일하지 못하도록 한 이는 요순이요, 정밀하고 각박하여 천하 사람을 조심하고 송구하여 털끝만큼이라도 감히 거짓을 꾸미지 못하도록 한 이도 요순이다. 천하에 요순보다 더 부지런한 사람이 없었건만 하는 일이 없다고 속이고, 천하에 요순보다 더 정밀한 사람이 없었건만 엉성하고 우활하다고 속인다. 그래서 임금이 언제나 일을 하고자 하면 반드시 요순을 생각하여 스스로 중지하도록 한다. 이것이 천하가 나날이 부패해져서 새로워지지 못하는 까닭이다."[100] 다산의 이런 견해는 요순이 이른바 고적법(考績法), 즉 업적평가 제도를 도입하여 신하들의 공과를 주기적으로 엄정하게 평가하고 그 결과를 인사에 반영함으로써 그들로 하여금 목민(牧民)의 업무에 조금도 소홀함이 없게 하였으며, 또 순은 요로부터 임금의 자리를 물려받은 직후 도량형 제도

---

100) 민족문화추진회, 『국역 다산시문집 6』, 〈방례초본 서(邦禮草本序)〉, p. 20. 『尙書古訓』, 2:16 [7:212]에도 같은 내용이 있다.

를 통일하여 공정하고 능률적인 통치의 기반을 조성한 치적에 바탕을 두고 있는 듯이 보인다.101)

여기에서 알 수 있는 분명한 사실은 다산이 요순을 〈무위이치〉의 성군이 아니라 유사 이래 가장 열정적인 유위와 개혁의 정치가로 인식하였다는 점이다. 요순을 인간의 주관적 도덕성에 호소하여 치세를 이룬 〈덕치〉의 화신이 아니라, 객관적인 제도와 법의 도입과 시행을 통한 〈법치〉의 달인으로 간주한 것이다. 요컨대 다산이 요순사회로의 회귀를 염원한 것은 법제의 개혁과 정비를 통한 능동적 유위의 정치, 합목적적 작위의 정치를 요순에 관한 고경의 재해석을 근거로 정당화하여 위기에 처한 나라를 구하고자 하는 정략에서 비롯된 것이라 하지 않을 수 없다. "그윽이 생각건대 대개 털끝만큼 작은 일이라도 병폐 아닌 것이 없으니, 지금에 와서 고치지 않으면 반드시 나라를 망치고야 말 것이다. 이것이 어찌 충신과 지사가 팔짱 끼고 방관할 수 있는 것이겠는가."102) 결국 다산은 조선 사회가 지향해야 할 목표와 그러한 목표에 도달하기 위한 방법 모두를 요순의 치세에서 찾은 셈이다. 부국강병의 굳건한 물질적 토대 위에 구축된 효제자(孝弟慈)의 도덕적 공동체가 그 목표이며, 사회제도를 적기에 합리적으로 개혁하고 엄정하게 관리할 수 있는 유위의 정치질서 확립이 그 방법이라고 할 수 있다. 여기에서 개혁의 주체는 국가라는 점이 강조될 필요가 있다. 다산은 백성들의 생활 안정과 이익의 옹호에 앞장섰고 또 사익 추구의 현실적 의미를 잘 인식하고 있었지만, 개혁의 관점에서는 철저하게 공익 우선주의, 즉 국가 내지 공동체 중심적인 사고를 견지하였다.103) 부국

---

101) 장승구, 『정약용과 실천의 철학: 다산 철학의 근대성 탐구』, pp. 135-137.
102) 민족문화추진회, 『국역 다산시문집 6』, 〈방례초본 서(邦禮草本序)〉, p. 26.

강병의 목표를 달성하기 위한 방안으로 사익의 극대화를 통한 공익의 증진이라는 개인주의적(individualistic) 방법론이 아니라, 공익의 극대화를 통한 사익의 증진이라는 전체주의적(holistic) 방법론이 옳다고 판단한 것이다.

3. 요약과 비교

아담 스미스와 다산 정약용은 비슷한 시기에 영국과 조선의 사회가 안고 있던 문제의 본질을 파악하고, 또 파악된 문제의 해결책을 제시하여 바람직한 새로운 사회로의 순조로운 이행을 돕기 위해 한평생을 진지하게 고민한 사상가이자 개혁가였다. 연구 범위의 광대함이나 연구 내용의 정교함, 그리고 연구 자세의 치열함에서도 두 학자는 쌍벽을 이룰 정도로 서로 매우 닮았다. 그리고 비록 역사와 문화의 차이 때문에 두 사회에 주어진 문제의 성격은 서로 달랐지만 그들이 문제의 해결과정에서 보인 사유의 패턴은 거의 동일한 것이었다. 구체제를 지탱하고 있는 반개혁적 사상체계와 세계관의 철저한 비판, 당시의 사회가 당면한 핵심 과제의 파악과 그 해결 방안의 모색, 바람직한 미래사회의 비전 제시, 비전의 구현에 필요한 새로운 사상체계의 구축 등이 그것이다. 그러나 사유의 패턴을 비슷했지만, 지금까지의 서술을 통하여 알 수 있는 바와 같이, 사유의 결과는 문제의 성격이 달랐던

---

103) 김정호, 『도전과 응전의 정치사상: 19세기 동아시아 3국의 개혁·개방사상』 (서울: 모시는 사람들, 2005), pp. 24-25, 28.

만큼 같은 점보다 다른 점이 훨씬 많았다.

1. 사회의 진보에 장애가 되는 반개혁적 사상체계로 스미스가 중세 봉건적 질서의 이념적 토대였던 아리스토텔레스 철학과 기독교 신학을 함께 지목한 데 비해, 다산은 기존 질서의 개혁에 무관심한 주자학은 철저히 비판한 반면 서양에서 전래한 천주교는 오히려 수용하여 주자학 비판에 이용하였다. 다산의 입장은 동양의 신유학, 즉 주자학에서 많은 지적(知的) 영감을 받아 사회개혁의 사상적 기초로 활용한 스미스를 포함한 서구 계몽주의자들의 그것과 극명한 대조를 이룬다. 그러나 모두 지배적 이데올로기의 완강한 저항을 분쇄할 수 있는 방안을 모색하기 위해 외래 사상에 개방적 태도를 취했다는 점에서는 같다고 볼 수 있다.

2. 소수의 자명한 진리 이외에는 어떤 확실한 지식의 획득에도 도움이 되지 않는 형이상학을 가장 숭고한 학문으로 추존(推尊)한 기독교 신학의 폐해를 논하며 그것이 자연철학을 신학에 종속시켜 관찰과 실험을 통하여 유용한 결과를 얻을 수 있는 실용적 과학의 발달을 저해했다는 스미스의 주장은, 보편적 원리에 대한 형이상학적 사유를 중시하는 주자학이 내실 없고 공소한 사변적 논쟁을 가열시켰을 뿐만 아니라 물리를 도리에 종속시켜 구체적 사물에 대한 실증적 탐구를 천시한 결과 실용적 기술의 발달을 지연시켰다고 본 다산의 견해와 일치한다.

3. 기독교에 비판적이긴 하였지만, 그렇다고 해서 스미스가 무신론자는 아니었다. 스미스는 만물을 주재하는 기독교의 초월적 인격신이 아니라 주희 이기론에서의 〈이〉와 유사한 스토익들의 비인격적이며 현명하고 선한 〈신(God)〉을 믿는 이신론자였다. 이에 비하여 다산은 주희의 이신론적 〈이〉 대신에 유교의 옛 경전에 나오는 상제를 천주교

교리의 도움을 받아 천주와 같은 초월적 인격신으로 부활시켜 신앙의 대상으로 삼았다. 하지만 다산의 상제신앙은 내세가 아니라 현세에서의 능동적이며 윤리적 삶을 중시한다는 점에서 천주교의 천주신앙과 구별되며, 오히려 기독교 신학이 도덕철학을 왜곡시켜 그것이 현세보다 내세를 중시하도록 가르치게 한 오류를 범했다고 비판한 스미스의 이신론적 신앙에 더 가깝다.

4. 스토익적 이신론자로서 스미스가 현세에서 바라는 가장 이상적인 삶은 우주와 조화를 이루고 신에 순종하는 자연적인 삶이었다. 스토익들은 사람들을 분리·고립된 존재가 아니라 신이 다스리는 광대한 자연공화국의 구성원으로 파악하였다. 이것은 주희의 천인합일의 사상과 흡사하다. 반면에 유신론자인 다산은 주희와 완전히 다른 천인분리의 입장에 서서 상제로부터 유일하게 영성을 부여받은 신형묘합의 존재인 인간이 본질적으로 열위에 있는 자연을 자신의 후생 증진을 위하여 개발의 대상으로 삼을 수 있다는 인간 중심적 세계관을 견지하였다.

5. 스미스와 다산은 인간의 자리심이나 원초적 욕망이 경우에 따라 유용한 행위를 유발하는 강력한 동기 가운데 하나일 수 있음을 인정한 점에서 같았다. 하지만 스미스가 자리심에 따라 사익을 추구하는 개인들로 구성된 사회가 혼돈 상태에 빠지지 않고 결속과 질서를 유지하며 국부의 증진을 초래할 수 있는 과학적 조건의 탐색을 가장 중차대한 시대적 과제로 파악한 데 비해, 다산은 그것을 사회의 구성원들, 특히 위정자들이 그들이 지닌 원초적 욕망을 무조건 억제하기보다 국부와 사회적 후생의 증진에 기여하는 방향으로 적극 충족시키도록 유도할 수 있는 이념적 조건과 제도적 장치를 마련하는 데서 찾았다는 점에서 달랐다. 스미스가 낡은 패러다임에서 새로운 패러다임으로

의 전환 이후에 나타날 수 있는 문제를 주요 연구 과제로 삼았다면, 다산은 낡은 패러다임으로부터 새로운 패러다임으로의 전환이 가능하도록 여건을 조성하기 위한 연구에 진력했다고 볼 수 있다. 신학, 윤리학, 법학, 그리고 경제학으로 구성된 아담 스미스의 방대한 사상체계와, 경학(육경사서의 재해석)과 경세학(일표이서)으로 이루어진 다산 정약용의 똑같이 방대한 사상체계는 그들이 절실하다고 인식한 과제의 올바른 해결을 위해 넘나들었던 사유의 폭을 가리키는 데 지나지 않는다.

6. 스미스는 인간 사회가 일정 조건을 갖추면 더 나은 미래를 향하여 스스로 진화한다고 생각하였다. 따라서 그는 국가가 경기의 기본 규칙에 해당하는 제도적 장치를 마련하여 엄정하게 집행하는 데 그치고, 개인들의 자유로운 경제행위에 간섭하지 않으면 사익과 공익이 조화를 이뤄 국부가 증진되는 〈자연적 자유의 체계〉가 도래한다는 미래지향적 비전을 과학적 논거와 함께 제시하며, 국가 중심의 낡은 〈유위이치〉의 패러다임에서 개인 중심의 새로운 〈무위이치〉의 패러다임으로의 전환을 창도하였다. 반면 다산은 성인들이 다스렸던 고대사회의 모습을 이상으로 삼고 그것을 오늘날 작위적으로 재현할 수 있기를 염원하였다. 따라서 다산은 국가가 중심이 되어 기존 제도의 폐단을 고대의 예법에 맞춰 총체적으로 개혁하고 국익 우선의 관점에서 국부를 증진시키면 요순사회를 오늘날 다시 구현할 수 있다는 비전을 제시하며, 주희의 무기력한 〈무위이치〉의 패러다임에서 요순의 효과적인 〈유위이치〉의 패러다임으로의 전환을 강력히 주장하였다. 스미스가 기독교를 비판하며 단순했던 기독교적 유신론의 서구 중세사회에서 주희가 선택했던 방향과 유사한 세속화된 이신론의 복잡한 근대사회로의 이행을 예견한 데 비해, 다산은 천주교의 도움을 받으며 단순

했던 동양의 이신론적 중세사회에서 오히려 거슬러 올라가 더욱 단순한 유신론적 고대사회로 회귀할 수 있기를 바랐다. 스미스와 다산은 완전한 덕치보다는 도덕이 존중되는 가운데 법치가 비교적 철저히 이뤄지는 사회를 선호했다는 점에서 같다. 하지만 스미스가 염두에 둔 사회가 복잡한 자생적 질서(*cosmos*)라면, 다산이 염두에 둔 사회는 단순한 임의로 만든 질서(*taxis*)라는 점에서 다르다고 할 수 있다. 다시 말하여 스미스가 〈진화론적 합리주의(evolutionary rationalism)〉의 입장에서 바람직한 사회가 자생하기를 기대했다면, 다산은 〈구성주의적 합리주의(constructivist rationalism)〉의 입장에서 원하는 사회를 인위적으로 만들 수 있다고 본 점에서 간과할 수 없는 차이가 있다.[104]

---

104) 진화론적 합리주의와 구성주의적 합리주의에 관해서는 F. A. Hayek, *Law, Legislation and Liberty*, Volume 1, *Rules and Order* (Chicago: University of Chicago Press, 1973), pp. 5, 8-10 참조.

제4장 아담 스미스 문제와 다산 정약용 문제

아담 스미스와 다산 정약용은 시대적 과제의 해결을 위하여 넓은 범위에 걸친 방대한 사상체계를 구축하였다. 이것은 물론 이들이 고전부터 동시대 학자들의 주장에 이르기까지 많은 지식을 폭넓게 섭렵한 뒤에 나름대로의 방식으로 분석·비판하고 종합한 결과였다. 이런 의미에서 스미스와 다산은 위대한 절충주의자였다고 할 수도 있다.[1] 하지만 이들의 사상은 우선 광범위하고, 잘 정의되지 않은 미묘한 개념들을 내포하고 있으며, 항상 전거와 의도를 분명하게 밝히며 서술되지도 않았을 뿐만 아니라, 이처럼 다양한 요소의 종합과 절충의 산물이었던 만큼, 제시된 아이디어의 해석 및 출처와 관련된 오해의 여지와

---

[1] J. Viner, "Adam Smith and Laissez Faire," pp. 143-145; H. J. Bittermann, "Adam Smith's Empiricism and the Law of Nature, Part I-II,"(1940) *Adam Smith Critical Assessments*, Vol. I, pp. 190-194; 강재언, 『조선의 서학사』, pp. 212-217; 안외순, 〈丁若鏞 사상에 나타난 西學과 儒學의 만남과 갈등〉, pp. 10-11; 김형효, 〈茶山 實學의 독법과 양면성의 이해〉, pp. 1-8, 91.

함께 일관성이라는 관점에서 의문과 비판의 대상이 될 수 있는 소인을 처음부터 간직하고 있었다. 다산의 경우와 달리 발표 직후부터 국내외의 많은 학자들에게 비교적 널리 소개된 아담 스미스의 저술들이 일찍부터 온갖 비판의 대상이 된 것은 이런 맥락에서 보았을 때 당연한 결과라고 할 수 있다. 많은 비판 가운데 그의 도덕철학과 경제학은 서로 모순되는 원리 위에 구축되어 있기 때문에 일관성을 결여한 두 독립된 저술에 불과하다는 문제제기는 이후 이른바 〈아담 스미스 문제(Das Adam Smith Problem)〉로 정식화되어 오늘날까지 지속되고 있는 긴 논쟁의 빌미를 제공하였다. 다산의 경우에도 〈아담 스미스 문제〉와 유사한 일관성의 문제가 산발적으로 꾸준히 제기되어 왔으나, 그것이 오늘날까지 하나의 〈다산 정약용 문제〉로 정식화되어 체계적으로 다뤄지지는 않았다. 아담 스미스의 사상과 다산 정약용의 사상을 다루는 방식은 〈아담 스미스 문제〉와 〈다산 정약용 문제〉를 보는 관점에 따라 달라질 수밖에 없다. 그들의 사상을 자세히 다루기 전에 이 문제를 살펴보려는 이유가 여기에 있다.

1. 아담 스미스 문제

아담 스미스의 두 대표적 저서인 *TMS*와 *WN*은 상호 모순되는 원리에 입각하여 서술되었기 때문에, 하나의 일관된 체계를 이루고 있는 것이 아니라 완전히 독립된 별개의 저서라는 의문이 일찍부터 제기되었다. 예컨대 *TMS*에서 스미스는 다음과 같이 주장하였다. "모든 감정이나 정감을 자애심(self-love)에서 이끌어내는, 오늘날 널리 거론되고 있는, 그러나 내가 아는 한 이제껏 완전하고 명료하게 설명된 적이 없는, 인간 본성에 대한 전적인 설명은 동감(sympathy)의 체계에 대한 어떤 혼동과 오해에서 비롯된 것으로 보인다."2) 그리고 그는 덕을 효용 증진의 수단으로만 간주하는 에피큐리언의 도덕체계를 비판하며, 덕은 목적 자체일 수도 있기 때문에 항상 실천할 것을 권장하였다. "조물주의 현명한 지략에 따라 덕은 모든 통상적인 경우에 현세에서의 삶의 관점에서도 참된 지혜이며, 안전과 이익을 얻을 수 있는 가장 확실하고 또 가장 간편한 수단이다."3) 스미스의 이런 주장은 자애심 또는 자리심이 인간 행동의 유일한 동기라는 이른바 네오 에피큐리언들의 〈이기가설〉 또는 〈경제인(homo economicus) 가설〉을 명백히 부정하고 있는 듯이 보인다. 하지만 그는 WN에서 이와 정반대로 해석될 수 있는 견해를 표명하였다. "우리가 저녁식사를 기대할 수 있는 것은 정육점이나 양조장 또는 빵집 주인의 인애심(仁愛心) 때문이 아니라 그들 자신의 이익에 대한 그들의 관심 때문이다. 우리는 그들의 인간애가 아니라 그들의 자애심에 호소하는 것이며, 우리가 그들에게 말하는 것은 우리 자신의 필요가 아니라 그들의 이익이다."4) 이 대목은 경제인 가

---

2) "The whole account of human nature, however, which deduces all sentiments and affections from self-love, which has made so much noise in the world, but which, so far as I know, has never yet been fully and distinctly explained, seems to me have arisen from some confused misapprehension of the system of sympathy." Adam Smith, *TMS*, p. 317.

3) Adam Smith, *TMS*, p. 298.

4) "It is not from the benevolence of the butcher, the brewer, or the baker, that we expect our dinner, but from their regard to their own interest. We address ourselves, not to their humanity, but to their self-love, and never talk to them of our own

설의 고전적 언명으로 자주 인용되고 있다.

이런 인용문을 근거로 하여 동감과 자애심을 강조한 두 저서 사이에 명백한 자가당착이 존재함을 확신하고 일관성의 문제를 집중적으로 제기하기 시작한 것은 독일의 이른바 〈역사학파〉에 속하는 학자들이었다. 구역사학파에 속하는 힐데브란트(Bruno Hildebrand: 1812-1878)와 크니스(Karl Knies: 1821-1898), 그리고 신역사학파에 속하는 슈몰러(Gustav Schmoller: 1838-1917)와 브렌타노(Lujo Brentano: 1844-1931) 등이 그들이다.5) 〈아담 스미스 문제〉라는 명칭도 이들에 의해 붙여진 것이다. 역사학파 학자 가운데에서도 이 문제를 가장 강력하게 주장한 사람은 브렌타노였다. 브렌타노와 거의 비슷한 시기에 아담 스미스의 비판자이자 보호주의와 민족주의의 주창자인 리스트(Friedrich List: 1789-1846)의 열렬한 추종자였던 스카르친스키(Witold von Skarzynski: 1850-1910)도 같은 내용의 문제를 제기하였다.6) 이들의 주장을 담고 있는 것이 〈아담 스미스 문제〉의 원천이라고 볼 수 있는 이른바 〈전환이론(Umschwungstheorie)〉이며, 그것은 다음과 같이 요약될 수 있다. 즉, 스미스가 영국에서 허치슨과 흄의 영향 하에 있었을 때는 이기가설을 부정한 관념론자였는데, 1764년부터 1766년까지 프랑스에 체류하는 동안 파리에서 철저한 유물론자인 엘베시우스의 영향을 받고 귀국한 뒤에는 이기가설을 긍정

---

necessities but of their advantage." Adam Smith, *WN*, pp. 26-27.

5) A. Oncken, "The Consistency of Adam Smith,"(1897) *Adam Smith Critical Assessments*, Vol. I, p. 2; Leonidas Montes, "Das Adam Smith Problem: Its Origins, the Stages of the Current Debate, and One Implication for Our Understanding of Sympathy," *Journal of the History of Economic Thought*, Vol. 25(2003), pp. 66-73; Pierre Force, *Self-Interest before Adam Smith*, pp. 257-258.

6) D. D. Raphael and A. L. Macfie, "Introduction," pp. 20-23.

하는 유물론자로의 전환(Umschwung)을 단행하였다. 프랑스로 여행을 떠나기 전인 1759년에 출판한 *TMS*와 여행에서 돌아와 10년 동안 집필하여 출판한 *WN*의 사이에 존재하는 혁명적 견해 차이는 이것으로 설명이 가능하다.

전환이론이 제기하고 있는 〈아담 스미스 문제〉를 좀 더 일반적인 질문 형식으로 바꿔 표현해 보면 아래와 같다. 첫째, *TMS*와 *WN* 사이에는 양립이 불가능할 정도의 원리상의 차이가 존재하는가? 다시 말하여 스미스의 도덕철학 또는 윤리학과 경제학은 하나의 일관된 체계를 이룰 수 없는가? 둘째, 본질적 차이가 존재한다면 그 이유는 무엇인가?[7] 전환이론은 물론 스미스의 윤리학과 경제학 사이에는 본질적인 차이가 있으며, 그것은 그가 프랑스 유물론자의 영향을 강하게 받은 때문이라는 주장을 담고 있다. 전환이론 이후의 〈아담 스미스 문제〉에 관한 논쟁도 이 두 가지 질문에 대한 답변과 그러한 답변에 대한 회의와 반박의 연속에 지나지 않는다. 그런데 두 가지 질문 가운데 두 번째 질문은 첫 번째 질문에 딸린 부차적인 것이고, 첫 번째 질문의 핵심은 이기가설, 즉 자리심이 인간 행동의 보편적 설명 원리라는 가설의 타당성 여부에 관한 것이기 때문에, 〈아담 스미스 문제〉는 결국 협의로는 경제학의 〈제1원리(first principle)〉에 관한 문제 그리고 광의로는 경제학과 윤리학의 양립 가능성에 관한 문제로 환원될 수 있다.

당시 선진 영국의 자유방임주의에 적대적이었던 지성적 분위기 속

---

7) 본질적인 차이가 없다고 볼 경우, 논쟁의 진행과정에서 실제로 그랬던 것처럼, 이 질문은 다음과 같이 변경될 수 있다: 만약 본질적인 차이가 존재하지 않는다면, 그럼에도 불구하고 이러한 문제가 계속 제기되는 이유는 무엇인가?

에서 독일의 정체성을 찾고 있던 역사학파 학자들이 〈아담 스미스 문제〉를 적극 제기한 이유도 여기에 있었다. 슈몰러가 역사학파를 단순히 역사학파라 하지 않고 〈역사・윤리학파〉라고 부른 데서도 엿볼 수 있듯이, 이들은 당시 영국의 정통 리카도(Ricardo) 경제학과 독일의 역사학파 경제학의 근본적 차이를 연역이나 귀납과 같은 방법론의 차이에서만 찾으려고 하지 않았다.8) 이들이 부각시키고자 한 것은 탐구의 대상인 인간의 경제행위를 바라보는 관점의 차이였다. 정통 경제학이 경제행위를 경제논리만을 고려하는 일방적 관점에서 설명하려고 시도했다면, 이들은 그것을 역사와 사회의 구체적 맥락을 중시하는 총체적 관점에서 파악하려고 노력하였다. 귀납적 또는 역사적 방법론의 선호가 역사학파적 특성을 나타낸다면, 경제행위에 대한 탐구는 자리심과 같은 하나의 원리만이 아니라 역사, 법, 제도, 문화 등 가능한 모든 측면을 고려하면서 진행되어야 한다는 경험론적 인식론의 강조가 윤리학파적 특성을 나타낸다고 할 수 있다.9) 따라서 이들은 인간 행동을 유발하는 동기의 다양성과, 경제학과 윤리학의 긴밀한 관계를 강조하였다. 이런 맥락에서 보았을 때, 자리심을 인간행동의 유일한 동기로 간주하고, 그것을 바탕으로 시간과 공간의 제약을 받지 않고 어디에서나 보편적으로 적용할 수 있는 경제이론을 만들어 낼 수 있다고 믿었던 영국의 정통 경제학에 대하여 독일의 역사학파 학자들이 반발했던

---

8) 19세기의 자유주의 경제학자들은 스미스 경제학에 내포되어 있는 자연주의적 요소에 혼란을 느껴 그의 경제학에서 철학적 요소를 제거해 버린 Ricardo를 과학적 경제학의 비조로 삼고 있었다. A. Marshall조차도 과학적 경제학은 스미스가 아니라 Ricardo에 바탕을 두고 있다고 주장하였다. Athol Fitzgibbons, *Adam Smith's System of Liberty, Wealth, and Virtue*, p. 89.

9) Joseph A. Schumpeter, *History of Economic Analysis*, pp. 811-812.

것은 당연하다고 할 수 있다. 이런 그들에게 정통 리카도 경제학의 원조인 아담 스미스가 행위 동기의 다원성뿐만 아니라 경제학과 윤리학의 밀접한 관계를 올바로 지적한 학자일 수는 없는 것이었다. 만약 스미스가 참으로 동기의 다원성을 인정했고 또 경제학과 윤리학을 하나의 일관된 체계로 파악했던 것이 사실이라면, 역사학파 학자들에게 그것보다 더 당황스러운 일은 없었을 것이다. 역사·윤리학파 학자들이 스미스의 *TMS*와 *WN*을 그가 그의 혁명적 전환을 전후로 하여 각각 다른 부류의 학자들의 영향을 받아 집필한 양립할 수 없는 별개의 저서로 매도한 이유가 여기에 있다.10)

역사·윤리학파의 학자들은 스미스가 프랑스 파리에서 유물론자인 엘베시우스의 영향을 받은 이후 혁명적 전환을 단행하여 비로소 *WN*을 집필한 것으로 주장하였다. 그러나 그들과 동시대에 역시 독일의 경제학자였던 온켄(August Oncken: 1844-1911)은 몇 가지 이유를 들어 전환이론에 반대하며 〈일관성 테제(consistency thesis)〉를 지지하는 입장을 취하였다.11) 무엇보다도 먼저 그는 *TMS*의 초판 마지막 단락에서 스미스가 한 약속과 그가 죽기 직전에 출판한 6판 서두의 광고에 주의를

---

10) H. J. Bittermann, "Adam Smith's Empiricism and the Law of Nature, Part I-II," pp. 191, 226 각주 4; D. D. Raphael and A. L. Macfie, "Introduction," pp. 22-23; Pierre Force, *Self-Interest before Adam Smith*, pp. 258-260.

11) Oncken도 처음에는 역사학파 학자들과 마찬가지로 스미스의 유물론과 자유방임주의에 대해 비판적 입장을 취하다가 나중에 생각을 바꾸었다. 그리고 역사학파 학자들 가운데에도 스미스 사상의 일관성을 인정하면서 〈아담 스미스 문제〉가 존재하지 않는다고 주장하는 학자들이 있었다. Leonidas Montes, "Das Adam Smith Problem: Its Origins, the Stages of the Current Debate, and One Implication for Our Understanding of Sympathy," p. 75, 각주 31 참조.

환기시켰다. 광고에서 스미스는 그가 초판에서 한 약속의 일부분을 WN의 출간으로 지켰다고 적고 있다.12) 이것은 스미스 자신이 TMS와 WN을 하나의 일관된 체계로 보고 있다는 확실한 증거가 될 수 있다. 다음으로 온켄은 스미스 도덕철학의 구조와 칸트(Kant: 1724-1804)의 그것과의 비교를 통하여 스미스의 사상에는 혁명(revolution)이 아니라 칸트의 경우에서 볼 수 있는 것처럼 진화(evolution)가 있었을 뿐이라는 견해를 피력하였다. 그뿐만 아니라 그는 1890년대 중엽에 새롭게 출간된 스미스 관련 문헌들을 참고로 하여 스미스가 엘베시우스의 저서를 한 권도 참고한 적이 없으며, 그가 1764년 프랑스로 떠나기 전에 나중 WN에서 논의될 내용의 상당 부분을 이미 법학을 강의하며 다뤘음을 밝혀 냈다. 끝으로 온켄은 스미스가 TMS에서도 행위동기로서의 이기심 또는 자애심의 중요성에 관해 여러 차례 언급하고 있음을 지적하며, 그가 그것을 WN의 집필을 위해 굳이 프랑스 유물론자로부터 배워 올 필요가 없었음을 강조하였다. 이런 객관적 사실을 기초로 하여 온켄은, 스미스가 인간 행위를 인간에게 특유하며 또 꼭 필요한 경제적 행위와 비경제적 행위 두 범주로 나누고, WN에서 주로 다룬 자애심은 오로지 경제적 행위만의 동기일 뿐 모든 행위의 유일한 동기가 아니며, TMS에서 주로 다룬 비경제적 행위에는 인애심과 같은 다른 동기가 작용하고 있다는 점을 분명히 인정하였다는 결론에 도달하였다.13) 이것은 TMS와 WN이 보완하며 하나의 일관된 체계를 이루고 있음을 의미한다. 역사학파 학자들이 스미스를 허치슨의 제자로서의 스미스와 엘베시우스의 제자로서의 스미스로 구분한 데 비해, 온켄은 스미스

---

12) Adam Smith, *TMS*, pp. 3, 342.

13) A. Oncken, "The Consistency of Adam Smith," pp. 2-6.

를 도덕철학자로서의 스미스와 경제학자로서의 스미스로 양분한 것으로 볼 수 있다.[14] 전자가 상호 배타적인 두 사람의 스미스가 존재함을 확신하고 있었다면, 후자는 한 사람의 스미스 안에 상호 보완적인 두 분신이 공존함을 인정한 셈이다.

온켄 이후 한동안 잠잠하던 〈아담 스미스 문제〉에 관한 논의는 역사학파 학자들의 문제제기에 동조하며 스미스 사상체계의 일관성을 새삼스럽게 부정한 바이너(Jacob Viner: 1892-1970)에 의해 1927년에 다시 일깨워졌다. 그는 온켄의 위와 같은 견해를 정면으로 반박하며, 스미스의 TMS와 WN은 그 사이에 도저히 서로 화해할 수 없는 차이점이 존재하기 때문에 하나의 일관된 체계로 간주될 수 없다는 주장을 강력히 피력하였다. 오히려 WN은 TMS로부터 일정 거리를 유지한 덕분에 더 나은 저서로 평가될 수 있었으며, 만약 WN이 분석방법이나 기본적 가정, 그리고 결론에서 TMS 특유의 절대주의, 경직성, 그리고 낭만주의 등을 버리지 않았다면 오늘날까지 읽히는 고전으로 남지 못했을 것이라는 우려를 표명하기까지 하였다. 그리고 TMS를 집필하던 때에는 신의 가호로 유지되는 조화로운 질서를 믿는 단순한 사변적 철학자였던 스미스가 WN을 집필하면서는 상식과 사실을 폭넓게 고려하는 현실적 탐구자로 변신했던 데 비례하여 WN은 상당한 진전을 이룩하였으며, 죽기 직전 TMS의 마지막 개정판을 준비하며 대폭적인 수정과 보완을 시도했음에도 불구하고 두 저서 사이에 존재하는 모순점은 조금도 제거되지 않았기 때문에, 비록 스미스 자신은 끝까지 자기 주장의 수미일관함을 믿었다 하더라도, 견강부회 없이 두 저서에서 일관성을 찾아내기는 어렵다고 지적하였다.

---

14) Pierre Force, *Self-Interest before Adam Smith*, p. 259.

이런 이유를 근거로 바이너는 *WN*을 완전히 이해하기 위해서는 *TMS*를 꼭 읽어야 한다는 많은 아담 스미스 연구 권위자들의 조언에 회의를 표시하며, 후자의 관점에서 전자를 해석하려고 할 때에는 오히려 혼란만 가중될 뿐이므로 *WN*만 읽어도 스미스의 본지를 이해하는 데 별다른 문제가 없다는 다소 파격적인 스미스 독법을 결론으로 제시하였다.[15] 이런 결론은 의외로 큰 영향력을 지닌 것이어서, 신고전파 이후의 주류 경제학이 스미스 사상체계의 불가결한 구성 요소였던 윤리학을 도외시한 데 대해 면죄부를 부여한 셈이 되었다.[16] 오늘날에도 이런 견해는 다수 의견을 형성하고 있는 듯이 보인다. 예컨대 인간은 효용 극대화라는 하나의 동기만을 지닌 〈경제인(*homo economicus*)〉으로 잘 대표될 수 있다는 가정에 입각하여 인간 행동의 거의 모든 분야에 걸쳐 이른바 〈경제적 접근(economic approach)〉을 체계적으로 시도하고 있는 〈시카고학파(Chicago school)〉 등의의 패러다임과 같은 데서 쉽게 찾아 볼 수 있다.[17]

바이너와 같은 시기에 모로우(Morrow)는 바이너와 전혀 다른 각도에서 〈아담 스미스 문제〉를 이해하고 그에 대한 해법을 제시하였다.[18]

---

15) J. Viner, "Adam Smith and Laissez Faire," pp. 145, 154-155.

16) 1990년 아담 스미스 사후 200주년을 맞아 10명의 노벨 경제학상 수상자들이 경제학의 시조에 대해 그들이 진 빚을 논의하는 자리가 마련되었다. 논의의 결과는 1992년 Michael Fry에 의해 *Adam Smith's Legacy: His Place in the Development of Modern Economics*라는 책으로 출판되었다. 놀랄 만한 사실은 그들 중 누구도 스미스의 과학적 방법론에 관한 연구서는 물론이고 *TMS*에 대해서도 일언반구 언급한 적이 없다는 점이다. Athol Fitzgibbons, *Adam Smith's System of Liberty, Wealth, and Virtue*, p. 171 참조.

17) Jerry Evensky, "'Chicago Smith' versus 'Kirkaldy Smith'," pp. 197-198.

WN 출판 150주년을 기념하여 시카고 대학에서 행한 강연에서 그는 대략 다음과 같은 이유를 들어 〈아담 스미스 문제〉가 스미스의 TMS를 철저히 연구하지 않은 학자들에 의해 잘못 제기된 문제라고 주장하였다. 스미스가 WN에서 자애심을 자주 거론한 것은 사실이지만, 그것은 그가 자애심을 인간 행위의 유일한 동기로 인정하거나 또는 조금도 억제되지 않은 이기심을 공익 증진의 가장 좋은 수단으로 인식해서가 아니라 개인의 권리와 자유의 신장을 염원했던 당시의 시대 사조를 나름대로 반영한 데 지나지 않은 것이었다. 그리고 그가 TMS에서 이기가설에 반대하고 인애심을 최고의 덕으로 간주한 것은 사실이지만, 그에 못지않게 신중(prudence)의 덕에 포함될 수 있는 검약, 근면, 자신감과 같은 하위의 덕에 대해 자주 언급한 것도 사실이다. 이 대목에서 간과되어서는 안 될 중요한 사항은 그가 인간의 이기적 행위와 직결된 이러한 덕은 오직 정의(justice)의 덕에 의해 제한되고 규제될 경우에 한해서 개인과 사회의 후생증진에 기여할 수 있다고 강조한 점이다. 인간의 자리심 또는 이기적 행위가 바람직한 결과를 초래할 수 있기 위해서는 정의와 같은 다른 윤리적 가치에 의해 적절히 규제될 필요가 있음을 스미스는 강조했던 것이다. WN에서 스미스가 이런 정의의 원리에 대해 별로 언급하지 않았지만, 그것은 아마도 계획은 세웠으나 완수하지 못한 법학에 관한 저술에서 다루게 되어 있었기 때문인 것으로 보인다. 어쨌든 그가 정의를 국가의 존립을 위한 필요조건으로 확신했던 점만은 분명하다. 요컨대 TMS에서 완전히 긍정적으로 평가했던 적절히 규제된 자리심과 동일한 자리심을 스미스가 WN에서 인

---

18) G. R. Morrow, "Adam Smith: Moralist and Philosopher,"(1927) *Adam Smith Critical Assessments*, Vol. I, pp. 173-174.

정했을 뿐이기 때문에 두 저서 사이에 불일치는 있을 수 없다는 것이 모로우가 도달한 결론이었다.

이런 모로우의 결론은 영국의 역사학자였던 스티븐(Leslie Stephen: 1832-1904)이 이미 1876년에 제시했던 〈아담 스미스 문제〉의 해법과 맥을 같이 한다. 그는 WN에서의 자리심을 〈동기력(motivating force)〉으로, TMS에서의 동감을 〈규제력(regulative force)〉으로 간주하고, 규제된 동기, 즉 반성적 이기심을 매개로 해서 두 저서 사이의 긴밀한 관계를 논의한 바 있다. 다시 말하여 스티븐은 TMS에서 깊이 논의된 동감의 과정을 WN에서 주로 다뤄진 자연적 인간의 이기심에 대한 반성(reflection)의 과정으로 파악하는 진화론적 윤리의 관점에서 〈아담 스미스 문제〉에 접근하는 방안을 제시하였다.[19] 스미스를 있는 그대로 포괄적으로 수용하며 〈아담 스미스 문제〉의 제기 가능성 자체를 부정한 스티븐과 모로우의 견해는 오늘날에도 — 그를 의도적으로 좁게 해석하며 〈아담 스미스 문제〉를 긍정한 바이너의 그것처럼 강력한 영향력을 행사하고 있지는 않지만 — 꾸준히 존중되고 있는 것은 사실이다. 주류 경제학자들이 아담 스미스의 가르침과 달리 경제학을 윤리학으로부터 분리시켜 결국 경제학의 빈곤을 초래했다고 주장한 센(Amartya Sen)이 좋은 예라고 할 수 있다.[20]

---

19) Leonidas Montes, "Das Adam Smith Problem: Its Origins, the Stages of the Current Debate, and One Implication for Our Understanding of Sympathy," pp. 73-74, 76.

20) "Indeed, it is precisely the narrowing of the broad Smithian view of human beings, in modern economics, that can be seen as one of the major deficiencies of contemporary economic theory. This impoverishment is closely related to the distancing of economics from ethics." Amartya Sen, *On Ethics & Economics*

바이너와 모로우 이후 반세기 정도 거의 동면 상태에 머물러 있었던 〈아담 스미스 문제〉에 관한 논쟁은 WN 출간 200주년에 즈음하여 새로 일어난 아담 스미스 연구 붐과 함께 다시 활성화되었다. 그 단초는 TMS의 글래스고 신판 편집자였던 라파엘(Raphael)과 맥피(Macfie)가 제공하였다. 그들은 서문에서 〈아담 스미스 문제〉를 무지와 오해에서 빚어진 사이비 문제로 규정하고, 전환이론의 성립 배경을 밝힘과 아울러 그 내용상의 문제점을 온켄과 유사한 입장에서 조목조목 반박하며 TMS와 WN의 일관성과 상호 보완성을 재확인하였다.21) 비슷한 시기에 허치슨(Hutchison),22) 스키너(Skinner),23) 렉텐발트24) 등도 이들과 동조하며, 〈아담 스미스 문제〉는 이미 극복되었기 때문에 그 문제와 관련된 논쟁의 지속은 무의미하다는 데 의견을 같이하였다. 그러나 상황은 이들의 판단대로 전개되지 않았다. 논쟁은 또 다른 의미를 찾아 수준을 달리하여 지속되고 있기 때문이다.

하일브로너(Heilbroner)는 〈아담 스미스 문제〉가 서로 다른 두 수준에서 꾸준히 제기되고 있다고 지적하였다. 하나는 스미스의 TMS와 WN의 양립 가능성에 관한 고전적인 문제이고, 다른 하나는 스미스가 두 저서를 지으며 사용한 사회심리학적 전제로부터 도덕적인 사회가 구

(Oxford: Blackwell, 1987), p. 28.

21) D. D. Raphael and A. L. Macfie, "Introduction," pp. 20-25.
22) T. W. Hutchison, "The Bicentenary of Adam Smith,"(1976) *Adam Smith Critical Assessments*, Vol. II, p. 161.
23) A. S. Skinner, "Adam Smith: The Development of a System,"(1976) *Adam Smith Critical Assessments*, Vol. I, p. 509.
24) H. C. Recktenwald, "An Adam Smith Renaissance anno 1976? The Bicentenary Output - A Reappraisal of His Scholarship," p. 258.

현될 수 있는지를 묻는 문제이다. 다시 말하여 자리심에 따라 행동하는 개인들로 구성된 상업사회가 타인의 입장이 충분히 배려되는 결속력을 지닌 도덕적 공동체를 이룰 수 있는지를 묻는 맨더빌의 역설과 관련된 다른 성격의 〈아담 스미스 문제〉이다. 이 두 문제 가운데 두 저서의 일관성에 관한 앞의 문제는 한때 열띤 논쟁의 주제였으나 두 저서의 긴밀한 관계가 여러모로 밝혀진 오늘날엔 대체로 잠잠해진 데 비해, 다른 문제는 아직도 미해결의 상태에 머물러 있다고 하일브로너는 결론지었다.25)

이런 결론에 대하여 이벤스키(Evensky)는 대체로 긍정을 표시하면서도, 그가 스미스를 매우 좁은 시각에서 분석했기 때문에 완전하지는 못하다고 평가하였다.26) 이벤스키는 온켄과 유사하게 아담 스미스를 두 목소리를 지닌 학자, 즉 서로 다른 두 관점에서 세상을 본 학자로 파악하였다. 도덕철학자로서의 스미스와 역사학자나 현실관찰자 또는 사회비평가로서의 스미스가 그것이다. 하일브로너의 분석이 미흡한 이유는 그가 현실 관찰자로서의 스미스만 염두에 두었기 때문이라고 지적하였다. 도덕철학자로서의 스미스가 본 세상이 전지전능하고 자애로운 신이 설계한 완전히 조화를 이룬 이상적인 질서인 반면, 현실 관찰자로서의 스미스가 본 세상은 인간의 나약함 때문에 이상적인 〈신의 설계(Design)〉가 그대로 관철되지 못하는, 있는 그대로의 현실 사회이다. *TMS*의 분석 대상이 전자라면, 후자는 *WN*의 분석 대상이다. 스

---

25) R. L. Heilbroner, "The Socialization of the Individual in Adam Smith,"(1982) *Adam Smith Critical Assessments*, Vol. V, (London: Routledge, 1994), pp. 122, 129-132.

26) Jerry Evensky, "The Two Voices of Adam Smith: Moral Philosopher and Social Critic,"(1987) *Adam Smith Critical Assessments*, Vol. VI, pp. 175-176.

미스는 하일브로너가 생각한 것처럼 두 세상의 분석에 하나의 사회심리학적 전제만을 사용한 것이 아니라 서로 다른 전제를 사용하였다. 도덕철학적 분석에서는 모든 개인이 완전히 도덕적이라는 전제를, 경험적 분석에서는 모든 인간이 나약하다는 전제를 사용하였다. 전자의 접근 방식이 목적론적인 데 비해, 후자는 기계론적이라는 차이가 있다. 스미스가 이처럼 두 목소리를 낸 이유는 먼저 신의 설계를 지향해야 할 목표로 제시하고, 다음으로 현실 사회의 문제점을 올바로 파악한 뒤에, 현실을 설계에 접근시킬 방안을 찾기 위해서였다. 이런 논증 과정을 거쳐 이벤스키는 TMS와 WN의 일관성은 의심할 나위가 없으며, 하일브로너가 제기한 제2의 〈아담 스미스 문제〉는 인간의 현실을 신의 설계와 완전히 일치시킬 수는 없기 때문에 항상 미해결의 상태로 남을 수밖에 없다는 결론을 재확인하였다.

이런 논쟁의 과정에서 스미스 사상체계의 골격을 이루는 〈동감〉이라는 개념이 새롭게 관심의 대상으로 부각되었다. 전술한 바와 같이 스티븐과 모로우는 동감을 자리심이라는 행위동기를 규제하여 질서의 유지와 공익의 증진에 기여하는 반성적 과정으로 파악하였다. 그런데 TMS의 새로운 편집자로서 〈아담 스미스 문제〉와 관련된 논쟁을 재연시킨 라파엘과 맥피는 TMS와 WN의 일관성과 보완성을 강조하며, 일관성에 대한 부정은 동감을 이기심이나 이타심과 같은 행위의 동기 가운데 하나로 본 오해의 산물이라고 주장하였다. 동감은 스미스가 〈도덕적 판단(moral judgment)〉을 설명하기 위해 사용한 핵심 개념으로서 〈행위의 동기(motive to action)〉와는 완전히 무관한 것으로 생각하였기 때문이다.[27] 그러나 〈아담 스미스 문제〉를 자세히 재검토한 뒤에

---

27) D. D. Raphael and A. L. Macfie, "Introduction," pp. 21-22.

몬테스(Montes)가 내린 결론은 이와 달랐다. 만약 이들처럼 동감의 기능을 도덕적 판단에만 국한시킬 경우 스미스가 염두에 두었던 동감의 과정을 좁게 해석하여 오히려 그를 오해할 가능성이 있다는 것이었다. 몬테스는 동감을 도덕적 판단뿐만 아니라 윤리 자체, 즉 행위의 동기와 더욱 밀접히 관련된 개념으로 파악하여야 스미스를 올바로 이해할 수 있다고 강조하였다. 인간이 지닌 동감의 원리는 행위의 결과를 사후적으로 판단할 수 있는 〈능력(capacity)〉일 뿐만 아니라, 어떤 행위에 사전적으로 영향을 미치는 〈성향(disposition)〉을 의미하기도 하며, 이런 성향이 있음으로 해서 인간은 비로소 도덕적 자율성을 지닌 존재가 될 수 있다고 보았기 때문이다. 전자가 동감 과정의 결과론적 속성을 지칭한 것이라면 후자는 그것의 목적론적 속성을 지칭한 것이라고 볼 수 있으며, 행위동기의 적정(propriety) 여부를 강조한 스미스가 행위의 공과(merit)만을 따지는 그의 공리주의적 후계자들과 구별되는 이유도 여기에 있다고 그는 지적하였다.28)

스미스는 동감의 과정이 인간의 다양한 상호작용이 빚어내는 복잡한 사회현상의 일부분이며, 이런 과정을 통하여 자애심의 과도한 발현을 적절한 수준으로 억제하는 일반적 행위규범, 즉 윤리가 생성되고 또 진화한다고 보았다.29) 윤리는 결국 인간의 경험의 산물이며, 이기심과 이타심, 그리고 여타의 모든 덕도 동감의 개념에 전제되어 있는 사회적 맥락에서 결코 분리될 수 없다. 최근 스미스 문제에 관한 논쟁

---

28) Leonidas Montes, "Das Adam Smith Problem: Its Origins, the Stages of the Current Debate, and One Implication for Our Understanding of Sympathy," pp. 64, 82-85.

29) Adam Smith, *TMS*, pp. 159-160.

에 참여했던 학자들 가운데 일부가 〈동감의 원리〉에 새롭게 주목하는 이유가 여기에 있다. 그리고 그들이 스미스가 시대적 과제로 여겼던 홉스 문제의 해결책을 스미스처럼 TMS와 WN의 종합에서 찾을 수밖에 없다고 주장하는 이유도 여기에 있다.[30] 이처럼 장기에 걸친 논쟁의 전개 과정은 아담 스미스에 대한 비판과 옹호, 그리고 이해의 심화 과정이었다고 할 수 있다. 이 과정에서 근자에 나타난 특기할 만한 사항 가운데 하나는 위에서 언급한 노벨 경제학상 수상자들과 다르게 부분이 아닌 스미스 전체에 대한 관심이 점차 커지고 있다는 점이다. 그러나 스미스에 관한 이해가 아직 완전하다고 할 수 없을 뿐만 아니라, 개인과 사회, 이기심과 이타심, 현실과 이상 그리고 경제학과 윤리학의 관계처럼 확답을 얻기 어려운 영역에 그 문제의 뿌리가 박혀 있는 만큼 앞으로도 〈아담 스미스 문제〉는 사라지지 않고 모습을 달리하며 끊임없이 논의될 것으로 보인다.

2. 다산 정약용 문제

〈아담 스미스 문제〉와 같이 논쟁의 주제로 학계의 공인을 받은 〈다산 정약용 문제〉는 존재하지 않는다. 스미스에 비해 상대적으로 짧은 다산에 관한 연구의 기간과 다산 사상의 폭에 걸맞은 종합적 연구의

---

[30] Leonidas Montes, "Das Adam Smith Problem: Its Origins, the Stages of the Current Debate, and One Implication for Our Understanding of Sympathy," pp. 85-87; Jerry Evensky, "'Chicago Smith' versus 'Kirkaldy Smith'," pp. 198, 202-203.

미비, 그리고 비판적이기보다는 우호적인 다산 읽기 등이 그 원인으로 지적될 수 있을 것 같다. 그럼에도 불구하고 여기에서 새삼스럽게 〈다산 정약용 문제〉의 정립 가능성을 검토해 보고자 하는 이유는 우선 그것이 비판을 위한 비판이 아닌 건설적 비판과 연구를 촉진하여 다산 이해의 심화에 기여하는 계기가 될 수 있고, 다음으로 다산도 스미스 못지않은 절충과 혼합의 대가였던 만큼 그의 사상에 대한 상반된 견해가 꾸준히 제기되어 왔기 때문이다. 하나의 예를 들어 본다면: "정약용의 사상을 보는 견해는 학자마다 다양한 차이, 심지어는 극단적인 대조를 보이기도 한다. 예컨대 정약용을 조선 성리학의 반동으로 일어난 실학을 정점에 올려놓은 진보적 현실론자로 보는 학자가 있는가 하면, 요순시대를 말마다 외친 보수적이고 시대착오적 관념론자로 이해하기도 한다. 철학적으로도 성리학의 집대성인 주희 철학의 이념적 공소성에 반기를 든 반주자학자로 보는 학자가 있는가 하면, 속류 주자학을 비판하고 주희의 참 정신을 역설한 친주자학자로 이해하는 사람도 있다. … 보다 원초적인 범주에서 질문을 던지기도 한다. 정약용은 과연 유학자인가, 혹은 기독교도인가. … 이들 쟁점 중 어느 것 하나 시원한 결론에 이르지 못하고 있는 것이 현실이다. 그리고 이 난맥은 부분적으로 그의 사유가 지닌 복합성을 방증하고 있다. 그는 조선 사상사에서 참으로 다루기 힘든 인물인 것이다."[31]

하지만 이런 주장은 〈다산 정약용 문제〉의 존재 가능성을 시사할 뿐 우리가 찾는 다산 문제 그 자체는 아니다. 〈아담 스미스 문제〉와 같은 패턴의 〈다산 정약용 문제〉는 다산 사상의 비일관성, 양면성, 자가당착에 관한 문제제기이지, 그 복합성이나 난해함 또는 성숙과정에

---

31) 한형조, 『주희에서 정약용으로』, pp. 15-18.

관한 것이 아니기 때문이다. 위의 인용문의 내용으로 가상의 다산 문제를 만들어 본다면 다음과 같다. 도덕철학자로서의 다산이 시대착오적 관념론자인 데 비해, 경세가로서의 다산은 진보적 현실론자이다. 따라서 도덕철학과 경세학으로 구성된 그의 사상은 수미일관한 체계를 이루고 있지 않다. 이런 가상적 유형에 비교적 근접한 하나의 다른 예를 들어 본다면, "일반적으로 다산 사상은 '일표이서'와 〈전론〉, 〈원목〉, 〈탕론〉에 압축되어 있다고 말한다. 그러면서도 '일표이서'와 〈전론〉, 〈원목〉, 〈탕론〉을 분리해서 차등을 두고 보려는 견해가 있다. 심지어 〈전론〉과 〈탕론〉은 다산이 혈기 왕성한 젊었던 한 시기에 비합법적으로 구상한 상상이나, 나이가 들면서 그것의 비현실성을 인식하고 실현 가능한 '일표이서'의 사상으로 정착한다는 논리를 내세우는 연구자도 많다."[32] 인용문의 문맥을 통해 짐작할 수 있듯이, 이 글의 필자는 다산의 초기 저작과 유배 이후의 저작 사이에서 발견되는 이상과 현실의 강조라는 약간의 차이는, 〈아담 스미스 문제〉를 논하며 스미스의 사상체계가 이상의 제시와 현실분석, 그리고 그것을 통한 이상적 사회로의 접근 가능성을 포괄적으로 다루고 있다는 점에서 일관성을 지니고 있다고 강조한 이벤스키처럼 분명하고 조리 있게 서술하지는 않았지만, 이상을 향한 현실 개혁이란 관점에서 무리 없이 해석될 수 있다는 견해를 지니고 있는 듯이 보인다. 다만 그가 지적한 것처럼 다산 사상의 일관성에 일말의 회의를 품고 있는 연구자들이 많은 것이 사실이라면, 암묵리에 특정 형태의 다산 문제가 존재해 왔을 가능성이 없지 않다고 할 수 있다. 어쨌든 최근 들어 〈다산 정약용 문제〉

---

32) 성대경, 〈茶山의 技術官吏 育成策〉, 강만길 외, 『茶山의 政治經濟 思想』, p. 125.

라고 부를 수도 있을 만한 내용이 비교적 자주 거론되고 있는 것은 사실이다. 여기에서는 김형효, 장승구, 안병직 교수가 제기한 문제점을 중심으로 그 내용을 살펴보고자 한다. 김형효 교수는 다산 사상이 지닌 혼란성과 양면성을 밝히기 위해 노력하였고, 장승구 교수는 도덕가로서의 다산과 경세가로서의 다산 사이에 존재하는 긴장관계를 예리하게 지적하였다. 이런 지적은 특히 흥미로운데, 왜냐하면 그것이 위에서 논의한 〈아담 스미스 문제〉와 외형상 거의 일치하기 때문이다. 안병직 교수는 다산의 개혁사상과 개혁이론이 결여하고 있는 정합성에 대하여 연구자들의 주의를 환기시켰다.

김형효 교수는 어떤 의미에서 우리가 찾고 있는 바로 그 〈다산 정약용 문제〉의 정립을 위해 다산 사상에 대한 철학적 분석을 체계적으로 시도한 최초의 학자라고 할 수 있다. 그의 다산 분석에는 다산 사상이 내포하고 있는 양면성과 초점 불일치 같은 논리적 하자를 적출하려는 의도가 깔려 있다고 보이기 때문이다. 이런 그의 의도는 다산에 관한 기존의 연구가 다산 사상을 마치 논리 정연한 것처럼 잘못 서술해 왔다는 그의 비판에서도 쉽게 확인될 수 있다. "처음으로 다산을 읽는 사람들은 그의 생각이 단편적일 뿐만 아니라 지리멸렬한 느낌도 주고, 더구나 상호 모순적이거나 반대적인 생각들을 한 개념 속에 담는 현상들을 목격하고 그의 생각들의 초점 불일치한 현상들을 어떻게 읽어야 할 것인가의 문제에 부딪쳐 대단히 당황스럽거나 난감해지는 논리의 혼란을 맛본다. 더구나 우리가 아는 한도 안에서 기존의 연구들은 이 점을 전혀 언급하고 있지 않고 마치 다산의 사상이 논리 정연한 반주자학적 사상가인 양 평면적으로 이야기하고 있다."[33] 이런 주

---

33) 김형효, 〈茶山 實學의 독법과 양면성의 이해〉, p. 6.

장은 어떤 형태의 〈다산 정약용 문제〉가 존재해 왔음에도 불구하고 그것을 곧바로 인식하여 다루지 못한 선행 연구자들의 미진한 연구 성과를 나무란 것으로 해석될 수 있다. 우리가 김 교수의 철학적 분석에 큰 기대를 거는 이유도 여기에 있다. 하지만 김 교수의 논문은 다산의 저술에 대하여 그가 위의 인용문에서 지적한 바와 유사한 인상을 독자에게 주고 있기 때문에 읽고 이해하기가 쉽지 않다. 따라서 그의 논지를 온전하게 해득했다고 단언할 수는 없지만, 그것을 요약해 보면 대체로 아래와 같다.[34]

다산은 주자학적인 〈이기(理氣)철학〉에 반대하고 공맹의 고대 유교로 회귀하려한 유학자, 서학의 영향을 받으며 유학을 새로 전개한 철학자, 유학의 외피를 걸친 천주교도, 중세기적인 세계관에 종말을 고하려는 근대 지향의 실학자이다. 다산 사상의 복합성은 여기에서 말미암은 것이기 때문에 그를 올바로 이해하기 위해서도 유학자, 철학자, 천주교도, 실학자로서의 다산이 늘 함께 고려되어야 한다. 다산이 서학의 영향을 받았다는 사실은 그의 사상이 신유학의 태극과 이기철학이 아니라, 상제신학과 동양의 철학 전통에서는 낯선 〈영육(靈肉)철학〉에 바탕을 두고 있다는 데서 알 수 있다. 영육철학은 인간을 〈이〉와 〈기〉의 개념으로 해석하지 않고 서교의 교리처럼 〈신(神)〉과 〈형(形)〉, 즉 영혼과 육신의 결합으로 정의한다. 영혼과 육신의 결합 양식은 곧 심신의 관계를 지칭한다. 다산의 사상이 심학(心學)이란 씨앗에서 출발하여 행사(行事)의 개념을 거쳐 실학(實學)에서 열매를 맺는 구조로 되

---

[34] 아래의 내용은 김형효 교수의 상당히 긴 논문 〈茶山 實學의 독법과 양면성의 이해〉를 요약한 것이다. 특별히 강조할 필요가 없는 경우 이 논문 안에서의 해당 쪽의 번호를 밝히지 않았다.

어 있는 것도 이런 이유에서이다. 문제는 다산이 그가 염두에 둔 심신의 관계가 심신일원론과 심신이원론 두 가지 방식으로 해석될 수 있음에도 불구하고, 그것이 지닌 논리적 상호 모순을 의식하지 못하여,35) 양자를 연결하는 어떠한 철학적 지침도 마련하지 않은 채 그대로 방치한 데 있다.

먼저 다산의 〈심신일원론〉은 몸과 마음이 미묘하게 합쳐져 사람이 되었기 때문에 그것을 분리해 고찰해서는 안 된다는 그의 〈신형묘합(神形妙合)〉의 인간관에 근거를 두고 있다. 심학에서의 심신일원론은 다시 인간의 성(性)을 다른 자연적 욕망과 같이 쾌(快)·불쾌(不快)의 법칙에 입각하여 파악하려는 자연주의적 인성론(人性論)으로 연결된다.36) 이러한 쾌락주의적 성즉기호의 이론은 인간의 욕망을 긍정하며, 이 세상에 대한 적극적이고 낙관적인 사고방식을 나타내고 있다. 욕망의 긍정은 물질에 대한 사랑을 낳고, 이 사랑이 물질을 이용하고자 하는 지성의 촉발을 부채질하며, 그것은 다시 실용과 실리의 학문에 대

---

35) 김형효, 〈茶山 實學의 독법과 양면성의 이해〉, pp. 7, 8, 13, 34-5, 85, 91. 김형효 교수는 누차에 걸쳐 다산이 자신의 사유가 지닌 상호 모순을 의식하지 못한 채 초점 불일치의 상태에서 논의를 전개하였다고 강조하였다. 그러나 과연 참으로 그런 것인지 의문의 여지가 없지 않다.

36) 다산의 쾌·불쾌의 법칙에 따른 자연주의적 인성론을 논증하는 대목에서 김형효 교수는 약간 무리를 하고 있는 듯이 보인다. 그것은 『孟子要義』, 2:42 [4:576]에 있는 "欲樂性三字既爲同類則性者嗜好也"라는 문장을 김 교수는 "欲 樂 性 세 글자가 같은 類이다"고 해석했는데, 이것은 당연히 "욕·낙·성 세 글자가 이미 같은 종류라면, (욕과 낙이 기호인 것과 같이) 성도 기호이다"고 풀어야 마땅할 것으로 보인다. 이것은 성이 기호라는 점을 강조한 것이지, 그것이 모든 자연적 욕망이나 쾌락과 같다는 뜻은 아니다. 김형효, 〈茶山 實學의 독법과 양면성의 이해〉, pp. 26-27.

한 존중으로 이어진다. 다산이 생각한 실용과 실리의 학문은 예악, 형정, 군려, 재부 등이다. 다산 사상이 보여주고 있는 광범위한 과학·기술에 대한 관심과 연구는 물질에 대한 관심과 그것을 인간의 생활을 향상시키기 위한 도구로 이용하려는 실용적 지성의 반영이다.

다음으로 다산의 〈심신이원론〉은 『서경(書經)』에 나오는 "인심(人心)은 더욱 위험하고 도심(道心)은 더욱 미세하다"는 구절에서 출발하고 있다.[37] 이 명제는 인간이 도심의 강화를 위하여 엄청난 노력을 경주하지 않으면, 인심의 사악한 힘에 굴복하여 금수로 변하게 된다는 도덕적 위기의식을 나타내고 있다. 다산의 인성론도 이에 부응하여 이원론적인 성격을 띠게 된다. 인간은 항상 도덕과 당위를 생각하는 〈도의지성〉과 쾌락과 욕망을 추종하는 〈기질지성〉 사이에서 갈등하고 투쟁하는 존재라고 보았기 때문이다. 동물의 성(性)이 기질지성 일원적인데 비해, 인간의 성은 기질지성 이외에 도의지성을 지닌 이원론적이라고 본 것은 전술한 일원론적인 사유와 전혀 다른 것이다. 이원론적인 인성론, 즉 성즉기호의 이론은 일원론적인 것과 다르게 인간의 욕망을 긍정의 대상이 아니라 극복의 대상으로 간주하는 도덕주의적 성격을 지닌다. 이원론의 관점에서 모든 악의 기원은 두 가지인데, 그 하나는 도의지성이 기질지성을 순화하지 못했을 경우 기질지성이 지닌 형기(形氣)의 식색(食色)과 안일에서 비롯되는 것과, 다른 하나는 도의지성이 스스로 짓는 정신적 교만과 방자함에서 발생하는 것이다.[38] 따라

---

37) 김형효, 〈茶山 實學의 독법과 양면성의 이해〉, p. 35. 엄밀하게 말하여 이것은 〈心二元論〉이지 〈心身二元論〉이 아니다. 심신이원론과 심신일원론은 논리적 모순관계에 있을지 몰라도, 심신일원론과 심이원론은 서로 모순관계에 있다고 볼 수 없다.

38) 이 대목도 쉽게 이해가 되지 않는다. 도의지성이 스스로 악의 근원이 될

서 바람직한 사회는 저절로 이뤄지는 것이 아니라 악을 누르고 선을 행하려는 인간의 금욕적 의지와 그 실천의 결과일 수밖에 없다. 다시 말하여 인선(人善)은 성선(性善)의 자연적 귀결이 아니라 실천적 의지의 결과이다.

다산의 사유가 이처럼 복합적인 이유는 그가 유교와 서교의 영향을 동시에 받았기 때문인 것으로 보인다. 유교의 세계관은 도심에 대한 신뢰에 바탕을 둔 긍정적이며 낙관적인 기대와, 인심에 맡겼을 경우 나타날 부정적이며 비관적인 우려를 동시에 지니고 있고, 이와 유사하게 서교의 세계관도 현세에 적극적으로 가치를 부여하는 실제적 측면과, 현세를 비관하고 내세를 중시하는 신앙적 측면을 동시에 지니고 있기 때문이다. 다산 사상의 총체적 표현으로서의 실학도 그가 보인 복합적 사유방식에 따라 이중구조로 되어 있다. 심신일원론에 바탕을 둔 〈지성의 실용학〉과 심신이원론 위에 서 있는 〈의지의 실천학〉이 그것이다. 지성의 실용학은 실증적 지식의 공급으로 부국강병의 달성에 기여함을 목적으로 한다. 의지의 실천학, 즉 도덕철학은 신독(愼獨)과 극기의 공부와 추서(推恕)의 실행으로 인심에 대한 도심의 종국적인 승리를 지향하는 맹자적 도덕학과, 인심의 끊임없는 발호를 염두에 두고 세밀한 행동지침과 업무평가 등 제도에 따른 통치를 주장한 순자적 정치학을 동시에 포괄하고 있다. 이런 이유들로 해서 "그의 사상을 실학이라고 부르는 것의 정당성은 그의 사유가 분열된 채 유기화되지 못하고 병립되어 혼합주의적인 성격으로 각각 떨어져 놓여 있는 것을 하나의 철학적인 표상으로 우리가 그림을 구성할 때에 뚜렷이 나타난

수 있다면 어떻게 기질지성을 옳은 방향으로 길들일 수 있을지 의심하지 않을 수 없다. 김형효, 〈茶山 實學의 독법과 양면성의 이해〉, pp. 46-47.

다."39)

　이상과 같은 논의를 바탕으로 김형효 교수가 제기했음직한 〈다산 정약용 문제〉는 대략 다음과 같이 정리될 수 있다: 다산 사상은 원시유교와 서교의 영향을 동시에 받아 형성된 상제신학과 영육철학의 결합체이다. 영육철학은 곧 영육의 인간학으로 이는 다시 심학과 인성론으로 구성되어 있다. 문제는 다산이 의식하지 못한 가운데 심신일원론과 심신이원론 두 가지로 해석될 수 있는 심학의 토대 위에 자신의 사상체계를 세웠다는 데 있다. 결과적으로 그는 심신일원론이 쾌락과 욕망의 추구를 긍정하는 자연주의적 인성론으로 이어져 부국강병의 도모에 기여하는 지성의 실용학으로 전개되고, 심신이원론은 극기와 금욕을 강조하는 도덕주의적 인성론으로 이어져 윤리 및 정치와 직결된, 지성의 실용학과 전혀 다른, 의지의 실천학으로 전개된다는 점을 자각하지 못하였다. 따라서 지성의 실용학과 의지의 실천학이 혼재되어 있는 다산의 실학체계는 사유의 일관성을 결여하고 있다.40)

　다음으로 장승구 교수는 도덕가로서의 다산과 경세가로서의 다산 사이에 존재하는 긴장관계에 초점을 맞춰 〈다산 정약용 문제〉의 존재 가능성을 시사하였다. "신의 존재를 긍정하는 종교인으로서, 그리고

---

39) 김형효, 〈茶山 實學의 독법과 양면성의 이해〉, p. 94. 이 인용문이 의미하는 바가 무엇인지 정확히 이해하기는 쉽지 않다. 그럼에도 불구하고 여기에 직접 인용한 이유는 이것이 김 교수가 긴 논의 끝에 도달한 결론으로 보이며 또 논문의 전체적인 분위기를 잘 나타내고 있기 때문이다.

40) 다산 사상에 대한 김 교수의 비판과 평가가 과연 옳은 것인지는 논란의 여지가 없지 않다. 우리가 〈다산 정약용 문제〉를 일부러 정립해 보고자 하는 이유는 〈아담 스미스 문제〉의 경우처럼 건전한 논쟁을 활성화시켜 다산에 대한 이해를 심화시켜 보고자 하는 데 있을 뿐이다.

선의 절대적 요청을 중시하는 도덕가로서의 다산은 자유의지와 성선설을 신봉하고, 도심(道心)의 절대적 실천을 주장한다. 그러나 사회과학자로서의 다산은 의식의 존재 피구속성과 인간의 이기심을 부정하기 어려웠다. 인간의 욕망을 다 긍정할 수는 없지만, 그것이 사회적 공리를 크게 해치지 않는 범위 내에서 욕망의 현실성을 인정하지 않을 수 없는 것이 경세가의 입장이다. 사실 이러한 종교인 내지 도덕가로서의 다산과 경세가 내지 사회과학자로서의 다산의 인간관 사이에는 어느 정도 긴장이 있음을 부정할 수는 없다."41) 장 교수는 김형효 교수와 마찬가지로 다산의 사상이 동양과 서양의 사상, 즉 유학과 서학이 충돌하는 과정에서 두 사상의 영향을 동시에 받으며 형성된 것으로 파악하였다. 그렇기 때문에 다산 사상에는 두 사상이 창조적으로 융합되어 제3의 특성을 보이는 부분이 있는 반면, 불완전하게 봉합되어 논리적으로 모순되어 보이는 것들이 혼재하기도 하며 또 중요한 문제가 애매하게 다뤄져 논쟁의 대상이 되는 부분도 있다고 지적하였다. 천주교를 통해 유신론인 상제신앙을 적극 수용하면서도 내세 지향적이거나 신앙 위주로 나아가지 않고 유교의 현세 지향적이고 도덕주의적 특성을 유지하고 있는 점을 그는 창조적 융합의 예로 들었다. 심신일원론과 심신이원론 두 가지로 해석될 수 있는 신형묘합의 인간관, 성선설을 확고히 주장하면서도 동시에 인간의 도덕성에 대해 지니고 있는 깊은 의구심, 인간의 욕망에 대한 긍정과 부정, 종교적이기도 하고 세속적이기도 한 인간상 등은 그가 예로 든 다산 사상이 지니고 있는 미해결의 쟁점들이다.42)

---

41) 장승구, 『정약용과 실천의 철학: 다산 철학의 근대성 탐구』, pp. 104-105.
42) 장승구, 〈동서사상의 만남과 정약용의 인간관: 작위의 주체로서의 인간〉,

장승구 교수가 지적한 도덕가로서의 다산과 경세가로서의 다산 사이에 존재하는 긴장도 이런 쟁점들과 무관하지 않다. 장 교수는 다산이 기존의 성리학적 시각과 달리 인간의 욕망을 긍정한 점을 인간에 대한 이해의 진전으로 높게 평가하였다. 다산은 인간이 지닌 욕망을 모든 행위의 필요조건으로 간주하였다. 욕망이 없으면 선악을 불문하고 어떤 일도 기도되거나 성취될 수 없다고 보았기 때문이다. 인간의 욕망 가운데 가장 중요한 것으로 그는 부(富)와 귀(貴), 즉 경제적 욕망과 정치적 욕망을 꼽았다. 그리고 다산은 사람이 이익을 추구하는 것을 마치 물이 아래로 흐르고 불이 위로 오르는 것과 같이 자연스럽게 여겼다. 따라서 이런 욕망을 억제하려고 하기보다는 합리적으로 충족시킬 수 있는 방안을 진지하게 모색하였다. 국가제도의 개혁과 새로운 과학기술의 도입을 통한 국부의 증진, 인재등용 방법의 혁신과 고적법(考績法) 등의 시행을 통한 정치적 권력의 합리적 분배 등이 그것이다. 이것이 경세가로서 다산이 취한 기본적 태도이다.[43] 그러나 도덕가로서의 다산은 이와 달랐다. 그는 통상적 성리학자와 별 다름없이 도심과 인심을 대립적으로 파악하고 도심의 절대적 실천을 주장하는 일방 인심, 즉 인간의 욕망은 크게 경계하였다. 인간의 본성은 선하지만 자유의지를 지닌 인간의 현실적 행동은 악으로 기울기 쉽다는 사실을

『茶山學』 제8호(2006년 6월), pp. 403-412. 장 교수는 상제신앙과 인간상에 관한 사항을 『中庸自箴』의 같은 곳을 논거로 하여 앞에서는 동·서 사상의 창조적 융합의 예로 들고 뒤에서는 깊은 검토가 필요한 봉합의 예로 드는 일관되지 못한 입장을 취하고 있다.

43) 장승구, 『정약용과 실천의 철학: 다산 철학의 근대성 탐구』, pp. 98-102, 134-143; 장승구, 〈동서사상의 만남과 정약용의 인간관: 작위의 주체로서의 인간〉, pp. 409-410.

잘 인식하고 있었기 때문이다. 따라서 악이 범해지기 쉬운 현실 속에서 인간의 사익에 대한 욕망을 올바르게 인도하여 공익에 기여토록 하기 위해서는 특수한 제도적 장치가 필요함을 절감하였다. 그가 도입한 전지전능하고 윤리적인 상제가 바로 그것으로서 상제는 천주교의 천주처럼 내세를 위한 신앙의 대상이 아니라 현세에서 선의 궁극적 근거를 제시해 줌과 동시에 악을 견제하는 존재로서의 의미가 강하다.44)

이런 견해를 바탕으로 한다면 장승구 교수의 〈다산 정약용 문제〉는 대략 다음과 같이 정리될 수 있다: 도덕가로서의 다산은 통상적 성리학자들과 별 다름없이 악에 빠지기 쉬운 인심을 경계하여 상제의 명령에 철저히 따르는 도덕적인 삶을 강조하였다. 이에 비하여 경세가로서의 다산은 인간의 이기적 욕망을 자연스러운 것으로 인정하고 그것을 충족시킬 수 있는 방안을 진지하게 모색하였다. 따라서 상제의 명령에 부합하는 도덕적 행위를 강조하는 도덕가로서의 다산과, 인간의 이기적 욕망에 따른 행위를 인정하는 경세가로서의 다산 사이에는 부인할 수 없는 양면성이 존재한다.45)

끝으로 안병직 교수는 다산의 경세학과 국정개혁론이 갖추고 있는 〈체계(system)〉에 주목하여 다산이 지닌 왕정의 기본법제에 대한 이해의 부족과 일관적이지 못한 점을 지적하였다.46) 다산은 18세기 전반기

---

44) 장승구, 『정약용과 실천의 철학: 다산 철학의 근대성 탐구』, pp. 107-109, 151-155; 장승구, 〈동서사상의 만남과 정약용의 인간관: 작위의 주체로서의 인간〉, pp. 406-409.

45) 장승구, 〈동서사상의 만남과 정약용의 인간관: 작위의 주체로서의 인간〉, p. 410. 김형효 교수의 경우처럼 장승구 교수의 이런 주장도 당연히 논란의 대상이 될 수 있다.

의 경세치용학과 그 후반기의 이용후생학을 종합하여 집대성한 실학자로 평가되고 있다. 그의 경세학이 토지제도 개혁을 중심으로 하는 제도개혁론과 상공업의 진흥을 중심으로 하는 기술개발론을 동시에 왕정의 중심과제로 삼고 있는 점만 보아도 이런 평가는 쉽게 확인될 수 있다. 그렇다면 국정의 종합적 개혁을 지향하여 저술된 다산의 『경세유표』는 당연히 양자를 포괄하는 기본법제나 체계를 갖추고 있어야 마땅하다. 과연 그런가? 왕정의 기본법제로는 〈정전법(井田法)〉과 〈체국경야(體國經野)〉 두 가지가 거론되어 왔다. 경야(經野)로 이해되기도 하는 정전법은 토지의 소유와 분배의 원칙을 확립하고 이를 기초로 조세의 수취와 군역의 징발을 위하여 전지(田地)를 구획하는 일을 기본으로 하는 체계인 데 비하여, 체국경야는 경야 이외에 체국, 즉 도성(都城)의 건설도 포함하는 체계이다. 전자가 하(夏)나라와 같은 단순한 농촌국가의 기본법제라면, 후자는 주(周)나라처럼 농촌 이외에 도시와 상공업도 존재하는 좀 더 발전된 국가의 기본법제이다.

『경세유표』의 기본모형은 잘 알려진 바와 같이 『주례(周禮)』이다. 『주례』의 체계는 농촌 중심의 단순한 정전법이 아니라 농촌과 도성을 함께 포괄하는 체국경야이다. 그리고 『주례』가 전제하고 있는 국가체제는 봉건제이다. 봉건체제와 체국경야 체계는 매우 논리 정합적이다. 주권을 소유한 제후의 영지에서만 그 지역에서 산출된 잉여가치가 잔류하여 정치와 상업의 중심지로서 도시가 성립할 수 있기 때문이다. 그러나 『경세유표』에서 실제로 채용된 법제는 정전법과 군현제였다.

---

46) 아래의 서술은 안병직, 〈다산과 체국경야(體國經野)〉, 『茶山學』 제4호(2003), pp. 54-95의 내용을 요약한 것이다. 중요한 경우가 아니면 서술과 관련된 논문 해당 쪽의 번호를 그때마다 밝히지 않았다.

부국강병책을 강구하고 있던 다산은 도시의 중요성을 여러모로 깊이 인식한 가운데 사실상 체국경야 체계에 따라 국정개혁을 시도하고 있었으나, 왕정의 기본법제로서의 체국경야의 중요성은 명확하게 이해하지 못하여 결국 정전법 체계를 따르고 말았다. 반면 『주례』의 국가체제가 봉건제라는 점은 이해하고 있었으나, 조선에 이미 현실로 정착된 군현제를 무시할 수 없어 그것의 도입을 주장할 수는 없었던 것으로 보인다.47) 요컨대 다산은 『경세유표』를 저술하며 『주례』에서 개혁의 모형을 찾았으나, 결국 논리 정합적인 『주례』의 그것과는 다른 체계와 체제를 채용하여 혼란을 자초한 셈이 되었다.

1813년에 저술한 『맹자요의』에서 다산은 정전법이 토지의 사적 소유가 진전되어 시행될 수 없는 법제라는 견해를 밝힌 적이 있다. 그랬던 다산이 1817년 『경세유표』를 저술하며 개혁의 모형을 『주례』에서 찾을 수밖에 없다고 믿게 된 이후 토지의 점진적 국유화를 통해서라도 정전법은 시행되지 않으면 안 되는 법제라고 주장한 것은, 정전법이 단순한 토지제도만이 아니라 국토의 구획 및 개발과 직결된 왕정의 기본법제라는 점을 깨달았기 때문인 것으로 보인다. 그러나 그것이 체국경야의 체계와 다르고 또 『경세유표』의 개혁론 부분인 〈육관수제(六官修制)〉는 당연히 관제 중심이 아니라 기능 중심의 새로운 체계에 따라 서술되어야 한다는 명확한 인식이 없었기 때문에, 그 서술이 관제의 정비에 관한 〈육관관제(六官官制)〉 부분이나 『목민심서』의 경우처럼 질서정연하지 못하고 갈피를 잃어 결국 미완의 상태로 남아 있게 된 것으로 보인다.48) 그뿐만 아니라 다산은 봉건제와 군현제의 본

---

47) 안병직, 〈다산과 체국경야(體國經野)〉, pp. 56-57, 88, 92.

48) 『경세유표』는 秋官修制(刑曹)와 冬官修制(工曹)가 결여된 미완본이다. 체국

질적 차이도 제대로 이해하지 못한 듯이 보인다. 수령이 곧 옛날의 제후와 같다고 누차 주장하는 등 군현제도 체국경야와 양립할 수 있다고 보는 듯한 기술을 하고 있다. 이것은 군현제 하에서는 제대로 된 지방도시가 성립할 수 없기 때문에, 체국경야에 걸맞은 국가체제를 확보하기 위해서는 봉건제에 따라 국토가 유기적 분업권으로 분할될 필요가 있다는 점을 제대로 인식하지 못한 데 기인한다.[49)]

이제 안병직 교수가 제기했음 직한 〈다산 정약용 문제〉를 정리해 보면 아래와 같다. 다산의 경세학과 개혁사상은 단순한 농촌국가의 기본법제인 정전법이 아니라 사실상 농촌과 도성의 건설을 포괄하는 체국경야의 체계하에서 경세치용학과 이용후생학을 종합하고 있다. 그러므로 그의 대표적 국정개혁론 저술인 『경세유표』는 이 체계에 따라 서술되어야 마땅하다. 『경세유표』가 『주례』를 기본모형으로 하여 저술되었기 때문에 더욱 그러하다. 『주례』가 따르고 있는 법제는 체국경야와 봉건제이다. 체국경야는 봉건제를 전제로 성립하며, 양자는 논리 정합적이다. 그러나 『경세유표』에서 다산이 실제로 채용한 법제는 정전법과 군현제였다. 정전법은 토지의 사유화가 진척된 상황에서 시행되기 어려울 뿐만 아니라 도성의 건설을 효과적으로 다룰 수 없는 법제이고, 군현제하에서는 봉건제하에서와는 달리 지방도시의 성립이 용이하지 않다. 따라서 다산이 잘 이해하지는 못했지만 실제로 갖추고 있었던 체국경야 체계도 군현제와는 양립하기 어렵다. 이처럼 다산의 개혁사상과 개혁이론은 이해의 부족과 현실적 제약 등으로 정합성을

경야 체계에서 동관, 즉 공조는 도성의 건설과 관련된 중요한 업무를 관장하는 부서이다.

49) 안병직, 〈다산과 체국경야(體國經野)〉, pp. 57-58, 75-76, 94.

결여하고 있기 때문에 왕정의 개혁과 부국강병의 목표를 달성하기 위한 수단으로는 미흡하다.

3. 요약과 비교

〈아담 스미스 문제〉는 *TMS*와 *WN*이 서로 다른 원리에 따라 집필되었기 때문에 일관성을 결여하고 있다는 비방에 가까운 비판을 가한 독일의 역사학파 학자들이 지어 붙인 이름으로 한 세기가 넘도록 꾸준히 논쟁의 주제가 되어 오면서 학계의 공식 명칭이 되었다. 이들은 스미스의 사상이 하나의 일관된 체계를 이룰 수 없다는 주장을 펼치며, 그 논거로 그가 프랑스 학자들의 영향을 받아 단행했다고 여긴 관념론에서 유물론으로의 급격한 사상적 〈전환〉을 제시하였다. 전환을 전후한 *TMS*의 스미스와 *WN*의 스미스는 이들에게 당연히 질적으로 상이한 두 독립된 존재로 파악되었다. 그러나 이런 주장에 대한 반박도 곧 뒤를 따랐다. 스미스가 외국 학자들의 영향을 받아 혁명적 전환을 하지 않으면 안 되었던 합당한 이유를 찾기 어려우며, 또 그런 전환을 뒷받침할 만한 어떠한 객관적 증거도 존재하지 않는다는 반론이 그것이다. 반론의 핵심은 결국 스미스의 사상은 일관된 체계를 이루고 있으며, 두 사람의 서로 다른 스미스가 아니라 한 사람의 스미스 안에 성격을 달리 하며 서로 보완적인 두 분신이 존재하고 있을 따름이라는 것으로 요약될 수 있다. 이처럼 형식상 *TMS*와 *WN*의 일관성에 관한 회의에서 비롯된 〈아담 스미스 문제〉가 오랜 논쟁의 주제가 될 수 있었던 것은 그것이 좁게는 경제학의 제1원리, 그리고 넓게는 경제학과 윤리학의 양립 가능성 또는 상호 의존성에 관한 조금 더 본질적인 문제로 환원될 수 있었던 데 기인한 것으로 보인다. 이런 관점에서 보면, 하일브로너가 지적한 바와 같이 〈아담 스미스 문제〉는 앞 장에서 논의되었던 스미스의 시대적 과제와도 무관하지 않음을 알 수 있다. 그것은 홉스가 제기한 문제에 대한 맨더빌의 역설과 유사한 해법의 발견 가능성, 즉 이기적인 개인들로 구성된 자본주의 사회의 결속 및 지속적 발전 가능성을 묻는 문제와 크게 다를 바가 없기 때문이다. 사상의 일관성을 묻는 〈아담 스미스 문제〉가 비교적 쉬운 문제라면, 자본주의의 지속적 발전 가능성과 관련된 〈아담 스미스 문제〉는 앞으로도 계속 논의되어야 할 어려운 문제가 아닐 수 없다.

긴 논쟁 과정에서의 갑론을박에도 불구하고 〈경제인 가설〉의 단순성과 예측능력을 높게 평가하는 대부분의 경제학자들은 바이너가 일찍이 권장한 스미스 독법에 따라 여전히 TMS의 스미스와 WN의 스미스를 독립된 별개의 존재로 인정하고 있는 듯이 보인다. 그것은 이들이 경제현상을 사회·정치적 요인과 연관시켜 복합적으로 이해하려고 하기보다 오히려 경제현상뿐만 아니라 사회·정치적 현상도 경제인 가설을 원용하여 파악하려는 이른바 〈경제적 접근〉을 점차 확대·적용하고 있다는 데서 엿볼 수 있다. 모든 인간은 경제인, 즉 효용의 극대화를 추구하는 이기적 행위자라는 가정에서 출발하는 경제적 접근은 사회구성원들의 행위규범과 그 준수에 대한 상호신뢰가 상당한 수준에 머물러 있다는 조건하에서만 어느 정도 유용한 접근방법이 될 수 있다. 하지만 상호간의 신뢰가 기대에 미치지 못하여 무분별한 〈지대추구(rent-seeking)〉 행위가 성행할 가능성이 높은 경우 스미스가 시대적 과제로 삼았던 홉스의 문제, 즉 사회적 결속의 문제를 해결하기 위해서는 이와는 다른 차원의 접근 방법이 강구될 필요가 있다. 타인에 대한 적절한 배려를 결여한 경제인만으로 구성된 자유방임의 사회가 결속을 이루며 지속적으로 발전하기는 어렵기 때문이다.50) *WN*만의 부분적 스미스가 아니라 *TMS*와 *WN*을 포괄하는 온전한 하나의 스미스가 더욱 절실하게 요청되는 이유가 여기에 있다.

오늘날 스미스의 사상이 일관된 하나의 체계를 갖추고 있다는 점에 대해서는 거의 의견의 일치가 이뤄진 것으로 보인다.51) 우리는 이미 서론에서 스미스에 대한 관심이 근자에 크게 증가하고 있는 현상을 논의하며, 그런 현상을 초래한 여러 원인 가운데 하나를 다름 아닌 체계적 사고와 종합으로 적절한 모델을 만들어 내는 그의 탁월한 능력이 학문적 분업의 심화로 갈피를 잡기 어려운 오늘날의 경제학자들에게 주고 있는 매력과 교훈에서 찾은 렉텐발트의 견해를 소개한 바 있다. 그런 점에서 〈아담 스미스 문제〉를 놓고 벌인 논쟁은 사회, 정치, 경제의 세 영역을 포괄하는 스미스의 종합적 사유구조에 대한 이해 심화의 과정이었다고 할 수 있다. 복잡한 경제현상을 올바로 파악하기 위해 학제적 연구가 필요하다는 인식도 경제체제를 늘 사회 및 정치

---

50) "In sum, if a liberal society is to be cohesive and constructive, human beings must have mutual trust and confidence in the behavioral ethics of each other for, absent ethics, rent-seeking can run amok. A society populated by *homo economicus* does not have the capacity to establish this prerequisite for social cohesion." Jerry Evensky, "'Chicago Smith' versus 'Kirkaldy Smith'," p. 202.

51) "It should be clear from the presentation above that the confusion lies not in the pen of Adam Smith, but in the eyes of those who profess to see an Adam Smith Problem. They mistake a difference in substance, which is in fact consistent from one book to other, for a difference in emphasis, which is certainly striking between the two books." Jerry Evensky, "The Two Voices of Adam Smith: Moral Philosopher and Social Critic," p. 190.

적 제도와 체계적으로 연결시켜 파악한 스미스에 대한 관심을 제고하는 데 기여했을 것으로 짐작된다.

〈아담 스미스 문제〉와 같은 의미에서 〈다산 정약용 문제〉라고 학계의 공인을 받은 문제는 존재하지 않는다. 그럼에도 불구하고 이런 명칭을 붙일 만한 문제를 의도적으로 찾아보려고 여기에서 시도한 데는 다음과 같은 몇 가지 이유가 있다. 첫째, 다산도 스미스 못지않은 혼합과 절충의 대가였던 만큼 그의 사상체계에 대해서 일관성의 결여 혹은 자가당착의 문제가 제기될 가능성이 없지 않다. 둘째, 만약 그런 문제가 존재하고 또 그 문제를 주제로 한 학구적 토론이 활성화될 수 있다면, 스미스의 경우처럼 다산에 대한 이해의 증진이 기대될 수 있다. 셋째, 〈아담 스미스 문제〉가 스미스와 관련된 특수한 문제일 뿐만 아니라 경제학의 제1원리, 경제학과 윤리학의 상호 의존성, 그리고 더 나아가 인간의 본성과 자본주의 사회의 지속적 발전 가능성 등에 관한 보편적인 문제이기도 하여 학제적 접근의 필요성을 학자들에게 환기시켰던 것과 같이, 만약 어떤 〈다산 정약용 문제〉가 제기될 수 있으면 그것도 다산과 관련된 문제임과 동시에 다산 사상의 복합적 성격상 결국 인간과 사회에 관한 보편적인 문제일 것이기 때문에 인문학과 사회과학의 학제적 공동연구와 유기적 협력체제를 강화하는 촉매로 작용할 수 있다. 요컨대 상당히 높은 문제의 제기 가능성과 다산 사상에 대한 이해의 증진, 그리고 학제적 연구의 강화 등이 〈아담 스미스 문제〉의 논의과정에서 얻은 성과를 염두에 두고 〈다산 정약용 문제〉를 찾아보려는 이유이다. 물론 이런 이유는 희망사항에 가깝다. 특히 두 번째와 세 번째 이유는 다산 사상에 관한 어떤 문제의 확실한 존재뿐만 아니라 그것에 대한 활발한 토론까지 전제하고 있기 때문에 앞으로 그렇게 되기를 바라는 희망사항의 성격이 더욱 강하다. 따라서 여기에서는 첫 번째 이유에 근거하여 다산 사상이 지닌 문제점을 지적한 몇몇 학자의 견해를 바탕으로 그들이 염두에 두었을 가칭 〈다산 정약용 문제〉의 윤곽을 그려 보는 데 그쳤다.

김형효 교수와 장승구 교수는 흥미롭게도 〈아담 스미스 문제〉를 최초로 제기했던 독일 역사학파 학자들과 유사한 내용의 문제점을 지적하였다. 유교와 서교의 영향을 동시에 받으며 형성되어 복합적 성격을 지닌 다산 사상을 이들은 각각 〈의지의 실천학〉과 〈지성의 실용학〉, 그리고 〈도덕철학〉과 〈경세학〉의 결합체로 파악하였다. 그런데 의지의 실천학 또는 도덕철학은 전통적 유학자들의 가르침과 마찬가지로 신독(愼獨)과 추서(推恕), 그리고 금욕과 극기를 강조하고 있는 반면, 지성의 실용학 또는 경세학은 그것과 달리 이기적 욕망과 쾌락의 추구를 긍정하고 있기 때문에 다산 사상은 일관된 체계를 갖추고 있지 못하다고 주장하였다. 특히 김형효 교수는 다산의 심성론이 지닌 양면성을 근거로 다산 사상이 지닌 자가당착의 논증을 시도하였으나, 바로 위의 각주에서 인용한 이벤스키의 주장처럼 자신이 미리 설정한 이분법적 구조에 맞춰 다산의 사유를 무리하게 재단한 부분이 없지 않아 설득력을 지닌 논증이라고 보기는 어렵다. 앞 장에서 스미스와 다산의 문제의식과 시대적 과제를 논하며 이미 지적했고 또 〈아담 스미스 문제〉를 다루며 자세히 서술한 바와 같이, 이기적 욕망과 도덕적 속성을 함께 지닌 개인들로 이뤄진 사회가 질서와 조화를 이루며 발전하기 위해서는 이기심과 이타심의 조율된 발휘가 필수적이다. 따라서 윤리학과 경제학, 도덕철학과 경세학, 그리고 좀 생소한 개념이긴 해도 의지의 실천학과 지성의 실용학은 밀접한 보완관계에 있지 배타적 대체관계에 있는 분야라고 볼 수 없다.

경세치용학과 이용후생학을 포괄하고 있는 다산의 경세학 또는 개혁사상의 체계와, 그가 국정의 종합적 개혁을 지향하여『주례』를 모델로 삼아 저술한『경세유표』에서 실제로 제시한 개혁이론 또는 개혁방안의 체계가 이해의 부족과 현실적 제약 등으로 정합성을 결여하고 있다는 안병직 교수의 주장은 면밀한 검토가 필요한 의미 있는 주장이라고 생각된다. 다산이 사실상 추구한 법제와 그가 모델로 삼았던『주례』에서의 법제는 농촌 개발과 도시의 건설을 포괄하는 체국경야인 데 비해,『경세유표』의 법제는 농촌만을 대상으로 하는 정전법이며, 체국경야와 논리 정합적인『주례』의 봉건제와 달리『경세유표』는 군현제를 전제로 하고 있다. 따라서『경세유표』의 정전법과 군현제는『주례』의 체국경야와 봉건제와 다를 뿐만 아니라 다산이 늘 염두에 두고 관철하고자 했던 경세학 체계와도 다르다. 기존 관제의 정비와 운영의 개선을 논한『목민심서』와 달리 부국강병이라는 목적의 달성을 위해 관제의 미래 지향적 개혁을 논한『경세유표』의 특수한 위상을 놓고 볼 때, 개혁사상과 개혁이론 사이의 정합성 결여가 주어진 목적의 달성이라는 관점에서 어떤 함의를 지니는지, 다시 말하여 그가 제시한 개혁방안이 당시의 상황에서 목적달성에 유효한 합리적 수단인지 다각도로 검토될 필요가 있다. 김형효 교수와 장승구 교수는 다산 사상의 양면성을 지적하면서도 그가 도모하고자 한 것이 결국 부국강병이었다는 사실을 주된 이유로 해서, 다산은 중세기적인 세계관에 종말을 고하려는 근대화의 기수였다고 주장하였다.[52] 여기에서 한 걸음 더 나아가 다산이『경세유표』에서 민주주의적 정치이념의 구현과 자본주의적 체제 요소의 강화를 시도하였다는 주장이 제시되기도 하였

---

[52] 김형효, 〈茶山 實學의 독법과 양면성의 이해〉, pp. 1, 4, 7, 82; 장승구,『정약용과 실천의 철학: 다산 철학의 근대성 탐구』, pp. 170-174, 311-315.

다.53) 하지만 만약 다산이 제시한 개혁방안으로는 현실적으로 부국강병의 달성이 쉽지 않고, 부국강병의 달성이 근대화의 필요조건이라면, 그가 근대화의 기수라는 주장은 허구일 수밖에 없다. 〈다산 정약용 문제〉의 올바른 제기와 진지한 토론이 필요한 이유가 여기에 있다.

---

53) 장승구, 『정약용과 실천의 철학: 다산 철학의 근대성 탐구』, pp. 162, 169-170.

제5장 아담 스미스와 다산 정약용의 사상체계

아담 스미스의 학문과 사상은 통합된 하나의 전체로 파악될 필요가 있다는 학계의 변화된 인식은 〈아담 스미스 문제〉에 관한 장기에 걸친 논쟁이 초래한 긍정적 결과 가운데 하나라고 볼 수 있다. 오늘날 대부분의 진지한 스미스 연구자들은 독일의 역사학과 학자들이 제기했던 유형의 〈아담 스미스 문제〉를 부정하는 데 주저하지 않을 뿐만 아니라, 오히려 스미스가 *TMS* 및 다른 저서에서 설파한 내용을 잘 알지 못하면 *WN*을 올바로 이해하기 어렵다는 데 동의하고 있다.[1] 스미스의 모든 저작은 하나하나가 독립된 하위체계를 이루고 있음과 동시에, 그런 하위체계들이 적절히 결합되면 인간과 사회에 관한 놀라울 정도로 통일된 하나의 사상체계가 형성된다는 사실이 연구결과 밝혀지고 있기 때문이다.[2] 이것은 사실상 스미스가, 비록 완전히 지키지는

---

[1] H. C. Recktenwald, "An Adam Smith Renaissance *anno* 1976? The Bicentenary Output - A Reappraisal of His Scholarship," pp. 249-250.

[2] R. L. Heilbroner, "The Socialization of the Individual in Adam Smith," pp.

못했지만 독자들에게 약속했던,3) 장기에 걸친 저술 계획에 따라 집필하는 과정에서 묵시적으로 드러내고자 한 의도를 후학들이 뒤늦게 확인한 데 불과한 것일 수도 있다. 스스로 집필 의도를 명시적으로 밝힌 점을 제외하면, 다산 정약용의 경우도 이와 크게 다르지 않다. 우리는 이미 위에서 경학과 경세학이 자신이 추구했던 학문의 본과 말이라고 밝힌 다산의 묘지명을 소개한 바 있다. 다산의 학문세계는 이처럼 경학과 경세학 두 축으로 구성되어 있으며, 부국강병을 위한 책략의 강구라는 목적에 맞춰 수행된 인간과 사회에 관한 상호 보완적 탐구의 성격을 지닌 만큼 하나의 통일된 체계를 이루고 있다고 할 수 있다. 이 장에서는 스미스 사상의 구성 요소들과 그것들이 어떻게 일관된 체계를 이루고 있는가를 좀 더 자세히 살펴보면서 다산 사상의 그것과 비교해 보고자 한다.

1. 체계(system)의 의미와 사상체계의 구성

슘페터는, 위에서 이미 인용한 바와 같이,4) 스미스가 1776년에 펴낸 WN의 내용 가운데 당시에 알려져 있지 않았던 완전히 새로운 단 하나의 분석적 아이디어나 원리 또는 방법론도 찾아볼 수 없다고 주장하

128-129; A. S. Skinner, *A System of Social Science*, 2nd ed. (Oxford: Oxford University Press, 1996), pp. 1-3.

3) Adam Smith, *TMS*, pp. 3, 342; *EPS*, p. 34.

4) 서론의 각주 12) 참조.

였다. 이에 앞서 이런 주장을 예견이라도 하고 있었던 듯이 비터만(Bittermann)은 스미스의 탁월함은 다른 데 있는 것이 아니라 다양한 이론을 통합하여 최초로 하나의 〈체계〉를 만든 데 있다고 지적하였다.5) 이런 지적 이전에 스미스 자신도 체계의 개념을 특히 애호하며 여러 곳에서 수시로 그 의미와 중요성을 강조하여 마지않았다. 특히 그의 『철학논집(Essays on Philosophical Subjects)』,6) 즉 EPS의 몇몇 논문에서 스미스는 체계에 관하여 집중적으로 논의하였다. 특히 〈천문학의 역사〉를 다룬 논문에서 체계의 문제를 깊이 있게 다뤘는데, 그곳에서 스미스는 체계를 기계에 비유하며 다음과 같이 묘사하였다. "체계는 여러 관점에서 기계를 닮았다. 기계는 어떤 기술자에 의해 그가 필요로 하는 여러 운동과 결과를 연결하여 수행하도록 실제로 만들어진 작은 체계이다. 체계는 이미 실제로 일어나고 있는 다양한 운동과 결과를 상상 속에서 서로 연결할 수 있도록 창안된 가상의 기계이다. 어떤 특정의 운동을 수행하도록 최초로 만들어진 기계는 항상 가장 복잡한데, 이후의 기술자들은 흔히 처음보다 적은 수효의 바퀴와 운동의 원리를 사용하여 같은 효과를 낼 수 있다는 사실을 발견한다. 최초의 체계도 기계의 경우처럼 언제나 가장 복잡하며, 상관없는 듯이 보이는 모든 두 현상을 결합시키기 위해서는 그때마다 특정의 연결 고리나 원리가 필요하다고 여겨지는 것이 보통이다. 그러나 추후 하나의 위대한 원리

---

5) "His pre-eminence is due to the fact that he first integrated various theories into a 'system'." H. J. Bittermann, "Adam Smith's Empiricism and the Law of Nature, Part I-II," p. 190.

6) 이 책은 스미스의 젊은 시절, 즉 1750년대에 집필된 논문들로 구성되어 있으며, 유고의 처분을 위임받은 그의 벗인 Joseph Black과 James Hutton에 의해 1795년에 출판되었다.

만으로도 현상계에서 제각각 일어나는 모든 사건이 충분히 결합될 수 있다는 점이 밝혀지곤 한다."7)

여기에서 체계는 자연현상을 설명하기 위해 고안된 과학적 이론을 의미한다. 그러나 이론뿐만 아니라 기계, 그리고 기계처럼 자기 완결적 구조를 이루고 있는 음악이나 시와 같은 인간 지성의 산물들도 체계로 간주될 수 있기 때문에 체계의 외연은 이론보다 넓을 수밖에 없다. 따라서 진리(truth) 못지않게 아름다움(beauty)도 의미 있는 체계의 판별기준이 된다고 할 수 있다.8) 스미스가 천문학의 역사를, 위의 인용문이 시사하듯, 자연에 관한 상이한 체계, 즉 이론의 발전적 대체의 과정으로 파악하여 서술할 때, 각각의 체계를 진리와의 부합성보다 그것이 불안한 상상의 나래를 진정시켜 자연현상을 얼마나 더 정합적이며 질서정연하게 보이게 하느냐에 초점을 맞춘 것도 이런 이유 때문이다.9) 그가 천문학의 역사를 다뤄 보고자 한 것도 〈이론적 역사〉 자체보다는 그것을 통하여 좀 더 원초적인 문제, 즉 철학적 탐구를 촉진하는 인간 본성에 내재한 원리가 무엇인지 밝혀보고자 한 데 있었다. 이런 맥락에서 스미스는 놀라움(surprise)과 당혹(wonder), 그리고 경외(admiration)의 감정을 특히 강조하였다.10) 놀라움은 예기치 않은 사건이 일어났을 때 사람들이 가장 먼저 느끼는 감정이며, 그것은 곧 당혹으로 이어진다. 당혹은 의외의 사건이 기존의 지식으로는 잘 연결되지 않을 때 일어나는 고통스러운 감정이며, 이런 고통스러운 감정에서 벗

---

7) Adam Smith, *EPS*, p. 66.

8) Adam Smith, *TMS*, p. 185; *WN*, pp. 768-769.

9) Adam Smith, *EPS*, pp. 46-47.

10) Adam Smith, *EPS*, pp. 33-34.

어나 마음의 평정을 회복하려는 자연적 성향은 사건의 발생 원인에 대한 호기심을 자극하여 설명을 시도하게 만든다. 설명은 사건의 자초지종을 밝혀 주는 납득할 만한 연결 고리나 원리가 분명히 제시되었을 때 이뤄지며 이때 품게 되는 감정이 경외이다.

스미스의 견해에 따르면, 당혹에서 유발된 인간의 호기심을 만족시키려고 최초로 시도한 것은 미신이었다.[11] 뒤이어 철학도 미신과는 다른 방식으로 놀라운 자연현상의 설명을 시도하였다. 스미스가 철학을 자연현상의 연결 원리에 관한 과학이라고 정의하고, 당혹을 철학적 탐구를 촉진하는 〈제1원리〉라고 규정한 것은 이런 맥락에서였다.[12] 인류에게 가장 먼저, 그리고 지속적으로 놀라움과 당혹의 감정을 안겨 준 것은 주로 천체의 운행과 같은 자연현상이었기 때문에 스미스는 〈자연철학(natural philosophy)〉이 먼저 발달하였으며, 그것은 뉴턴의 체계에서 정점에 이르렀다고 확신하였다. 체계는 가능한 한 적은 수의 원리로 될 수 있는 대로 많은 수의 관찰 결과를 일목요연하게 연결시켜 설명할 수 있을 때 더욱 아름다운데, 이런 관점에서 뉴턴의 체계가 다른 어떤 철학적 체계보다 앞섰다고 보았기 때문이다.[13] 소수의 일반 원리로 다수의 개별적 자연현상을 파악하려는 자연철학에서의 탐구 방법, 즉 이른바 〈뉴턴의 방법(Newtonian method)〉은 뒤에 일상생활 속의 여러 도덕적 규율을 소수의 원리로 연결하고 또 설명을 시도하는 과

---

11) Adam Smith, *EPS*, pp. 49-50; *WN*, p. 767.

12) Adam Smith, *EPS*, pp. 45-46, 51.

13) Adam Smith, *EPS*, pp. 104-105; *TMS*, p. 299; *WN*, pp. 767-769. 스미스가 아리스토텔레스의 개별적 접근 방법보다 뉴턴의 보편적 접근 방법을 선호했다는 점은 위에서 이미 서술한 바 있다.

정에서 그대로 원용되었는데, 스미스는 이처럼 도덕의 영역에서 연결의 원리를 탐구하고 설명하려는 과학이 바로 〈도덕철학(moral philosophy)〉이라고 생각하였다.14) 따라서 스미스가 뉴턴이 자연철학에서 이룩한 것과 같은 업적을 도덕철학에서 이루기를 염원하였다는 점은 누구나 쉽게 짐작할 수 있다.

  스미스가 도덕철학의 체계를 수립하는 과정에서 적용하고자 한 뉴턴의 방법은 먼저 어떤 원리를 세운 다음 그 원리를 연결 고리로 하여 다양한 현상을 연역적으로 설명하려는 과학적 방법론이다. 여기에서 잠시 짚고 넘어가야 할 점은 연역에 필요한 원리나 기본명제를 세우는 방법, 곧 인식론에 관한 문제이다. 인식론적 입장에 따라 관념론과 유물론, 그리고 합리주의와 경험주의의 구분이 결정된다. 〈아담 스미스 문제〉의 존재를 입증하는 주요 논거로 제시된 것이 전환이론, 즉 스미스가 *TMS*의 관념론에서 *WN*의 유물론으로 전환했다는 주장이었던 것처럼 스미스의 인식론적 관점에 대해서는 그가 관념론자라는 견해와 유물론자라는 견해가 동시에 있어 왔다. 하지만 스미스는 이성과 경험을 동시에 중시하는 이원론적 인식론의 소유자라고 하지 않을 수 없다. 스미스가 원리와 연역을 강조한다는 점에서 데카르트(Descartes: 1596-1650)처럼 관념론자이고 합리주의자일 수 있으나, 그 원리가 선험적으로 주어진 것이 아니라 오로지 경험적 사실로부터 귀납적 과정을 거쳐 세워져야 한다고 주장한 점에서는 흄과 같은 유물론자이고 경험

---

14) "The maxims of common life were arranged in some methodical order, and connected together by a few common principles, in the same manner as they had attempted to arrange and connect the phenomena of nature. The science which pretends to investigate and explain those connecting principles, is what is properly called moral philosophy." Adam Smith, *WN*, p. 769.

주의자이기 때문이다.15) 스미스의 이런 관점에서 보았을 때 모든 체계나 이론은 경험적 사실과의 부합 여부에 따라 그 타당성이 긍정되거나 부정될 수 있는 잠정적 가설의 성격을 지니고 있으며, 더 포괄적인 체계나 이론으로의 발전적 대체의 과정에 있다고 할 수 있다.

스미스의 사상체계는 곧 그의 도덕철학체계를 의미한다. 스미스는 도덕철학을 윤리학(ethics)과 법학(jurisprudence) 두 분야의 집합으로 파악하였다.16) 그런데 그가 글래스고 대학에서 담당했던 도덕철학 강의는 제1부 자연신학(natural theology), 제2부 협의의 윤리학(ethics strictly so called), 제3부 법학(jurisprudence), 제4부 정치경제학(political economy) 등 네 부분으로 구성되어 있었다고 한다.17) 따라서 그의 윤리학은 자연신학과 협의의 윤리학으로, 그리고 법학은 협의의 법학과 정치경제학으로 세분될 수 있을 것으로 보인다. 제1부 자연신학 강의 내용은 기록으로 남아 있는 것이 없다. 스미스의 강의 원고는 그의 요청에 의해 소각되었고, 지금까지 학생들이 남긴 어떤 강의 노트도 발견된 적이 없기 때문이다. 그러나 신학에 관해 스미스가 지녔던 견해의 윤곽은 다른 문

---

15) H. J. Bittermann, "Adam Smith's Empiricism and the Law of Nature, Part I-II," p. 196; Athol Fitzgibbons, *Adam Smith's System of Liberty, Wealth, and Virtue*, pp. 197-198. 스미스의 인식론은 理와 氣의 선후 관계 및 중요성에 대한 주희의 그것과 유사하다. 주희는 흔히 관념론자로 알려져 있다. 하지만 그는 理를 앞세우려는 관념론이나 氣를 강조하는 유물론의 어느 한쪽에 치우치지 않으려고 노력하며, 理와 氣가 똑같이 중요함을 강조한 이원론자였다. 조셉 니덤, 『중국의 과학과 문명: 사상적 배경』, pp. 306-307.

16) Adam Smith, *TMS*, p. 340.

17) Dugald Stewart, "Account of the Life and Writings of Adam Smith, LL.D.," pp. 274-275.

헌을 통하여 어느 정도 짐작이 가능하다. 제2부 협의의 윤리학은 *TMS*의 내용과 같다고 보아도 무방하다. 법학에 관한 저술은 스미스 필생의 계획이자 약속이었지만 집필된 원고의 소각으로 지켜지지 않았다. 하지만 다행스럽게도 1895년과 1958년에 학생들의 법학 강의 노트 두 편이 발견되어 1978년, 위에서 이미 참고한 바 있는, 『법학강의(*Lectures on Jurisprudence: LJ*)』로 합본·출판되었다. 먼저 발견된 노트는 흔히 *LJ*(B)로, 그리고 나중 발견된 것은 *LJ*(A)로 불리는데, *LJ*(B)는 정의에 관한 제1부와 행정에 관한 제2부로 짜여 있다. 도덕철학 강의 제3부인 법학, 즉 협의의 법학은 *LJ*(B)의 제1부에 해당되고, *LJ*(B)의 제2부는 그 후 더욱 보완되어 *WN*으로 출판되었는데, 이것이 도덕철학 강의의 제4부에 해당된다고 볼 수 있다.

스미스의 사상체계는 이처럼 네 분야의 상호 보완적인 하위체계로 구성된 하나의 종합적 도덕철학체계로 간주될 수 있다. 뉴턴의 자연철학이 자연현상을 연구의 대상으로 삼듯이, 스미스의 도덕철학은 사회현상을 연구의 대상으로 삼는다. 사회현상은 인간 행위의 의도된 또는 의도되지 않은 결과이고, 인간 행위는 인간 본성에서 말미암은 것이기 때문에 사회현상에 대한 연구는 결국 인간 본성의 원리에 대한 탐구라고 할 수 있다. 소수의 기본원리를 역사적 경험 속에서 발견하여, 이를 바탕으로 혼란스러워 보이는 사회의 여러 현상이 질서 정연하게 설명될 수 있음을 보인 뒤에, 시대의 전환기에 각종의 규범 및 제도 등과 관련하여 각각의 분야에서 제기되고 있는 다양한 문제를 같은 방식으로 분석하여 바람직한 새로운 사회로의 순조로운 진화라는 시대적 과제의 해결 방안을 제시하고자 하는 것이 스미스 사상체계의 기본적 의도라고 할 수 있다.

다산은 참으로 많은 양의 저술을 남겼다. 스미스가 자신이 집필한 모든 원고를 소각하지 않고 남겼다 하더라도 그 분량에 있어서 다산과는 비교가 되지 않을 것으로 보인다. 스미스를 압도하고 있었던 것은 저작의 분량뿐만 아니라 연구자로서 다산이 지녔던 기개와 포부도 그랬던 것으로 짐작된다. 그의 나이 49세(1810)가 되던 해에 둘째아들에게 써 준 가계(家誡)에서 다산은 이미 20세에 우주 사이의 모든 일을 일제히 해명하고 또 일제히 정돈하려 했다고 술회하였다.18) 우주 만사를 일제히 해명하고 정돈한다는 것이 무슨 의미인지는 분명치 않다. 20대의 젊은 시절 스미스는 위에서 본 바와 같이 사람들이 왜 철학을 하는지 그 이유를 밝히고, 자연철학자들이 자연현상을 소수의 원리를 바탕으로 체계적으로 설명하며 그렇게 하듯이, 혼란스러워 보이는 사회현상에 질서를 부여하고자 하는 비교적 소박한 연구과제에 골몰하였다. 다산이 말한 해명과 정돈은 스미스가 설정했던 좀 더 구체적인 과제의 성격과 유사하다. 하지만 그 표현방식에서 엿볼 수 있듯이 과제의 해결을 위한 접근방식과 도달한 결론은 서로 다른 것이었다.

다산은 유배되기 이전의 젊었던 시절엔 이상주의적 개혁 구상을 담은 비교적 짧은 글을 많이 썼다. 예컨대 정치의 근원을 다룬 〈원정(原政)〉, 토지제도의 개혁을 논한 〈전론(田論)〉, 성리학이나 훈고학 등과 같은 현실과 괴리된 구태의연한 학문의 혁신을 주장한 〈오학론〉 등이 그것이다. 다산이 가장 활발하게 저작 활동을 했던 시기는 유배 시절이었다. 하지만 유배 시절의 초기에는 백성들의 삶과 직결된 국가의 여러 제도에 대한 관심은 줄이고 경전의 주석 작업에 주력하였으나,

---

18) 〈贐學游家誡〉, 『與猶堂全書』, I:18:13 [3:128]: "余年二十時 欲盡取宇宙間事 一齊打發 一齊整頓"

열악한 주변 환경과 건강 악화 등의 이유로 본격적인 집필은 어려웠던 것으로 보인다.19) 다산이 경학과 경세학에서의 연구성과를 대저(大著)의 형식으로 쏟아낸 시기는 1810년 이후, 유배 시절의 후기였다. 육경사서(六經四書) 전반에 걸친 방대한 주석과 일표이서, 즉 『경세유표』, 『목민심서』, 『흠흠신서』 등이 이때 수정·증보되거나 정리·저술되었다. 다산이 이렇게 많은 양의 저술을 매우 짧은 기간 내에 할 수 있었던 데는 무엇보다 그의 초인적인 노력이 큰 몫을 했겠지만, 그가 관료 시절부터 수십 년간에 걸쳐 지속적으로 축적해 왔던 많은 자료, 그리고 조수 역할을 담당했던 상당수 제자들의 도움 등도 적지 않게 기여했던 것으로 보인다.20) 유배 생활을 마치고 고향에 돌아온 뒤 다산은 이전처럼 왕성한 저작 활동을 하지는 않았다. 회갑을 맞은 1822년에 자신의 묘지명을 짓고 일표이서의 책을 수정·완성한 뒤에는 전술한 바와 같이 『상서(尙書)』의 연구에 다시 몰두하였으며, 그 결과로 기존의 저술을 수정·보완하여 73세(1834) 되던 해에 『상서고훈(尙書古訓)』과 『매씨서평(梅氏書評)』으로 펴낸 것이 전부이다.21)

다산의 생애를 일관하는 학문적·사상적 염원은 『주례(周禮)』의 구도(構圖)에 따라 요·순·주공·공자의 세계를 조선 사회에 다시 구현하는 것이었다. 요·순·주공·공자의 세계는 부국강병의 굳건한 물

---

19) 〈臨學游家誡〉에서의 위 인용구 다음 부분 참조.

20) 다산은 저술 과정에서 자료수집, 필사, 정서, 그리고 교정·제본하는 데 각각 서너 명씩 모두 10여 명의 제자를 조수로 활용했다고 한다. 안병직, 〈『牧民心書』考異〉, 한우근 외, 『丁茶山硏究의 現況』, pp. 50-51.

21) 『상서고훈』과 『매씨서평』의 저술 및 수정의 동기에 관해서는 이지형, 〈茶山經學의 考證學的 태도 - 『梅氏書評』을 중심으로〉, 강만길 외, 『茶山의 政治經濟 思想』, pp. 273-299 참조.

질적 토대 위에 구축된 효·제·자의 도덕적 공동체를 의미한다는 것은 위에서 이미 서술하였다. 이와 같은 염원의 달성에 가장 큰 장애 요인을 다산은 성리학이라고 파악하였다. 그것이 효·제·자의 실천에는 전혀 도움을 주지 못하면서 비생산적 논쟁만을 끊임없이 야기하는 모호한 형이상학에 불과하다고 보았기 때문이다.22) 하지만 주자의 성리학은 누구도 쉽게 무시할 수 없는 당시 지성계의 확고한 패러다임이었다. 따라서 유교가 국시였던 조선 사회에서 원시유교 또는 선진(先秦) 고경(古經) 세계의 회복은 성리학의 극복을 전제로 하였고, 성리학의 극복은 철저하게 유교경전에 입각한 객관적 비판을 통하지 않고는 불가능하였다. 다산이 자신의 학문체계를 구축하기 시작하며 경세학보다 경학이라는 기둥을 먼저 세워야 했던 이유가 여기에 있다. 그는 우선 유교의 경전체제를 재정비하여 당시 통용되고 있던 주희의 이른바 칠서대전(七書大全), 즉 사서삼경 체제에 춘추(春秋)·예(禮)·악(樂)의 삼경을 더하여 육경사서 체제로 확충하였다.

다산의 경학이란 바로 이 육경사서의 경전을 본지(本旨)에 충실하게 해석하는 작업, 좀 더 구체적으로는 경문에 주석을 다는 지적 활동을 의미한다. 훈고학적 주석 작업이라는 일견 소극적인 글쓰기 방법을 택한 이유는 그것이 표현 및 사상의 자유가 지극히 제한된 교조적 전통 사회에서 정치적 탄압으로부터 삶의 안전을 확보하며 기존의 패러다임을 비판할 수 있는 유일한 수단이었기 때문인 것으로 보인다.23) 따

---

22) 위에서 스미스와 다산의 문제의식과 시대적 과제를 다루며 서술한 바와 같이 형이상학을 높게 평가하지 않았다는 점에서 다산과 스미스는 완전히 일치하였다.

23) 이것은 조선에서의 문제만이 아니었다. 스미스가 살았던 계몽주의 시대의 영국에서도 이른바 〈불경법(blasphemy laws)〉이 효력을 발휘하고 있었기 때

라서 경학은 경전의 해석이라는 지적 활동임과 동시에 지적 활동이라는 외피를 쓰고 기존의 체제와 세계관에 비판을 가하는 적극적인 정치적 행위로 이해될 필요가 있다.24) 하지만 경학이라는 정치적 담론은 고증의 정확성과 해석의 객관성 및 논리성을 갖춘 경우가 아니면 주석자의 이념적 지향을 뒷받침할 수 없었다. 다산이 철저한 몰이념의 자세로 고경의 세계를 객관적으로 밝히고자 심혈을 기울인 것도 이 때문이었다.25)

다산은 회복해야 할 공자의 도(道)를 수기(修己)와 치인(治人)의 학문으로 파악하였다.26) 그가 학문을 수기와 치인으로 나눈 것은 하나하나가 별개의 독립된 학문임을 나타내기 위해서가 아니라 둘이 합쳐졌을 때 비로소 온전한 하나의 도, 즉 하나의 완결된 학문이 될 수 있음을 강조하기 위해서였다. 수기만을 위한 수기나, 치인만을 위한 치인은 온전한 학문으로 간주될 수 없는 것이었다. 수기를 위한 경학을 다산은 학문의 체(體) 또는 본(本)이라 하였고, 치인을 위한 경세학을 용(用) 또는 말(末)이라 하였다. 그리고 여기에 공동체의 질서 유지를 위하여 필요한 예학(禮學)을 포함시켜 학문의 완성도를 높이고자 하였다.27) 다산은 다른 곳에서 그가 염두에 두고 있는 온전한 학문의 바람

문에 이를 피하기 위해, 예컨대 흄 같은 학자는 자연신학을 논하며 제삼자를 내세운 대화체를 주로 사용하였다. H. J. Bittermann, "Adam Smith's Empiricism and the Law of Nature, Part I-II," pp. 193-194, 209-210 참조.

24) 배병삼, 〈다산 사상의 정치학적 해석〉, pp. 409-412.
25) 이동환, 〈茶山思想에서의 '上帝' 도입경로에 대한 序說的 고찰〉, pp. 302-305.
26) 〈爲盤山丁修七贈言〉, 『與猶堂全書』, I:17:40 [3:81-82]: "孔子之道 孝弟而已 … 孔子之道 修己治人而已"

직한 구성 요소를 다음과 같이 자세히 나열하였다. "대체로 이 도리는 효제로 근본을 삼고 예악(禮樂)으로 꾸미고 감형(鑑衡)·재부(財賦)·군려(軍旅)·형옥(刑獄)을 포함하고 농포(農圃)·의약(醫藥)·역상(曆象)·산수(算數)·공작(工作)의 기술을 씨줄로 하여야 완전해질 것입니다."[28] 체와 용, 본과 말, 그리고 완전성을 강조한 데서 알 수 있듯이 다산은 그의 학문이나 사상이 상호 보완적인 요소로 구성된 하나의 전체, 즉 스미스가 말한 체계를 이룰 수 있도록 항상 유념하였음이 틀림없다. 그는 또 효제가 학문의 근본임을 늘 강조하였다. 이런 점들로 미루어 다산 사상 전체는 스미스의 경우처럼 하나의 도덕철학 체계로 간주되어도 무방할 듯하다.

다산은 자신의 학문이, 이미 여러 차례 언급한 바와 같이, 크게 경학과 경세학 두 축으로 짜여 있다고 밝혔다. 이를 그가 제시한 다른 구성 요소들을 고려하여 좀 더 세분해 본다면 그의 학문체계는 경학, 예학, 경세학, 그리고 과학기술의 집합체라고 할 수 있다.[29] 여기에서 과학기술은 순수한 자연과학적 이론의 독창적 전개와 활용이라고 하기보다는 외국 선진 문물의 적극적인 수용과 응용, 즉 후생의 증진을 위한 유효한 방편의 강구라는 성격이 강하기 때문에 부국강병책을 논한 넓은 의미의 경세학에 포함시켜도 큰 무리가 없을 것으로 보인다.

---

27) 위의 글, 같은 곳 참조

28) 〈上仲氏〉,『與猶堂全書』, I:20:19-20 [3:308-309]. 민족문화추진회,『국역 다산 시문집 8』, p. 215. 다산의 이러한 학문체계는 경세학과 과학기술을 강조했다는 점에서 정통 성리학자들의 그것과 상당히 다른 것이다. 이에 관해서는 장승구,『정약용과 실천의 철학』, pp. 70-71 참조

29) 금장태 교수도 다산실학을 경학, 예학, 경세론, 과학기술 네 가지 기본영역으로 세분하고 있다. 금장태,『한국 실학의 집대성: 정약용』, pp. 94-101.

스미스도 *EPS*의 논문들이 보여주고 있는 것처럼 천문학이나 물리학과 같은 자연과학과 그 발달사에 깊은 관심을 표명했을 뿐만 아니라, 글래스고 대학의 논리학 교수 시절의 강의록인 『수사학 및 순수문학 강의(*Lectures on Rhetoric and Belles Lettres*)』,[30] 즉 *LRBL*에서 엿볼 수 있듯이 수사학, 순수문학, 미학, 언어학 등에도 조예가 깊었다. 하지만 이런 다양한 분야를 섭렵하며 그가 기대했던 것은 과학적 지식의 획득이나 미적 감각의 단련보다는, 위에서 잠시 언급한 바와 같이, 〈인간 본성의 원리(principles of human nature)〉 또는 〈인간 심성의 일반원리(general principles of the human mind)〉를 파악하기 위한 실마리의 발견이었다.[31] 다시 말하여 그것은 일관된 학문체계의 수립을 위한 방법론적 탐색의 성격을 더 강하게 지니고 있었다. 따라서 이들 분야는 그의 도덕철학 체계에서 벗어난 독자적인 영역이 아니라, 그 체계 안에 녹아 있는 의미 있는 구성 요소로 이해될 필요가 있다. 비슷한 맥락에서 다산의 과학기술도 경세학의 일부로 이해가 가능하기 때문에, 그의 사상 또는 도덕철학은 경학과 예학, 그리고 경세학을 포괄하는 하나의 체계로 간주될 수 있다.

다산은 스스로가 경학과 경세학을 각각 수기와 치인을 위한 학문으로 분류하였고, 또 대부분의 다산 연구자들이 오늘날에도 그런 분류를 당연한 것으로 반복하고 있다. 하지만 그의 경학과 예학, 그리고 경세학은 모두 동시에 수기와 치인을 위한 내용을 담고 있기 때문에 이런

---

[30] 이 책은 위에서 스미스의 과학적 담론 방법을 논의하며 이미 참고한 적이 있다. 수사학에 관한 강의 원고도 스미스의 요청으로 그의 사후 소각되었다. 1958년에 발견된 학생의 청강 노트를 출판한 것이 이 책이다.

[31] Dugald Stewart, "Account of the Life and Writings of Adam Smith, LL.D.," pp. 274, 305.

분류는 오히려 다산의 가르침을 오도할 가능성이 없지 않다. 불가분의 관계에 있는 수기와 치인을 독립된 분야로 인식시킬 우려가 있기 때문이다. 경전을 주해하면서도 다산은 치인과 관련된 문제를 기회 있을 때마다 곳곳에서 논하였다. 그뿐만 아니라 치인을 위한 경세학의 대표 저서로 꼽히고 있는 『목민심서』의 서문에서 다산은 그 저술이 오경(五經)과 사서(四書)의 연구에 힘입은 바 컸음을 밝힌 뒤에, "이것은 진실로 내 덕을 쌓기 위한 것이요 어찌 꼭 목민에만 한정한 것이겠는가"라고 자신의 심경을 토로하였다.32) 그리고 『경세유표』의 원명이 『방례초본(邦禮艸本)』인 데서 알 수 있듯이 경세학은 곧 예학이자 경학이기도 하며,33) 『흠흠신서』를 놓고 보더라도 경세학은 예학과 다른 것이 아니다. 스미스와 마찬가지로 다산도 학문이 오늘날과 같이 세분화되기 이전 시대에 저술 활동을 했던 터라 이런 현상은 오히려 당연한 것이라고도 할 수 있다.

다산 사상은 이처럼 삼위일체적 속성을 지닌 미분화된 모호한 학문 분야의 집합체이다. 따라서 사상의 구조를 좀 더 분명하게 파악하기 위해서는 약간의 조정이 불가피하다. 경학은 상제에 대한 종교적 경외와 인간 상호간의 윤리적 실천을 주요 내용으로 하고 있기 때문에 신학과 윤리학으로 구분될 수 있을 것으로 보인다. 그리고 인륜과 자연 법적 질서의 유지와 주로 관련된 예학은 윤리학과 법학으로, 인명 존중과 부국강병을 실현하기 위한 법과 제도를 탐구의 대상으로 삼은

---

32) 다산연구회, 『譯註 牧民心書 I』, p. 12.

33) 다산은 『주례』 전체를 주석하려는 꿈을 지니고 있었으나 이루지는 못하였다. 〈答仲氏〉, 『與猶堂全書』, I:20:15 [3:300]: "我若無病久生 則欲全注周禮 而朝露之命 不知何時歸化"

광의의 경세학은 법학과 협의의 경세학으로 구분이 가능할 것으로 보인다. 이런 조정에 큰 무리가 없다면 다산 사상은 하늘과 상제 및 인간에 관한 문제를 두루 다루는 신학, 윤리학, 법학, 그리고 좁은 의미의 경세학으로 구성된 도덕철학 체계로 재편될 수 있다. 이것은 스미스가 넓은 의미의 윤리학과 법학으로 구성된 자신의 도덕철학을 각각 신학과 좁은 의미의 윤리학, 그리고 좁은 의미의 법학과 경제학으로 세분하여 강의하고 또 저술했던 것과 놀라울 정도로 일치한다. 이상의 논의를 종합하여 정리해 보면, 스미스와 다산의 도덕철학체계는 〈그림 1〉과 같이 나타낼 수 있다.

<그림 1> 아담 스미스와 다산 정약용의 도덕철학체계

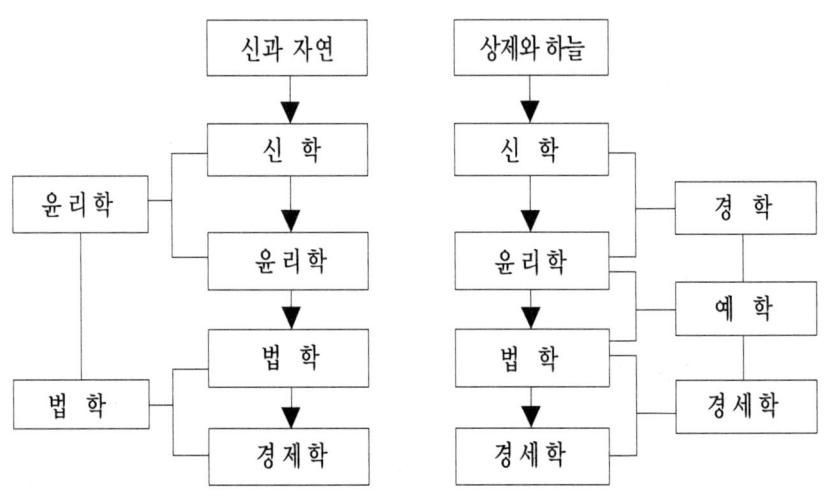

[아담 스미스의 도덕철학체계]   [다산 정약용의 도덕철학체계]

스미스와 다산의 사상체계가 의미 있는 비교의 대상이 될 수 있는 것은 두 체계가 이와 같이 매우 유사한 구조로 되어 있기 때문이다. 만약 스미스의 체계가 법학과 경제학에 국한되어 있는 데 비해 다산의 그것은 신학과 윤리학에 치우쳐 있다면, 기준이 모호한 두 체계의 비교를 통하여 수긍할 만한 객관적 결론을 도출하기는 쉽지 않을 것이다. 두 체계의 유사성은 장소는 비록 달랐지만 비슷한 역사적 과도기에 두 석학이 지녔던 문제의식과 당면과제의 설정, 그리고 과제의 해결을 위한 접근방식이 거의 같았던 데 기인한 것으로 보인다. 아래에서는 스미스의 신학, 윤리학, 법학, 경제학 각 분야의 주요 내용을 분야 상호간의 체계적 연관성에 유념하며 논하면서 다산의 신학, 윤리학, 법학, 그리고 경세학과 비교해 보고자 한다.

2. 신 학

1) 아담 스미스의 자연신학과 이신론

〈신(God)〉과 〈자연(Nature)〉은 아담 스미스 도덕철학 체계의 시발점이자 원동력이다. 그 체계는 도덕 영역에서의 연결 원리의 탐구에 바탕이 되는 인간의 본성이 자연에 의해 형성되었다는 전제에서 출발하고 있기 때문이다. "자연은 사회를 위하여 사람을 만들며, 그에게 다른 구성원들을 즐겁게 하려는 본원적 욕구와, 다른 구성원들을 불쾌하게 하는 것에 대한 본원적 혐오감을 부여하였다."[34] 스미스는 이처럼 계몽주의 시대의 다른 사상가들과 마찬가지로 의미를 명시하지 않고

〈자연〉 개념을 두루 사용하였다. 그 당시 자연은 크게 두 가지 의미로 쓰였는데, 창조된 현상의 전체나 부분으로서의 〈자연(nature: *natura naturata*)〉과, 〈만물의 원리(the principle of all things)〉 또는 창조하는 〈신의 행위(activity of God)〉로서의 〈자연(Nature: *natura naturans*)〉이 그것이었다.35) 스미스는 후자의 〈자연〉을 〈신〉과 거의 같은 의미로 사용하기도 하였다.36) 스미스의 도덕철학 강의 제1부는 〈자연신학〉으로서 그것은 특수한 관점에서 바로 이 신과 관련된 주제를 다룬 것이었다. 강의의 구체적인 내용에 대해서는 주지하다시피 강의 원고는 소각되었고 어떤 강의 노트도 발견된 적이 없기 때문에, 오로지 추측이 가능할 뿐이다. 다만 스미스가 그 강의에서 신의 존재와 속성에 대한 증명 방법, 그리고 종교의 바탕이 되는 인간 심성의 원리에 관해 논의했다는 정도의 사실은 알려져 있다.37) 여기에서는 강의 내용 자체가 아니라 자연신학 강의에서 논의된 주제에 관해 피력했음직한 스미스 자신의 견해를 바탕으로 그의 신학관을 살펴보고, 그의 도덕철학 체계에서 신학이 담당하고 있는 역할을 검토해 보고자 한다.

---

34) Adam Smith, *TMS*, p. 116.

35) H. J. Bittermann, "Adam Smith's Empiricism and the Law of Nature, Part I-II," pp. 207, 213. 계몽주의 시대 서구의 〈자연〉 개념은 다산의 〈하늘〉 개념이 두 가지의 하늘, 즉 형체 있는 푸른 하늘과 주재하는 하늘을 의미하고 있는 것과 유사하다.

36) 스미스는 〈신〉과 〈자연〉뿐만 아니라 Deity, Providence, Author of Nature, Director of Nature 등의 개념을 거의 같은 뜻으로 사용하였는데, 그 가운데 가장 흔히 사용한 개념은 자연이었다.

37) Dugald Stewart, "Account of the Life and Writings of Adam Smith, LL.D.," p. 274.

(1) 신의 존재와 속성에 대한 증명

스미스는 위에서 이미 서술한 바와 같이 신학과 형이상학에 대한 천착보다는 철학과 과학의 탐구와 교육을 중시하였고, 초월적 종교에의 귀의보다는 현세에서의 도덕적이며 즐거운 삶이 무지와 빈곤에서 벗어날 수 있는 올바른 길임을 강조하였다. 그럼에도 불구하고 그는 철저한 무신론자였던 흄처럼 신의 존재를 부정하지 않았을 뿐만 아니라 오히려 신을 그의 도덕철학 체계의 출발점으로 삼았다. 신의 존재와 속성에 관한 증명이 필요한 것은 이런 이유 때문이다. 하지만 스미스는 그의 일생을 통하여 신학적 견해를 솔직하게 털어놓은 적이 거의 없었다고 한다. 전술한 바와 같이 그가 활동한 시기는 불경죄로 기소될 수 있는 미묘한 시기였기 때문에 그는 공석이나 사석에서 신학적 논란에 휩싸이는 것을 원치 않았다. 따라서 그의 종교와 신학에 관한 언급은 유신론적 견해를 과장하여 검열관의 눈을 피하려는 의도적 기만의 요소가 있을 수도 있다.[38]

스미스가 유용한 지식의 획득과 관련하여 정통적 스콜라철학의 형이상학과 선험적 방법에 지극히 비판적이었음은 주지의 사실이다. 정통적 교의의 신중한 해석이 지식 획득의 첩경이라는 전래의 스콜라철학적 공부 방법에 최후의 일격을 가한 것은 뉴턴의 이른바 〈실험적 방법〉이었다.[39] 계몽주의 시대의 새로운 패러다임으로 등장한 이 방법

---

38) H. J. Bittermann, "Adam Smith's Empiricism and the Law of Nature, Part I-II," pp. 209-210, 그리고 pp. 233-234의 각주 136, 138, 155 참조.

39) Jerry Evensky, "The Two Voices of Adam Smith: Moral Philosopher and Social Critic," pp. 176-177. 서구 계몽주의 시대의 이런 관점에서 본다면, 다산의 경학도 스콜라철학처럼 시대착오적이라는 비판을 면하기 어려운 측면이 없지

론에서 강조된 것은 관찰과 실험, 그리고 인간의 이성이었다. 이러한 실험적, 그리고 귀납적 방법이 지닌 장점은 선험적 또는 연역적 방법과는 달리 〈결과〉로부터 〈원인〉을 추론할 수 있다는 것이었다.40) 뉴턴은 자신의 방법론이 전래의 신학적 접근법과는 다르지만 성서의 내용을 뒷받침하고 있다는 점에서는 같다고 확신하였다. 인력(引力)과 같은 자연법칙에 따라 움직이고 있는 가시적 세계의 질서정연함으로부터 이 우주는 성서에서 말하는 하나의 전지전능한 창조자에 의해 통치되고 있다는 사실을 추론할 수 있다고 생각하였기 때문이다.41) 스미스가 신의 존재와 속성을 증명하는 과정에서 원용했던 이른바 〈설계논증(design argument)〉은 뉴턴의 방법론을 뉴턴의 성서적 유신론과는 조금 다른 목적론적 관점, 즉 스토익적 이신론의 관점에서 적용한 것이었다. 따라서 스미스가 설계논증을 그의 도덕철학의 바탕으로 삼은 것은 뉴턴의 방법을 전수한 그의 스승 허치슨과 스토아철학의 가르침 때문이라고 할 수 있다.

〈설계논증〉의 구조는 대체로 다음과 같다.

1. 우주는 무수히 많은 작은 기계로 구성된 하나의 거대한 기계처럼 질서정연한 모습을 보이고 있다.

2. 질서가 정연하다는 것은 수단이 목적의 달성을 위해 정교하게 잘 조정되어 있음을 뜻한다.

3. 자연이 보여주고 있는 수단과 목적의 일사불란한 부합은 인간이

않다.

40) H. J. Bittermann, "Adam Smith's Empiricism and the Law of Nature, Part I-II," p. 196.

41) A. S. Skinner, *A System of Social Science*, pp. 1-2.

자신의 지성으로 설계하여 만든 물건과 닮았다.

4. 결과가 닮았기 때문에 우리는 〈유비규칙(rules of analogy)〉에 따라 원인도 닮았음을 추론할 수 있다.

5. 자연현상은 어떤 목적의 달성을 위해 인간의 지성을 닮았으나, 무한히 더 큰 능력을 지닌 누군가에 의해 의도적으로 설계된 것이라는 추론이 가능하다.

6. 따라서 우주에는 자연을 설계한 전지전능한 지성으로서의 신성(Deity), 즉 신이 존재한다는 사실을 알 수 있다.

설계논증의 구조를 좀 더 세분하여 고찰한다면, 처음 세 단계가 〈설계로의 논증(argument to design)〉이라면 뒤의 세 단계는 〈설계로부터의 논증(argument from design)〉이라고 할 수 있다. 흔히 설계논증은 설계로부터의 논증을 의미하지만, 그것은 논란의 여지가 없지 않은 설계로의 논증을 전제로 한다.[42] 스미스는 우주뿐만 아니라 인간 사회를 하나의 거대한 기계로 파악하였다.[43] 거대한 기계와 같은 우주의 모든 부분에서 그는 수단과 목적의 절묘한 부합을 관찰할 수 있다고 확신하였다. *TMS*에서 이와 관련된 몇 부분을 인용해 보면 아래와 같다.

> 우주의 모든 부분에서 우리는 달성하고자 의도된 목적에 가장 알맞게 조정되어 있는 수단을 관찰할 수 있다. 식물이나 동물체의 메커니즘에서 우리는 모든 것이 개체의 보존과 종의 번식이라는 자연의 두 위대한 목적의 달성을 촉진하도록 고안되어 있음을 보고 경외해 마지않는다. 하지만 동식물 및 모든 그러한 대상들 속에서 우리는 늘 그들의 각

---

42) Frederick Ferre, "Design Argument," in Philip P. Wiener (ed.), *Dictionary of the History of Ideas*, Vol. I (New York: Charles Scribner's Sons, 1978), p. 670.

43) Adam Smith, *TMS*, pp. 19, 236, 316.

각의 작용과 조직의 목적인으로부터 동력인을 구분한다.44)

자연의 모든 부분은 주의 깊게 관찰된다면 하나같이 그 조물주의 섭리에 따른 보살핌을 드러내고 있다. 그리고 우리는 인간의 나약함과 어리석음 속에서도 신의 지혜와 자애를 경외해야 할 것이다.45)

인류의 행복은 다른 모든 합리적 피조물들의 행복과 같이 자연의 조물주가 그들을 창조했을 때 의도했던 원래의 목적인 듯하다. 다른 어떤 목적도 우리가 필연적으로 그의 속성으로 간주해야 할 최상의 지혜와 인애심에 걸맞지 않은 듯이 보인다. 그의 무한한 완전성에 관한 추상적 고찰에서 비롯된 이런 견해는 행복의 촉진과 불행의 방어를 의도하고 있는 듯이 보이는 자연의 작용에 대한 검토로 더욱 분명하게 확인될 수 있다. 그러나 우리는 우리가 지닌 도덕적 능력의 명령에 따라 행동함으로써 인류의 행복을 촉진하는 가장 효과적인 수단을 필연적으로 추구하게 되며, 그렇기 때문에 우리는 어떤 의미에서 신과 협력할 뿐만 아니라 우리의 능력껏 섭리의 계획을 진척시킨다고 할 수 있다. 이와 달리 행동하면 우리는 역으로 조물주가 세계의 행복과 완전을 위하여 수립한 계획을 얼마간 방해하고 또 우리 자신을 신의 적으로 선언한 셈이 된다. 따라서 우리는 전자의 경우 신의 큰 은총과 보상을 기대하도록 자연스럽게 고무되고, 후자의 경우엔 그의 앙갚음과 처벌을 두려워하게 된다.46)

---

44) Adam Smith, *TMS*, p. 87.

45) Adam Smith, *TMS*, pp. 105-106.

46) Adam Smith, *TMS*, p. 166.

위의 인용문들을 통하여 우리가 파악할 수 있는 것은 다음과 같다. 첫째, 스미스의 신학은 초자연적 계시나 기적이 아니라 자연의 관찰을 통하여 얻을 수 있는 경험적 사실에 바탕을 두고 있다.47) 둘째, 신의 존재도 귀납적 설계논증의 방식으로 입증이 가능하다. 셋째, 신은 모든 피조물의 행복을 최선의 수단을 동원하여 촉진하고 또 행위의 결과에 따라 상과 벌을 내리는 만큼 무한한 지혜와 인애심, 그리고 정의를 그 속성으로 한다. 넷째, 인간은 비록 나약하고 어리석지만 자신이 지닌 도덕적 능력의 명령에 순응하여 신과 협력하며 신이 의도한 행복을 스스로 추구하여야 한다. 신의 설계와 질서는 목적이지 동력인이 아니다. 다시 말하여 도덕적 능력의 지시에 따라 행동할 때 은총을 받고 그렇지 않을 경우 처벌을 받는다는 점만 인간 본성의 원리로 신에 의해 분명히 정립되었을 뿐, 행동 자체는 인간이 스스로 결정하기 때문에 악도 행해질 수 있다.

인간의 행동과 관련하여 마지막으로 지적된 사항은 이른 바 〈악의 문제(problem of evil)〉로서 오래 전부터 신학자들을 괴롭혀 온 난제 가운데 하나이다. 어떻게 전지전능하고 자애로운 신이 설계의 일환으로 인류와 같은 결함이 있는 구성 분자를 만들어 낼 수 있었는가? 자애롭고 전지전능한 신과 우리 주변에 상존하는 악은 어떻게 양립될 수 있는가? 흄은 이신론과 직결된 이런 문제를 설계논증에 대한 비판의 근거로 삼았다. 설계논증 가운데 특히 〈설계로의 논증〉은 이처럼 결함이 있는 인간이 우주 생성 및 신의 모델이 되고 있기 때문이다.48) 스미스

---

47) 이런 점은 스미스가 글래스고 대학에서 자연신학을 강의할 당시부터 지적되어 왔다. John Rae, *The Life of Adam Smith*, pp. 59-60 참조.

48) Frederick Ferre, "Design Argument," p. 675.

도 설계논증에 이런 문제점이 있음을 잘 알고 있었음에 틀림없지만, 사실상 그 누구도 완벽하게 풀 수 없는 그런 신학적 난제를 진지하게 논의하지는 않았다.49) 다만 위에서 보듯 인간이 지닌 자유의지가 악의 근원이 될 수 있음을 강하게 시사하였다.

(2) 종교의 바탕이 된 인간 심성의 원리

스미스가 신의 존재를 입증하기 위해 원용한 설계논증은 계몽주의 시대의 이신론자들이 자주 사용하였고 또 동시대의 회의론자들로부터 많은 비판을 받았으나, 그 역사는 무지와 미신이 풍미하던 곳에 철학과 과학이 싹트기 시작하던 고대에까지 거슬러 올라간다. 스미스는 미신의 자리에 최초의 유신론이 등장하는 과정을 다음과 같이 서술하였다.

> 우주가 일반 법칙에 의해 지배되고 있는, 그리고 우주 자체와 그 안에 존재하는 모든 종의 보존과 번영이라는 일반 목적을 지향하는 완결된 기계나 정합적 체계로 간주되기 시작하면서, 그것이 인간의 기예(art)로 만들어진 기계와 명백히 닮았다는 점이 현인들에게 다음과 같은 믿음을 확실하게 심어 주었다. 세계가 최초로 형성될 때 인간의 기예를 닮았으나 인간이 만든 기계보다 세계가 훨씬 뛰어난 그만큼 더 탁월한 기예가 사용되었다는 믿음이 그것이다. 고대 철학이 가장 완벽한 것으로 간주한 이 체계의 통일성(unity)은 이 세계를 형성한 원리도

---

49) H. J. Bittermann, "Adam Smith's Empiricism and the Law of Nature, Part I-II," pp. 219-220, 234; Jerry Evensky, "The Two Voices of Adam Smith: Moral Philosopher and Social Critic," p. 191.

통일성을 지니고 있을 것이라는 생각을 갖게 하였다. 따라서 무지가 미신을 낳았듯이 과학은 신의 계시에 의해 계몽되지 않은 국가들 사이에서 나타난 최초의 유신론(theism)에 생명을 부여하였다.50)

우리는 위에서 스미스가 철학을 자연현상의 연결 원리에 관한 과학이라고 정의하며, 놀라움과 당혹, 그리고 경외를 철학적 탐구를 촉진하는 인간 본성에 내재한 원리로 지적했음을 본 바 있다. 자연신학을 강의하며 종교의 바탕이 된 인간 심성의 원리를 다뤘다는 것은 그가 종교도 어떤 특정의 심성 원리에 부응하여 생성·발전했음을 보이고자 했기 때문이라는 추측이 가능하다. 그렇다면 무지의 소산인 미신이 과학에 의해 극복되는 과정에서 일신교가 등장했다고 주장한 만큼, 그 이전 미신과 확연한 구분이 어려웠던 원시적 다신교 시대엔 신앙과 종교도 미신이나 철학처럼 인간이 자연현상을 보며 지녔던 놀라움과 당혹의 산물로 간주했을 것으로 짐작할 수 있다.51) 요컨대 스미스는 똑같은 인간 심성의 바탕 위에서 철학이 놀라운 현상 속에 내재된 연결 원리를 객관적으로 설명하려는 과정에서 싹텄고, 종교는 그러한 현상의 원인으로 간주된 신비한 존재를 주관적 경외의 대상으로 삼은 데서 움트기 시작했다고 보았을 가능성이 있다. 그러나 과학이 경험적 관찰이 가능한 현세의 현상을 인식의 대상으로 삼고 있는 데 비하여, 종교는 현세뿐만 아니라 우리가 "볼 수도 없고 알 수도 없는"52) 내세

---

50) Adam Smith, *EPS*, pp. 113-114.

51) Heilbroner도 비슷한 추측을 하고 있다. R. L. Heilbroner, "The Socialization of the Individual in Adam Smith," p. 129 참조.

52) Adam Smith, *TMS*, p. 91.

에서 일어날 일까지 신앙의 대상으로 여기고 있다는 데 차이가 있다. 종교의 지속적 발전을 뒷받침하고 있는 인간 본성의 원리가 과학의 그것과 다를 수 있는 이유가 여기에 있다. 이런 관점에서 제시된 스미스의 견해를 간추려 보면 다음과 같다.

스미스는 *TMS*의 도처에서 인간이 저지른 행위에 대한 보상과 징벌에 대하여 언급하고 있다. 예컨대 신과 자연은 인간의 덕행과 악행에 대하여 전자를 고무하고 후자를 억제하기에 가장 적절한 상과 벌을 내린다는 주장이 그것이다.53) 여기에서 말하는 상과 벌은 현세에서의 상벌을 의미한다. 하지만 누구나 알고 있듯이 상벌이 항상 이처럼 엄격하게 이뤄지는 것은 아니다. 스미스도 이 점을 잘 알고 있었다. 특히 그가 프랑스 남부의 툴루즈에 체류하고 있었을 때 들었던 이른바 〈칼라 사건(Calas affair)〉은 그에게 상당한 충격을 주었던 것으로 보인다. 종교적 갈등으로 자살한 자기 아들을 고의로 살해했다는 억울한 누명을 쓰고 극형에 처해진 칼라의 이야기를 약술한 뒤 스미스는 다음과 같이 적었다. "이처럼 불행한 상황에 처한 사람들에게 이승에서의 문제만을 다루는 변변찮은 철학은 아마도 거의 아무런 위안도 주지 못할 것이다. 삶이나 죽음을 존경스럽게 할 만한 어떤 것도 그들에게 남아 있지 않았다. 그들에게는 죽음이 그리고 영원한 불명예가 선고되었다. 오직 종교만이 그들에게 효과적인 위로를 베풀 수 있을 것이다."54)

종교가 불행한 사람들에게 참된 위안을 줄 수 있는 것은 그것이 만사를 꿰뚫어보는 공명정대한 판관이 모든 이들의 잘잘못을 가차 없이 가려내 그 결과에 따라 엄하게 상벌을 내리는 정의로운 피안의 세계,

---

53) Adam Smith, *TMS*, p. 168.

54) Adam Smith, *TMS*, p. 120.

즉 내세를 그들에게 제시해 줄 수 있기 때문이다.55) 내세의 존재에 대한 믿음은 불의를 당한 나약한 사람에게는 합당한 보상을 받을 수 있는 희망의 근거가 되고, 불의를 행한 사람에게는 그것에 상응하는 징벌에 대한 두려움의 근거가 된다. 따라서 종교는 철학이 성숙하기 훨씬 이전부터 사회질서의 유지와 인류의 행복을 위해 필수적인 〈도덕률(rules of morality)〉을 재가(裁可)하고 자연적 〈의무감(sense of duty)〉을 강화시키는 기능을 담당하여 왔다고 볼 수 있다.56) 이것을 역으로 생각해 보면, 종교는 인간 본성이 지닌 〈나약성〉, 〈희망〉, 〈두려움〉, 그리고 〈덕의 애호 및 악과 불의의 혐오〉 등등의 원리에서 비롯되었다고 할 수 있다.57) 결국 이상의 논의를 종합해 보았을 때, 스미스는 종교의 바탕이 된 인간 심성의 원리로 철학적 탐구를 촉진한 〈놀라움〉, 그리고 바로 위에서 종교의 존립 근거와 관련하여 지적된 〈두려움〉과 〈희망〉 등을 염두에 두었을 것이라는 추측이 가능하다.

(3) 스미스 도덕철학체계에서 자연신학의 의미

*TMS*와 *EPS*에서의 서술을 바탕으로 유추해 본 스미스 신학의 내용은 대체로 위와 같다. 설계논증의 경우에서 보듯 그의 신학은 계시나 기적이 아니라 자연현상의 경험적 관찰에 바탕을 두고 있는 자연신학의 일종임이 거의 확실하다. 그리고 그것이 그의 도덕철학 체계의 시발점을 이루고 있다. 그의 신학과 관련하여 좀 더 논의될 필요가 있는

---

55) Adam Smith, *TMS*, pp. 121, 131-132.

56) Adam Smith, *TMS*, p. 164.

57) Adam Smith, *TMS*, p. 169.

하나의 중요한 문제가 여기에서 제기된다. 윤리학과 경제학을 포괄하고 있는 그의 도덕철학체계 안에서 신학이 지니고 있는 의미, 즉 자연신학이 윤리학 및 경제학과 어떻게 하나의 통일된 체계를 이룰 수 있는가에 관한 문제제기가 그것이다. 이것은 스미스의 도덕철학체계 안에서 신학과 형이상학, 그리고 과학이 맺고 있는 상호 관계에 대한 인식론적·존재론적·방법론적 관점에서의 질문이기도 하다.

스미스의 도덕철학체계 안에서 자연신학이 윤리학 및 경제학과 맺고 있는 관계에 대해서는 크게 두 가지 대립되는 주장이 있어 왔다. 첫째는 후자가 전자의 〈따름정리(corollary)〉, 즉 논리적 결과라는 주장이다. 다시 말하여 스미스의 윤리이론과 경제이론은 자비로운 신이 설계했고 또 인도하는 조화로운 자연적 질서라는 선험적 자연신학의 가정으로부터 추론될 수 있는 부수적 정리에 지나지 않는다는 것이다.[58] 이런 주장은 스미스의 철저한 경험론에 비춰 볼 때 타당하지 않다. 그래도 이 주장이 옳다고 가정된다면, 스미스의 도덕철학체계는 통일성을 견지할 수 있는 반면, 만약 그의 신학이 어떤 이유에서든 타당성을 지닐 수 없는 것으로 판명될 경우 그에 따라 그의 윤리 및 경제이론도 당연히 함께 기각될 수밖에 없는 입장에 처하게 된다. 둘째는 윤리학과 경제학은 자연신학으로부터 분리가 가능하다는 주장이다. 이런 주장은 다시 두 갈래로 나뉠 수 있다. 하나는 위에서 〈아담 스미스 문제〉를 논하며 살펴보았던 바이너의 지론처럼 스미스의 경제이론은 그의

---

[58] H. J. Bittermann, "Adam Smith's Empiricism and the Law of Nature, Part I-II," pp. 209-214; 김광수, 『애덤 스미스의 학문과 사상』 (서울: 도서출판 해남, 2005), pp. 66-67. 후술하겠지만 이들은 비판적 입장에서 위와 같은 주장을 논하였다.

신학으로부터 많은 영향을 받고 있는 윤리이론으로부터 분리될 수 있고 또 분리되어야 마땅하다는 주장이다. 다른 하나는 경제이론뿐만 아니라 윤리이론도 대부분 경험적 사실에 의해 반증(反證) 가능한 형태로 제시되어 있기 때문에 사실상 자연신학과 별다른 관계를 맺고 있지 않다는 견해로, 비터만이 이의 논증을 면밀히 시도한 바 있다.[59]

하지만 스미스의 자연신학이 그의 도덕철학 체계 안에서 지니고 있는 의미는 위의 두 주장과는 조금 다른 시각에서 고찰될 필요가 있다. 자연신학은 단지 신학일 뿐만 아니라 그의 세계관이기도 하다는 시각이 그것이다. 우리는 위에서 스미스의 인식론이 주희의 그것과 유사함을 이미 지적한 바 있다. 세계관도 마찬가지다. 주희는 세계를 두 가지 관점에서 바라보았다. 하나는 보이는 현상에서 보이지 않는 본질로 향하는 〈물상간(物上看)〉, 즉 인식론적 관점이고, 다른 하나는 역으로 본질에서 현상으로 향하는 〈이상간(理上看)〉, 즉 존재론적 관점이다.[60] 주희의 〈물상간〉은 스미스의 〈설계로의 논증〉과, 그리고 〈이상간〉은 〈설계로부터의 논증〉과 매우 유사하다고 볼 수 있는데, 그것은 둘 다 세계 또는 자연의 설계자의 존재와 그 속성을 찾아 확인하는 과정이라는 점에서 같기 때문이다. 여기에서 주목해야 할 점은 물상간과 이상간, 그리고 설계로의 논증과 설계로부터의 논증의 경계, 즉 〈기〉의 세계와 〈이〉의 세계, 그리고 인식론적 영역과 존재론적 영역의 경계에서 역사 속에서 획득된 〈경험적 법칙〉이 선험적인 〈형이상학적 원리〉로 전화(轉化)된다는 점이다.[61] 경험적 법칙이 채택 또는 기각이 가능

---

59) H. J. Bittermann, "Adam Smith's Empiricism and the Law of Nature, Part I-II," p. 215.

60) 한형조, 『주희에서 정약용으로』, pp. 70-72.

한 명제로 구성되어 있는 반면, 형이상학적 원리는 경험적 세계의 사실 여부로 입증이나 반증이 불가능한 명제의 형식을 취하고 있다. 그러나 이렇게 형성된 형이상학적 원리는 부분적으로 현실 세계를 묘사하고 있으나 경험적 법칙이나 이론과 경합하지 않는 대신, 비전을 제시하고 자료의 취사선택과 이론의 형태를 제약하는 등 방법론적으로 과학적 분석에 조직적인 통제를 가하게 된다.62) 스미스의 도덕철학 체계 안에서 자연신학과 윤리학 및 경제학은, 직결과 분리를 강조한 위의 두 주장과는 달리, 이처럼 인식론과 존재론, 그리고 방법론의 관점에서 긴밀한 상호 관계를 맺고 있다.

위에서 본 바와 같이 스미스는 자연과 사회현상의 관찰을 통하여 우주를 설계한 신이 분명히 존재하며, 그 신의 속성은 인애심과 지혜, 그리고 정의일 수밖에 없다는 신학적 결론에 도달하였다.63) 신은 또 인간에게 덕을 애호하고 악과 불의를 혐오하는 본성을 심어 주었다. 경험적 사실의 일반화를 통하여 도달한 이러한 인식론적 결론은 우주의 존재론적 특성을 말해 주는 형이상학적 원리로 전화되면서 현존하는 〈악의 문제〉에도 불구하고 그의 세계관을 형성하게 된다. 이러한 자연신학적 세계관이 그의 도덕철학 체계에서 지니는 의미는 대략 세 가지로 요약될 수 있다.

1. 인간 사회의 도덕적·경제적 진보에 대한 낙관적 비전을 제시한

---

61) 한형조, 『주희에서 정약용으로』, pp. 70-79; 김광수, 『애덤 스미스의 학문과 사상』, pp. 53-54.

62) 김광수, 『애덤 스미스의 학문과 사상』, pp. 55-57, 67-71.

63) 주희는 스미스가 말한 〈신〉 대신에 〈理〉를 자연이라는 거대한 건축물의 설계자로 간주하였다. 그리고 理의 속성을 〈仁義禮智〉로 파악하였다. 한형조, 『주희에서 정약용으로』, pp. 73-76, 83-90.

다. 바이너의 지적처럼 WN에는 자연적 질서에 내재된 결함이 사회주의자들을 고무할 정도로 많이 나열되어 있을 뿐만 아니라,[64] 조화로운 자연적 질서만 강조되고 있다는 그의 지적과는 달리 TMS에도 인간의 과도한 자애심이 야기하는 많은 문제점들이 거론되고 있다. 그럼에도 불구하고 자비롭고 지혜로운 신은 세계의 질서, 그리고 인성(人性)의 완성과 행복이라는 목적을 지향하고 있기 때문에,[65] 인간 사회는 수많은 바람직한 결과를 빚어내는 규칙적이며 조화로운 기계와 같이 파악되고 있다.[66] 이러한 비전이 스미스로 하여금 조화와 질서를 강조하는 낙관적 이론가가 되게 하였다.

2. 인간이 도덕적으로 행동하지 않으면 안 되는 이유를 설명한다. 타인의 찬동을 얻을 수 있는 도덕적 행위가 무엇인지 아는 것과 그것을 실천하는 것은 별개의 문제이다. 철학적 분석은 도덕률에 대한 지식을 제공할 수는 있으나 그에 따른 실천을 강제하지는 못한다. 정의로운 신은 인간에게 조화로운 공동체를 이룰 수 있는 심성의 원리를 부여했을 뿐만 아니라, 도덕률에 따른 행위는 보상하고 그에 반하는 행위는 징벌한다. 자기만족과 마음의 평정은 보상이고, 자기비난과 내적 수치심은 징벌이다.[67] 수치심을 덜고 마음의 평정을 얻기 위해 인간은 도덕적으로 행동하지 않으면 안 된다.

---

64) "This is only a partial list of the defects in the natural order, even when left to take its own course, which Smith points out, though it would suffice to provide ammunition for several socialist orations." J. Viner, "Adam Smith and Laissez Faire," p. 154.

65) Adam Smith, TMS, p. 168.

66) Adam Smith, TMS, p. 316.

67) Adam Smith, TMS, pp. 163, 166.

3. 인간과 사회에 대한 과학적 탐구를 촉진한다. 신은 세계를 직접 주재하지 않고 자연법칙이나 인성의 원리를 통하여 작용한다. 인간은 신으로부터 부여받은 본능과 감정에 따라 행동하며, 그러한 행동방식 가운데 많은 사람들의 찬동을 얻은 것이 사회의 질서 유지를 위해 지켜야 할 삶의 준칙이나 도덕률로 정착된다. 따라서 이러한 도덕률은 신의 명령이나 법칙과 같다.68) 신의 작용은 항상 이처럼 경험적으로 관찰 가능한 현상으로 나타나기 때문에, 현상을 분석하여 그 연결 원리를 찾아 그가 제정한 법칙을 올바르게 이해하고 사람들로 하여금 그의 계획에 동참하도록 돕는 것이 도덕철학, 즉 사회과학의 과제이다.69)

2) 다산 정약용의 상제신학과 유신론

아담 스미스의 도덕철학 체계의 시발점이자 원동력이 〈신〉과 〈자연〉이라면, 다산 정약용 체계에서의 그것은 〈상제〉와 〈하늘〉이다. 하

---

68) Adam Smith, *TMS*, pp. 163-165.
69) 스미스의 〈신〉과 주희의 〈理〉가 비슷하면서도 결정적으로 다른 것은 〈신〉이 지니고 있는 만물과 모든 사람들이 복종하는 법칙의 제정자 또는 그 준수의 명령자라는 개념이 〈이〉에는 결여되어 있어, 경험적 법칙을 탐구하는 과학의 발달에 크게 기여하지 못하였다는 점이다. 서양의 과학이 신학적 단계를 거친 뒤에 비로소 신학을 벗어난 오늘날의 발전단계에 도달한 반면, 동양의 과학은 신학적 단계를 거치지 않고 고도로 미분화된 개념들로 이뤄진 철학에 편승하여 발전이 정체된 측면이 없지 않다. 조셉 니덤, 『중국의 과학과 문명: 사상적 배경』, pp. 353-391 참조.

지만 스미스가 신과 자연에 부여한 의미보다 다산이 상제와 하늘에 부여한 의미가 더욱 크다고 하지 않을 수 없다. 스미스의 도덕철학체계에서 신학이 맡고 있는 역할은, 위에서 언급한 분리론이 옳지 않다고 하더라도, 다른 분야의 논의와 직결된 필수적인 것이라기보다는 체계의 포괄적 이해를 돕는 보완적 성격이 강하다. 신과 자연은 스미스의 이신론적 관점에 따라 〈조물주〉 또는 〈목적인〉으로만 등장하기 때문에, 〈동력인〉의 영역에서 실증분석이 가능하도록 구축된 윤리학 및 경제학의 내용에 직접적으로 큰 영향을 미치지 않는다. 이것이 스미스 연구에서 신학이 별다른 관심을 끌지 못하는 이유이다. 다산의 유신론적 상제신학의 경우는 이와 다르다. 상제 개념이 제거된 다산의 도덕철학체계는 생각하기 힘들 정도로 상제가 담당하고 있는 역할은 중차대하다. 문제는 다산이 말한 상제의 참 모습을 파악하기가 쉽지 않다는 데 있다. 스미스도 〈불경법〉에 따른 감시와 검열을 의식하여 신학에 관한 언급에 신중을 기해야 했지만, 그와는 비교가 되지 않을 정도로 살벌한 종교적 박해 속에서 살아야 했던 다산이 자신의 신학적 입장을 꾸밈없이 표명했을 것으로 기대하기는 어렵다. 서교, 즉 천주교의 인격신과 유사한 속성을 지닌 상제에 관한 자신의 견해를 다산은 유교의 경전으로 뒷받침할 수 있는 범위 안에서만 조심스럽게 단편적으로 피력하였다. 그의 신학을 구성하고 있는 요소는 바로 이런 모호하고 단편적이며, 때에 따라서는 서로 어긋나는 주장을 담고 있는 자료들이다. 이것이 다산의 신학에 관하여 이제까지 적잖은 논란이 있어 왔고, 앞으로도 그런 논란이 한동안 지속될 수밖에 없는 이유이다. 이런 점 및 스미스의 자연신학과의 비교를 염두에 두고, 여기에서는 다산이 언급한 상제의 속성과 상제가 부여한 인간의 심성을 중심으로 그의 상제신학을 간략히 서술해 보고자 한다.

(1) 상제의 존재와 속성에 대한 증명

위에서 다산의 문제의식과 시대적 과제를 다루며 우리는 다산이 사회의 능동적 개혁을 추진하기 위해 무위를 강조하는 주희의 형이상학적 철학체계를 근본적으로 부정하고 유위를 지향하는 새로운 철학체계를 세울 필요성을 절감하였으며, 그 출발점을 주희가 비인격적〈이(理)〉로 인식한 하늘을 인격적〈상제〉로 대체한 데서 찾았음을 서술한 바 있다. 다산은 인격성을 결여한〈이〉가〈두려움〉의 대상이 될 수 없기 때문에, 인간의 행위를 선으로 이끌 수 있는 절대적 구속력을 지니고 있지 않다고 보았다.

> 군자가 어두운 방 속에 있으면서도 두려워하며 감히 악을 저지르지 못하는 것은 상제가 그를 굽어보고 있음을 알기 때문이다. 이제〈명(命)〉,〈성(性)〉,〈도(道)〉,〈교(敎)〉를 모두 한〈이〉로 돌려 버린다면,〈이〉는 본래 지각도 없고 위엄과 권능도 없는 것인데, 어떻게 이를 경계하고 삼가며 두려워한다는 것인가.70)

두려움의 근거가 되고는 있지만 "보이지 않는 몸과 들을 수 없는 소리를 지닌 하늘,"71) 곧 상제를 다산은 다음과 같은 존재로 파악하였다.

> 상제란 무엇인가? 이는 하늘과 땅, 귀신과 인간을 초월해 있으면서 하늘, 땅, 귀신, 인간과 만물을 조화(造化)하고 재제(宰制)하며 안양(安養)하는 자이다.72)

---

70)『中庸自箴』, 1:5 [4:183].

71)『中庸自箴』, 1:4 [4:182].

다산의 이러한 상제 개념은 마테오 리치의 『천주실의』에서 볼 수 있는 천지만물을 창조해서 주재하고 안양하는 상제, 즉 천주교의 천주 모습과 거의 일치한다.73) 특히 종래 유가의 상제 묘사에서는 찾아볼 수 없는, 천주의 〈창조〉를 방불케 하는 〈조화〉를 상제의 권능으로 인정하고 있다는 점에서 다산의 상제는 천주교의 요소를 어느 정도 내포하고 있는 개념이라고 하지 않을 수 없다.74) 다른 한편 위에서 지적한 바와 같이 다산은 종교에 관한 어떤 주장도 유교 경전의 틀을 벗어나서는 할 수 없는 한계를 지니고 있었기 때문에 필연적으로 원시유학을 표방하지 않을 수 없었다. 이런 이유들로 해서 다산의 상제가 선후와 경중의 차이에 관한 논란은 있지만,75) 천주교의 천주와 선진(先秦) 고경(古經)의 상제가 상호 보완 또는 절충되어 형성된 〈제3의 인격신〉이라는 데 대해서는 대략 합의가 이뤄진 것으로 보인다.76)

〈제3의 인격신〉이라는 표현이 시사하듯이 다산의 상제는 천주교의 천주와도 다르고 원시유학의 상제와도 다른 속성을 지니고 있다. 이런 관점에서 두드러진 몇 가지 특성을 지적해 보면 다음과 같다. 첫째, 위의 인용문에서 알 수 있듯이 다산의 상제는 조화자이고 주재자이며

---

72) 『春秋考徵』, 4:24 [8:709].

73) 마테오 리치의 『천주실의』 제1편의 원제목은 다음과 같다: 論天主始制天地萬物而主宰安養之

74) 이동환, 〈茶山思想에 있어서의 '上帝' 문제〉, 『民族文化』 제19집(1996), p. 24.

75) 이에 관한 논란은 스미스의 자유주의 사상이 프랑스 여행 이전과 이후 어느 때에 형성되었는지에 관한 논란과 흡사한 점이 있다.

76) 이동환, 〈茶山思想에 있어서의 '上帝' 문제〉, pp. 23-26; 성태용, 〈다산 철학에 있어서 계시 없는 상제〉, 『茶山學』 제5호(2004), pp. 104-106; 한형조, 〈리뷰: 하버드에서의 다산학 국제학술회의〉, pp. 294-295.

만물을 두루 보살펴 길러 주는 초월적 인격신이다. 여기에서 〈조화〉는 흔히 〈창조〉의 의미로 해석되고 있다.77) 하지만 주재와 안양 이외에 창조까지 하는 상제는 고경의 그것과 다르고, 상제가 태극을 일단 창조하면 그 이후에는 태극에 내재된 법칙성에 따라 만물이 전개된다는 점에서 만물 하나하나를 직접 만든 천주의 창조와 다르다.78) 둘째, 전지전능한 주재자로서의 상제는 인간들에게 그 행위의 결과에 따라 상벌과 화복(禍福)을 내리는 존재이다. 그러나 현세를 중시하고 내세에 별다른 관심을 보이지 않은 다산의 상제는 천주의 경우와 달리 사후에 가게 될 천당과 지옥을 일체 거론하지 않았다.79) 셋째, 다산의 상제는 천주와 고경의 상제보다 훨씬 강화된 인간에 대한 도덕적 감시 기능을 지니고 있다.80) 하지만 여기에서도 상제는 인간에게 선을 지향하는 경향성만 부여하였을 뿐, 인격적 존재로서 계시를 통하여 인간의 행위에 직접 개입하지는 않는다.81)

그렇다면 이런 속성을 지닌 상제의 존재는 어떻게 증명될 수 있는가? 다산도 스미스처럼 신의 존재를 증명하기 위해 별도의 노력을 기울이지는 않았다. 마테오 리치의 영향을 적잖게 받았음에도 불구하고 그가 신의 존재를 증명하기 위하여 『천주실의』에서 심혈을 기울여 펼

---

77) 유초하, 〈茶山 存在觀의 哲學史的 위치〉, 『民族文化』 제19집(1996), p. 36.
78) 성태용, 〈다산 철학에 있어서 계시 없는 상제〉, pp. 107-109, 124-125.
79) 이동환, 〈茶山思想에 있어서의 '上帝' 문제〉, p. 25. 스미스는 모든 종교와 미신에는 사악한 자들을 벌하기 위한 지옥(Tartarus)과 정의로운 자들이 가는 천당(Elysium)이 있다고 하였다. Adam Smith, TMS, p. 91. 이런 관점에서 보아도 다산의 상제는 조금 특이한 존재라고 할 수 있다.
80) 이동환, 〈茶山思想에 있어서의 '上帝' 문제〉, pp. 25-26.
81) 성태용, 〈다산 철학에 있어서 계시 없는 상제〉, pp. 116-118.

친 논변에 대해 별다른 지적 흥미를 느끼지 않았던 것으로 보입니다.[82] 하지만 그의 저술 속에서는 신의 존재가 주로 유교 경전과 성인의 권위에 의지하여 논증되고 있음을 엿볼 수 있다. 다산은 사람들이 보이지 않는 것을 경계하고 삼가며 또 들을 수 없는 것을 두려워해야 하는 이유는 하늘, 즉 상제가 실재하기 때문이라고 주장하며, 그런 주장의 근거로 성인의 말씀을 들었다.

> 성인이 빈말로 법을 마련하여 천하 사람들로 하여금 까닭 없이 조심하고 까닭 없이 두려워하게 하였다면, 어찌 그렇게 사정에 멀고 또 어두울 수 있겠는가. … 성인의 말씀은 모두 지극히 진실하므로 거짓말과 체면치레로 자기를 속이고 또 남을 속이는 그런 일은 하지 않았을 것이다.[83]

지극히 진실한 성인이 상제를 언급한 이상 그 존재가 확실하며, 존재가 확실하기 때문에 믿을 수 있고, 만약 이런 믿음이 없다면 사람들이 홀로 있을 때 삼가지 않을 것으로 다산은 판단하였다.[84] 성인과 경전의 권위를 통한 간접적 논증 이외에 다산은 사람들이 상제의 존재

---

82) 한형조, 〈리뷰: 하버드에서의 다산학 국제학술회의〉, p. 296. 안외순 교수는 다산이 상제의 존재를 증명하기 위해 마테오 리치의 방식을 거의 그대로 원용했다고 주장하였다. 이런 주장은 그가 논거로 제시한 인용문이 다산의 상제가 지닌 속성에 관한 것이지 존재에 관한 것이 아니기 때문에, 설득력이 약하다. 안외순, 〈丁若鏞의 사상에 나타난 西學과 儒學의 만남과 갈등〉, pp. 17-18.

83) 『中庸自箴』, 1:5 [4:183].

84) 『中庸自箴』, 1:6 [4:185]: "不信降監者 必無以愼其獨矣."

를 심정적으로 직접 확인할 수 있는 다른 가능성도 열어 놓았다. 영명(靈明)을 매개로 한 직접적 교감을 통하여 상제의 존재를 인식하는 〈천인감응의 묘리〉가 그것이다.85) 다산은 하늘의 영명이 인간의 마음에 직접 통한다고 생각하였다. 인간은 동식물과 달리 능력의 차이는 있으나 같은 종류에 속하는 영명성을 하늘과 공유하고 있기 때문이다.86) 만약 천인감응을 통하여 상제의 존재에 대한 확실한 믿음이 형성되지 않았다면, 아무리 섬겨도 어떤 움직임이나 말이 없는 하늘을 계속 공경하며 조심할 까닭이 없다고 본 것이다.

인간의 지혜와 논리로 신의 존재를 증명하려는 시도 가운데 자타가 공인할 정도로 성공한 예는 찾기 힘들다. 다산도 예외일 수는 없다. 상제에 대한 그의 믿음은 논리적으로 신의 존재를 〈증명〉한 결과라기보다는, 인간들로 하여금 도덕적이며 올바른 삶을 살도록 하기 위해서는 선한 삶에 당위성을 부여하고 일탈을 감시하며 행위의 결과에 정확히 상응하는 상벌을 내리는 전지전능한 인격신으로서의 상제의 존재가 〈요청〉된다는, 이른바 〈윤리학적 논증〉에 바탕을 두고 있다.87) 이기적 욕망을 지니고 태어난 인간이 내놓고 죄를 짓지 못하는 것이 군왕과 법관이 있어 법으로 엄격히 다스리기 때문이듯, 내면의 도덕적 타락을 막기 위해서는 전능한 도덕적 감시자로서의 상제와 귀신이 존재할 필요가 있다고 본 것이다. 이런 〈현실적 요청〉은 성인의 말씀을 통하여

---

85) 『中庸自箴』, 3:30 [4: 233-234]: "君子事天 不動而敬 不言而信 … 此天人感應之妙 … 天道不顯而君子戒愼 … 亦天人感應之妙."

86) 『中庸自箴』, 1:5 [4:184].

87) 장승구, 『정약용과 실천의 철학』, pp. 67-69; 성태용, 〈다산 철학에 있어서 계시 없는 상제〉, pp. 120, 123-124.

〈초월적 실재〉로 전화된다. 성인의 권위를 빌려 상제의 존재를 증명한다는 발상은 논리적 비판에서 자유로울 수 없고 또 자칫 정치적 비방을 자초할 수 있는 다른 논증 방법보다 다산에게는 가장 현실적이며 무난한 선택이었다고 할 수도 있다. 그리고 이것은 〈형이상학적 원리〉로 전화된 〈경험적 법칙〉을 자신의 세계관으로 삼은 스미스의 경우와 유사하다고 할 수 있다.

(2) 상제가 부여한 인간의 심성

조화자로서의 상제는 각종 생명체를 지어낼 때 각각의 생명체에 한 가지씩 〈성(性)〉을 갖추어 주면서 그 본성, 즉 〈기호(嗜好)〉대로 살아가도록 명령하였다.[88] 위에서 이미 본 바와 같이 초목에게는 단순히 생명만으로 이뤄진 본성을, 금수에게는 생명과 지각이 합쳐진 본성을, 인간에게는 생명과 지각, 그리고 영명이 오묘하게 결합되어 있는 하나의 본성을 준 것이 그것이다.[89] 사람이 금수와 같을 수 있는 것은 하늘로부터 부여받은 본성 가운데 생성과 각성을 금수와 공유하고 있기 때문이며, 다를 수 있는 것은 오직 사람만이 영성을 지니고 있기 때문이다. 이처럼 삼위일체와 같은 본성을 지니고 있는 본체를 일체(一體) 또는 영체(靈體)라고 한다면, 영체는 무형의 대체(大體), 곧 정신과, 유형의 소체(小體), 곧 육체로 구성되어 있다. 인간이 신형묘합의 존재라고

---

88) 〈答李汝弘〉, 『與猶堂全書』, I:19:43 [3:269]. 여기에 뿐만 아니라 다른 곳, 예컨대 『論語古今註』, 『孟子要義』, 『中庸講義補』, 『大學講義』 등에서도 『中庸』의 첫 구절인 "天命之謂性" 또는 일반적으로 〈性〉과 관련된 내용을 설명하며 다산은 비슷한 주장을 반복하고 있다.

89) 『論語古今註』, 9:11 [6:106].

한 것은 정신과 육체가 결코 분리될 수 없도록 묘하게 결합되어 이뤄진 존재이기 때문이다. 이것은 정신이 육체에 우거(寓居)하면서 그 영향을 받을 수밖에 없음을 뜻하며, 다산은 개인의 삶이나 공동체 생활에서 발견되는 문제의 많은 부분은 여기에서 비롯되는 것이라고 확신하였다.90)

다산은 대체와 소체, 즉 정신과 육체로 이뤄진 인간의 영체에는 세 가지 이치가 포함되어 있다고 보았다.

> 영체 안에는 세 가지 이치가 있다. 〈본성〉으로 말하자면 선을 좋아하고 악을 싫어하니, 이는 맹자가 말한 성선(性善)이다. 〈권형(權衡)〉으로 말하자면 선할 수도 있고 악할 수도 있으니, 이는 … 양웅(揚雄)의 선악혼설(善惡渾說)이 세워질 수 있는 까닭이다. 〈행사(行事)〉로 말하자면 선하기는 어렵고 악하기는 쉬우니, 이는 순자의 성악설이 세워질 수 있는 까닭이다.91)

상제는 인간이 태어날 때 선을 좋아하고 악은 미워하는 착한 본성을 부여하였다.92) 이것은 단순한 형이상학적 언명이 아니라 경험적으로도 쉽게 입증될 수 있는 사실이라는 것을 다산은 누차 강조하였다. "사람이 재물과 여색을 좋아하지 않는 이가 없으며 안일을 좋아하지 않는 이가 없는데, 성선이라고 말한 것은 무엇 때문일까?"93) "사람은 항상 악에 빠져 있는데, 그러한 것을 성선이라 이르는 것은 무엇 때문

---

90) 〈心經密驗〉, 『大學講義』, 2:26, 27 [4:143, 146].

91) 〈心經密驗〉, 『大學講義』, 2:28 [4:147].

92) 『中庸自箴』, 1:2, 4 [4:178, 181].

93) 『孟子要義』, 1:32 [4:434].

인가?"94) 왜냐하면 선한 일을 행하면 마음이 유쾌해지고 악한 일을 행하면 부끄럽고 후회스러운 마음이 솟아나는 것을 누구나 예외 없이 체험할 수 있는데, 이것이 사람의 본성은 물이 반드시 아래로 흐르고 불은 반드시 위로 오르는 본성을 지닌 것처럼 선을 선호하고 악을 혐오한다는 뚜렷한 징표가 되고 있기 때문이다. 이런 본성은 항상 선을 지향하고 또 선을 선택할 수 있는 능력을 지닌 마음에서 비롯되는데, 이 마음이 도심(道心)이며, 또 그렇기 때문에 도심은 곧 천명이라고 할 수 있다. "하늘의 혀는 도심에 깃들어 있으니, 도심의 경고는 천명과 다름없다."95)

하늘은 인간에게 마음 또는 정신에 깃들어 있는 선한 본성과 함께 동물이 지닌 것과 다름없는 육체도 부여하였다. 항상 선을 지향하는 본성이 인간이 지닌 도심의 기호라면, 육체도 그 나름대로의 기호, 즉 안일과 주색, 그리고 물욕에 탐닉하여 악을 저지르기 쉬운 기호를 지니고 있다.96) 육체가 지닌 이런 기호는 그것과 분리되어 존재할 수 없는 정신의 기호와 충돌할 가능성이 높기 때문에, 인간으로 하여금 선한 일을 하기란 하늘에 오르는 것처럼 어렵고 악한 일을 하기란 언덕이 무너지는 것처럼 쉬운 환경을 조성한다. 하늘의 명령과 경고를 전달하며 인간의 정신을 힘껏 함양하고자 하는 것이 도심이라면, 오만이나 자존심과 같은 불순한 정신적 충동과 육체의 편에 서서 사욕을 충족시키려고 하는 것은 인심(人心)이다.97) 인간의 영체는 결국 선과 악,

---

94) 『中庸自箴』, 1:3 [4:179-180].

95) 『中庸自箴』, 1:3 [4:180].

96) 다산은 전자를 〈영지의 기호〉, 그리고 후자를 〈형체의 기호〉라고 불렀다. 〈自撰墓誌銘 集中本〉, 『與猶堂全書』, I:16:16 [2:659].

그리고 인심과 도심의 격전장이라고 할 수 있다.98)

선과 악, 그리고 인심과 도심의 격전장에서 최종적으로 승리할 편을 결정하는 것은 상제가 아니라 인간이다. 하늘이 금수와는 달리 인간에게만 권형, 즉 선과 악 가운데 원하는 것을 자율적으로 선택할 수 있는 권한을 부여하였기 때문이다. 자유의지를 지닌 인간의 행위만이 도덕적 가치판단의 대상이 되어 선을 행하면 공이 되고 악을 행하면 죄가 될 수 있다. 본능만을 지닌 금수가 어떤 행동을 하더라도 도덕적 또는 사법적 심판의 대상이 될 수 없다는 점을 놓고 본다면, 사람의 행위가 항상 선하거나 또는 항상 악하다 하더라도 그것이 하늘이 부여한 본성에 따른 것일 경우 필연적으로 그렇게 된 것이기 때문에 칭송이나 비난의 대상이 될 수 없다는 점은 자명하다고 할 수 있다.

인간에게 정신과 육체, 도심과 인심, 그리고 자율적 선택권을 부여한 것은 결국 인간으로 하여금 자신의 모든 행위를 스스로 책임지도록 하기 위해 상제가 면밀하게 〈설계〉한 결과라고 할 수 있다.99) 상제가 이러한 설계를 통하여 인간에게 심어 주고자 한 심성은 무엇인가? 하늘에 대해 〈두려움〉을 갖도록 하는 것이다. 하늘이 인간에게 부여한 본성은 오로지 선한 것이다. 모든 악행은 도심의 권유, 즉 천명에 어긋나는 선택의 결과이다. 선택은 인간의 재량에 따른 것이기에 그 결과에 대한 모든 책임은 인간의 몫이다. 따라서 인간은 자신의 악행으로

---

97) 〈心經密驗〉, 『大學講義』, 2:27 [4:146]; 『孟子要義』, 2:29 [4:550].

98) 『孟子要義』, 2:41 [4:574].

99) 우리는 스미스의 〈설계논증〉을 통하여 설계 개념에 익숙하다. 다산의 신학과 관련하여 이 개념의 사용은 드문 편인데, 예외가 있다. 성태용, 〈다산 철학에 있어서 계시 없는 상제〉, pp. 109, 116.

하늘에 지은 죄를 피할 길이 없다. "어찌 두려워하지 않을 수 있겠는가?"[100]

(3) 다산 도덕철학 체계에서 상제신학의 의미

위에서 누차 언급했듯이 다산이 주희 성리학의 이기론을 부정하고 새로운 실천 지향적 도덕철학체계를 세우는 과정에서 가장 중요한 역할을 담당한 것이 상제신학이었다. 두려움의 대상이 될 수 없기 때문에 인간의 행위에 영향을 미칠 수 없다고 본 비인격적인 형이상(形而上)의 〈이〉 대신에 그가 찾은 것이 인격적 절대자이며 도덕적 감시자로서의 상제였다. 따라서 성리학이 이신론적 경향을 띠고 있었던 데 비해 다산의 신학은 유신론의 성격이 강하다고 할 수 있다. 하지만 다산의 상제는 천주교의 천주와 원시유학의 상제가 절충되어 탄생한 〈제3의 인격신〉이라는 점이 지적될 필요가 있다. 〈제3의 인격신〉으로서의 상제가 지닌 가장 큰 특징은 계시나 기적 또는 설계 등을 통하여 그 존재가 〈입증〉된 내세 지향적인 신이 아니라, 사람들이 올바른 삶을 살도록 그 생각과 행위를 감시하고 심판하기 위해 윤리적으로 〈요청〉되는 현세 지향적인 신이라는 점이다. 여기에 적지 않은 문제가 있다. "이런 요청으로서의 상제는 치명적인 약점을 지니고 있다. 믿지 않으면 그뿐인 것이다. 다산이 논리적으로 그러한 상제가 있어야 함을 역설하지만, 그것은 '있어야 함'이지 '있는 것'이 아니었다."[101]

---

100) 『論語古今註』, 9:12 [6:107]; 『孟子要義』, 1:35 [4:439]에도 비슷한 내용이 있다.

101) 성태용, 〈다산 철학에 있어서 계시 없는 상제〉, p. 123.

전술한 바와 같이 다산은 상제와 귀신을 군왕과 법관에 비유하였다. 그리고 이기적인 인간들이 함부로 죄를 짓지 못하고 조심하는 것은 그들이 죄를 엄벌로 다스리기 때문이라고 확신하였다. "진실로 위에 군장(君長)이 없는 것을 안다면, 뉘라서 못된 짓을 하지 않을 자가 있겠는가."102) 이와 마찬가지로 만약 사람들이 상제의 존재를 믿지 않거나 또는 믿더라도 엄벌로 주재하는 신이 아니라고 여겨 그를 두려워하지 않는다면, 다산의 상제는 존재의 의미를 상실할 가능성이 높다. 〈두려움〉을 줄 수 없는 상제는 그가 원하는 도덕적 감시자로서의 기능을 수행할 수 없기 때문이다. 다산의 신학에서 인간에게 선한 본성, 그리고 행위의 재량권을 부여한 상제가 그들의 행동을 실제로 감시하고 심판하는, 다시 말하여 주재하는 구체적인 모습은 찾아보기 어렵다. 영명을 매개로 한 하늘과 인간의 교감을 통하여 상제의 존재를 곧바로 인식할 수 있다는 〈천인감응의 묘리〉도, 움직임과 말이 없는 상제이지만 그럼에도 불구하고 항상 믿고 섬겨야 한다는 당위의 논거로 제시된 것으로서, 사실상 상제의 직접적 개입이 없음을 나타내는 하나의 방증으로 간주될 수 있을 것으로 보인다.

다산의 상제는 계시로 자신의 의사를 전달하지 않으며, 천당과 지옥에 보내는 것으로 사람들의 행위를 심판하지 않는다. 하늘은 사람의 도심에 깃들어 있는 자신의 혀로 그와 대화하며 선행을 하도록 타이를 뿐이다. 대화를 통해 하늘이 권유한 대로 선하게 행동했을 경우 사람들이 갖게 되는 편안한 마음과, 경고에 따르지 않고 선하지 못한 행실을 했을 경우 갖게 되는 수치심과 후회하는 마음이 하늘이 내리는 심판, 즉 상과 벌의 거의 전부라고 할 수 있다. 천명과 다름없는 본성

---

102) 『中庸自箴』, 1:4 [4:182].

에 따라 장기에 걸쳐 선행을 쌓으면 몸과 마음이 화평하여 모든 덕을 갖춘 거룩한 사람이 되고, 반대로 본성을 어겨 선하지 못한 행실을 계속하면 몸과 마음이 초췌하고 쇠퇴하여 결국 외로이 죽음에 이르게 된다는 주장도 같은 의미로 해석될 수 있다.103) 죽음 이후의 심판에 관해서는 하등의 언급이 없다. 이런 점들로 미루어 보아 우리는 우리들의 일상사에 직접 개입하고 또 모든 악행에 대하여 현세 혹은 내세에서 준엄한 벌을 내리기 때문에 두려움의 대상이 되는 무서운 상제보다는, 한 발짝 물러서서 사람들의 생각과 행위를 선행으로 이끌고자 노심초사하는 자상한 상제를 더 쉽게 떠올릴 수 있다. 이것은 다산 스스로가 생각하고 있었던 계신공구(戒愼恐懼)의 대상, 즉 항상 삼가고 두려워해야 할 대상으로서의 상제, 그리고 적지 않은 학자들이 염두에 두고 있는 듯이 보이는 "세상사에 적극적으로 개입하고 주재하는 인격신적 상제"104)와는 상당히 다른 모습이라고 하지 않을 수 없다.

다산의 신학은 그의 도덕철학 체계 전체의 바탕을 이루고 있다. 그 가운데에서도 윤리학이 신학과 가장 밀접한 관계를 맺고 있는데, 그것은 하늘이 인간의 도덕감과 그 실현의 초월적 근거가 되고 있기 때문이다. "하늘은 나에게 본성을 부여하며 호선(好善)의 감정과 택선(擇善)의 능력도 함께 주었다. 그것은 비록 내게 있는 것이나, 그 근본은 천명이다."105) 다산의 윤리학뿐만 아니라 인심과 도심의 싸움에서 도심, 곧 천명에 따라 인심을 이기고 예로 돌아가는 것이 인(仁)을 행하는 올바른 방법임을 가르친 공자의 극기복례(克己復禮)가 보여주듯, 유학의

---

103) 〈心經密驗〉, 『大學講義』, 2:27 [4:145-146].

104) 김상준, 〈南人 禮論과 근대 주권론〉, p. 180.

105) 『中庸自箴』, 1:4 [4:181].

윤리학은 본디 신학의 토대 위에 세워져 있었다. 윤리학에서 신학적 요소를 제거해 버린 것은 성리학이었고, 다산은 서학과 경학의 도움을 받아 원시유학을 재구성하며 이의 회복을 적극 시도하였다.106)

윤리학이 신학의 토대 위에 세워져 있었다면, 법학과 경세학도 역시 그렇다고 하지 않을 수 없다. 유가는 순수 법가와 달리 법은 윤리와 불가분의 관계에 있다는 견해를 견지해 왔기 때문이다.107) 다산은 한편으론 법가의 편에 서서 법과 제도의 중요성을 누구보다 강조했지만, 다른 한편으론 그것들이 장기에 걸쳐 시행된 윤리적 관행의 집합체인 〈예(禮)〉와 부합해야 한다는 유가의 오랜 전통에도 충실했다.108) 따라서 그의 법학과 경세학도 결국 윤리학과 같은 토대 위에서 구축될 수밖에 없었을 것으로 보인다. 다산은 이처럼 법치와 준법을 중시하되, 나라를 다스리며 지켜야 할 법이 입법자가 자의적으로 제정한 〈실정법〉이 아니라, 천리 혹은 천명과 부합되는 행위 규범인 〈예〉, 곧 〈자연법〉임을 강조하였다. 그러나 말이 없는 하늘의 뜻을 곧바로 파악할 수 있는 묘책이 없기 때문에, 자연법 여부의 판단기준을 인정과의 화합, 즉 〈민심〉 그리고 〈이민(利民)〉에서 찾았다.109) 이것이 그의 법학이나 경세학이 유신론적 신학의 바탕 위에서 세워져 있기는 하지만, 하늘의 명령에서 연역하는 방법이 아니라 경전의 내용과 수많은 경험적 사례의 검토를 통하여 실증적으로 하늘의 뜻을 헤아려 찾아가는 귀납적

---

106) 한형조, 『주희에서 정약용으로』, pp. 228-229.

107) 조셉 니덤, 『중국의 과학과 문명: 사상적 배경』, pp. 373-374.

108) 박병호, 〈茶山의 法思想〉, 한우근 외, 『丁茶山硏究의 現況』, pp. 72-73, 85, 89.

109) 박병호, 〈茶山의 法思想〉, pp. 83-84.

방법을 사용하지 않을 수 없는 이유이다. 결론적으로 다산의 상제신학은 유신론의 외피를 쓴 이신론, 즉 〈이신론적 유신론〉이라고 할 수 있다. 스미스의 자연신학과 다산의 상제신학을 연이어 살펴보면서, 이신론과 유신론이라는 범주상의 차이에도 불구하고 의외로 자주 경험했던 〈기시감(deja vu)〉의 원인을 우리는 여기에서 찾을 수 있을 것으로 보인다.

지금까지의 논의를 종합하여 상제신학이 다산의 도덕철학 체계 내에서 지니고 있는 의미를 정리해 본다면 대략 다음과 같다.

1. 주희 성리학의 이기론을 부정하고 새로운 실천 지향적 도덕철학 체계를 세우는 과정에서 가장 중요한 역할을 담당한 것이 상제신학이다. 인간의 행위에 아무런 영향을 미칠 수 없다고 본 비인격적인 형이상의 〈이(理)〉 대신에 다산이 찾은 것이 인간에게 두려움의 대상이 될 수 있는 인격적 절대자로서의 상제였다. 이처럼 상제의 도입으로 기존의 철학적 패러다임을 쇄신했다는 의미에서 다산의 상제신학은 그의 도덕철학체계의 출발점이자 불가결한 바탕을 이루고 있다.

2. 다산의 상제는 세상사를 주재하는 인격신으로 사람들에게 착한 본성을 부여하고 또 올바른 삶을 살도록 감시하며 행위의 결과를 심판하는 전능한 존재이다. 그러나 계시로 자신의 의사를 전달하고 천당과 지옥에 보내는 것으로 인간을 심판하는 내세 지향적 절대자가 아니라는 점에서 천주교의 천주와 다르고, 만물의 창조자이며 강화된 도덕적 감시자라는 면에서 원시유학의 상제와도 다른 속성을 지니고 있다. 이런 관점에서 다산의 상제신학은 〈이신론적 유신론〉이라고 간주될 수 있다.

3. 상제는 인간에게 선한 본성뿐만 아니라 선과 악을 선택할 수 있는 자유의지도 부여하였다. 그러나 신형묘합의 존재인 인간은 물욕과

안일에 탐닉하기 쉬운 환경에 처해 있기 때문에 선보다는 악을 행할 가능성이 높다. 그럼에도 불구하고 상제는 그들의 도심(道心)을 통하여 선행을 하도록 타이를 수 있을 뿐, 모든 사람들을 두려움에 떨게 할 수 있을 정도의 가시적 징벌 수단을 지니고 있지 않다. 상제신학에도 불구하고 다산이 낙관적일 수만은 없었던 이유가 여기에 있다.

3) 요약과 비교

다산의 유신론이 〈이신론적 유신론〉이라면, 스미스의 이신론은 〈유신론적 이신론〉이라고 할 수 있다. 스미스와 다산은 모두 내세보다는 현세를 중시하였다. 그러나 이신론자인 스미스가 정의의 궁극적 구현을 위해 유신론자와 마찬가지로 인격신의 존재와 사후 심판의 유용성을 어느 정도 인정한 반면, 다산은 유신론자이면서도 대부분의 이신론자들처럼 사후의 문제에 관해서는 일체 논하지 않았다. 이런 경향은 위에서 본 바와 같이 신학적 견해의 자유스러운 피력이 가능하지 않았던 당시 영국과 조선의 시대 상황에서 비롯된 면도 없지 않다. 스미스는 자신의 이신론적 견해를 기독교적 유신론으로 가장할 필요가 있었으며, 다산은 역으로 자신의 유신론적 견해를 이신론에 가까운 정통 유교의 틀에 맞춰 포장할 필요가 있었기 때문이다. 어쨌든 다산의 유신론적 상제신학에 내재된 이신론적 성격과 스미스의 이신론적 자연신학이 지니고 있는 유신론적 성격이 서로 맞물려 두 신학은 서로 다른 점보다는 비슷한 점을 더욱 많이 공유하고 있는 것으로 보인다. 스미스의 *TMS*와 다산의 『중용자잠』 같은 저서 속에서 발견되는 놀라울 정도로 유사한 구절이 이를 뒷받침한다. 이제까지 논의한 스미스와 다산 신학의 주요 내용을 요약하여 비교해 보면 다음과 같다.

1. 신과 자연, 그리고 상제와 하늘은 스미스와 다산의 도덕철학 체계의 출발점이자 원동력인 점에서 같다. 인간의 도덕감과 그 실현의 근거가 되고 있기 때문이다.

> Nature, when she formed man for society, endowed him with an original desire to please, and an original aversion to offend his brethren.110)

> 天賦我性 授之以好善之情 畀之以擇善之能 此雖在我 其本天命也.111)

2. 스미스의 신과 다산의 상제는 인류와 만물을 나름대로 지어내고 최선을 다해 보살피며 행위의 결과를 상과 벌로 엄격하게 심판하는 자애와 지혜, 그리고 정의를 그 속성으로 하는 존재란 점에서 같다. 다만 다산의 상제가 세상사를 주재하는 인격신이란 점에서 스미스의 비인격적인 신과는 범주를 달리하는데, 주재의 공능(功能)을 구체적으로 파악할 수 있는 방법을 우리가 지니고 있지 못하기 때문에 양자의 실질적인 차이를 확인하기는 어렵다.

---

110) Adam Smith, *TMS*, p. 116. 이 문장은 위의 각주 34에서 이미 인용한 바 있다. 스미스는 다음과 같이 주장하기도 하였다: "And thus we are led to the belief of a future state, not only by the weaknesses, by the hopes and fears of human nature, but by the noblest and best principles which belong to it, by the love of virtue, and by the abhorrence of vice and injustice." Adam Smith, *TMS*, p. 169. 이 인용문은 위의 각주 57과도 관련이 있다.

111) 『中庸自箴』, 1:4 [4:181]. 이 문장도 위의 각주 105에서 이미 인용한 바 있다.

3. 스미스와 다산 모두 신과 상제의 존재 증명 그 자체를 진지하게 다루지는 않았다. 신의 존재를 증명하기 위해 스미스가 실제로 사용했던 방법은 다른 이신론자들과 마찬가지로 관찰 가능한 현상의 특성으로부터 그 생성의 궁극적 원인을 논리적으로 추론하는 〈설계논증〉이었다. 전지전능한 인격신으로서 상제의 존재를 증명하기 위해 다산이 사용했던 방법은 그러한 존재가 인간의 도덕적 삶을 위해 필연적으로 요청된다는 점을 강조하는 〈윤리학적 논증〉이었다. 다산은 이렇게 요청되는 상제의 실재를 그를 거론한 성인의 권위와 〈천인감응의 묘리〉를 통하여 증명할 수 있다고 믿었다. 하지만 스미스와 다산 모두 설계논증과 윤리학적 논증이 신과 상제의 존재를 증명하는 완벽한 방법이 되지 못한다는 점은 잘 알고 있었을 것으로 보인다.

4. 스미스는 종교도 철학처럼 인간이 지적으로 성숙하는 과정에서 몇몇 인간 심성의 원리에 의해 생성·발전되었다고 보았던 듯하다. 그 가운데에서도 모든 행위에 대해 이승과 저승에서 엄정한 심판을 내리는 정의로운 신을 향하여 인간이 지닌 〈두려움〉을 가장 중요한 원리로 여겼을 가능성이 높다. 인간이 지닌 두려움의 바탕 위에 세워지기 시작한 종교는 다시 인간 사회의 질서 유지와 행복의 증진을 위해 필수적인 도덕률을 재가하고 의무감을 강화시키는 기능을 담당하였다. 다산은 종교의 성립에 관해서는 논하지 않았다. 하지만 그도 상제가 인간에게 심어 주고자 한 가장 중요한 심성으로 〈두려움〉을 지적하였다. 스미스와 다산은 이구동성으로 사람들은 신과 상제가 그들의 도덕적 심성에 명령하는 바에 따라 살아갈 때 두려움에서 벗어나 평온과 행복을 누릴 수 있다고 주장하였다.

What is agreeable to our moral faculties, is fit, and right, and proper to be done; the contrary wrong, unfit, and improper. … Since these, therefore, were plainly intended to be the governing principles of human nature, the rules which they prescribe are to be regarded as the commands and laws of the Deity, promulgated by those vicegerents which he has thus set up within us.112)

天於賦生之初 有此命 又於生居之日 時時刻刻續有此命 天不能諄諄然命之 非不能也 天之喉舌寄在道心 道心之所儆告 皇天之所命戒也113)

5. 스미스의 자연신학과 다산의 상제신학은 그들의 도덕철학체계 안에서 인간이 도덕적으로 행동하지 않으면 안 되는 이유를 설명하고 있다는 점에서 일차적으로 중요한 의미를 지닌다. 또 신학이 과학적 탐구를 촉진한다고 이해한 점에서도 큰 차이가 없다. 신과 상제는 자연현상과 인간의 심성에 법칙과 원리를 부여하고 만물과 인간이 그것을 준수하며 두루 융성하기를 기대한 만큼, 사람들이 이를 올바로 파악하여 활용하거나 따를 수 있을 때 신과 상제가 의도한 우주적 사업에 인간도 동참할 수 있다고 보았기 때문이다. 끝으로 신학은 스미스에게 세상을 보는 낙관적 〈무위의 비전〉을 심어 주었다. 선한 스토익

---

112) Adam Smith, *TMS*, p. 165. 이 인용문의 대략적인 내용은 위에서 이미 다룬 바 있다.

113) 『中庸自箴』, 1:3 [4:180]: "하늘이 생명을 부여해 준 처음에 이 명이 있었으며, 또 살아가는 동안 시시각각으로 이 명은 계속 있게 마련이다. 하늘은 순순히 그 명을 타이르지는 않는데, 그것은 그렇게 할 수 없어서 그런 것이 아니다. 하늘의 혀는 도심에 깃들어 있으니, 도심이 경고하는 것은 곧 하늘이 명하고 경계하는 것과 같다."

적 신은 사회질서의 확립과 인성의 완성, 그리고 행복의 증진을 위해 항상 노력하고 있다고 확신하였기 때문이다. 반면에 다산은 상제가 부여한 성선이라는 낙관적 전제에도 불구하고, 선과 악의 선택권을 지닌 인간이 처해 있는 악에 빠져들기 쉬운 환경을 우려하며 비관적 〈유위의 비전〉을 떨쳐 버리지 못하였다.

3. 윤리학

1) 아담 스미스의 자제(self-command)의 윤리학

윤리학이란 무엇인가, 또는 무엇이어야 하는가 하는 질문은 그것 자체가 뜨거운 논란의 대상이 되어 온 어려운 철학적 문제 가운데 하나이다. 오늘날 윤리학은 대체로 〈규범윤리학(normative ethics)〉과 〈메타윤리학(metaethics)〉으로 구분되고 있다. 대부분의 전통적 윤리학자들이 추구했던 전자가 〈도덕적 실천〉을 지향한다면, 현대의 거의 모든 분석철학자들이 염두에 두고 있는 후자는 도덕적 담론에서 사용되고 있는 개념들의 의미 분석이나 규범윤리학의 존립 가능성의 타진 등과 같은 〈지식의 획득〉을 목적으로 삼고 있다는 점에서 차이가 있다.[114] 이런 구분에 따른다면, 스미스나 다산의 윤리학은 당연히 규범윤리학에 속한다고 하지 않을 수 없다. 새로운 사회 또는 바람직한 사회를 이룩하

---

114) Kai Nielsen, "Ethics, Problems of," article in Paul Edwards (ed.), *The Encyclopedia of Philosophy*, Vol. 3 (New York: Macmillan, 1978), pp. 117-119.

기 위한 전제로서 개개인의 도덕적 실천과 행사가 그들 윤리학의 절실한 목표였기 때문이다.

TMS에 집약되어 있는 스미스의 윤리학은 사회 속에서의 개인의 행위를 신의 설계 또는 의도와 조화되도록 만들 수 있는 원리, 즉 자연의 법칙을 찾는 데 그 주된 목적이 있다. 이것은 위에서 이미 논의한 바 있듯이 당시의 시대적 과제, 즉 홉스 문제의 새로운 해결 방안을 제시하고 근대사회의 질서 원리를 해명하려는 큰 프로젝트의 일부에 해당된다. 문제해결의 요체가 근대의 상징인 〈효용〉과 고대의 상징인 〈덕〉의 절충에 있다고 본 스미스는 상충하는 두 개념을 체계적으로 조화시킬 수 있는 원리의 탐색에 나섰다. 이를 위해 그는 먼저 윤리학이 다뤄야 할 다음과 같은 두 가지 기본적 질문을 제기하였다: 첫째, 덕의 본질과 역할은 무엇인가? 둘째, 도덕적 판단의 기본원리는 무엇인가?[115] 이러한 질문에 대하여 플라톤, 아리스토텔레스, 스토익들, 그리고 동시대의 여러 학자들이 제시했던 다양한 견해를 비판적으로 검토한 뒤에 새롭게 절충하여, 스미스는 그의 스승이었던 허치슨이 미처 도달하지 못했고 그의 친우였던 흄이 깊이 추구하지 않았던 새로운 도덕 및 사회이론을 자신의 답변으로 제시하였다.

(1) 덕의 본질과 역할

〈자애심(self-love)〉 또는 〈자기보존〉의 욕구가 인간의 행위를 결정하는 지배적인 원리로 마키아벨리(Machiavelli: 1469-1527)에 의해 새롭게 부

---

115) Adam Smith, TMS, p. 265. Kai Nielsen도 위의 글 p. 121에서 비슷한 질문을 하고 있다.

각된 이후 시민사회가 형성되어 가는 과정에서 유럽의 지성인들에게 던져진 중요한 과제 가운데 하나가 위에서 자주 거론되었던 이른바 홉스 문제였다. 이것은 자애심의 원리에 따라 행동하고 또 다양한 열정과 욕구를 지닌 수많은 개인들로 구성된 사회가 질서와 평화 속에서 결속을 유지할 수 있는지 여부를 묻는 문제로서 무엇보다 먼저 윤리학적 접근과 해법이 절실히 요청되는 문제였다. 스미스는 이 문제를 다음과 같은 형식으로 제기하고 또 답변하였다.

[곤경에 처해 있는 타인들에 대한] 우리들의 소극적 감정이 거의 항상 그토록 야비하고 또 이기적이라면, 우리들의 적극적 [행동]원리가 흔히 그토록 관대하고 또 고상한 것은 무엇 때문인가? … 관대한 사람들은 항상, 그리고 보통 사람들도 많은 경우에 타인들의 더 큰 이익을 위하여 그들 자신의 이익을 희생하는데, 그러한 희생을 고무하는 것은 무엇인가? 자애심이라는 더 없이 강력한 충동을 중화시킬 수 있는 것은 인간애(humanity)라는 여린 힘도 아니고, 자연이 인간의 심장에 붙여 놓은 인애심(benevolence)이라는 가냘픈 불꽃도 아니다. 그런 경우에 발휘되는 것은 더욱 강화된 힘, 더욱 강력한 동기이다. 그것은 이성, 원리, 양심, 가슴속의 거주자, 내부의 사람, 우리들 행위의 위대한 판관과 중재자이다. 그는 우리가 다른 사람들의 행복에 영향을 미칠 수 있는 행동을 하려고 할 때마다, 우리들의 정감 가운데 가장 주제넘은 것을 놀라게 할 수 있는 목소리로, 우리들은 많은 사람들 가운데 하나일 뿐이며 그 가운데 그 누구보다 더 나은 존재가 아니라는 점을 말해 주는 사람이다. … 자애심의 자연적 오전(誤傳 misrepresentations)이 수정될 수 있는 것도 바로 이 공정한 관찰자의 눈을 통해서이다. … 많은 경우에 우리들로 하여금 〈신성(神性)을 지닌 덕(divine virtues)〉을 실천하도록 고무하는 것은 우리들의 이웃에 대한 사랑도 아니고 인류애도 아니

다. 그런 경우에 일반적으로 발현하는 것은 더욱 강력한 사랑이며 더욱 힘찬 감정, 즉 명예롭고 고상한 것에 대한 사랑, 장엄과 존엄 그리고 우리들 자신의 성품의 탁월성에 대한 사랑이다.116)

이 인용문은 스미스의 윤리학 체계와 관련하여 몇 가지 중요한 내용을 함축하고 있다. 첫째, 스미스는 흄과 허치슨의 도덕이론에 전적으로 동조할 수 없음을 시사하였다. 흄은 모든 관찰자들에게 기쁨이라는 효용을 주는 개인의 심성을 덕으로 정의하고, 그 대표적인 것으로 〈인간애〉를 꼽았다. 그리고 이런 조건을 충족시킬 수 없다고 본 〈자애심〉은 덕으로 간주하지 않았다.117) 스미스는 인간애를 〈여린 힘(soft power)〉으로 묘사함으로써 효용의 관점에서 덕을 논한 흄을 넌지시 비판하였다.118) 그는 또 보통 사람들이 지닌 자애심이라는 강력한 행위의 동기가 지닌 중요성을 간과하고, 덕의 본질을 기독교적 사랑의 철학적 표현인 인애심으로 한정하여 논의한 허치슨도 같은 방법으로 비판하였다. 인애심을 〈가냘픈 불꽃(feeble spark)〉이라고 묘사한 것이 그것이다. 이것은 인간애나 인애심이 홉스 문제의 독자적 해결 원리가 되기에는 미흡함을 지적한 것이라고 볼 수 있다. 둘째, 스미스는 관대한 사람들뿐만 아니라 보통 사람들도 사회성을 지니고 있음을 강조하였다. 이것은 그가 타인을 배려하는 속성을 허치슨 등이 강조한 소수의 귀족적 현인들의 전유물이 아니라, 사회를 구성하고 있는 다수의

---

116) Adam Smith, *TMS*, p. 137.

117) David Hume, *An Enquiry concerning the Principles of Morals*,(1751) edited by T. L. Beauchamp (Oxford: Oxford University Press, 1998), pp. 139, 147-152.

118) Hume의 효용 윤리학에 대한 스미스의 직접적인 비판은 *TMS*, p. 188 참조.

세속적 보통 사람들도 정도의 차이는 있을 수 있지만 공유하고 있는 인간의 본성으로 파악했음을 뜻한다. 셋째, 어떤 감정도 그것 자체로 선하거나 악하지 않음을 밝혔다. 자애심도 본질적으로 악한 감정이 아니며, 그것이 공정한 관찰자가 허용하는 적정한 한계 내에서 발휘될 경우 사회적으로 존경받는 유용한 감정이 될 수 있음을 분명히 한 것이다. 넷째, 인용문의 마지막 구절은 허치슨의 기독교적 〈사랑의 윤리(ethic of love)〉가 스토익적 〈자제의 윤리(ethic of self-command)〉로 보완될 필요가 있음을 지적한 것으로 파악될 수 있다.119) 자제야말로 모든 감정의 조절에 필수적인 덕목이기 때문이다.

스미스는 〈덕〉을 흄의 영향을 받아 우선 〈연성의 덕(amiable virtue)〉과 〈경성의 덕(awful virtue)〉으로 구분하였다. 전자는 인간애나 인애심 같은 기독교적 〈사랑의 덕〉을 뜻하고, 후자는 스토익적 〈자제의 덕〉을 의미한다. 인간 본성의 완성, 그리고 완전한 경지의 덕은 양자를 겸비할 때 이뤄진다고 그는 생각하였다.120) 한 걸음 더 나아가 스미스는 덕을 네 가지로 나누어 자세히 논의하였다. 〈신중〉, 〈인애심〉, 〈정의〉, 〈자제〉가 그것이다. 그리고 개개의 덕은 그것의 실천을 통하여 이루고자 하는 목적의 고저에 따라 우열의 형태가 있을 수 있다고 지적하였다. 예컨대 항상 위대하고 고상한 가치의 실현을 염두에 두고 있었던 플라톤이나 아리스토텔레스 같은 철인들의 신중은 〈최상의 가슴과 결합된 최상의 머리〉로서 온갖 찬사를 받아 마땅한 탁월한 덕으로 본 반면, 자신의 건강이나 행운, 그리고 명성을 지키기 위한 에피큐리언들

---

119) Adam Smith, *TMS*, pp. 23-26; D. D. Raphael and A. L. Macfie, "Introduction," pp. 6-7.

120) Adam Smith, *TMS*, pp. 23-26, 152.

의 신중은 차가운 존경의 대상이 될 수밖에 없는 저열한 것으로 간주하였다.121) 정의의 경우도 유사하다. 정의에는 플라톤이 그렇게 이해했던 것과 같이 모든 덕을 포괄하는 완전한 덕으로서의 정의뿐만 아니라 분배 및 교환정의처럼 차원이 낮은 덕으로서의 정의도 있다고 보았다. 그러나 스미스는 저열한 에피큐리언들의 신중에 플라톤의 그것보다 더욱 깊은 주의를 기울인 것과 마찬가지로 정의에 관한 자신의 논의를 그 준수가 법으로 강제될 수 있는 〈교환정의〉라는 소극적인 덕에 국한시켰다.122) 비슷한 이유로 해서 스미스는 보통 사람들이 실천할 수 없을 정도로 고원한 스토익들의 세속을 초탈한 숙명론적 자제의 덕도 신랄하게 비판하였다.123) 그가 찾고자 했던 것은 소수의 철인이나 영웅들이 다스리는 특수한 사회의 질서 원리가 아니라 낮은 수준의 도덕적 감수성만을 지닌 보통 사람들이 다수를 점하고 있는 근대적 상업사회의 그것이었기 때문이다.124) 만약 플라톤과 세네카가 주장했던 것처럼 덕의 실천에 방해가 된다는 이유로 상업이 천시되어야 한다면, 그러한 덕이 아무리 고상하다고 하더라도 홉스 문제의 해결을 위해 스미스가 규명하고자 노력했던 자유의 증진 및 경제의 성장과 양립할 수 있는 덕이 아니라는 점만은 분명하다. 스미스는 이처럼 변화된 시대 상황과 일반 대중의 의식 수준을 염두에 두고 전래의

---

121) Adam Smith, *TMS*, p. 216.
122) Adam Smith, *TMS*, pp. 79-82, 86, 269-270.
123) Adam Smith, *TMS*, pp. 281-283, 292-293.
124) Hiroshi Mizuta, "Moral Philosophy and Civil Society," in A. S. Skinner and T. Wilson (eds.), *Essays on Adam Smith* (Oxford: Oxford University Press, 1975), pp. 119-120.

덕이 지녔던 의미의 새로운 정립을 시도하였다.

그렇다면 덕의 본질은 무엇인가? 환언하여 칭찬할 만한 탁월한 성격을 지어 내는 마음의 기질은 어디에 존재하는가? 스미스는 덕의 본질에 관한 기존의 논의는 다음과 같은 세 범주로 환원될 수 있다고 생각하였다.[125] 첫째는 덕의 본질이 어느 한 특정 부류의 정감(affection)에 있는 것이 아니라, 우리들이 지닌 모든 정감과 그에 따른 행동의 적절한 관리와 제어, 즉 〈적정(decorum, propriety)〉에 있다고 보는 견해이다. 플라톤과 아리스토텔레스, 스토익들이 염두에 두었던 덕의 본질이 이것이다. 둘째는 개인의 이익과 행복의 주도면밀한 추구, 즉 〈신중〉에서 덕의 본질을 찾으려는 관점으로서 에피큐리언들의 소신은 여기에서 비롯된 것이다. 마지막으로 덕은 우리들 자신의 행복이 아니라 오로지 타인들의 행복을 지향하는 이타적 정감에만 존재하기 때문에 사심 없는 〈인애심〉이 바로 그 본질이라는 주장이 있다. 이런 주장은 이제까지의 서술을 통하여 어렵지 않게 짐작할 수 있듯이 허치슨의 지론으로 대표될 수 있다. 이러한 세 범주를 면밀히 검토한 뒤에 스미스는 신중은 이타적 행위를 설명할 수 없고, 인애심을 이기적 동기의 유용함을 무시하고 있다는 이유를 들어 스토익들의 편에 서서 덕의 본질은 적정에 있다는 결론에 도달하였다.

덕이 일상생활 속에서 담당하고 있는 역할도 적정의 관점에서 유추가 가능하다. 덕이 의미를 갖는 주된 이유는 그것이 원초적 인간의 사회화(socialization)를 돕는 촉매의 기능을 담당하기 때문이다. 다시 말하여 덕은 사람들로 하여금 그들이 지닌 과도한 열정(passion)을 절제하도록 돕는 기능을 수행한다.[126] 이런 맥락에서 스미스는 스토익적 자제

---

125) Adam Smith, *TMS*, pp. 266-306.

의 덕을 특히 강조하였다. 자제는 자신의 감정과 행동을 적절히 제어할 수 있는 성격상의 능력을 의미한다. 덕은 또한 사람들이 이웃의 행복뿐만 아니라 자기 자신의 행복에 대하여 지나칠 정도로 주의를 게을리 할 때에도 이를 스스로 반성토록 촉구하는 역할을 담당하기도 한다.[127] 자애심이 알맞게 발휘되지 않을 경우 오히려 지탄을 받을 수 있는 것은 이 때문이다. 이런 관점에서 스미스가 특히 강조한 것은 에피큐리언들의 신중의 덕이었다. 결국 덕은 사람들이 지니고 태어난 절제되지 않은 열정을 순화하여 그들로 하여금 자신의 판단을 교정할 수 있는 반성적 〈도덕인(moral man)〉, 그리고 근대적 상업사회에 걸맞은 사려 깊은 〈경제인(economic man)〉으로 새롭게 태어나도록 돕는 의미 있는 역할을 담당한다고 볼 수 있다.[128]

(2) 도덕적 판단의 기본원리: 동감(sympathy)의 원리

덕의 본질이 적정에 있다면, 적정의 척도 또는 판단의 기준은 어디에 있는가? 이런 질문에 대한 스미스의 답변을 듣고 이해하기 위해서는 약간의 부연 설명이 필요하다. 위에서 윤리학이 다뤄야 할 두 가지 기본적 질문에 대하여 언급한 바 있다. 그 하나는 덕의 본질에 관한 것이고, 다른 하나는 도덕적 판단의 기본원리에 관한 것이다. 도덕적

---

[126] 스미스는 관례에 따라 〈열정(passion)〉을 본능, 충동, 감정, 성향 등을 모두 포괄하는 집합명사로 사용하였다. R. L. Heilbroner, "The Socialization of the Individual in Adam Smith," p. 124.

[127] Adam Smith, *TMS*, pp. 262-263.

[128] R. L. Heilbroner, "The Socialization of the Individual in Adam Smith," pp. 123, 126.

판단의 기본원리 또는 우리가 어떤 행동이나 품성이 바람직하다고 찬동할 때 그 찬동의 원리가 무엇인가에 관해서는 18세기 영국에서 대체로 세 가지 이론이 경합하고 있었다.[129] 첫째는 홉스와 맨더빌이 사회계약론에 입각하여 주창한 에고이즘이다. 에고이즘은 찬동의 원리를 〈자애심〉 또는 〈이기심〉에서 찾았다. 둘째는 주로 신학적 입장에서 홉스의 주장에 반기를 들었던 케임브리지의 플라톤주의자들이 내세운 윤리적 합리주의이다. 합리주의자들은 어떤 명제의 진위를 규명하거나 수학의 공리를 파악할 수 있는 〈이성〉으로 행동과 정감의 선악도 구별할 수 있다고 확신하였다. 셋째는 샤프츠버리(Shaftesbury: 1671- 1713) 이래 허치슨, 흄과 같은 스코틀랜드학파에 속하는 학자들이 내세운 〈도덕감각이론(moral sense theory)〉이다. 이 이론은 찬동의 원리가 이기심 또는 이성이 아니라 직접적(immediate)인 〈감정〉이나 〈느낌〉에 있다고 주장하였다.

스코틀랜드학파에 속했던 스미스는 허치슨과 흄에 의해 윤리적 합리주의와 에고이즘이, 다만 맨더빌의 이기적 이론에는 경제적 관점에서 취할 만한 일말의 진리가 있음을 어느 정도 인정하면서도, 이미 충분히 논파되었다고 간주하고, 도덕적 판단에 관한 이론을 그들처럼 감정이나 느낌 위에 구축하고자 시도하였다. 그렇다면 어떤 감정이 도덕성 이론의 올바른 토대가 될 수 있는지 묻지 않을 수 없고, 이런 맥락에서 제기된 질문이 바로 덕의 본질인 적정의 척도 또는 적정의 판단 기준에 관한 질문, 즉 어떤 정감이나 행동이 도덕적이기 위해 갖춰야 할 공정성(impartiality)을 확인해 줄 수 있는 원리에 관한 질문이었다.

설계논증을 신봉하는 스미스의 신학적 입장에서 보았을 때, 가장

---

[129] Adam Smith, *TMS*, pp. 314-327.

확실한 적정의 척도는 신의 설계 또는 신의 의도라고 할 수 있다. 하지만 그것을 직접적으로 확인하여 연역의 기초로 삼을 수 있는 방법이 없기 때문에, 그는 〈동감〉과 〈관찰자〉라는 개념을 사용한 간접적 귀납의 방법으로 유용한 척도를 찾고자 했다. TMS가 타인의 슬픔과 기쁨에 대한 동료 감정, 즉 역지사지(易地思之)를 통한 감정이입(empathy)으로서의 동감이 인간의 본성에 내재한 원초적 정감 가운데 하나임을 무엇보다 먼저 확인하고, 다음으로 사람들은 자신이 가슴 속에 품고 있는 정감에 대하여 주변 관찰자들의 동료 감정을 확인할 수 있을 때, 다시 말하여 〈상호 동감(mutual sympathy)〉을 느낄 수 있을 때 가장 큰 즐거움을 얻게 된다는 전제를 세우는 것으로 시작하고 있는 것은 이 때문이다.

그러나 동감과 관찰자는 스미스가 처음으로 사용하기 시작한 개념이 아니다. 그에 앞서 이미 흄은 동감이라는 원초적 감정이 인간 본성의 한 원리임을 인정하고, 그것을 성격이나 행동에 대한 찬동의 원리, 즉 도덕적 판단의 기초로 삼았다.[130] 그뿐만 아니라 흄은 허치슨이 이미 그랬던 것처럼 도덕적 판단을 현명한 관찰자의 관점에서 분석하였다. 이들이 도덕적 판단에서 가장 중시하였던 것이 사심 없는 중립적(disinterested) 자세와 입장이었기 때문이다. 허치슨에게는 인애심만이 덕이 될 수 있고, 흄에게 자애심이나 이기심은 덕이 될 수 없는 이유도 여기에 있다. 스미스가 동감과 관찰자의 개념을 이들로부터 받아들여 사용하면서도 독창성을 발휘하여 그들과 차별화를 이룬 것은 바로 이 대목에서였다. 허치슨과 흄의 관찰자는 어떤 행위자의 과거 행동에 대한 도덕적 판단에 관여하는 제삼자이다. 이에 비하여 스미스의 〈공정

---

130) David Hume, *An Enquiry concerning the Principles of Morals*, pp. 109, 117.

한 관찰자(impartial spectator)〉는 행위자가 어떤 행동을 하기에 앞서 스스로 미리 반성할 기회를 갖게 해 주는 내 마음 속의 〈양심(conscience)〉과 같은 역할을 주로 담당한다는 데 큰 차이가 있다.131) 다시 말하여 공정한 관찰자는 한 개인이 자신을 행위자로서의 자기와 관찰자로서의 자기로 분리시킨 뒤에 후자의 입장에서 전자를 판단하려 할 때에 필요한 가상의 공평무사한 관찰자를 의미한다. 이것은 스미스가 인간애나 인애심 같은 기독교적 연성의 덕 못지않게, 위에서 이미 몇 차례 지적하였듯이, 자제라는 스토익적 경성의 덕이 지닌 중요성에도 주목하고 있었음을 의미한다.132)

연성의 덕은 역경에 처해 괴로워하거나 또는 행운을 만나 즐거워하는 어떤 당사자에게 본인이 스스로 그의 입장에 서 있다고 상상하며 진심에서 우러난 동감을 표시할 수 있도록 성실하게 노력하는 관찰자의 덕이다. 이에 비하여 경성의 덕은 자신의 감정을 중립적 관찰자의 동감을 얻을 수 있을 정도로 스스로 억제하려는 행위자의 덕이라는 점에서 다르다. 스미스는 바로 이 경성의 덕을 강조함으로써 자신의 스승과 친우의 이론적 한계를 뛰어넘을 수 있었는데, 이것이 지닌 함의는 대체로 다음과 같은 세 가지로 요약될 수 있을 것으로 보인다. 첫째, 근대적 상업사회는 홉스 문제의 해결을 위해 경성의 덕에 의존하지 않을 수 없다. 연성의 덕은 서로 가까운 관계에 있거나 또는 사회 전체의 조감이 가능하고 높은 도덕적 감수성을 지닌 소수의 사람들만

---

131) D. D. Raphael, "The Impartial Spectator," in A. S. Skinner and T. Wilson (eds.), *Essays on Adam Smith*, pp. 87-89; Jerry Evensky, "The Two Voices of Adam Smith: Moral Philosopher and Social Critic," pp. 178-179.

132) 스미스는 덕을 연성의 덕과 경성의 덕으로 구분하여 논의하는 대목에서 〈공정한 관찰자〉라는 개념을 처음으로 도입하였다.

이 갖출 수 있는 덕이어서 개인과 사회를 효과적으로 연결하는 매개체가 되기에는 충분치 못하다. 따라서 대규모 익명사회가 유지되기 위해서는 그 사회의 다수를 이루고 있는 보통 사람들이 공유하고 있는 덕이 있어야 하는데, 그것이 바로 자제라는 경성의 덕이다.133) 둘째, 어떤 정감도 항상 유용하거나 항상 해로운 것이 아니다.134) 이것은 홉스 문제의 근원을 이루고 있는 자애심이나 이기심도 공정한 관찰자의 동감을 얻을 수 있을 정도로 절제되어 발휘될 때 사회 전체의 편익과 국부를 증진시키는 강력한 원동력이 될 수 있음을 의미한다.135) *TMS*가 *WN*의 윤리학적 전제가 되고 있는 것은 이 때문이다. 셋째, 덕과 악을 판단하는 기본원리는 직접적인 감정과 느낌이지만, 공정한 관찰자에 의한 동감의 실제적 과정을 주도하는 것은 감정이 아니라 이성이다. 행위자의 입장이 되어 그를 이해하거나 자신을 타인의 입장에 서서 바라볼 수 있는 상상력, 그리고 전후 사정을 숙지하고 내려야 하는 균형 잡힌 판단 등 공정한 관찰자가 동감을 이루기 위해 갖춰야 할 능력은 감정의 단순한 공유와는 차원이 다른, 이성의 작용을 전제로 하는 지적 능력이기 때문이다.136)

결론적으로 적정의 척도, 즉 도덕적 판단의 기본원리는 〈동감의 원

---

133) Adam Smith, *TMS*, p. 25; Hiroshi Mizuta, "Moral Philosophy and Civil Society," pp. 120-121.

134) "Every affection is useful when it is confined to a certain degree of moderation; and every affection is disadvantageous when it exceeds the proper bounds." Adam Smith, *TMS*, p. 306.

135) Adam Smith, *TMS*, pp. 82-83, 173-174.

136) Adam Smith, *TMS*, pp. 319-320; A. L. Macfie, "Adam Smith's Theory of Moral Sentiments,"(1961) *Adam Smith Critical Assessments*, Vol. I, pp. 301-303.

리〉로 요약될 수 있다. 여기에서 다시 누구의 동감인가가 문제가 될 수 있는데, 이 맥락에서 스미스는 삼심제 하의 재판관을 방불케 하는 세 부류의 주체를 검토하였다.137) 첫째는 제일심 재판을 담당하는 〈외부의 사람(man without)〉 또는 행위자를 제외한 다른 사람들(mankind)로서 허치슨과 흄이 염두에 두었던 관찰자는 여기에 속한다. 이들의 판결이 곧 여론이라고 보아도 무방한데, 이것은 종종 오류를 범할 수 있다. 둘째는 제이심 재판을 담당하는 〈내부의 사람(man within)〉 또는 신의 대리인으로서, 위에서 논의한 스미스의 공정한 관찰자가 여기에 속한다. 행위자 자신의 양심의 소리가 곧 이들의 판결이다. 양심의 법정은 여론의 법정에서 나온 판결을 번복할 수 있으나 그것으로부터 초연할 수는 없고, 또 항상 옳지도 않으며 경우에 따라 부패할 수도 있다.138) 특히 그것이 비록 무지에서 비롯된 잘못된 것이라 할지라도, 비난의 여론이 비등할 때에는 양심의 판결도 주저하며 흔들릴 수 있는데, 이때 상소할 수 있는 마지막 제삼심 법정의 재판관이 전지전능한 신(God)이다. 하지만 신은 내세에서나 만날 수 있는 극히 예외적인 경우의 재판관이고 또 외부 사람들의 판결은 정확하고 뚜렷하지 못하기 때문에, 스미스가 내세우고자 하는 동감의 주체는 공정한 관찰자라고 할 수 있다.139) 결국 덕의 본질은 적정에 있고, 적정의 판단기준은 공정한 관찰자의 동감에 있다는 것이 그의 결론이다.

---

137) Adam Smith, *TMS*, pp. 128-132.

138) Adam Smith, *TMS*, pp. 141, 148.

139) Adam Smith, *TMS*, pp. 292-294, 306.

(3) 스미스 도덕철학 체계에서 윤리학의 의미

스미스는 인간을 타고난 품성은 비록 선하지만 사회라는 거대한 기계를 마찰 없이 작동시키기에 충분할 정도의 이타적 심성을 지닌 고결한 존재로 파악하지 않았다. 다양한 열정을 지닌 연약하고 불완전한 피조물이 그가 염두에 둔 인간상이었다.[140] 이들이 어떤 원리에 따라 도덕적 판단을 내리고 또 어떻게 행위 규범을 만들어 가며 사회생활을 영위하고 있는지를 사실(fact)에 입각하여 과학적으로 밝히는 것이 그가 생각한 윤리학의 주된 과제라고 할 수 있다. 뉴턴의 방법론을 선호하여 소수의 일반 원리로 다양한 현상을 설명하고자 노력했던 그는 윤리학의 기본원리를 인간의 본성 속에 내재한 본원적 열정의 일종인 동감에서 찾았다. *TMS*가 이러한 원리의 존재를 확인하는 데서 출발하고 있는 것도 그 때문이다.

인간이 아무리 이기적이라 할지라도, 그의 본성 속에는 분명히 몇 가지 원리가 있어 그것이 그로 하여금 타인의 운(fortune)에 관심을 갖게 하고, 그것을 보는 기쁨 이외에는 아무 것도 얻을 것이 없는데도 그들의 행복을 그에게 필요한 것이 되게 한다. 우리가 타인의 비참함을 직접 목격하거나 또는 그것을 생생하게 마음속에 그릴 수 있을 때 느끼는 연민이나 동정도 이 부류에 속하는 감정이다. 우리가 흔히 타인의 슬픔을 함께 슬퍼하는 것은 증명을 요하지 않는 하나의 명백한 사실이다. 왜냐하면 이러한 감정은 다른 모든 인간 본성의 본원적 열정처럼 결코 유덕하고 자비로운 사람들에게, 비록 그들이 그것을 가장 섬세한 감수성으로 느낄지는 몰라도, 국한된 것이 아니기 때문이다. 가장 몹쓸 악

---

140) Adam Smith, *TMS*, pp. 77-78.

한, 가장 비정한 범법자들도 그러한 감정을 전혀 갖지 않은 경우는 없다. … 연민과 동정은 타인의 슬픔에 대한 우리들의 동료 감정을 나타내는 적절한 단어이다. 동감은 비록 그 원래의 의미가 아마도 이와 같았겠지만, 그러나 지금부터는 별 문제 없이 모든 열정에 대한 동료 감정을 나타내는 데 사용될 수 있을 것이다.141)

스미스의 이러한 주장은, 사람은 누구나 타인의 불행이나 비참을 그냥 보아 넘기지 못하고 측은하게 여기는 마음, 즉 불인지심(不忍之心)을 지니고 있다는 『맹자』〈공손추(公孫丑) 상(上)〉의 〈불인장(不忍章)〉의 내용을 방불케 한다. 하지만 스미스의 탁월한 점은 이러한 불인지심 혹은 동료 감정을 맹자처럼 부인할 수 없는 사실로 확인한 데 그치지 않고, 거기에서 〈동감〉이라는 하나의 일반원리를 찾아내, 마치 물리학자들이 〈중력(gravity)〉이라는 원리를 발견하여 자연계의 여러 물리현상을 설명하고 있듯이, 인간 사회의 주된 도덕 현상을 체계적으로 설명하려고 시도하였다는 데 있다.142) 스미스의 윤리학은 그의 법학이나 경제학과 마찬가지로 뉴턴의 방법 이외에 다음과 같은 몇 가지 경험적 가설과 명제를 공유하고 있다는 데 또 다른 특징이 있다. 첫째, 인간 본성의 원리는 변하지 않는다. 둘째, 사람들이 이 원리에 따라 행동할 때, 그들이 미처 의식하지 못한 ─ 신이 세운 계획의 일부라고도 볼 수 있는 ─ 〈의도되지 않은 사회적 결과〉가 초래된다. 셋째, 예법과 제도는 시간의 흐름 속에서 변화하며, 같은 시기라 하더라도 사회에

---

141) Adam Smith, *TMS*, pp. 9, 10.

142) T. D. Campbell, "Scientific Explanation and Ethical Justification in the *Moral Sentiments*," in A. S. Skinner and T. Wilson (eds.), *Essays on Adam Smith*, pp. 69-70; D. D. Raphael and A. L. Macfie, "Introduction," pp. 2-3.

따라 현격한 차이를 보일 수 있다.143)

윤리학도 이런 가정 위에 구축되어 있기는 마찬가지다. 그 출발점은 동감이라는 인간 본성의 불변적 기본원리다. 감정의 표현이나 행동의 적정 여부를 판단하는 데 바탕이 되는 동감은 모든 인간이 타고난, 타인을 배려하는 품성으로서의 동료 감정을 뜻하고, 이는 타인의 입장에 서서 관찰할 수 있는 〈상상력〉과 〈이성〉, 그리고 〈반성(reflection)〉의 산물이다. 하지만 어떤 관찰자도 타인의 경험을 그대로 반복할 수는 없기 때문에 적정 여부에 관한 그의 판단이 완전할 수는 없다. 따라서 관찰자가 내리는 판단의 정확성은 그가 행위자의 동기와 행동에 대하여 알고 있는 정보와 그 정보를 해석하는 공정성에 비례한다고 할 수 있다. 상호 동감의 즐거움을 향유하고 상호 반감의 고통을 경감하려는 행위자들도 이런 사정을 잘 알고 있기 때문에, 자신의 행동이나 감정의 표현을 관찰자들의 동감을 얻을 수 있도록 스스로 자제하게 된다는 데 동감 과정의 일차적인 중요성이 있다.144) 이런 외부의 관찰자들이 더욱 진화하여 내부화된 것이 바로 양심 또는 〈초자아(superego)〉라고 할 수도 있는, 행위자의 가슴 속에 존재하는 공정한 관찰자이다.

그러나 스미스는 공정한 관찰자의 존재가 우리들로 하여금 공정성의 관점에서 항상 적절한 판단을 내릴 수 있도록 보장해 주지는 않는다는 점에 대해서도 주목하였다. 그는 특히 사람들이 어떤 행동을 막하기 시작할 때와 행동이 끝난 후에는 공정한 관찰자의 냉정한 시각이 아니라 자신의 이기적 열정이 원하는 관점에 따라, 다시 말하여 공

---

143) R. H. Campbell and A. S. Skinner, "General Introduction," in Adam Smith, *WN*, pp. 3-4.
144) Adam Smith, *TMS*, pp. 21-22.

정한 타인의 입장이 아니라 자신의 입장에 서서, 자신의 행동을 대단히 편파적으로 정당화하려는 〈자기기만(self-deceit)〉의 약점을 지니고 있다고 지적하였다. 스미스는 사회적 무질서의 절반 정도가 이런 자기기만 또는 〈자애심의 망상(delusion of self-love)〉이라는 사람들이 지닌 치명적 약점에서 비롯된다고 보고, 우리들이 지켜야 하는 〈일반적 행동규칙(general rules of conduct)〉이 바로 이와 같은 약점을 극복하기 위하여 사회의 구성원들이 오랜 경험 속에서 지속적 관찰을 통하여 점진적으로 만들어 온, 해야 될 일과 해서는 안 될 일에 관한 일반 규칙임을 강조하였다.145) 결국 실천적 도덕규범과 사회제도는 적정(propriety)의 관점에서 개개인의 행동에 끊임없이 가해 온 공정한 관찰자의 비판이, 비록 때에 따라 개별적 행위자에 의해 무시당하기도 하지만, 사회적으로 점차 수용되며 진화의 과정을 거쳐 형성된 것이라고 할 수 있다.

　동감의 원리가 지닌 또 다른 중요한 의미는 경제활동의 영역에서 찾을 수 있다. 스미스는 사람들이 부와 권력과 명성을 경쟁적으로 추구하고 또 평생토록 꾸준히 자신의 생활 상태를 개선하려고 노력하는 이유를 의식주 문제의 해결이나 안일과 향락의 추구가 아니라 〈허영심(vanity)〉에서 찾았다. 허영심은 다른 사람들의 관심과 존경의 대상이 되고 싶어 하는 마음, 즉 동감을 얻고자 하는 마음을 의미한다. 이것은 다시 슬픔이나 빈천(貧賤)보다 즐거움과 부귀(富貴)에 더욱 강한 동감을 표시하려고 하는 인간의 성향에서 비롯된다고 스미스는 생각하였다.146) 그리고 그는 이러한 성향이 사회·경제적 관점에서 지닌 의미를 대략 다음과 같은 두 가지로 파악하였다. 첫째, 생활 상태를 개선하

---

145) Adam Smith, *TMS*, pp. 156-161.

146) Adam Smith, *TMS*, pp. 50-52.

려는 사람들의 경쟁적 노력과 출생 가문의 차이에 따라 소유와 신분상의 불평등이 나타날 수밖에 없음에도 불구하고, 그것이 분열과 불안의 원천이 되기보다는 오히려 질서와 평화를 유지하는 토대가 될 수도 있다.147) 둘째, 자리심에 따른 개인들의 행위가 경제의 성장, 그리고 성장 결과의 공평한 분배라는 의도되지 않은 결과를 초래한다. 먼저 가난한 사람들은 부자의 지위에 오르려는 이기적 야망을 품고 서로 경쟁하는 과정에서, 그것이 비록 진지하게 추구할 만한 참된 가치가 있어서가 아니라 〈자연의 기만(deception of Nature)〉에 따라 얻은 허망한 결과라는 점을 추후에 깨닫게 된다 하더라도, 근면·검약·신중과 같은 덕의 실천을 통하여 부와 지식의 축적을 이뤄 사회 전반의 생산력 제고와 인류 문명의 진보에 기여한다. 다음으로 지주처럼 부유한 사람들은, 그들이 부자라고 해서 가난한 이웃들보다 더 많은 양의 음식물을 필요로 하는 것은 아니기 때문에, 획득한 부를 자신의 이기적 취향에 따라 소비하는 과정에서 자기도 모르는 사이에 〈보이지 않는 손〉에 인도되어 이웃들에게 자신의 부를 형평하게 분배하는 역할을 담당하게 된다.148)

스미스는 근면과 검약으로 이기적 목적을 꾸준히 추구하는 사람들의 행위가 초래하는 바람직한 경제적 결과를 이처럼 기술하는 데 그치지 않고, 그러한 행위가 관찰자들의 동감을 얻을 수 있도록 자제와 신중, 그리고 정의의 한계 내에서 유지될 때 도덕적 찬동과 존중의 대

---

147) Adam Smith, TMS, pp. 52, 226; R. L. Heilbroner, "The Socialization of the Individual in Adam Smith," pp. 126-127.

148) Adam Smith, TMS, pp. 182-185; Adam Smith, WN, pp. 180-181; A. S. Skinner, "Adam Smith: The Development of a System," p. 510.

상이 된다는 점도 아울러 분명히 밝혔다.[149] 이런 맥락에서 그는 인애와 같은 적극적인 덕보다 정의라는 소극적인 덕의 실천을 특히 강조하여 마지않았다. 사회의 평화와 질서를 무엇보다 중시하였던 스미스에게 인애의 덕의 부재는 조금 덜 편안한 사회를 의미할 뿐이지만, 정의의 덕이 실천되지 않을 경우 그것은 사회의 존립 자체를 위협하는 홉스의 자연상태를 의미하는 것일 수 있기 때문이다. 스미스는 정의의 덕이 동감의 능력을 선천적으로 지니고 태어난 인간들에 의해 어느 정도는 자발적으로 실천될 수 있을 것으로 낙관하였다. 하지만 대규모 근대사회에서 특별한 관계가 없는 타인에 대한 동감은 점점 더 미약해지는 데 비해, 이기적 행위는 쉽게 과도해져 남을 해칠 수 있다는 점에 대해서도 깊은 우려를 표명하였다.[150] 그는 결국 사회의 평화와 질서가 유지되기 위해서는 정의의 규칙을 체현한 실정법이 사법 당국에 의해 엄정하게 집행될 필요가 있다는 결론에 도달하였다. 법학이 윤리학 다음으로 도덕철학의 중요한 구성 요소가 되어야 하는 이유를 스미스는 여기에서 찾았다.[151]

결론적으로 스미스의 윤리학은 그의 도덕철학 체계 안에서 자연신학과 법학, 그리고 경제학을 유기적으로 연결시켜 주는 중심고리의 역할을 담당하고 있다. 조금 더 부연하자면, 그 역할은 대략 다음과 같은 세 가지로 요약될 수 있다.

1. 윤리학은 먼저 다양한 열정을 지니고 태어난 원초적 인간들이 도덕적으로 사회화되어 가는 과정을 인간 본성이 지닌 불변의 원리, 즉

---

149) Adam Smith, *TMS*, pp. 83, 173.

150) Adam Smith, *TMS*, pp. 85-87.

151) Adam Smith, *TMS*, pp. 340-342.

동감의 원리를 바탕으로 설명하였다. 덕의 본질은 적정에 있으며, 적정의 척도는 공정한 관찰자의 동감에 있다. 공정한 관찰자는 신의 목소리를 대변하고 있는 인간 내면의 양심으로서 사람들은 즐거움의 원천인 공정한 관찰자의 동감을 얻을 수 있도록 자신의 언행을 적정한 수준으로 자제하고자 노력한다. 하지만 자제만으로는 미흡한 경우가 많기 때문에 이를 보완하기 위해 사회의 구성원들이 적정의 관점에서 공정한 관찰자가 개개인에게 끊임없이 제기해 온 비판 가운데 다수의 공감을 얻은 것들로 일반적 행동규칙을 만들어 지켜 온 것이 도덕적 규범과 제도이다.

2. 윤리학은 또 어떤 정감도 항상 유용하거나 항상 해로운 것이 아님을 밝히고, 자애심이나 이기심도 공정한 관찰자의 동감을 얻을 수 있도록 절제되어 발휘될 때 사회적으로 바람직한 덕목이 될 수 있음을 확인하였다. 그리고 도덕적으로 사회화된 인간들이 자신의 생활 상태를 개선하려는 이기적인 목적을 〈자연의 기만〉 또는 〈보이지 않는 손〉의 지시에 따라 신중과 정의가 허용하는 범위 안에서 추구하는 가운데 국부의 증진에 기여하며 경제성장의 주역으로 변화되는 과정을 기술하여, *WN*이 경제적 분석에 전념할 수 있는 토대를 마련하였다.

3. 윤리학은 다른 어떤 덕보다도 정의의 덕의 엄정한 실천을 강조하였다. 생활 상태를 개선하려고 서로 경쟁하는 과정에서 과도해지기 쉬운 사람들의 이기적 행위가 적절히 자제되지 못할 경우, 권리의 침해로 인한 분쟁이 격화되어 사회의 평화와 질서가 유지되기 어렵기 때문이다. 따라서 정의의 규칙을 체화한 실정법의 제정과 그 엄정한 강제적 시행은 질서 유지의 기본적 전제조건이며, 실정법의 일반 원리를 탐구하는 법학은 윤리학을 보완하기 위해 꼭 필요한 후속 학문이 아닐 수 없다. 또한 *WN*에서의 경제적 분석은 평화로운 사회를 전제로

하기 때문에 법학은 경제학의 필수적 선행 학문이기도 하다.

2) 다산 정약용의 극기(克己)의 윤리학

주희의 주도로 창도된 주자학 또는 신유학은 도가의 우주론과 불교의 형이상학, 그리고 전통 유가의 윤리학이 화학적으로 융합되어 만들어진 새롭고 방대한 사상체계이다. 화학적 융합으로 이뤄진 만큼 신유학 속에서의 윤리학도 전통 유가의 그것과 속성을 달리할 수밖에 없다. 〈규범윤리학〉이었던 전통 유가의 윤리학이 삼교 통합의 과정을 거치며, 썩 적실한 비유라고는 할 수 없지만, 〈메타윤리학〉에 가깝게 변질되었다고 할 수 있다. 사람과 사람의 구체적인 관계 속에서 실천되어야 할 윤리가 형이상학화된 개념으로 기술되면서 실천보다는 추상적 개념이 지닌 의미의 적확한 분석과 해석이 더 중요한 과제로 부상하였기 때문이다. 위에서 본 바와 같이 다산은 당시 무기력한 조선 사회가 지닌 온갖 병폐의 사상적 근원이 바로 여기에 있다고 진단하였다. 주희의 성리학을 다시 화학적으로 분해하고 해체하여 전통 유학의 참 모습을 되찾아야 된다는 것이 이러한 진단에 따른 당연한 처방이었고, 그 첫 작업이 공자의 천(天) 사상과 서학에 바탕을 둔 인격신적 상제의 도입이었다. 다산의 도덕철학체계에서 상제와 윤리학은 불가분의 관계에 있다. 초월적 상제의 존재는 윤리학적 논증을 필요로 하며, 윤리학은 선한 삶에 당위성을 부여하고 또 모든 행위의 선악을 감시하는 전능한 상제의 존재에 근거하고 있기 때문이다. 다음 작업은 맹자의 성선(性善)과 사단(四端)의 지론을 받아들여 성리학에 의해 형이상학화된 〈덕〉의 개념을 새롭게 정립하는 것이었다. 인간 본성에 내재된 천리(天理)로 간주되었던 추상적인 덕을 다산은 오로지 사회 속에서의 실천을 통하여서만 성취될 수 있는 구체적이며 실증적인 개념으로 전환하고자 하였다. 그리고 다산은 도덕적 실천의 기본원리를 유가의 오랜 전승에 따라 〈서(恕)〉에서 찾았다.

(1) 덕의 본질과 역할

인간은 상제로부터 선을 좋아하고 악을 미워하는 착한 본성과 함께 선과 악을 선택할 수 있는 자유의지도 부여받았다. 사람이 선을 행하면 칭찬을 받고 악을 행하면 비난을 받는 이유가 여기에 있다. 자유의지가 〈마음〉의 작용이라면, 사람은 누구나 선을 행하려는 마음과 악을 행하려는 두 가지 마음을 지니고 있는 셈이다. 하늘이 내린 명령을 전달받아 선을 행하도록 권유하는 마음이 〈도심(道心)〉이고, 도심의 권유를 뿌리치고 악에 기울기 쉽도록 사욕의 충족에 앞장서는 마음은 〈인심(人心)〉이다. 이런 이유로 해서 다산은 인간의 실존 자체를 인심과 도심, 선과 악의 격전장으로 묘사하였다.

> 사람에게는 항시 두 가지 의지가 상반되면서 일시에 일어나는 것이 있으니, 이것이 곧 인귀(人鬼)의 관문이며 선악의 갈림길이고, 인심과 도심의 교전이며, 의가 이기느냐 욕심이 이기느냐 결판인 것이다. 사람이 여기에서 맹성하여 힘써 극복한다면 도에 가까울 것이다. 해서는 안 되는 바[所不爲]와 바라서는 안 되는 바[所不欲]는 도심에서 나온 것으로 천리이고, 하고자 하는 바[爲之]와 바라는 바[欲之]는 인심에서 나온 것으로 사욕이다. [하고자 하는 바를] 하지 않고[無爲] [바라는 바를] 바라지 않는 것[無欲]은 인심을 극복하여 도심의 명에 따른 것이니, 이것

이 이른바 극기복례(克己復禮)이다.152)

다산은 사람들이 인성을 논하고 인심과 도심을 논하는 것은 결국 선(善)을 밝혀 실천하기 위해서라고 강조하였다. 선을 실천하기 위해서는 우선 악에 빠지지 말아야 한다. 그는 인간이 대략 다음과 같은 세 가지 이유로 악에 빠지기 쉽다고 보았다. 첫째는 식욕, 성욕, 안일의 추구 등 육신의 자기보존의 욕구이다. 둘째는 나쁜 생활 태도와 습관이며, 셋째는 외부의 유혹과 교만한 마음이다.153) 따라서 다산은 사람들이 악에 빠지지 않기 위해서는 육신의 과도한 자기보존 욕구와 교만한 마음을 다스릴 필요가 있고, 특히 마음을 다스리기 위해서는 계신(戒愼)하고 공구(恐懼)하며 착한 본성에 따라 선을 행하여 쌓을 필요가 있다고 주장하였다. 그리고 그는 〈덕(德)〉을 이렇게 쌓은 선행의 결과로 파악하였다.

선이 쌓인 것이 덕이 되는 것입니다. 전(傳)에는 덕이란 얻음[得]을 말하는 것이라고 하였습니다. 안에 있는 심성을 가리켜 덕이라고 말한 옛 사람들은 없었으니, 일과 행위로 나타나지 않는다면 덕이 될 수가 없는 것입니다. 사람이 선을 행함에 있어 오륜(五倫)의 범위를 벗어나지 않는 것이니, 역시 오륜을 버리고 덕을 말할 수는 없는 것입니다.154)

마음에는 본래 덕이 없는 것이다. 오직 곧은 성품[直性]으로 나의 곧은 마음[直心]을 행하는 것을 일러서 덕이라 한다[德이란 글자는 직심

---

152) 『孟子要義』, 2: 41-42 [4:574-575].
153) 『孟子要義』, 2:25 [4:541-542]; 한형조, 『주희에서 정약용으로』, pp. 217-220.
154) 〈上弇園書〉, 『與猶堂全書』, I:18:40 [3:181].

을 행한다는 것이다. 原註. 선을 행한 후에야 덕이라는 명칭이 성립되는 것이다. 행하기 이전에 어떻게 그 몸에 명덕(明德)이 있을 수 있겠는가?155)

다산이 덕을 선의 실천을 통하여 비로소 획득할 수 있는 것으로 기회 있을 때마다 강조한 이유는 맹자가 논한 〈사덕(四德)〉과 〈사단(四端)〉의 관계에 대한 주희의 해석이 근본적으로 잘못되었음을 인식하고, 그러한 오류가 사회에 끼친 폐해를 강조하기 위한 것이었다. 주지하듯이 주희는 『맹자』를 집주하며 인・의・예・지의 사덕을 인간의 내부에 본구(本具)되어 있는 천리인 성(性)으로 파악하고, 안에 숨겨진 이 사덕은 밖으로 드러난 사단, 즉 측은지심(惻隱之心)・수오지심(羞惡之心)・사양지심(辭讓之心)・시비지심(是非之心)을 통하여 확인될 수 있다는 견해를 피력하였다. 다산은 감원(弇園)에게 보낸 서신에서 주희의 이러한 지론을 정면으로 반박하며, 맹자의 본뜻에 따르면 인간성의 내부에 있는 것은 사덕이 아니라 사단이고, 사덕은 사단이 행사(行事)된 이후에 비로소 있게 되는 것이라는 주장을 폈다. 그리고 대부분의 성리학자들이 〈인(仁)〉의 실천은 도외시하고 좌선(坐禪)에 빠져드는 이유가 이처럼 잘못 정립된 〈사단〉과 〈사덕〉의 관계를 그들이 성학의 종지로 삼은 데 있다고 지적하였다.156)

다산은 사람이 선을 행함에 있어 오륜의 범위를 벗어나지 않고 또 오륜을 버리고 덕을 말할 수 없다고 하였다. 하늘이 사람의 선악을 살피는 것은 항상 인륜에 있으니 인륜에 선한 것이 바로 하늘을 섬기는

---

155) 『大學公議』, 1:8 [4:17].

156) 〈上弇園書〉, 『與猶堂全書』, I:18:41 [3:183].

것이라고도 하였다.157) 이처럼 그는 인간의 삶을 다른 사람들과의 〈관계〉의 집합으로 파악하였다. 인간이 맺을 수 있는 모든 관계를 원활하고 돈독히 하려는 마음이 실제로 행사될 때 덕이 있게 된다고 보았기 때문에, 덕은 먼저 사람과 사람의 관계에 따라 구분될 수 있다. 그렇다면 다산은 사람들이 어떤 관계를 맺으며 살아가고 있다고 보았는가? 다산은 인간관계를 총괄할 수 있는 가장 기본적인 덕으로 효(孝)·제(弟)·자(慈)를 꼽았다.158) 그리고 〈인〉을 효·제·자의 총칭이라고 하였다.159) 사람들 사이의 모든 관계는 수직(상하) 또는 수평(좌우)의 관계로 분류될 수 있다. 수직적 관계에서 아랫사람의 윗사람에 대한 덕이 〈효〉이고 윗사람의 아랫사람에 대한 덕이 〈자〉이며, 서로 수평적 관계에 있는 사람들 상호간의 덕은 〈제〉라고 할 수 있다. 이러한 덕의 전형은 가족 공동체, 즉 〈가정〉 속에서 찾을 수 있다. 부모와 자식, 그리고 형제들 상호간의 관계를 전제로 하는 덕이 그것이다. 하지만 효·제·자가 가족관계뿐만 아니라 모든 인간관계를 총괄할 수 있는 덕목이라고 했을 때, 이는 부모와 자식, 그리고 형제들 사이의 관계를 〈국가〉와 〈사회〉 전체로 무리 없이 확대 적용할 수 있다는 주장과 같다.160)

효·제·자가 사람들이 맺고 있는 외적 관계의 관점에서 파악된 대표적 덕목이라면, 인·의·예·지는 사람들이 지니고 있는 마음, 즉

---

157) 『中庸自箴』, 2:16 [4:205]: "天之所以察人善惡 恒在人倫 善於人倫 則可以事天矣"

158) 『論語古今註』, 1:23 [5:47]: "德者 篤於人倫之名 孝弟慈是已"

159) 『大學公議』, 1:34 [4:70]: "仁者人倫之明德 乃孝弟慈之總名也"

160) 장승구, 『정약용과 실천의 철학』, pp. 117-118.

그것이 확충되면 인·의·예·지로 발현되는 내적 본성의 관점에서 파악된 대표적인 덕목이라고 할 수 있다. 하지만 인·의·예·지도 특정한 관계 속에서 행사된 이후에 그 이름을 얻을 수 있는 덕목이란 점에서 효·제·자와 차이가 없다. 여기에서 〈인〉은 스미스가 지적한 인애심과 같은 〈연성의 덕〉과 유사하고, 〈의〉는 자제와 같은 〈경성의 덕〉에 가깝다.161) 두 덕이 합쳐졌을 때 완전해질 수 있다는 스미스의 지론과 같이 〈인〉과 〈의〉는 유가들에게도 동시에 실천되지 않으면 안 될 주된 덕목이다. 특히 〈의〉는 〈의리지변(義利之辨)〉이라 하여 〈이(利)〉와 비교되면서 자주 그 의미가 강조되어 왔다. 다산도 〈의〉란 도심이 이끌고자 하는 바이고 〈이〉는 인심이 바라는 바라고 설명하며, 〈이〉를 추구하는 자들을 소인이며 소인은 악인이라고 하여, 결국 경제적 이익의 합리적 추구를 악과 결부시켰다.162) 도심의 권유에 따라 〈의〉를 추구하면 선을 쌓아 군자가 되고, 인심의 유혹에 이끌려 〈이〉를 추구하면 악에 물들어 소인이 된다고 본 것이다. 스미스가 근대사회의 구성원리를 찾는 과정에서 그 중요성을 인정하지 않을 수 없었던 에피큐리언들의 신중의 덕은 다산의 견지에서는 결코 덕이 될 수 없는 것이라고 할 수 있다.

지금까지 논의된 다산의 견해에 따르면 덕은 주희가 확신했던 것처럼 인간뿐만 아니라 천지만물이 하늘로부터 부여받아 자신의 내부에 간직하고 있는 천리가 아니라, 〈사단〉과 같이 인간이면 누구나 본성으

---

161) 〈答李汝弘〉, 『與猶堂全書』, I:19:29-30 [3:242-243]; 한형조, 『주희에서 정약용으로』, p. 238.

162) 『論語古今註』, 2:21 [5:151]: "義者道心之所嚮 利者人心之所趨"; 장승희, 『茶山 倫理思想 硏究』 (서울: 경인문화사, 2005), pp. 202-205.

로 지니고 있는 선한 마음이 지향하는 바를 꾸준히 성실하게 실천했을 때 비로소 그 실천의 주체가 얻을 수 있는 결과이다. 덕이 동서고금을 통하여 실천을 전제로 성립하는 개념이라는 점은 의심의 여지가 없다. 그렇다면 다산이 염두에 둔 덕의 본질은 무엇인가? 스미스는 덕의 본질을 칭찬할 만한 탁월한 성격을 지어 내는 마음의 기질로 파악하였다. 이런 관점에서 본다면 다산이 말하는 덕의 본질은 위에서 말한 〈사단〉에 있다고 하지 않을 수 없다. 남의 고통을 자신의 고통으로 느끼는 마음[측은지심], 자신의 잘못을 부끄러워하고 남의 거짓을 미워하는 마음[수오지심], 자신은 뒤로 물리고 남을 먼저 밀어주는 마음[사양지심], 옳고 그름을 가리는 마음[시비지심] 등이 그것이다. 만약 덕의 개념이 당연한 실천의 관점이 아니라 그 속성에 입각하여 통상적으로 정의되어 왔다면, 〈사단〉보다는 〈사덕〉이 덕의 개념에 더 가깝다고 할 수 있다.

지금까지의 논의를 종합해 보았을 때, 다산은 덕이 담당하고 있는 역할을 대략 두 가지 정도로 보고 있는 듯하다. 첫째는 인륜을 돈독히 하는 것이다. 다시 말하여 가정과 국가, 그리고 사회에서 사람과 사람들 사이의 다양한 관계를 조화와 질서가 유지되도록 원만하게 유지하는 데 덕이 필요하다고 본 것이다. 둘째는 개인의 차원에서 수신(修身)과 적선(積善)을 이뤄 군자와 성인(聖人)이 되도록 돕는 것이다. 유가는 대체로 성인이 되는 것으로 학문의 목표를 삼았다. 다산이 추구하는 이상적인 인간의 모습도 군자와 성인이었다. 그리고 그는 군자와 성인이 된다는 것은 그것 자체로도 의미가 있지만, 그렇게 됨으로써 비로소 백성을 다스릴 수 있는 목민관의 자격을 얻게 된다는 데 또 다른 의미가 있다고 보았다.[163] 다산은 성인의 전형을 공자에서 찾았다. 그러면서도 성인을 신비화하여 그 경지를 알려고 하지 않는 후세인들의 소극적 자세를 나무라며, 성인이란 진실로 높고 신비한 존재임에 틀림 없지만, 적선과 수양을 게을리 하지 않을 경우 누구나 그 경지에 도달할 수 있을 것이기 때문에, 우리와 다를 게 없는 존재라는 점을 강조하였다.164)

(2) 도덕적 실천의 기본원리: 서(恕)의 원리

위에서 우리는 윤리학이 기본적으로 다뤄야 할 두 가지 질문에 관하여 다룬 바 있다. 첫 번째 질문은 덕의 본질에 관한 것이었다. 두 번째 질문은 도덕적 판단의 기본원리에 관한 것이었고, 그것은 우리가 어떤 행동이나 품성이 바람직하다고 찬동할 때 그 찬동의 원리가 무엇인가를 묻는 것이었다. 이런 맥락에서 스미스는 사회계약론에 입각한 〈이기심〉과 윤리적 합리주의자들이 내세우는 〈이성〉, 그리고 자신이 신봉하는 도덕감각이론에 따른 〈감정〉 등을 차례로 비교·검토한 뒤에, 올바른 도덕적 판단의 기본원리는 공정한 관찰자들의 〈동감〉이라는 결론에 도달하였다. 동감은 위에서 본 바와 같이 다른 사람들의 슬픔과 기쁨에 대한 역지사지(易地思之)를 통한 감정이입을 말하며, 이는 다산이 강조한 〈서(恕)〉와 거의 일치하는 개념이다. 하지만 다산은 〈서〉를 도덕적 판단의 기본원리가 아니라, 유가의 오랜 전통에 따라 도덕적 실천의 기본원리로 제시하였다.165)

---

163) 『論語古今註』, 3:37 [5:275].

164) 『論語古今註』, 1:24 [5:50].

165) 장승구, 『정약용과 실천의 철학』, pp. 118-120; 장승희, 『茶山 倫理思想 硏究』, pp. 213-216.

다산의 방대한 스콜라적 경학은 그 주된 목적이 주희의 경우처럼 도가와 불교의 도전에 맞서 삼교를 서로 비교하며 유가의 정통성을 지키기 위한 것이었거나, 유가의 교의를 도가나 묵가(墨家) 또는 법가(法家)의 그것과 면밀히 비교하며 그 차이를 드러내는 것이 아니라, 주희의 성리학에 의해 심하게 변질되었다고 본 유학의 본 모습을 되찾는 데 있었다. 따라서 〈사단〉이 〈사덕〉의 이후에 존재하느냐, 아니면 이전에 존재하느냐와 같은 유교철학 내부의 문제가 주로 제기되었을 뿐, 〈사덕〉과 다른 학파들이 주창한 덕목과의 체계적 비교와 그 판단의 기준에 관해서는 거의 논할 필요도 없었고 또 논하지도 않았다. 〈인〉과 〈효·제·자〉, 그리고 〈인·의·예·지〉는 인·의·예·지가 〈이(理)〉가 아니라 〈덕〉이라는 점만 올바로 인식될 수 있다면, 왜 그것이 덕으로 판단되어야 하는지 논한다는 것 자체가 어리석은 일일 정도로 자명한 덕목이기 때문에, 남은 문제는 오로지 어떻게 그것을 적극적으로 꾸준히 실천하느냐에 국한될 수밖에 없었을 것으로 보인다.

다산도 도덕적 판단의 기준을 제시한 바 있다. 하늘이 우리의 마음에 심어 주었다고 생각한 〈도심〉이 그것이다. 이것도 스미스가 가장 확실한 도덕적 판단의 기준으로 염두에 두었음직한 현명하고 자애로운 스토익적 신의 의도나 설계와 근사하다. 그러나 스미스는 신의 의도를 직접적으로 확인할 수 있는 방법을 찾지 못했기 때문에, 경험적으로 어느 정도 관찰 가능한 공정한 관찰자로 그것을 대체하고, 이러한 관찰자의 동감을 얻을 수 있는 모든 언행을 도덕적으로 간주하고자 하였다. 이런 관점에서 본다면, 효·제·자도 항상 도덕적인 것이 아니라 공정한 관찰자의 동감을 얻을 수 있는 범위를 넘어 과도하게 실천될 때에는 비도덕적일 수 있으며, 이기적 행위도 항상 비도덕적인 것이 아니라 그의 동감을 얻을 수 있는 한 도덕적일 수 있다.[166) 하지만 다산의 도심은 경제적 이익을 적극 추구하는 자는 도심의 권유를 뿌리치고 인심의 유혹에 넘어간 소인이며 결국 악에 빠질 수밖에 없다는 그의 언명에 비추어 보았을 때, 모든 인간의 행위에 대한 도덕적 판단의 객관적 기준이라기보다는 유가들이 이미 행한 도덕적 판단의 정당성을 담보해 주는 역할을 더 많이 수행하고 있는 것으로 보인다.

다산은 〈서〉를 〈인〉을 실천하는 가장 중요한 방법으로 인식하였다. "인을 추구하는 방법은 원래 힘써 서를 행하는 데 있다. 노고(勞苦)는 남보다 앞서 행하고, 이록(利祿)은 남보다 뒤에 취하는 것이 서를 실천하는 방법이다."167)

서란 무엇인가? 자식에게 받고 싶지 않았던 일을 부모에게 베풀지 말고, 부모에게 받고 싶지 않았던 일을 자식에게 베풀지 말며, 아우에게 받고 싶지 않았던 일을 형에게 베풀지 말고, 형에게 받고 싶지 않았던 일을 아우에게 베풀지 말며, 신하에게 받고 싶지 않았던 일을 군주에게 베풀지 말고, 군주에게 받고 싶지 않았던 일을 신하에게 베풀지 말며, 어린이에게 받고 싶지 않았던 일을 어른에게 베풀지 말고, 어른에게 받고 싶지 않았던 일을 어린이에게 베풀지 말라는 것이다. 대체로 인간과 인간이 서로 함께할 때에는 이런 방법을 썼던 것이니, 이른바 혈구지도(絜矩之道)가 이것이다. … 요즈음 사람들은 충서(忠恕)를 읽

---

166) 유가들이 항상 강조하는 〈中庸〉의 의미 가운데 이런 뜻도 포함되어 있다는 반론이 있을 수 있다. 그러나 이것도 항상 天命에 비추어 확인될 필요가 있다는 점에서 실용적 기준이 되기에는 미흡하다고 하지 않을 수 없다: "中也者 不偏不倚之名 … 又可喜可怒可哀可樂之事 一一點檢 驗諸天命然後 方可以得中."『中庸講義補』, 1:7 [4:250].

167)『論語古今註』, 6:20 [5:488].

으면서 충(忠)으로 자신을 닦고 서(恕)로 타인을 다스리고자 하니, 이는 몹시 잘못된 것이다. 서는 자신을 닦는 것이다. 오직 진실한 마음으로 서를 행하는 것을 일러 충서라 한다.168)

다산은 학문을 연마하여 도달할 수 있는 이상적 인간상을 전술한 바와 같이 공자와 같은 성인에서 찾았다. 성인이 되기 위해서는 〈인〉을 이뤄야 하고, 〈인〉을 이루기 위한 가장 중요한 방법으로 역지사지를 통한 〈서〉의 실천을 제시하였다. 그리고 그는 〈서〉를 〈극기〉 및 〈복례〉와 결부시켰다. 다산은 〈극기〉를 자신에게서 말미암은 모든 악을 제거하는 비교적 소극적인 행동으로 보고, 〈복례〉는 타인에게 선을 행하는 적극적인 행동으로 보았다.169) 다시 말하여 거악(去惡)과 위선(爲善)이 극기복례이며, 극기복례는 곧 〈서〉인 것이다.

〈서〉를 이처럼 사람들로 하여금 악을 제거하고 선을 실천하여 결국 〈인〉에 도달케 하는 기본원리로 파악하였기 때문에, 다산은 공자와 증자(曾子)가 『논어』에서 언급한 〈일이관지(一以貫之)〉,170) 즉 유학의 모든 교의를 관통하는 하나의 원리란 의미에서의 〈일관(一貫)〉의 일(一)이 바로 〈서〉를 지칭하는 것이라는 점을 특히 강조하였다. 〈인〉이 〈서〉의 실천을 통해 비로소 획득될 수 있는 결과라는 일견 당연하게 보이는 이런 결론에 그는 10년에 걸쳐 마음과 지혜를 다해 고경을 연구한 끝에 도달하였으며, 거기에는 털끝만한 오차와 손톱만한 의심도

---

168) 〈心經密驗〉, 『大學講義』, 2:33 [4:157-158].

169) 『論語古今註』, 7:2-3 [5:546-548].

170) "나의 도는 하나로써 관통한다(吾道一以貫之)"라는 공자의 말씀에 대해 문인들이 그 뜻을 묻자, 증자가 "부자의 도는 충서일 뿐이다(夫子之道忠恕而已)"고 풀어서 대답하였다. 『論語』 〈里仁〉.

있을 수 없다는 점을 거듭 부각시켰다.171) 이것도 〈인〉이 위에서 덕의 본질을 논의하며 서술한 바와 같이 인간의 내부에 본래부터 구비되어 있는 〈이(理)〉가 아니라, 실천 이후에 얻을 수 있는 덕임을 주지시키기 위한 노력의 일환에 지나지 않는다. 다산의 견해에 따르면, 〈인〉을 〈이〉로 파악한 성리학자들은 〈서〉와 관련하여 다음과 같은 두 가지 큰 오류를 범하였다. 첫째, 그들은 〈일관〉에서의 〈일〉을 〈서〉가 아니라 하나의 원리가 만 가지 현상으로 나뉘었다가 끝에 가서 다시 하나로 합쳐진다는 〈일리만수(一理萬殊)〉와 〈말부합일(末復合一)〉의 〈일(一)〉로 잘못 이해하였다.172) 둘째, 이들은 또한 진실한 마음으로 〈서〉를 행한다는 뜻을 지닌 한 낱말인 〈충서(忠恕)〉를 〈충〉과 〈서〉로 분리하여 각각 서로 독립된 두 가지 공부로 파악하는 오류도 범하였다. 그 결과 그들은 〈서〉보다 〈충〉을 중시하고 또 〈서〉를 그 원래의 뜻인 〈추서(推恕)〉가 아니라 〈용서(容恕)〉로 해석함으로써 유학의 근본원리를 왜곡하는 결과를 초래하였다. 추서는 자기 수양을 주로 하여 스스로 선을 실천하는 것인 데 비하여, 용서란 사람 다스리는 일을 주로 하여 남의 잘못에 아량을 베푸는 것으로 공자와 맹자가 생각했던 추서와는 그 의미가 전혀 다르기 때문이다.173)

다산의 일관된 의도는 한마디로 주희의 한만(汗漫)한 〈무위의 윤리학〉을 공맹의 절실한 〈유위의 윤리학〉 또는 〈실천의 윤리학〉으로 되돌려 놓는 데 있다고 할 수 있다. 이런 맥락에서 다산은 도덕적 실천의

---

171) 〈與李汝弘〉, 『與猶堂全書』, I:19:37 [3:257].

172) 〈與李汝弘〉, 『與猶堂全書』, I:19:36 [3:255-256]. 〈일리만수〉는 위에서 언급한 바 있는 〈理一分殊〉와 같은 뜻이다.

173) 『大學公議』, 1:34-35 [4:70-71]; 〈心經密驗〉, 『大學講義』, 2:33 [4:157-158].

기본원리로 〈서〉를 제시하였다. 〈서〉는 역지사지할 수 있는 마음의 자세를 전제로 한다. 누구에게든 입장을 바꾸어 생각한다는 것이 자신의 사욕을 극복하고 다른 사람들에 대한 이해의 폭을 넓혀 그들과의 인간관계를 돈독히 할 수 있는 첫걸음이기 때문이다. 유가들이 추구하는 모든 덕의 총칭은 〈인〉이다. 〈인〉을 이룩한 사람이 군자이고 성인이며, 이들이 참된 목민관이 될 수 있다. 이러한 〈인〉을 획득할 수 있는 실천의 기본원리가 바로 〈서〉인 것이다. 그런데 〈서〉는 역지사지를 통한 〈극기〉에서 시작하여 〈복례〉에 이르는 실천의 과정을 포괄하고 있다. 여기에서 알 수 있듯이 〈인〉을 이루기 위한 기본원리가 〈서〉라면, 〈서〉를 실천하기 위한 전제는 극기라고 할 수 있다. 위에서 우리는 공정한 관찰자의 동감을 얻는 데 필요한 〈적정(decorum)〉의 수준에 자신의 언행을 맞출 수 있도록 자제를 강조한 스미스의 윤리학을 〈자제의 윤리학〉이라고 부른 바 있다. 단순한 비교의 관점에서뿐만 아니라 지금까지 살펴본 내용에 비추어 보아서도, 우리는 다산의 윤리학을 별다른 의미의 훼손 없이 〈극기의 윤리학〉이라고 부를 수 있을 것으로 보인다.

(3) 다산 도덕철학체계에서 윤리학의 의미

다산의 윤리학은 위에서 논의한 바 있는 그의 문제의식과 그가 자신에게 부과한 시대적 과제의 산물이다. 사회 현실에 대한 그의 절절한 탄식에서 알 수 있는 바와 같이 당시의 조선 사회는 삼정(三政)의 문란으로 총체적 위기 상황에 처해 있었다. 백성들의 삶은 날로 피폐해지고 국력은 이미 고갈되어 기존 체제의 개혁과 이용후생 및 경세제민을 위한 새로운 대책의 강구가 절실히 요청되고 있던 때였다. 그럼에도 불구하고 무위의 습성에 젖어 개혁의 의지를 상실한 지식인 계층은 무기력하기 이를 데 없었고, 행정에는 무능하지만 가렴주구에는 유능한 관료와 아전들이 일상화된 당쟁의 와중에서 득세하고 있었다. 이런 병폐의 주된 원인을 다산은 조선 사회의 독점적 이데올로기였던 성리학에서 찾았다.

> 지금 성리학을 하는 사람들은 이(理)니 기(氣)니 성(性)이니 정(情)이니 체(體)니 용(用)이니 하는가 하면, 본연(本然)이니 기질(氣質)이니 이발(理發)이니 기발(氣發)이니 이발(已發)이니 미발(未發)이니 단지(單指)니 겸지(兼指)니 이동기이(理同氣異)니 기동이이(氣同理異)니 심선무악(心善無惡)이니 심유선악(心有善惡)이니 하면서 줄기와 가지와 잎사귀가 수천수만으로 갈라져 있다. … 그렇건만 저마다 하나의 주장을 내세우고 보루를 구축하여, 한 세대가 끝나도록 시비를 판결할 수가 없음은 물론이고 대대로 전해 가면서도 서로의 원망을 풀 수가 없게 된다. 그리하여 자기의 주장에 찬동하는 사람은 존대하고 반대하는 사람은 천시하여, 의견을 같이하는 사람은 떠받들고 달리하는 사람은 공격하였다. 이러면서 스스로 자신의 주장이 지극히 올바른 것이라 여기고 있으니, 어찌 엉성한 짓이 아니겠는가. … 지금 성리학을 공부하는 사람들은 스스로 은사(隱士)라고 자칭하면서 거드름을 피우고 있다. 그리하여 대대로 벼슬하여 온 경상(卿相)의 집안 출신으로 의리상 당연히 국가와 휴척(休戚)을 같이해야 할 처지이건만 벼슬하지 않고, 임금과 주군(州郡)에서 충분한 예를 갖추어 여러 번 불러도 나아가 벼슬하지 않는다.[174]

---

174) 민족문화추진회, 『국역 다산시문집 5』, 〈오학론 1〉, pp. 116-118.

조선 사회가 당면한 위기의 사상적 근원이 주희의 성리학에 있음을 간파한 다산은 성리학의 그릇된 수양공부에 치우쳐 능동적 실천의 의지를 상실하고 은사를 자처하며 무위의 삶에 안주해 있는 지식인들을 일깨워 개혁의 장으로 이끌기 위해서는, 주자학이 범하고 있는 오류를 밝혀 해체하고 그것을 대체할 새로운 유교철학체계를 구축할 필요가 있음을 절감하였다. 이것이 다산 스스로 자신에게 부과한 학문적 근본 과제였으며, 그의 경학과 윤리학은 그가 수행한 과제의 결과물이라고 할 수 있다. 과제 수행의 요체는 성리학자들이 그들의 세계관에 따라 도입한, 형이상학화되어 모호할 뿐만 아니라 비생산적 논쟁만 불러일으키는 수많은 개념의 공소성(空疎性)을 밝히고, 공자와 맹자가 설파했던 단순하며 현실과 밀착된 본래의 유학과 그 유학에 걸맞은 윤리학을 되살리는 것이었다.

옛날의 학자들은 인간의 본성은 하늘에 근본하였고 사물의 이치는 하늘에서 나왔고 인륜(人倫)이 달도(達道)라는 것을 알아, 효제(孝弟)와 충신(忠信)을 천리(天理)를 봉행하는 근본으로 삼고 예악(禮樂)과 형정(刑政)을 사람을 다스리는 도구로 삼고 성의(誠意)와 정심(正心)을 하늘과 사람이 접할 수 있는 관건(關鍵)으로 삼았다. 이것을 총괄하여 인(仁)이라 명명하였다. 이를 시행하는 방법을 서(恕)라 하였고 시행하는 것을 경(敬)이라 하였고 스스로 지녀야 할 것을 중화(中和)의 용(庸)이라 하였다. 이렇게만 말하였을 뿐 달리 많은 말이 없었다. 비록 많은 말이 있었다 하더라도 같은 말의 되풀이일 뿐 다른 내용을 제시한 말은 없었다.175)

---

175) 민족문화추진회, 『국역 다산시문집 5』, 〈오학론 1〉, p. 116.

유학의 본령은 윤리학에 있다. 다산의 윤리학도 위의 인용문에서 엿볼 수 있듯이 하나의 미분화된 집합체를 이루고 있는 그의 도덕철학 체계 내에서 내용상 중심적 위치를 차지하고 있다. 아래에서 좀 더 논의되겠지만, 경학의 핵심이며 경학과 경세학과의 연결 고리를 이루고 있는 자신의 윤리학을 세우기 위하여 다산은 다양한 원천으로부터 많은 도움을 받았다. 공자의 인격적 〈천(天)〉과 서교의 천주 개념으로부터 인격적 〈상제〉 개념을, 공자의 실천적 〈인(仁)〉 사상으로부터는 〈행사(行事)〉의 개념을, 맹자의 성선설과 사단설로부터는 〈성기호설〉과 실천 이후에 획득할 수 있는 〈덕〉 개념을 정립하여, 인간 내면의 탐구에 치우쳐 무사안일의 풍조를 정착시킨 성리학적 수양론의 바탕인 〈성즉리(性卽理)〉의 세계관과 〈체용(體用)〉의 인간학에 바탕을 둔 성리학적 윤리학을 대체할 수 있는 새로운 윤리학을 세우고자 하였다.176)

다산의 윤리학은 인륜의 실현에 기여할 수 있는 원리의 탐구를 목표로 한다. 인륜의 실현이란 가정과 국가, 그리고 사회의 영역에서 인간 상호간의 모든 관계를 돈독하고 조화롭게 유지하는 것을 의미한다. 사람들이 맺고 있는 모든 관계가 돈독하다는 것은 그 사람들로 구성된 사회가 질서와 평화를 누리고 있다는 말과 같다. 다산은 사람을 어떤 존재로 파악했기에 이처럼 늘 인륜의 실현을 강조했는가? 맹자의 성선설을 확신하고 있었음에도 불구하고, 그는 인간이 자율적으로 질서와 평화를 유지할 수 있을 만큼 선한 존재라고 생각하지는 않은 것 같다. 그가 묘사한 인간의 모습은 이기적인 데서 한 걸음 더 나아가 남을 속여서라도 자기의 이익을 꾀하려는 기회주의적(opportunistic)이며

---

176) 장승희, 『茶山 倫理思想 硏究』, pp. 246-247.

타율적인 분위기를 강하게 풍기고 있기 때문이다. "백성들이 서로 도와 살면서 서로 해치려 들지 않은 것은 그 임금이 잘 다스리기 때문입니다. 이렇지 않으면 버젓이 서로 원수가 되어 죽이고 공공연히 훔치거나 약탈하여, 천하의 혼란이 그칠 날이 없을 것입니다. … 사람 마음이 어리석고 완악하여 능히 천지 사이에 모든 이치를 꿰뚫는 능력이 없다고 여기므로 마음껏 방자하여 기탄이 없고 겉으로 선한 체하면서 안으로 악하기 때문입니다."[177]

성리학적 수양공부에 젖어 무기력한 지배층과, 질서와 평화를 자율적으로 유지하기 어려운 기회주의적 인간들로 이뤄진 사회에 전능한 도덕적 감시자인 상제와 엄벌로 다스리는 군왕이 없다면, 홉스의 자연상태와 같은 무질서가 도래하지 않을까 다산은 항상 우려했던 것으로 보인다. 이런 맥락에서 윤리학이 그가 학문의 본(本)이라고 생각한 경학과 말(末)이라고 여긴 경세학 사이에서 담당하고 있는 역할이 좀 더 분명하게 파악될 수 있다. 위에서 이미 논의한 바와 같이, 하늘은 인간에게 선한 본성과 도덕감, 그리고 자유의지를 부여하였고 또 그 실현의 초월적 근거가 되고 있을 뿐만 아니라 행위의 선악을 감시하는 역할을 담당하고 있기 때문에, 신학은 윤리학의 근본 바탕을 이루고 있다. 신학의 바탕 위에 구축된 윤리학의 과제는 비록 신형묘합의 존재인 사람들이 스스로 선을 선택하여 행사하기는 어렵지만 〈사단〉으로 보아 그들의 본성이 선하다는 점만은 확실한 만큼, 그것을 일깨우고 실천에 옮겨 〈사덕〉, 즉 〈인(仁)〉을 이룰 수 있는 방법을 제시하는 데 있다. 그리하여 한편으로는 적극적으로 인륜의 실현에 기여하여 혼란과 무질서의 가능성을 제거하고, 다른 한편으로는 무위의 풍조를 혁파

---

177) 민족문화추진회, 『국역 다산시문집 4』, 〈중용책(中庸策)〉, pp. 68-69.

함과 동시에 유위의 기풍을 진작하여 도탄에 빠진 백성과 나라를 구할 수 있는 부국강병의 기틀을 마련하도록 돕는 데 있다. 따라서 경세학 성립의 전제조건은 윤리학과 윤리학을 보완하는 법학이라고 하지 않을 수 없다.

결론적으로 다산의 윤리학이 그의 도덕철학 체계 내에서 지니고 있는 의미는 대체로 다음과 같이 요약될 수 있다.

1. 다산의 윤리학은 돈독한 인간관계의 형성에 기여할 수 있는 원리의 탐구를 목표로 한다. 유학의 일차적 이념인 인륜의 실현을 다산이 윤리학에서 새삼스럽게 강조한 이유는 주희 성리학의 그릇된 수양공부로 말미암아 지식인 사회에 만연된 둔세(遁世)와 무사안일의 풍조를 정치·경제적 위기의 중요한 원인으로 지목하였기 때문이다. 이런 맥락에서 그는 〈덕〉이 실천 이후에야 획득 가능한 것임을 논하고, 인륜의 실현에 바탕이 될 도덕적 실천의 기본원리로는 〈서(恕)〉를 제시하였다.

2. 다산의 윤리학은 또한 개개인의 수기(修己)에 기여하기 위한 학문이기도 하다. 유가는 대체로 성인이 되는 것을 학문의 목표로 삼았다. 하지만 다산은 대부분의 보통 사람들을, 그들이 모두 하늘로부터 선한 본성을 부여받은 것은 틀림없지만, 악에 빠지기 쉬운 기회주의적이며 타율적인 존재로 파악하였다. 그럼에도 불구하고 그는 누구나 성인이 될 수 있는 가능성을 부정하지 않고, 그 방법으로 효·제·자와 인·의·예·지의 덕에 도달할 수 있는 〈극기〉와 〈복례〉를 제시하였다.

3. 다산의 윤리학은 수기를 위한 경학과 치인을 위한 경세학을 이어주는 연결 고리를 역할을 담당하고 있다. 사회·정치적 현실에 대한 적극적인 관심과 경제현상에 대한 과학적 탐구의 정신이 결여된 곳에서 경세학 같은 사회과학적 학문은 발전할 수 없다. 다산이 주희의 비

생산적 무위의 철학에 공맹이 강조한 유위와 실천의 관점에서 신랄한 비판을 가한 의도도 이런 풍조를 고취하기 위한 것이었다. 구습의 타파와 새로운 풍조의 진작은 경세학 성립의 전제조건이 아닐 수 없다.

3) 요약과 비교

스미스와 다산은 모두 공동체의 평화와 질서를 다른 어떤 가치보다 중시하였다. 스미스가 인애와 같은 적극적인 덕보다 정의라는 소극적인 덕의 실천을 더욱 강조한 것이나, 다산이 오륜(五倫)을 자주 언급하며 사람과 사이의 돈독한 관계의 유지에 지대한 관심을 보인 것은 모두 이런 이유 때문이었다. 그리고 그들은 강한 자기보존 욕구와 다양한 열정을 지닌 인간들로 구성된 공동체가 어떻게 하면 홉스의 자연상태와 같은 혼란과 분열에 이르지 않고 조화와 결속을 이룰 수 있을 것인지를 집중적으로 탐구하였다. 그들의 윤리학은 이러한 탐구의 결실이라고 할 수 있다. 하지만 그 내용은 그들이 염두에 둔 〈공동체〉의 종류와 그 구성원들의 속성이 서로 달랐던 만큼, 같은 점보다는 다른 점이 더 많다고 하지 않을 수 없다. 스미스가 관찰의 대상으로 삼은 공동체가 이른바 〈이익사회(Gesellschaft)〉에 더 가깝다면, 다산의 그것은 〈공동사회(Gemeinschaft)〉에 더 가깝다고 할 수 있다.[178] 공동사회가 가정이나 촌락 또는 중세의 국가처럼 전체가 부분에 선행하는 유기체적이며 자생적인 통일체라면, 이익사회는 근대 시민사회처럼

---

178) 이익사회와 공동사회의 개념에 관해서는 Ferdinand Tönnies, *Gemeinschaft und Gesellschaft*,(1935) (Darmstadt: Wissenschaftliche Buchgesellschaft, 1991), pp. 3-9, 34-36 참조.

부분이 전체에 선행하는 기계적이며 계약에 의해 형성된 다양한 조직의 집합체라고 할 수 있다. 그리고 스미스가 분석하고자 했던 행동의 주체가 〈시민(市民)〉이었다면, 다산의 그것은 〈신민(臣民)〉이었다고 할 수 있다. 이런 점에 유념하며 지금까지 논의한 스미스와 다산 윤리학의 주요 내용을 요약하여 비교해 보면 대략 다음과 같다.

1. 스미스와 다산의 윤리학은 인간의 심성에 관하여 두 가지 동일한 전제에서 출발하고 있다. 첫째, 모든 인간은 선한 본성을 지니고 있다. 스토익적 신과 상제가 인간에게 선한 본성을 부여하였기 때문이다. 둘째, 인간이 비록 본성은 선하지만 그렇다고 공동체를 원활하게 유지하기에 충분할 만큼 이타적 품성을 지닌 고결한 존재는 아니다. 스미스는 인간을 연약하고 불완전하며 강한 자기보존 욕구를 지닌 이기적인 존재로 파악하였다. 다산도 그와 유사하지만 이기적인 데서 한 걸음 더 나아가 남을 속여서라도 이익을 취하려는 기회주의적이며 타율적인 존재로서의 인간상을 염두에 두고 있다.[179] 다산은 인간을 선택의 자유를 지닌 도덕적인 존재로 여겼다. 그럼에도 불구하고 스미스와 달리 그들의 타율성을 강하게 시사한 것은 그가 관찰한 사람들이 군왕의 통치 하에 있는 〈신민〉이라는 방증이기도 하다.

2. 윤리학적 탐구의 목적은 스미스와 다산 모두에게 공동체의 질서와 평화를 유지할 수 있는 방안의 모색에 있었다고 할 수 있다. 이를 위해 스미스는 근대적 시민사회를 염두에 두고, 그 사회의 구성원인 이기적이며 불완전한 시민 개개인이 어떤 원리에 따라 도덕적 판단을

---

[179] 이동환 교수와 성태용 교수도 이런 점을 특히 강조하고 있다. 이동환, 〈茶山思想에 있어서의 '上帝' 문제〉, p. 23; 성태용, 〈다산 철학에 있어서 계시 없는 상제〉, p. 123.

내리며 스스로 질서를 유지할 수 있는지를 설명하기 위하여 구체적 사실에 입각한 새로운 실증적 규범윤리학을 정립하고자 하였다. 이에 비하여 다산은 주희 성리학의 형이상학화된 개념으로 모호해진 윤리학이 제시한 편벽된 수양론으로 말미암아 지식인 계층에 만연된 소극적이며 현실 기피적인 풍조를 타파하고 적극적이며 능동적 기풍을 진작하는 것이 공동체에 질서와 평화를 도입할 수 있는 전제조건이라 생각하고, 방대한 스콜라적 경학을 통하여 공동체 속에서 선의 실천을 강조하는 공맹 윤리학의 재건을 시도하였다.

3. 새로운 실증적 규범윤리학을 정립하기 위하여 스미스는 플라톤과 아리스토텔레스를 위시하여 스토익과 에피큐리언, 그리고 동시대의 다른 학자들이 제시한 다양한 덕목과 윤리학을 비판적으로 검토하며, 근대의 상징인 〈효용(utility)〉과 고대의 상징인 〈덕(virtue)〉의 절충을 시도하였다. 이러한 시도에는 반동적 보수계층의 비판에 직면한 신생 자유주의에 도덕적 기초를 제공하여 사회의 진보와 함께 〈자유의 신장〉과 〈경제의 성장〉을 촉진하려는 의도가 깔려 있었다. 이에 비하여 다산은 당면한 위기를 극복하기 위한 수단의 일환으로 당시의 지배적 이데올로기였던 성리학을 신랄하게 비판하며, 고경에 충실한 덕목과 윤리학의 재현을 위하여 진력하였다. 이런 관점에서 보았을 때 다산의 시대는 고대와 질적으로 다른 새로운 시대가 아니며, 그의 윤리학은 새로운 윤리학이 아니었다고 할 수 있다.

4. 스미스는 덕의 본질이 어느 특정 부류의 정감에 있는 것이 아니라 〈적정〉에 있다고 생각하였다. 적정의 관점에서 보면 이타심이나 이기심도 항상 도덕적이거나 항상 비도덕적이지 않다. 그리고 누구든 처신의 적정성을 유지하기 위해서는 자신의 언행을 스스로 제어할 수 있어야 하며, 이때 특히 필요한 덕목이 스토익적 〈자제〉이다. 덕은 이

처럼 생득적 열정의 절제를 권장하여 사람들로 하여금 사회생활에 쉽게 적응하도록 돕는 역할을 담당한다. 다산은 덕의 본질이 무엇인지 깊이 논하지 않았다. 다만 〈인〉과 〈효·제·자〉, 그리고 〈인·의·예·지〉 등 전래의 유가적 덕목을 지칭하며, 덕은 인간 내면의 어떤 심성이 아니라 〈극기〉로 악을 제거하고, 더 나아가 〈선(善)〉을 꾸준히 실천하여 인륜의 실현에 기여했을 때 비로소 얻을 수 있는 결과임을 거듭 강조하였다.

5. 스미스는 도덕적 판단의 기본원리가 자기보존을 위한 〈이기심〉이나 〈이성(reason)〉에 있는 것이 아니라 〈도덕감각(moral sense)〉에 있다고 보았다. 그리고 도덕감각 가운데 공정한 관찰자의 동감을 덕의 본질인 행위의 적정 여부를 판단할 수 있는 기본원리로 삼았다. 공정한 관찰자는 스토익적 신이 모든 사람의 가슴 속에 심어 준 양심과 같은 것으로서, 사람들은 행위에 앞서 그의 동감을 얻는 과정에서 스스로 자제하는 습성을 기르게 된다. 다산은 덕의 본질에 관하여 깊이 논의하지 않았기 때문에 도덕적 판단의 기본원리에 관해서도 언급하지 않았다. 다만 적선의 결과가 덕이라고 꾸준히 강조한 만큼 실천을 무엇보다 강조하였고, 도덕적 실천의 기본원리로 〈서(恕)〉를 제시하였다. 〈서〉나 〈동감〉이나 역지사지를 바탕으로 하며 극기와 자제를 요구한다는 점에서는 대단히 유사하다.

6. 도덕적 실천을 통하여 사람들이 도달하기를 바라는 수준을 스미스는 높게 설정하지 않았다. 그도 고대의 철인(哲人)들이 도달한 높은 도덕적 경지에 아낌없는 찬사를 보냈으나, 소수의 철인들에 의한 덕치를 선호하지 않았다. 그가 기대한 것은 낮은 수준의 도덕적 감수성을 지닌 다수의 보통 사람들이 공정한 관찰자의 동감을 얻는 과정에서 타인의 권리를 침해하지 않도록 스스로 자제하며 자신의 이익을 성실

히 추구하는 〈신중한 사람(prudent man)〉이 되는 데 지나지 않았다. 다산은 사람들이 수기(修己)와 도덕적 실천을 통하여 도달할 수 있는 경지를 군자와 성인에서 찾았다. 성인은 〈천명(天命)〉을 알고 〈인심(人心)〉의 유혹에서 벗어난 경지에 도달한 사람을 뜻하며, 다산은 누구나 힘껏 노력하면 이 경지에 도달할 수 있다고 강조하였고 또 그들에 의한 국가의 통치를 기대하였다.

    7. 윤리학은 스미스나 다산의 도덕철학 체계 안에서 유기적 관련을 맺고 있는 인접 분야들을 이어 주고 있는 고리의 역할을 담당하고 있다는 점에서 같다. 스미스의 윤리학은 다른 어떤 덕보다 〈정의의 덕〉의 자발적 실천을 강조하였다. 그러나 그것이 기대에 미치지 못할 경우 실정법에 의한 통치를 강조하여 법학의 존립 근거를 제공하였다. 또한 대부분의 인간이 동감의 원리에 의해 신중한 인간으로 사회화될 수 있음을 밝힘으로써 경제학이 윤리적 문제를 재론하지 않고 경제문제의 분석에 전념할 수 있는 전제조건을 마련하였다. 다산의 윤리학도 유가의 일관된 〈수기치인〉의 논리에 따라 그가 그의 학문체계의 본(本)으로 간주한 경학의 일부를 이룸과 동시에 말(末)로 간주한 경세학을 연결하는 고리의 역할을 담당하고 있다. 그리고 주희 성리학의 영향을 받아 정착된 무위와 존심양성(存心養性)의 수양론에 공맹이 강조한 실천의 관점에서 비판을 가하여 둔세와 좌선으로는 덕을 이룰 수 없음을 밝히고 현실에 대한 관심을 고취시켜, 경세학이 성립할 수 있는 새로운 학문적 분위기를 조성했다는 점에서 스미스의 윤리학과는 다른 특별한 의미가 있다.

4. 법 학

1) 아담 스미스의 치국(治國)의 법학

 스미스는 결과적으로 그가 사망한 해인 1790년에 *TMS*의 최종 개정 증보판을 출간하면서도, 그 말미에서 법과 통치의 일반원리와 그러한 일반원리가 사회의 상이한 발전단계를 거치며 어떻게 진화되어 왔는지를 다른 저술에서 논하려 한다는 자신의 오래된 희망만은 변경하지 않았다. 위에서 본 바와 같이 이미 출간한 *TMS* 및 *WN*과 함께 법학에 관한 저술로 자신의 당초 계획을 완성하려는 스미스의 희망은 건강 악화와 사망, 그리고 이미 집필된 원고의 소각으로 이뤄지지 않았지만, 우리는 그가 법학에서 다루고자 의도했던 내용을 그간 발견된 두 권의 강의 노트 *LJ*(A)와 *LJ*(B)를 통하여 어렵지 않게 짐작할 수 있다.
 *TMS*에서 스미스는 이기적 본성을 지닌 개인의 사회화 과정을 윤리와 경제의 관점에서 집중적으로 논의하였다. 하지만 비교적 낙관적이었던 그도 이기적인 사람들이 사회의 평화와 질서를 스스로 유지할 수 있을 정도로 모든 윤리적 행동규칙을 자발적으로 준수하리라고는 생각하지 않았다. 위에서 우리가 구분한 좁은 의미에서의 법학의 중요성을 그가 특히 강조한 이유는, 개인 상호간의 사회적 행동을 적절히 규제할 수 있는 법과 통치제도가 확립되어 있지 않을 경우, 정의의 규칙이 지켜지지 않아 사회의 유지 자체가 어려울 것으로 판단하였기 때문이다. 스코틀랜드 역사학파의 중요한 일원으로서 역사에 관하여 항상 지대한

관심을 지녔던 스미스는 법학도 역사적 관점에서 접근을 시도하였다. 그는 우선 어떤 원리에 의해 법과 통치제도가 미개사회로부터 문명사회에 이르기까지 수립되고 또 변경되며 점진적으로 발전해 왔는지 밝히고자 하였다.[180] 이런 맥락에서 그가 제시한 것이 이른바 경제·사회발전의 4단계 이론이다.[181] 여기에서도 이런 순서에 따라 먼저 스미스가 염두에 두었던 역사의 발전단계를 살펴보고, 이어서 그가 논의한 법과 통치의 일반원리에 관하여 논하고자 한다.

(1) 역사의 발전단계: 경제·사회발전의 4단계

역사에 관한 연구에 있어서도 스미스는 뉴턴의 방법을 철저히 적용하였다. 위에서 이미 몇 차례 언급한 바와 같이, 먼저 어떤 소수의 원리를 세우고 그것으로부터 다수의 개별적 현상을 서로 연결시켜 체계적으로 설명하는 방법이 그것이다. 역사의 발전단계를 논의하기 전에 그는 먼저 사회의 구성원들이 사법권을 가진 정부를 세우고 거기에 복종하는 원리가 무엇인지 밝히고자 하였다. 스미스는 당시 영국에서 정설로 인정받고 있던 로크나 시드니(Algernon Sidney: 1623-1683) 등이 주장한 〈계약(contract)〉의 원리를 부정하고,[182] 그 대신 〈권위(authority)〉와 〈효용(utility)〉 두 원리를 제시하였다.[183] 모든 정부는 권위와 효용이라

---

180) Dugald Stewart, "Account of the Life and Writings of Adam Smith, LL.D.," pp. 274-275; A. S. Skinner, "Adam Smith: an Economic Interpretation of History," in A. S. Skinner and T. Wilson (eds.), *Essays on Adam Smith*, pp. 154, 175.

181) R. L. Meek, "Smith, Turgot, and the 'Four Stages' Theory,"(1971) *Adam Smith Critical Assessments*, Vol. IV, pp. 142-145.

182) Adam Smith, *LJ*(A), pp. 207, 315-317; *LJ*(B), pp. 402-404.

는 두 원리의 상이한 조합 위에 구축되어 있다고 본 것이다. 군주제 정부에서는 효용보다 권위가, 그리고 민주적 정부에서는 권위보다 효용이 더 지배적인 원리로 통용되고 있는 것과 같다.

〈효용의 원리〉는 정부에 대한 복종이, 그로 인해 사회에 정의와 평화가 유지될 수 있다면 그때 사회의 구성원들이 얻을 수 있는 효용 때문임을 강조한다. 이는 정의와 평화의 유지가 모든 사람에게 주는 효용이 크기 때문에 정부에 복종할 필요가 있다는 보편적 인식을 대변하고 있다. 이에 비하여 〈권위의 원리〉는 TMS에서 이미 논의한 바와 같이 열등한 자보다 우월한 자에게 더 쉽게 동감을 느끼는 인간의 성향에 바탕을 두고 있다. 스미스는 이러한 우월성의 근거로 네 가지를 지목하였다. 체력, 지혜, 덕성 등과 같은 개인이 지닌 뛰어난 〈자질〉, 〈연령〉, 〈재산〉, 〈가문〉이 그것이다.[184] 이 가운데 그는 권위의 원천으로 재산이 지닌 의미를 특히 강조하였다. 오래된 부자는 재산이 많다는 이유 그 자체로 많은 사람들의 동감과 존경의 대상이 될 뿐만 아니라, 생계의 유지를 그가 지닌 재산에 의존하고 있는 사람들을 쉽게 자신의 예하로 종속시킬 수 있기 때문이다. 스미스는 또한 재산이 이처럼 권위와 권력의 주된 원천인 만큼 가장 중요한 분쟁의 원천이 되기도 하다는 점에 주의를 환기시켰다. 축적된 재산이 없는 사회에서 행하여진 불의(injustice)는 대체로 신체의 상해나 명예의 훼손에 지나지 않고, 또 행위자의 신중한 사려로 쉽게 자제될 수 있어 그 해소에 법규의 도움이 별로 필요하지 않지만, 축적된 재산이 있는 사회에서의 불의는 흔히 소유권의 상실과 취득이라는 결과와 직결되어 있어 더욱

---

183) Adam Smith, LJ(B), p. 401.

184) Adam Smith, TMS, p. 226; LJ(B), p. 401, WN, pp. 710-713.

빈번하게 행해지고 그로 인한 분쟁의 해결에는 사법 당국의 개입이 불가피하다는 점에서 큰 차이가 있다고 보았기 때문이다.

이런 이유로 해서 스미스는 정부 수립의 필요조건을 재산의 형성과 축적, 그리고 그 불평등한 소유에서 찾았다. "소유권이 존재하기 전까지는 부를 지키고 가난한 자들로부터 부유한 자들을 방어하는 것이 목적인 정부는 존재할 필요가 없었다."185) 그렇다면 재산의 형성 과정 및 축적 방식에 따라 정부의 존재 여부와 존재 이후의 통치형태가 달라지지 않을 수 없다. 물론 이렇게 형성된 정부는 다시 재산의 상태(state)에 영향을 미치게 된다.186) 결국 재산의 형성과 축적 방식이 역사의 전개 과정을 결정하는 주된 요인이라고 할 수 있다. 그런데 그는 재산과 부의 존재 여부 및 축적의 방식은 사회구성원들의 〈생존양식(mode of subsistence)〉 또는 〈생계취득양식(mode of earning subsistence)〉에 따라 다르게 나타난다고 보았다.187) 따라서 역사의 발전단계를 결정하는 가장 근본적인 요인은 생존양식이라고 할 수 있으며, 스미스는 그 차이에 입각하여 위에서 말한 경제 · 사회발전의 4단계를 제시하였다. 수렵, 목축, 농경, 상업의 단계가 그것이다.188)

〈수렵단계〉의 사회는 수렵, 채취, 어획 등으로 생계를 유지하는 가

---

185) Adam Smith, *LJ*(B), p. 404. *LJ*(A), p. 208; *WN*, p. 715에도 같은 내용이 실려 있다.

186) Adam Smith, *LJ*(B), p. 401.

187) A. S. Skinner, "Adam Smith: an Economic Interpretation of History," p. 175.

188) Adam Smith, *LJ*(A), p. 14; *LJ*(B), p. 459. 이러한 단계론은 당시 널리 논의되고 있었던 것으로, 스미스는 그것을 좀 더 발전시키는 데 기여하였다. R. L. Meek, "Smith, Turgot, and the 'Four Stages' Theory"와 Adam Smith, *WN*, p. 689의 각주 2 참조

장 미개한 원시사회로서 스미스는 그가 살던 당시의 북미 인디언 부족들과, 서력기원을 전후하여 영국에 살았던 원주민들의 생활 상태를 그 예로 들었다.189) 수렵과 채취 등의 자연 의존적 생계취득양식으로 말미암아 그들은 소규모 집단을 이룰 수밖에 없었으며, 재산도 형성 자체가 불가능하였다. 형성된 재산이 없었기 때문에 경제적 지배·종속관계는 성립되지 않았다. 모두가 사냥꾼이자 전사(戰士)인 구성원들은 대체로 평등한 가운데 큰 폭의 자유를 누리고 있었으며 심각한 분쟁도 발생하지 않았다. 따라서 정부라고 할 만한 제도는 존재하지 않았고, 권위보다는 효용의 원리가 지배적인 사회였다고 할 수 있다.

〈목축단계〉의 사회는 수렵단계에서 좀 더 진전하여 가축의 사육으로 생계를 유지하는 몽골과 아랍 지역 등에서 볼 수 있는 유목민 사회로서, 이들은 달라진 생계취득양식에 따라 대규모 집단을 이룰 수 있었다. 이 단계의 가장 큰 특징은 가축의 전유(專有)로 재산이 형성되기 시작하였다는 점이다. 그 결과 사회의 구성원들은 재산, 즉 생계수단을 소유한 소수의 부유한 자들과 그들에게 종속되어 생계를 취득해야 하는 다수의 가난한 자들로 나뉘었으며, 부유한 자들과 그들의 재산을 보호하기 위하여 정규의 정부가 최초로 수립되었다.190) 주변국에 대한 잦은 침략으로 인류 문명의 전개에 극적인 영향을 미친 유목민 사회에서는 재산과 가문에 바탕을 둔 권위의 원리가 그 어느 단계에서보다 가장 지배적으로 작용하였다.191)

〈농경단계〉의 사회는 목축단계에서 진일보한 사회로서, 유럽의 경

---

189) Adam Smith, LJ(A), p. 107; WN, pp. 689-690.
190) Adam Smith, LJ(A), p. 208; LJ(B), pp. 404-405.
191) Adam Smith, LJ(A), p. 215; LJ(B), pp. 404-405; WN, pp. 711-712.

우 서로마제국의 멸망으로부터 봉건적 토지 소유제도의 성립, 그리고 도시와 상공업의 발달로 봉건제도가 붕괴할 때까지 중세 대부분의 시기가 이 단계에 속한다. 이 단계의 특징은 재산의 토대가 가축에서 토지로 바뀌면서 고정된 주거지가 만들어지고 농지의 경작이라는 새로운 형태의 생산적 행위가 주된 생계취득양식으로 등장했다는 데 있다. 그러나 재산이 권위와 정치적 세력의 원천이며, 생계수단을 소유한 소수의 대지주와 그들에게 의존하여 생계를 해결해야 하는 가신(家臣)과 소작인들이 지배·복종관계를 이루고 있었다는 점에서는 전 단계와 다름이 없었다. 이 단계에서도 권위의 원리가 지배적이었으나, 군주와 제후로 이뤄진 정부의 권위가 미약하여 정치적으로는 불안정하고 무질서했으며, 경제적으로는 영지의 분할을 막는 장자 및 한사(限嗣)상속제도 때문에 토지의 개량이 불가능하여 발전이 더딘 시기였다.192)

경제·사회발전의 최후 단계인 〈상업단계〉의 사회는 도시 상공업의 발달로 새로운 부의 원천을 소유한 부르주아가 그들도 전혀 의식하지 못한 가운데 재산의 소유에 바탕을 둔 제후와 왕의 세력을 크게 잠식하기 시작하며 나타난 교환경제 사회로서, 스미스가 살았던 당시의 영국이 여기에 속하였다. 생계취득의 주된 양식이 농업에서 새로운 부의 원천으로 등장한 상업과 제조업으로 변경된 이 단계에서는 모든 재화와 용역이 시장에서 상품으로 거래되었다. 시장거래는 부유한 귀족들에게 사치품이나 기호품의 구입 등으로 재산을 소비할 수 있는 새로운 기회를 제공하였고, 더 많은 소비를 위해 가신들이 해고되면서 생계의 취득을 위해 불가피했던 인간 대 인간의 직접적인 종속관계가 급격히 해체되는 결과가 초래되었다.193) 자유와 안전을 획득한 독립

---

192) Adam Smith, *LJ*(A), pp. 54-56, 246; *WN*, pp. 382-383, 417-418.

된 개인이 자신의 생활 상태를 개선하려고 기울인 노력은 먼저 경제성장을 촉진하고, 다음으로 도시와 농촌에 질서와 선정(good government)을 도입하는 데 기여하였다.[194] 그 결과 권위의 원천으로서의 재산과 가문의 중요성이 점감하면서 권위보다 효용의 원리가 지배적인 민주사회가 등장하였다.

스미스는 이처럼 생존양식의 변화에 따라 인류의 역사는 4단계를 거쳐 발전해 왔다는 개념적 틀 속에서 자신의 논의를 전개하였다. 여기에서 알 수 있는 바와 같이, 그는 마르크스(Karl Marx: 1818-1883)에 앞서 사회·정치적 변화는 궁극적으로 생존양식이라는 경제적 요인에 의해 결정된다는 〈역사의 경제적 해석〉, 즉 〈유물론적 역사해석〉을 시도하였다.[195] 이런 관점에서 본다면 통치의 형태와 법률의 변화도 결국 생존양식의 함수라고 하지 않을 수 없다. 상업과 제조업이 사회의 주된 생존양식으로 자리 잡아 그것이 많은 사람들에게 새로운 부의 원천이 되는 상업단계, 즉 교환경제에 도달하면 정치적 권력의 재분배와 시민을 보호하는 법률의 제정이 불가피해진다. 법률의 보호로 안전과 상당한 자유를 획득한 시민들은 자신의 생활 상태를 개선하려는 노력을 기울이고, 그 결과 경제가 성장하면서 더욱 완전한 자유를 향한 진보가 계속된다. 스미스는 〈명예혁명〉 이후 〈토리(tory)의 원리〉가 〈휘그(whig)의 원리〉로 점차 대체되면서, 환언하여 기존의 귀족적 권위

---

193) R. H. Campbell and A. S. Skinner, "General Introduction," pp. 15-16.

194) Adam Smith, *WN*, pp. 405, 412-422; A. S. Skinner, "Adam Smith: an Economic Interpretation of History," p. 167.

195) R. L. Meek, "Smith, Turgot, and the 'Four Stages' Theory," p. 145; A. S. Skinner, "Adam Smith: an Economic Interpretation of History," p. 175.

의 원리 대신 서민적 효용의 원리가 지배적 원리로 인정되기 시작하면서 영국이 이런 단계 도달하였다고 생각하였다.[196] 하지만 중상주의적 특혜와 제약이 상존하여 완전한 자유가 보장된 〈자연적 자유의 체계〉에는 미처 도달하지 못했다고 보았다.[197] 따라서 그의 법학과 경제학은 아직도 남아 있는 진보의 장애물을 제거하여 자연적 자유의 체계에 도달하기 위한 노력의 일환으로 간주될 수 있다.

(2) 법과 통치의 일반원리: 교환정의의 원리

스미스는 인류의 역사가 실제로 위에서 약술한 바와 같은 단계를 거쳐 단선적으로 발전해 왔다고 생각하지는 않았다. 단계론에 비교적 근사한 경로를 따라 전개된 영국의 역사를 오히려 예외로 취급할 정도였다.[198] 역사의 현실적 진행 과정이 본질적으로 복잡하다는 사실을 잘 알고 있었기 때문이다. 그럼에도 불구하고 그는 역사 속에서 어느 정도 정해진 추세를 발견할 수 있다는 점을 인정하는 데 주저하지 않았다. 개인이 누릴 수 있는 자유의 확대와 그로 인한 부와 번영으로의 진보의 추세가 그것이다.[199] 다음과 같은 그의 주장에서도 이를 어렵지 않게 엿볼 수 있다.

명예혁명 이후 완성된 영국의 법률이 각 개인에게 자기 노동의 과실

---

196) Adam Smith, *LJ*(A), pp. 319-320; *WN*, pp. 345, 540.

197) Adam Smith, *WN*, pp. 606, 687.

198) Adam Smith, *LJ*(A), p. 265; *LJ*(B), pp. 420-422; *WN*, pp. 424-425.

199) Adam Smith, *WN*, p. 674; A. S. Skinner, "Adam Smith: an Economic Interpretation of History," pp. 175-178.

을 향유할 수 있도록 보장하고 있는 안전은 그것만으로도 상업에 대한 터무니없는 여러 규제에 관계없이 어떤 나라나 번영케 하는 데 충분하다. 자기 자신의 생활 상태를 개선하려는 개개인의 자연적 노력(natural effort)은, 그것이 자유와 안전 속에서 경주될 수 있도록 허용된다면, 그것만으로도 아무런 도움 없이 사회를 부와 번영으로 이끌 수 있을 뿐만 아니라, 인간의 법률이 지닌 어리석음이 그[principle] 작용을 수시로 방해하기 위해 만들어 낸 수많은 부조리한 장애물을 극복할 수 있을 정도로 강력한 원리(powerful principle)이다. … 영국에서 산업은 더할 나위 없이 안전하다. 그렇다고 그것이 완전히 자유스럽지는 않지만, 유럽의 다른 어떤 곳보다는 자유스럽다.200)

위의 인용문에 담겨 있는 스미스의 논지는 대략 아래와 같이 요약될 수 있다. 첫째, 명예혁명 이후 영국은 법률을 정비하여 개인의 자유와 안전을 확대한 결과 부와 번영을 이룩할 수 있었다. 둘째, 영국뿐만 아니라 다른 어떤 나라도 이런 조치를 취한다면 같은 결과를 얻을 수 있다는 점에서 그것이 역사의 발전 방향임을 알 수 있다. 셋째, 이런 결과가 초래되는 이유는 자신의 생활 상태를 개선하려는 개개인의 자연적 노력이라는 강력한 원리가 존재하기 때문이다. 넷째, 인간이 만든 법률은 경우에 따라 이 원리의 발현을 촉진하기도 하고 억제하기도 한다. 다섯째, 영국은 다른 어떤 나라 이상으로 자유스럽지만, 그렇다고 완전히 자유스럽지는 않다.

이처럼 스미스는 사회의 번영과 역사의 발전에서 법률이 담당하고 있는 역할의 중요성을 무엇보다 강조하였다. 그와 동시에 인간이 만든 법제(法制)가 번영과 발전을 조장하기도 하지만 저해하는 경우도 적지

---

200) Adam Smith, *WN*, p. 540.

않으며, 조장의 측면에서 가장 앞선 영국이 아직도 완전한 자유에 도달하지 못했다는 점에 주의를 환기시켰다. 이러한 현실 인식이 그의 법학 연구의 출발점을 이루고 있다.

스미스는 법학을 다음과 같이 정의하였다. "법학은 모든 나라의 법률의 기초가 되어야 하는 일반원리에 관하여 탐구하는 과학이다."[201] 이를 그는 법과 통치의 일반원리에 대한 이론이라고 부르기도 하였다.[202] 주지하듯이 스미스의 법학에는 광의와 협의의 법학이 있다. 광의의 법학은 협의의 법학이 다루고 있는 정의(justice)뿐만 아니라 행정(police), 세입(revenue), 국방(arms) 등 나중에 *WN*에서 상론하게 되는 경제학의 주제도 포괄하고 있다. 위에서 우리가 행한 스미스의 도덕철학체계 분류에 따라 여기에서 다룰 법학은 물론 협의의 법학에 국한된 것이다.

법학의 관점에서 스미스는 모든 개화된 통치가 추구해야 할 가장 중요한 목적은 그 사회의 구성원들 사이에 정의가 유지되도록 하는 데 있다고 천명하였다.[203] 그는 *TMS*에서 사회의 평화와 질서는 불쌍한 사람들의 구제보다 더 중요하다고 강조한 바 있다.[204] 다른 덕목과 달리 정의의 덕이 실천되지 않는 사회는 질서를 상실하여 존립 자체가 매우 어렵다고 보았기 때문이다. 정의는 흔히 전술한 바와 같이 분

---

201) "Jurisprudence is that science which inquires into the general principles which ought to be the foundation of the laws of all nations." Adam Smith, *LJ*(B), p. 397; *TMS*, p. 341에도 비슷한 내용이 보인다.

202) Adam Smith, *LJ*(B), p. 398.

203) Adam Smith, *LJ*(A), p. 7.

204) Adam Smith, *TMS*, p. 226.

배정의와 교환정의로 구분된다. 스미스는 분배정의가 이른바 〈불완전 권리(jura imperfecta)〉인 데 비해, 교환정의는 〈완전 권리(jura perfecta)〉라는 점에서 본질적인 차이가 있다고 보았다. 불완전 권리는 걸인(乞人)의 자선에 대한 요구처럼 그 실현이 바람직하지만 강제될 수 없는 권리인 데 비해, 완전 권리는 그것을 지닌 사람이 상대방에게 요구할 수 있고, 만약 요구가 거부될 경우 그 실현을 강제할 수 있는 권리를 뜻한다.205) 스미스가 분배정의를 도덕의 영역에 귀속시키고 교환정의만을 법학의 대상으로 삼은 이유가 여기에 있다. 교환정의로서의 정의는 어떤 개인이 가지고 있는 완전 권리가 타당한 이유 없이 박탈당할 때 침해된다. 〈정의의 덕〉은 이처럼 타인의 권리를 침해하지 않음으로 해서 누구나 실천할 수 있는 소극적인 덕이다. 하지만 위에서 시사한 바와 같이 재산이 축적되고 그 소유권이 행사되기 시작한 이후 모든 사람들이 자발적으로 그것을 실천하기를 바란다는 것은 어려운 일이 되었고, 처벌로 그 실천을 강제할 필요성이 점증하였다. 이것이 정의의 덕이 〈정의의 법〉 또는 〈정의의 규칙〉으로 일컬어지는 이유이기도 하다.

통치의 일차적 목표는 정의의 유지에 있고, 정의의 목적은 개개인으로 하여금 타인의 침해를 받지 않고 자신의 완전 권리를 누릴 수 있도록 안전을 도모하는 데 있다고 파악한 스미스는 각종 침해의 양상을 인간이 취할 수 있는 세 가지 입장, 즉 개인, 가족의 일원, 그리고 시민 또는 국가의 구성원 등의 관점에서 면밀히 검토하였다.206) 여기에 상응하여 그의 법학은 〈사법〉, 〈가족법〉, 〈공법〉으로 구성되어 있다. 사법에서 그는 인간이 개인으로서 당할 수 있는 신체·명예·재산

---

205) Adam Smith, *LJ*(A), p. 9.

206) Adam Smith, *LJ*(A), pp. 7-8, 200; *LJ*(B), p. 399.

상의 침해를 자세히 다루고 있으며, 가족법에서는 남편과 아내, 부모와 자식, 주인과 노예와 관련된 침해의 문제를 다루고 있다. 공법에서는 전술한 바와 같이 정부가 계약이 아니라 권위와 효용의 원리 위에 구축되어 있다는 데서 출발하여 군주와 국민의 권리 및 그 침해의 가능성을 논하고 있다.

　각국의 다양한 실정법은 정의의 법을 어기고 타인의 권리를 침해한 사람들에 대한 처벌의 내용을 담고 있다. 그렇다면 불의에 대한 처벌은 무엇으로 정당화될 수 있으며, 처벌의 적정한 척도는 무엇인가? 스미스는 이런 질문에 대한 답변을 공익 또는 공적(公的) 효용에서 찾고자 한 흄 등의 이른바 〈효용 정의론〉을 부정하고, 그가 TMS에서 상술한 동감의 원리에 따른 〈동감 정의론〉을 제시하였다. 불의의 응징을 '최초로(originally)' 고무하는 것은 불의가 사회의 존립에 해악을 끼칠 수 있다는 현명한 사람들의 원려(遠慮)가 아니라, 가장 어리석은 사람조차도 예외 없이 본성적으로 지니고 있는 불의에 대한 혐오감과 그 처벌을 보는 즐거움이며, 처벌의 적정한 척도는 피해자의 분개 정도에 대한 공정한 관찰자의 동감이라고 확신하였기 때문이다.207) 스미스는 이처럼 효용이 아니라 동감의 원리 위에 자신의 정의론을 구축하였다. 하지만 그가 정의를 논하며 공적 효용의 의미를 도외시한 것은 결코 아니다. 이는 위의 '최초로'라는 수식어가 시사하듯이 효용이 정의의 기초는 아니지만, 그가 누누이 강조한 질서와 평화라는 사회적 효용이 다름 아닌 동감의 원리에 의한 정의의 법이 엄격히 시행될 경우 초래될 수 있는 의도되지 않은 결과라는 점에서 쉽게 납득될 수 있다.

　모든 실정법 체계는 신의 설계 또는 의도에 부합하는 정의의 법을

---

207) Adam Smith, *TMS*, pp. 87-91, 218; *LJ*(A), p. 104; *LJ*(B), pp. 475-476.

온전하게 대변하고 있지 못하다는 점에서 불완전한 체계라고 하지 않을 수 없다. 신의 설계에 부합하는 법의 체계를 자연법이라 한다면, 법학의 관점에서 역사의 발전 과정은 실정법의 자연법으로의 수렴 과정이라고 할 수 있다. 이런 수렴 과정을 방해하는 요인으로 스미스는 국민들의 미개·야만성, 특수한 통치체제의 속성, 특정 정치집단의 이해관계, 사법기관의 불비 등을 들었다.208) 이런 요인이 모두 제거되었을 때 자생하는 체계가 그가 말한 명백하고 단순한 자연적 자유의 체계이다. 모든 사람들에게 정의의 법을 위반하지 않는 한 자기의 이익을 자신만의 방법으로 추구할 수 있도록 〈완전한 자유(perfect liberty)〉가 허용되는 이 체계 안에서, 실정법이 다양한 발전단계를 거치며 추구해 왔던 정의는 비로소 초역사적 〈자연적 정의(natural justice)〉로 수렴하게 되며, 정의의 법은 자연적 정의의 법과 같게 된다. 자연법은 결국 자연적 정의의 감정에 부합하는 법을 뜻하고, 자연적 정의는 자연적 자유를 뒷받침할 수 있는 정의로 해석될 수 있다. 위에서 지적한 바와 같이 스미스는 자연적 자유의 체계가 아직도 도래하지 않았다고 여겼다. 이것이 그가 부당한 침해와 억압으로부터의 안전을 최대한 보장하여 자연적 자유의 체계의 구현에 기여할 수 있는 정의의 원리에 대한 지속적 탐구를 강조한 이유이다.

(3) 스미스 도덕철학체계에서 법학의 의미

법학은 윤리학에서 논의된 여러 덕목 가운데 하나인 정의의 덕에 국한된 학문이다. 그것을 윤리학에서 분리하여 법학에서 다시 깊이 있

---

208) Adam Smith, *TMS*, pp. 340-341.

게 다른 것은 스미스가 누차 강조했듯이 정의의 덕은 그 속성이 다른 덕과 확연히 다르기 때문이다.209) 실천되지 않았을 때 다른 덕은 인간관계에 약간의 불편을 야기할 뿐이지만, 정의의 경우 그것은 타인의 권리를 부당하게 침해하여 혼란과 분쟁을 초래하고 결국 사회의 존립을 어렵게 한다. 따라서 정의의 확보와 유지는 사회의 존속을 위한 필요조건이라고 할 수 있다. 그리고 이것이 정의가 법과 통치의 일반원리인 이유이다. 이런 점을 염두에 두고 법학이 스미스의 도덕철학체계 내에서 지니고 있는 의미를 살펴보면 다음과 같다.

사람들의 사회적 삶을 하나의 경기(game)에 비유해 본다면, 윤리학은 다양한 원초적 열정을 지니고 태어난 경기자 개개인이 경기에서 적합한 행동을 할 수 있도록 공정한 관찰자의 비판과 적정의 압력을 받으며 도덕적으로 사회화되는 과정을 체계적으로 기술하는 역할을 담당한다. 이것은 이기적 인간이 타인의 동감 여부를 고려하고 또 주어진 사회의 위계질서에 순응하며, 도덕적이고 신중한 사람으로 변모해 가는 과정에 관한 설명이기도 하다. 법학은 이렇게 사회화된 경기자들이 경기 중에 지켜야 할 규칙, 즉 정의의 원리를 구체화한 실정법과 제도가 정해지는 방식을 밝히는 역할을 담당한다. 비록 같은 원리에 바탕을 두고 있지만 실정법과 제도의 내용은 스미스가 살았던 당시의 북미 원주민 사회와 영국의 경우처럼 사회의 발전단계에 따라 판이할 수 있기 때문에 법학에서는 그 차이의 규명을 위해 역사발전단계론이 제시되었고, 그 맥락에서 영국이 도달한 상업의 단계, 즉 교환경제에 적합한 제도의 특성도 함께 논의되었다. 앞으로 서술될 경제학은 인류가 도달한 가장 발전된 단계인 교환경제 사회에 알맞게 절

---

209) Adam Smith, *TMS*, pp. 79-80, 86, 175-176, 327, 340-341.

약인(frugal man) 또는 경제인(economic man)으로 사회화된 개개인이 자신의 생활 상태를 개선하기 위하여 경기 규칙을 준수하며 최선을 다해 경기에 임할 때 초래될 수 있는 의도되었거나 또는 의도되지 않은 사회·경제적 결과를 집중적으로 분석하는 역할을 담당한다.

여기에서 우리는 윤리학과 법학, 그리고 경제학이 서로 다른 역할을 담당하며 유기적 통일체를 이루고 있다는 사실을 다시 한 번 확인할 수 있다. 법학이 윤리학 및 경제학과 유기적으로 연결되어 있다는 사실을 우리는 다른 관점에서도 확인할 수 있다. 먼저 지적되어야 할 사항은 법학도 윤리학이나 경제학처럼 위에서 윤리학을 논의하며 지적한 바 있는 세 가지 경험적 가설이나 명제 위에 구축되어 있다는 점이다. 첫째, 스미스가 그의 정의론을 흄 등이 주장한 합리적 효용의 원리가 아니라 감정적 동감의 원리 위에 세운 것은 인간은 타고난 불변의 본성에 따라 행동한다는 가설과 부합한다. 둘째, 사람들이 이 원리에 따라 행동할 때 그들이 미처 의식하지 못하는 가운데 의도되지 않은 사회적 결과가 초래된다는 명제는, 사람들이 정의의 감정에 따라 실정법에 맞게 행동하는 사회에서는 질서와 평화라는 공적 효용이 의도되지 않은 결과로 초래된다는 주장으로 뒷받침되고 있다. 끝으로 예법과 제도는 시간의 흐름 속에서 변화하며, 같은 시기라 하더라도 사회에 따라 현격한 차이를 보일 수 있다는 견해는 조금 전에 지적한 경제·사회발전의 4단계론으로 더욱 구체화되었다.

역사발전 단계론은 스미스가 사회 제도의 변화를 설명할 수 있는 새로운 사회과학의 가능성과 필요성을 어렴풋이 암시한 몽테스키외(Charles Montesquieu: 1689-1755)를 위시하여 재산과 소유권의 기원 등을 다룬 푸펜도르프(Samuel Pufendorf: 1632-1694)와 로크, 그리고 다른 학자들의 주장으로부터 영향을 받으며 튀르고와 거의 동시에 독자적으로 개발한 역사 이론이다.210) 그의 단계론은 다음과 같은 몇 가지 점에서 상당히 중요한 의미를 지니고 있다. 첫째, 사건의 단순한 기록에 가까운 기존의 〈설화적(narrative) 역사〉보다 인간 본성의 원리나 사회 상황 등에서 추출한 패턴에 따라 역사의 전개 과정을 체계적으로 설명하려는 〈이론적 역사〉에 더욱 깊은 관심을 가졌던 그가 단계론이라는 한결 정제된 개념적 틀을 학계에 제공하여 몽테스키외에 의해 암시된 새로운 동태적 사회과학의 발전을 실제로 촉진하는 역할을 담당하였다.211) 둘째, 스미스는 단계론을 통하여 플라톤 같은 고대의 철학자들과 달리 역사는 순환하며 진화한다는 〈진보(progress)의 역사관〉을 제시하였다. 그는 원시적 수렵단계로부터 목축과 농경단계를 거쳐 가장 세련된 상업의 단계에 이르는 변화의 과정을, 비록 각 단계 내에서의 순환 과정에서 일시적 퇴보의 가능성을 인정하면서도, 인류가 누릴 수 있는 자유와 정의가 경제적 풍요와 함께 장기에 걸쳐 점진적으로 확대되는 자연적 진보의 과정으로 파악하였다. 셋째, 진보의 궁극적 동인을 경제적 요소에서 찾는 유물론적 역사 해석을 시도하였다. 그의 견해에 따르면, 지배적 생존양식에 따라 재산의 축적 방식이 결정되고 이것은 다시 법과 통치의 형태에 영향을 미쳐 사회·정치적 구조와 그 변화의 방향을 결정한다. 그러나 스미스의 역사 해석은 통속적 마르크

---

210) Dugald Stewart, "Account of the Life and Writings of Adam Smith, LL.D.," pp. 274-275, 293-294; R. L. Meek, "Smith, Turgot, and the 'Four Stages' Theory," pp. 144-145, 151-152.

211) R. L. Meek, "Smith, Turgot, and the 'Four Stages' Theory," p. 145. 〈이론적 역사〉는 〈철학적 역사〉로 불리기도 한다. Stewart는 전자를 Skinner는 후자를 선호하였다. A. S. Skinner, "Adam Smith: an Economic Interpretation of History," pp. 154, 169.

스주의의 〈경제 결정론〉과 같은 것이 아니라는 점에 유의할 필요가 있다. 그의 단계론에서 경제는 역사의 순환과 진보를 결정하는 유일한 요인이 아니라 궁극적인 요인일 뿐이며, 경제적 상황의 변화에 적응하는 과정에서 사회의 엘리트 구성원들이 행한 〈도덕적 선택(moral choice)〉이 역사의 순환에 끼친 영향도 늘 비판적으로 검토되고 있다는 점이 간과되어서는 안 된다.[212]

다음으로 법학이 특히 경제학과 맺고 있는 유기적 관계에 대하여 지적되어야 할 사항은 법학이 경제학 연구의 당위성을 제공하고 있다는 사실이다. 실정법이라는 경기 규칙이 준수될 때 평화와 질서가 의도되지 않은 결과로 초래된다는 점은 위에서 언급한 바 있다. 경제학은 자발적 교환과 공정한 경쟁이 가능한 평화롭고 질서 있는 사회를 전제로 한다. 이런 의미에서 법학은 경제학의 존립 근거를 마련하기 위한 선행 학문이라고 볼 수 있다. 하지만 경기 규칙이 잘 정비되어 있고 그 준수가 사법 당국에 의해 엄격히 감시되고 있다고 해서 국민 모두가 그것을 지키며 경기에 임할 것을 기대하기는 어렵다. 스미스는 이 점을 누구보다 잘 인식하고 있었다. 그는 파리와 런던의 치안 상황을 비교하며, 파리에는 치안과 관련된 규정이 몇 권의 책으로도 부족할 정도로 많지만 살인 없이 지나가는 날이 거의 없는 반면, 파리보다 더 큰 도시인 런던에는 두세 가지의 간단한 규정밖에 없음에도 불구하고 살인은 1년에 서너 건에 불과함을 지적하였다. 그리고 봉건제도의 유습이 상대적으로 강하게 남아 있는 파리에서는 아직도 런던보다

---

[212] A. S. Skinner, "Adam Smith: an Economic Interpretation of History," p. 175; Athol Fitzgibbons, *Adam Smith's System of Liberty, Wealth, and Virtue*, pp. 123-126.

훨씬 더 많은 하인들이 귀족들에게 종속된 삶을 살아가고 있다는 사실을 근거로 해서, 범죄 발생의 빈도는 타인에 의존하여 생계를 해결하는 사람들의 비율이 높은 지역일수록 더 높다는 원리를 도출하였다. "이 원리에 따르면, 범죄 예방의 요체는 치안 행정보다는 타인에 의지해서 살아가는 사람들의 수를 가급적 줄이는 데 있다. 자립은 인간을 정직하게 하는 반면, 의존보다 더 인간을 타락시키는 것은 없다. 자립을 조장하는 상업과 제조업의 육성이야말로 범죄 예방에 최선책이 된다."213)

스미스가 염두에 둔 정의의 덕은 무위(無爲)를 통해 누구나 실천할 수 있는 소극적인 덕이다. 다만 실천되지 않을 경우 타인의 권리에 대한 부당한 침해로 나타난다는 데 문제가 있다. 이런 침해에 대응하는 방법으로는 두 가지가 있을 수 있다. 먼저 정의의 덕을 실천하지 않은 사람들을 실정법에 따라 처벌하는 소극적인 방법이다. 법학의 주된 관심사가 이것이다. 다음으로는 상공업을 발달시켜 많은 사람들에게 안정적인 일자리를 제공함으로 해서 침해의 가능성을 원천적으로 줄이는 적극적인 방법이다. 법학이 경제학으로 연결되어야 하는 당위성은 여기에 있다. 그리고 이것이 넓은 의미의 법학이 경제학을 포괄하고 있는 이유이기도 하다.

좁은 의미의 법학이 스미스의 도덕철학체계에서 지니고 있는 의미는 대략 다음과 같이 요약될 수 있다.

1. 법학은 윤리학 및 경제학과 함께 하나의 유기적 통일체를 이루기 위해 필요한 역할을 분담하고 있다. 과도한 이기심의 자발적 자제와 같이 동감의 원리에 따른 개개인의 도덕적 행위만으로는 사회의 평화

---

213) Adam Smith, *LJ*(B), pp. 487-488; *LJ*(A), p. 333에도 같은 내용이 있다.

와 질서의 유지가 보장되기 어렵기 때문에 사회의 구성원들을 타인의 부당한 침해로부터 안전하게 지킬 수 있는 정의의 원리에 국한된 탐구가 불가피한데, 법학이 이를 담당하고 있다.

2. 역사가 완전한 자유를 향하여 진화한다는 진보의 역사관을 표명하였다. 정의의 원리를 실정법과 제도로 구체화하는 방식은 시대와 사회에 따라 상이하다. 스미스는 이를 규명하기 위한 개념적 틀로 유물론적 역사 해석에 바탕을 둔 4단계 발전론을 제시하며 위와 같은 진보의 역사관을 피력하였다. 역사 진보의 과정은 실정법의 자연법으로의 수렴 과정이기도 하다.

3. 경제학이 도덕철학체계에 반드시 포함되어야 하는 이유를 밝혔다. 타인에 의존하여 생계를 해결해야 하는 사람들의 비율이 높은 사회일수록 범죄 발생의 빈도도 높다. 따라서 범죄 예방과 치안 유지의 최선책은 많은 사람들에게 안정적인 일자리를 제공하여 자립을 도울 수 있도록 상공업의 발달 및 국부의 증진 방안을 탐구하는 데 있다.

2) 다산 정약용의 치인(治人)의 법학

전통적 유학의 기본적 정신은 수기(修己)와 치인(治人)에 있다. 다산도 이런 정신에 충실하여 수기를 위한 경학과 치인을 위한 경세학으로 학문의 본과 말을 삼았음은 잘 알려진 바와 같다. 법학은 치인을 위한 넓은 의미의 경세학의 한 부분을 이루고 있다. 성리학자들은 수기로 쌓은 도덕적 자율성을 바탕으로 이뤄지는 〈무위이치(無爲而治)〉의 정치질서를 염두에 두고 있었기 때문에, 외부의 법적 강제력에 의한 작위적 치인과 통치에 대해서는 무관심하거나 비판적이었다. 다산은 성리학자들이 예악(禮樂)이나 형정(刑政)을 잡사(雜事)로 여기고 법률과 제도 등 치인과 직결된 공부를 기피하는 현실을 크게 개탄하며, 그들이 입만 열면 강조하는 효·제·충·신도 형정의 도움 없이는 성취될 수 없음을 고경의 재해석을 통하여 논증하려고 고심하였다.214) 다산은 공자의 덕치를 부정하지는 않았지만, 순자의 법치가 지닌 중요성도 그에 못지않게 강조하였다. 그는 덕과 예(禮)에 바탕을 둔 정치를 선호한 공자의 사상을 그대로 따르지 않고, 예에 바탕을 둔 법적 정의의 실현, 즉 〈예법일치(禮法一致)〉를 추구하였다.215) 예법일치 사상을 추종하고 있기 때문에 다산의 법학은 그것이 〈예〉와 〈법〉어느 관점에서 파악되느냐에 따라 그 포괄의 범위가 크게 달라질 수 있다. 다산의 법학을 〈예〉의 관점에서 본다면 그것은 스미스의 광의의 법학과 크게 다르지 않다.216) 그러나 그의 법학을 좁은 〈법〉의 관점에서 본다면, 그것은 형법에 국한되어 협의의 스미스 법학의 아주 작은 부분에 지나지 않게 된다. 여기에서는 어느 한 관점을 선택하여 그 관점에 따라 다산의 법학을 논의하기보다는, 우리가 위에서 스미스의 법학을 다뤘던 방식에 따라 법과 제도를 논하며 역사를 도외시할 수 없기 때문에 먼저 다산의 역사관을 살펴보고, 이어 그가 염두에 두었던 법과 통치의 일반원리가 무엇이었는지에 초점을 맞춰 서술하고자 한다.

---

214) 박석무, 〈茶山의 法律觀 - 부패 방지를 위한 法制改革〉, 『民族文化』 제19집 (1996), pp. 120-124.

215) 박병호, 〈茶山의 法思想〉, pp. 72-73.

216) 최진덕 교수는 법학까지 포함하여 다산 실학이 제시하는 모든 실천의 프로그램이 예학에 속한다고 보았다. 최진덕, 〈茶山 實學의 構造와 그의 喪服制度論〉, 김형효 외, 『茶山의 사상과 그 현대적 의미』, pp. 249-250.

(1) 역사의 발전단계: 이중적 역사관

위에서 본 바와 같이 스미스는 역사의 발전단계를 논하기에 앞서 사회의 구성원들이 사법권을 가진 정부를 수립하고 거기에 복종하는 원리가 무엇인가를 묻고, 당시의 통설이었던 〈계약〉의 원리를 경험적 증거를 들어 부정하면서 〈권위〉와 〈효용〉의 원리를 제시하였다. 그렇다면 다산이 생각한 정부 또는 정치 공동체 설립의 기원과 그 원리는 무엇인가? 이와 관련하여 가장 자주 인용되고 있는 다산의 견해는 다음과 같다.

옛날에야 백성[民]이 있었을 뿐 무슨 목민자가 있었던가. 백성들이 옹기종기 모여 살면서 한 사람이 이웃과 다투다가 해결을 보지 못한 것을 공언(公言)을 잘하는 장자(長者)가 있었으므로 그에게 가서야 해결을 보고 사린(四鄰)이 모두 감복한 나머지 그를 추대하여 높이 모시고는 이름을 이정(里正)이라 하였고, 또 여러 마을 백성들이 자기 마을에서 해결 못한 다툼거리를 가지고 준수하고 식견이 많은 장자를 찾아가 그에게서 해결을 보고는 여러 마을이 모두 감복한 나머지 그를 추대하여 높이 모시고서 이름을 당정(黨正)이라 하였으며, 또 여러 고을 백성들이 자기 고을에서 해결 못한 다툼거리를 가지고 어질고 덕이 있는 장자를 찾아가 그에게서 해결을 보고는 여러 고을이 모두 감복하여 그를 이름하여 주장(州長)이라 하였고, 또 여러 주의 장들이 한 사람을 추대하여 어른으로 모시고는 그를 이름하여 국군(國君)이라 하였으며, 또 여러 나라의 군들이 한 사람을 추대하여 어른으로 모시고는 그 이름을 방백(方伯)이라 하였고, 또 사방의 백(伯)들이 한 사람을 추대하여 그를 우두머리로 삼고는 이름하여 황왕(皇王)이라 하였으니, 따지자면 황왕의 근본은 이정에서부터 시작된 것으로 백성을 위하여 목민자가 있었

던 것임을 알 수 있다.217)

다산이 젊은 시절에 쓴 것으로 보이는 〈원목(原牧)〉의 이 구절에 따르면, 위정자인 군주가 존재하게 된 근원은 백성들의 자발적 추대에 있다.218) 그가 제시한 이런 견해 속에는 스미스가 논했던 정부 수립의 원리와 대단히 유사한 원리가 담겨 있다. 왜냐하면 첫째, 여기에는 〈사회계약론〉의 징후가 보이지 않으며, 둘째, 백성들이 당면한 어려운 문제를 해결하여 자신들의 편익, 즉 〈효용〉을 증대하기 위하여 자신들보다 능력이 뛰어난 사람의 〈권위〉에 의지하고 맡긴 결과가 이정부터 황왕에 이르는 정부기관이기 때문이다.219) 하지만 다산의 이런 견해는 반증 가능한 〈경험적 가설〉로 제시된 것이라기보다는 기존의 정치적 이데올로기를 논박하고 새로운 주장을 세우기 위한 〈당위적 명제〉에 더 가깝다고 하지 않을 수 없다. 마을의 이정 정도이거나 또는 아리스토텔레스가 생각했던 것처럼 국가가 마을보다 별로 크지 않은 경우

---

217) 민족문화추진회, 『국역 다산시문집 5』, 〈원목(原牧)〉, pp. 15-16.

218) 이것이 적지 않은 다산 연구자들로 하여금 그를 백성을 피치자로 보는 성리학자들의 민본주의를 뛰어넘어 주권재민의 근대적 민주주의의 주창자로 해석하게 한 기초 자료 가운데 하나이다.

219) 상술한 바와 같이 스미스가 말한 〈권위〉의 원천은 지혜, 덕성, 체력 같은 어떤 개인이 지닌 뛰어난 〈자질〉 이외에 〈연령〉, 〈가문〉, 〈재산〉 등이다. 다산은 〈원목〉에서 권위의 주된 원천으로 지혜와 덕성 같은 개인의 자질만 고려하였고, 가문이나 재산은 언급하지 않았다. 그러나 스미스는 지혜와 덕성 같은 자질이 권위의 원천이 되면 바람직하지만, 그것이 가시적인 것이 아니기 때문에 식별하기가 쉽지 않다고 지적하였다. Adam Smith, *TMS*, p. 226; *LJ*(B), p. 401.

라면 몰라도, 대규모 국가의 위정자까지 지혜와 덕성을 갖춘 사람을 찾아 추대하기란 현실적으로 결코 쉬운 일이 아닐 것이기 때문이다.

　다산은 스미스와 같이 역사에 대하여 대단히 큰 관심을 지니고 있었고 또 중국과 조선의 역사에 관해 많은 연구를 수행하였다. 하지만 그는 스미스처럼 역사의 전반적 발전단계에 관하여 어떤 견해도 명시적으로 밝히지 않았다. 하지만 현존하는 자료를 통해 어느 정도 파악이 가능한 그의 역사 전개 과정에 대한 인식은 이중적이어서 논란의 대상이 되고 있다. 그의 역사관 속에는 도덕적 상고주의(尙古主義)의 관점에서 본 〈퇴보의 역사〉와, 기예(技藝)의 지속적 발전 경향에 입각한 〈진보의 역사〉가 공존하고 있다. 위정자들의 도덕 수준은 역사의 진행 과정에서 점차 하락해 왔다고 본 반면, 생산 기술은 시간이 지나면서 필연적으로 더욱 발전하는 경향이 있다고 보았기 때문이다.[220] 이것은 그가 공공기관의 수립을 설명하며 지혜와 덕성 같은 개인의 뛰어난 자질에 따른 권위, 즉 도덕적 권위의 원리만 인정하고, 가문과 재산 같은 더욱 적실한 권위의 원리는, 그것이 중국이나 조선 역사의 대부분을 설명할 수 있는 지배적인 원리임에도 불구하고, 인정하지 않았고, 또 아래에서 위로의 추대 형식만 인정하고 위에서 아래로의 임명은 오히려 폄하한 데서 비롯되었다고 생각된다. 다산의 역사관을 놓고 서로 대립되는 견해가 많이 제기되고 있는 이유도 이처럼 다산이 역사적 사실을 객관적으로 관찰하지 않고 주관적으로 평가한 데서 비롯된 것으로 보인다.

　실학과 다산을 연구하는 학자들이 제기하고 있는 다산의 역사관에

---

[220] 민족문화추진회,『국역 다산시문집 5』,〈탕론(湯論)〉, pp. 128-129; 민족문화추진회,『국역 다산시문집 5』,〈기예론(技藝論) 1〉, p. 97.

관한 대부분의 논란은 그 속에 공존하고 있는 퇴보와 진보의 역사를 어떻게 해석하고 또 연결시킬 수 있을 것인가에 집중되고 있다고 해도 과언은 아니다. 다산의 역사관에 대한 다양한 견해는 대략 세 가지 범주로 분류될 수 있을 것으로 보인다. 첫째는 다산의 역사관은 역사 발전의 객관적 사실과 부합하지 않을 뿐만 아니라 통일성을 결여하고 있어 한계가 있다는 견해이다. 그의 도덕적 상고주의가 현실을 개혁하려는 강렬한 의지의 표출이라는 점에서는 매우 혁신적이고 진보적인 의미를 가지고 있지만, 현실의 역사를 설명하는 데는 부족할 뿐만 아니라 기예의 진보에 따른 이용후생의 점진적 증진이 정치 및 사회제도에 미치는 영향을 통일적으로 고려하고 있지 못하다는 것이다.221) 둘째는 다산의 역사관이 하나의 원리로 잘 정리되어 있지는 않으나, 그렇다고 그것이 통일성을 결여하고 있다고 볼 수만은 없다는 견해이다. 다산은 역사를 어떤 형이상학적 관념에 입각해 파악하려 하기보다는 다양한 현상과 구체적 현실에 토대를 두고 인식하려 했기 때문에 그것이 하나의 일의적 공식에 따라 총체적으로 발전하거나 퇴보하거나 순환한다고 말할 수는 없으나, 그렇다고 그가 다양한 현상 가운데 통일적 법칙이 전혀 존재하지 않는다고 생각하지도 않았다는 것이다.222) 셋째는 다산의 역사관은 하나의 진보사관으로 간주될 수 있다는 견해이다. 그의 상고사관(尙古史觀)은 〈이념으로서의 세계〉에 대한 사관이었고, 진보사관은 〈사실로서의 세계〉에 대한 사관으로서 그 대

---

221) 한영우, 〈茶山 丁若鏞의 歷史觀〉, 한우근 외, 『丁茶山硏究의 現況』, pp. 299-300.

222) 장승구, 『정약용과 실천의 철학』, pp. 152-153. 장승구 교수는 여기에서 통일적 법칙의 예로 들 수 있는 것이 무엇인지 구체적으로 명확히 밝히지는 않았다.

상을 달리하고 있기 때문에 서로 대립·모순될 수도 없을 뿐만 아니라 통일될 수도 없으나, 다산이 기술의 진보가 이용후생에 기여하고 후자는 다시 예의의 발전을 초래한다고 여긴 것이 분명하기 때문에 역사도 대체로 진보하는 것으로 파악했음이 분명하다는 것이다.[223] 만약 이런 견해가 타당하다면, 다산도 생계취득양식이 역사를 진화시키는 궁극적 동인이라고 본 스미스와 비슷하게 역사를 경제적 또는 유물론적으로 해석했다고 할 수 있다. 생산 기술의 발전은 부국강병으로 이어지고 부국강병은 백성들을 유족하게 함과 동시에 문물(文物)을 갖추게 해 결국 예의와 도덕을 진흥시킨다는 명제와 같기 때문이다. 그렇다면 상고사관과 진보사관이 서로 통일되지 못할 이유가 없다고 생각된다.

다산의 역사관은 그 속에 지금까지 살펴본 바와 같이 당위와 존재, 규범과 사실이 혼합되어 있어 일의적인 해석이 쉽지 않다. 스미스의 역사발전 단계론에도 사실과 규범의 요소가 혼합되어 있지만, 경험적 사실에 바탕을 둔 가설적 명제를 먼저 구축한 뒤에 그것을 규범적으로 적용했다는 점에서 많은 경우 선험적 당위가 경험적 존재를 규정하고 있는 다산의 경우와 같다고 할 수 없다. 스미스는 역사가 자유와 정의, 그리고 국부를 확대하는 방향으로 진화한다는 역사관을 밝혀 칸트 같은 학자에게까지 많은 영향을 미쳤다.[224] 이때의 정의가 그가 말

---

[223] 정창렬, 〈實學의 歷史觀 - 李瀷과 丁若鏞을 중심으로〉, 강만길 외, 『茶山의 政治經濟 思想』, pp. 48-49; 정창렬, 〈實學의 世界觀과 歷史認識〉, 연세대학교 국학연구원 편, 『韓國實學思想硏究 1: 哲學·歷史學篇』 (서울: 혜안, 2006), pp. 341-344; 조성을, 〈朝鮮後記 實學의 理想國家와 政治體制論〉, 연세대학교 국학연구원 편, 『韓國實學思想硏究 2: 政治經濟學篇』 (서울: 혜안, 2006), p. 94.

[224] Samuel Fleischacker, "Values Behind the Market: Kant's Response to the *Wealth*

한 대로 교환정의로 이해된다면 그의 역사관은 역사적 사실과 잘 부합하고 있음을 알 수 있다. 이에 비하여 다산의 역사에 관한 인식은 매우 제한적이라고 하지 않을 수 없다. 그렇게 되지 않을 수 없었던 한 가지 중요한 이유는 그의 실질적 경험과 관심이, 당시 조선의 지식인들에게는 어쩔 수 없는 일이었겠지만, 상고시대부터 이미 농경단계에 도달하여 그 단계에 수천 년 동안 머물면서 높은 수준의 문화를 누려 왔던 국가들로 구성된 이른바 중화문화권에만 국한되었던 데 있었을 것으로 보인다.

(2) 법과 통치의 일반원리: 분배정의의 원리

다산이 성리학자들과 다른 점 가운데 하나는 인간이 지닌 욕망을, 위에서 〈다산 정약용 문제〉를 논하며 이미 지적한 바와 같이, 모든 행위의 필요조건으로 인정한 데 있다. 욕망이 없으면 악도 저지르지 않겠지만 동시에 선도 행할 수 없다고 보았기 때문이다. 인간의 욕망 가운데 가장 중요한 것으로 그는 부(富)와 귀(貴), 즉 평민들의 경제적 욕망과 지식인들의 정치적 욕망을 꼽았다. 그뿐만 아니라 다산은 사람이 이익을 추구하는 것을 자연스러운 일로 간주하였다. "백성이 이(利)를 따라가는 것은 마치 물이 아래로 흐르는 것과 같다. … 백성이 해(害)를 피해 가는 것은 마치 불이 습기를 피하는 것과 같다."[225] 따라서 이런 욕망을 무조건 억제하려고 하기보다는 합리적으로 충족시킬 수 있는 방안을 강구할 필요가 있음을 역설하였다. 국가제도의 개혁과 새로운

---

of Nations," *History of Political Thought*, Vol. 17(1996), pp. 379-407.

225) 민족문화추진회, 『국역 다산시문집 5』, 〈전론(田論) 4〉, p. 84.

생산 기술의 도입을 통한 국부의 증진, 인재등용 방법의 혁신과 인사 고과제 등의 시행을 통한 정치적 권력의 합리적 분배 등이 그것이다. 이를 위해 전래의 법 가운데 폐단이 있다고 여겨지는 것은 당연히 개정되어야 함을 지적하기도 하였다.226)

그럼에도 불구하고 다산은 그의 덕 개념을 다루며 서술한 바와 같이 인심의 유혹에 이끌려 〈이(利)〉를 추구하면 악에 물들어 소인이 되고, 도심의 권유에 따라 〈의(義)〉를 추구하면 선을 쌓아 군자가 된다고 주장하였다. 그가 〈이〉 대신에 〈의〉를 강조한 것은 부와 귀를 향한 인간의 욕망이 쉽게 억제될 수 없음을 잘 알고, 그것이 과도하게 추구될 경우 공동체의 질서가 파괴될 될 것을 우려하였기 때문이다. 다산은 결국 인간의 이기적 욕망과 그 충족의 시도를 자연적인 것으로 인정하면서도 사익에 앞서 공익의 중요성을 강조하며 개인보다 국가를 중시하는 입장을 견지하였다. "정전(井田)하는 법은 세를 거두어들이는 데 고르게 하는 것뿐만 아니고 또한 백성에게 충순(忠順)하는 것을 가르치는 것이기도 하다. 평소에 농사일을 하면서 모두 국가의 것을 먼저 하고 사리(私利)를 뒤로 할 줄 알게 되면 사변(事變)이 있는 날에 반드시 힘입을 수 있을 것이다."227)

여기에서 우리는 스미스와 다산의 견해 가운데 유사하면서도 서로 다른 점이 있음을 확인할 수 있다. 스미스와 다산은 모두 경제적 부와 사회적 지위 및 신분의 상승을 추구하는 개개인의 이기적 노력을 인정하였다. 하지만 스미스가 그것을 사회를 부와 번영으로 이끄는 하나의 강력한 원리로 인정하고, 정의의 규칙을 어기지 않는 한 법적 규제

---

226) 민족문화추진회, 『국역 다산시문집 5』, 〈급암론(汲黯論)〉, p. 168.
227) 민족문화추진회, 『국역 경세유표 II』, 〈地官修制 田制 10 井田議 2〉, p. 254.

의 철폐를 통하여 최대한 옹호해야 된다는 견해를 표명한 데 비해, 다산은 그것이 국가가 통제 가능한 한계 내에서 인정되어야 함을 강조하였다. 스미스는 사익의 추구를 촉진하면 사익의 합계인 국부가 당연히 증대된다고 확신한 반면, 다산은 국부의 증대를 우선적으로 도모하여야 거기에 비례하여 사익이 확보된다는 생각을 견지하였다. 따라서 스미스가 개인의 자유와 안전이 사회의 질서와 평화를 해치지 않는 범위 내에서 최대한 보장되어야 한다는 개인주의적 입장을 취한 반면, 다산은 전체의 이익을 위하여 개개인의 경제활동은 국가에 의해 계획·관리될 수 있어야 한다는 집단주의적 입장을 취하였다. 스미스와 다산이 법과 통치의 일반원리에 관하여 서로 다른 주장을 편 이유가 여기에 있다.

다산은 〈법〉이 원래 백성들의 소망에 따라 아래로부터 위로 제안되어 결국 그들의 편익을 위해 제정되었는데, 후세에 와서 위에서 자의적으로 만들어 일방적으로 아래로 시행하는 현실을 개탄하였다.[228] 여기에서 우리는 다산이 염두에 둔 법의 성격을 엿볼 수 있다. 그는 백성들을 하늘이 낸 존재로 보았다. 하늘은 또 백성들에게 경작지를 주어 생계를 유지하게 함과 동시에 군주와 목민관을 세워 그들로 하여금 백성의 부모로서 재산을 고르게 나누며 다 함께 살도록 조처하였고,[229] 백성들을 위하여 이로운 일이 아니면 해서는 안 되도록 하였다.[230] 따라서 백성들의 소망에 따라 만든 법은 하늘의 뜻, 즉 천리(天理)에 맞는 법이라고 할 수 있으며 이것이 곧 〈예(禮)〉이다.

---

228) 민족문화추진회, 『국역 다산시문집 5』, 〈원목(原牧)〉, p. 16.

229) 민족문화추진회, 『국역 다산시문집 5』, 〈전론(田論) 1〉, p. 81.

230) 다산연구회, 『譯註 牧民心書 Ⅲ』, 〈戶典 六條 平賦 下〉, p. 161.

여기에 논한 것은 법이다. 법이면서 명칭을 예라 한 것은 무엇인가? 선왕은 예로써 나라를 다스렸고, 백성을 지도하였다. 그런데 예가 쇠해지자 법이라는 명칭이 생겼다. 법은 나라를 다스리는 것이 아니고 백성을 지도하는 것도 아니다. 천리(天理)에 비추어서 합당하고 인정(人情)에 시행해도 화합한 것을 예라 하며, 위엄으로 겁나게 하고 협박으로 시름하게 하여 이 백성을 벌벌 떨며 감히 범하지 못하도록 하는 것을 법이라 이른다. 선왕은 예로써 법을 삼았고, 후왕은 법으로써 법을 삼았으니, 이것이 같지 않음이다.231)

오직 하늘만이 사람을 살리기도 하고 또 죽이기도 하니 사람의 생명은 하늘에 매여 있는 것이다. 그런데 목민관이 또 그 중간에서 선량한 사람은 편안히 살게 해 주고, 죄지은 사람은 잡아다 죽이는 것이니, 이는 하늘의 권한을 드러내 보이는 것일 뿐이다.232)

전술한 바 있는 다산의 이른바 〈예법일치〉 법사상의 확실한 논거를 여기에서 찾을 수 있다. 하지만 예법일치사상은 다산만의 것이 아니라 전래의 유교 사상과 맥을 같이 한다. 〈예〉는 법가들이 강조한 〈실정법〉과는 다르며, 유가들이 염두에 둔 〈관습법〉과 같은 것으로서 〈자연법〉에 가까운 개념이다. 전통적 예법일치사상에 따르면, 올바른 행위는 강제되기보다 가부장적 목민관들에 의해 가르쳐져야 하는 것이고, 또 〈예〉에 따른 올바른 행위는 주위 환경에 크게 의존하기 때문에 〈법〉을 미리 자세히 제정하는 것은 흔히 합리적이지 못한 방책으로 간주되었다. 이것이 유교 문화권에서 성문화된 법이 주로 형법에 국한

---

231) 민족문화추진회, 『국역 경세유표 I』, 〈邦禮草本引〉, p. 36.
232) 박석무·정해렴 역주, 『역주 欽欽新書 1』(서울: 현대실학사, 1999), p. 19.

되었던 이유이다.233)

   그렇다면 예법일치 사상에 따른 법과 통치의 일반원리는 무엇인가? 스미스는 이것을 〈교환정의〉란 의미에서의 정의로 규정하였다. 다산도 그것을 정의로 여긴 점에서는 차이가 없다.234) 하지만 그가 염두에 둔 정의는 교환정의가 아니라, 모든 백성들을 공정하게 골고루 이롭게 한다는 의미에서의 정의, 즉 〈분배정의〉란 의미에서의 정의에 가까운 개념이라고 하지 않을 수 없다. 교환정의가 일의적으로 명확히 정의될 수 있는 개념인 데 비해, 분배정의는 그렇지 못하다는 점에서 간과할 수 없는 차이가 있다.

   다산은 정치를 정(正), 즉 정의로 규정하고 정의의 개념을 항상 균민(均民), 즉 편익의 균등한 분배와 결부시켰다.235) 그리고 만약 분배정의에 따른 정치, 즉 왕정(王政)이 제대로 이뤄지지 않으면 백성들이 곤궁해지고, 백성들이 곤궁해지면 나라가 가난해지고, 나라가 가난해지면 각종 세금이 번거롭게 되고, 세금이 번거로워지면 인심이 이산되고, 인심이 이산되면 천명(天命)도 결국 떠나 버린다고 경고하였다. 따라서 군주는 부유해야 하고 백성들은 고르게 분배받을 수 있어야 하며, 위에서 마련한 부(富)를 아래의 백성들이 고르게 받을 수 있게 하는 것이 군주가 하늘을 본떠 만물을 다스리는 이치이며 권한이라고 주장하였다.236)

---

233) 조셉 니덤, 『중국의 과학과 문명: 사상적 배경』, pp. 373-374.

234) 조성을, 〈朝鮮後記 實學의 理想國家와 政治體制論〉, pp. 79-80.

235) 〈原政〉, 『與猶堂全書』, I:10:1 [2:126]: "政也者 正也 均吾民也"; 민족문화추진회, 『국역 다산시문집 5』, 〈원정(原政)〉, p. 8.

236) 『經世遺表』〈地官修制 賦貢制 五〉, 11:3 [15:185]: "天地定理 人主宜富 下民

스미스는 정의의 규칙을 구체화한 실정법을 중시하고 그 집행의 정
당성을 사람들의 동감에서 찾았다. 다산도 그가 비록 실정법을 예(禮)
보다 중시하지는 않았지만 실정법에 따른 판결이 지닌 타당성의 근거
를 인정(人情)이나 민심(民心) 또는 이민(利民)에서 찾고자 하였다. 민심
이 곧 천리이며 백성을 이롭게 하는 것이 곧 천명이라고 생각하였기
때문이다. 스미스도 자연법을 신의 의도, 즉 천명과 부합하는 법으로
간주했다는 점에서 다산과 거의 일치한다. 그러나 스미스가 법의 관점
에서 인류의 역사를 불완전한 실정법 체계에서 완전한 자연법 체계로
수렴해 가는 진보의 과정으로 파악한 데 비해, 다산은 역으로 역사를
고대의 완전한 자연법 체계에서 후세의 불완전한 실정법 체계로 발산
하는 퇴보의 과정으로 보았다는 점에서 큰 차이가 있다. 『주례』를 완
전히 주석할 수 없음을 아쉽게 여기며 삼대(三代)의 다스림을 오늘날
회복시키고자 한다면 반드시 이 책을 지침으로 삼아야 한다고 강조한
것도[237] 그가 고대의 『주례』 속에서 〈예〉와 〈법〉의 일치, 즉 자연법과
실정법의 일치를 발견했기 때문인 것으로 보인다.

(3) 다산 도덕철학체계에서 법학의 의미

다산의 법학은 그의 도덕철학체계에서 어떤 의미를 지니는가? 이것

宜均 … 上處其富 下受其均 卽王者體天理物之權也"; 민족문화추진회, 『국역
경세유표 Ⅲ』, p. 121.

237) 〈答仲氏〉, 『與猶堂全書』, I:20:15 [3:300]. 여기에서 다산은 건강과 수명이
허락할 것 같지 않아 『周禮』를 모두 주석할 수 없음을 한탄하였다. 이것은
스미스가 건강의 악화 때문에 평생의 과제로 삼았던 법학에 관한 저술을 완
료하지 못했음을 아쉬워한 것과 대비된다.

은 답변하기 쉽지 않은 질문이다. 법학의 고유한 영역을 획정하기가 간단치 않기 때문이다. 연구의 대상과 범위, 그리고 방법의 관점에서 다산의 법학은 스미스의 그것처럼 잘 정의되어 있지 않다. 다시 말하여 다산의 법학은 그가 법 특히 형법에 관하여 심혈을 기울여 논했음에도 불구하고 그의 윤리학 및 경세학과 구분될 수 있는 하나의 독자적 하위체계를 이루기가 상당히 어렵게 되어 있다. 위에서 서술한 바와 같이 다산의 법사상은 예법일치를 기조로 한다. 그러나 그가 "예(禮)는 효제와 충신을 실행하는 데 있어서의 규칙이다. … 악(樂)은 효제와 충신을 실행하는 데 있어 기쁨을 느끼게 하는 방법이다. … 형정(刑政)은 효제와 충신을 실행하는 데 있어 이를 보조하여 완성시키는 역할을 하는 것이다"[238]고 주장한 것으로 보아 그의 법사상은 〈예주법종(禮主法從)〉에 더 가깝다. 이런 맥락에서의 법은 도덕과 무관하게 입법자의 순수한 의지를 추상적으로 공식화한 법가의 실정법과는 별개의 것이다. 그렇다고 해서 덕치 못지않게 법치를 강조한 다산의 법이 도덕과 구분될 수 없다고 할 수도 없다. 효제와 충신을 실행하는 규칙으로서의 예(禮) 속에는 사람들이 오랜 기간 삶의 전반에 걸쳐 옳다고 느껴 왔던 윤리적 의식과 관행이 녹아 있다. 따라서 예법일치 또는 예주법종은 윤리적 고려 없이 법이 제정되거나 집행되어서는 안 된다는 의미로 해석될 수 있다. 이것이 다산의 법학이 그의 윤리학에서 분화되지 못한 채 그것과 불가분의 관계를 맺고 있을 수밖에 없는 이유이다.

    이런 사실은 다른 관점에서도 확인될 수 있다. 전술한 바와 같이 스미스나 다산 모두 법과 통치의 일반원리를 〈정의〉에서 찾았다. 하지만

---

238) 민족문화추진회, 『국역 다산시문집 5』, 〈오학론 1〉, p. 117.

스미스의 정의가 〈교환정의〉인 데 비해 다산의 그것은 〈분배정의〉라는 데 큰 차이가 있다. 다산은 법을 통치의 보조수단으로 간주하고, 법도 통치와 마찬가지로 분배정의의 관점에 따라 집행되어야 함을 강력히 시사하였다. "똑같은 우리 백성인데, 누구는 상대를 업신여기고 불량하고 악독하면서도 육신이 멀쩡하게 지내고, 누구는 온순하고 부지런하고 정직하고 착하면서도 복을 제대로 받지 못하는가. 때문에 형벌로 징계하고 상으로 권장하여 죄와 공을 가리는 것으로 바로잡았으니, 이것이 또한 정(政)이다."[239] 스미스는 분배정의를 그 실현이 바람직하지만 그렇다고 강제될 수 없는 불완전 권리로 간주하고 도덕의 영역에 귀속시킨 다음 법학과 경제학의 주된 연구 대상으로 삼지 않았다. 다산이 이처럼 도덕의 영역에 속하는 원리를 법과 통치의 바탕으로 삼은 이유는, 그가 법과 제도에 의한 통치를 강조하였음에도 불구하고, 전통적인 유가들과 마찬가지로 유연하고 인격적인 예(禮)에 의한 조절을 엄정하고 각박한 법에 의한 통제보다 선호했기 때문인 것으로 보인다. "장탕(張湯)이 법률을 힘써 손질함에 있어 각박한 점이 많으니, 급암(汲黯)이 이를 배척한 것은 옳았다."[240] 그리고 다산은 언필칭 효·제·충·신을 운운하는 성리학자들이 법률과 제도 같은 치인(治人)과 직결된 공부를 기피하는 현실을 개탄하면서도, 나라에서 훌륭한 전문 재판관이나 변호사를 육성해야 한다는 주장을 펼친 적은 없다.[241] 스미스에게 법은 국가와 사회의 질서와 평화를 유지하기 위해

---

239) 민족문화추진회, 『국역 다산시문집 5』, 〈원정(原政)〉, p. 8.

240) 민족문화추진회, 『국역 다산시문집 5』, 〈급암론(汲黯論)〉, p. 167.

241) 다산은 〈刑曹〉에 율서를 강의하는 〈律學署〉를 두어야 한다고 했지만, 그것은 전문 법률가의 양성보다는 법률 관련 서적을 전혀 읽지 않아 법을 어

필요 불가결한 장치였다. 실정법이 없는 사회란 기둥 없는 집과 같아서 존립 자체가 불가능한 것이었다. 하지만 다산에게 법은 행정을 위한 하나의 방편이며, 덕을 실현하기 위한 보조수단에 불과하였다. 그리고 어떤 사건의 처리에 적합한 실정법이나 율(律)이 없으면 관습법에 해당하는 예가, 예가 없으면 다시 예의 기본적 정신이자 자연법이라고 할 수 있는 의(義)가 처리의 지침이 될 수 있을 뿐만 아니라 그것이 오히려 바람직하다고 생각하였다.

 교환정의의 확립을 통하여 자유의 부당한 침해를 최소화할 것을 목적으로 하는 스미스의 법학은 독립된 하나의 하위체계를 이루고 그의 도덕철학체계 내에서 윤리학 및 경제학과 비교적 뚜렷한 유기적 분업 관계를 맺고 있다. 하지만 다산의 법학이 그의 도덕철학체계 내에서 지니고 있는 의미는 스미스의 경우처럼 뚜렷하지는 않다. 그 주된 이유는 지금까지 논의한 바와 같이 다산이 예법일치를 선호하고 있을 뿐만 아니라 분배정의의 구현을 통치의 기본목표로 간주하고 있기 때문이다. 법과 통치의 일반원리로 스미스가 교환정의를 제시한 데 비해, 다산이 분배정의에 집착한 이유는 역사의 전개 과정에 대한 인식이 서로 달랐기 때문인 것으로 보인다. 스미스의 교환정의는 그가 상정한 역사 발전의 4단계 가운데 최후의 단계인 상업의 단계에 도달한 사회에 없어서는 안 될 덕목이다. 그러나 다산의 역사관 속에는 단계론은 말할 것도 없고 역사가 전개되면서 사회의 구성 원리가 변화할 수도 있을 것이라는 문제의식 자체가 결여되어 있다. 그의 역사관 속에는 도덕적 퇴보의 역사와 기술적 진보의 역사가 뒤섞여 있다. 도덕

  기는 일이 잦은 사대부나 관료들을 재교육시키기 위한 기관인 것으로 보인다. 민족문화추진회, 『국역 경세유표 I』, p. 157.

적 퇴보는 사실상 그럴 수 있다 하더라도, 19세기 초엽에 국가 개혁의 기본모델을 수천 년 전의 『주례』에서 찾으려고 했던 데서 엿볼 수 있듯이, 다산은 기술적 진보라는 양적 변화가 누적되면 그것이 사회의 구성 원리와 제도의 관점에서 질적 변화를 야기할 수도 있을 것이라는 점을 전혀 고려하지 않았다.

위에서 본 바와 같이 다산은 이정(里正)이 결정되는 과정을 다음과 같이 묘사하였다. 옛날에 백성이 있었을 뿐 목민자라고는 없었을 때에 백성들이 옹기종기 모여 살면서 한 사람이 이웃과 다투다가 해결을 보지 못한 것을 공언을 잘하는 장자가 있었으므로 그에게 가서야 해결을 보고 이웃 사람들이 모두 감복한 나머지 그를 추대하여 높이 모시고는 이름을 이정이라 하였다고 한다. 이것은 스미스가 묘사한 〈수렵단계〉의 사회 상황과 대체로 일치한다. 그가 염두에 둔 수렵단계에서는 첫째, 사람들이 자연 의존적 생활을 하였기 때문에 소규모 집단을 이룰 수밖에 없었고, 둘째, 형성된 재산이 없었기 때문에 경제적 지배·종속관계가 성립되지 않아 모두들 대체로 평등한 가운데 큰 폭의 자유를 누리고 살았으며, 심각한 분쟁도 발생하지 않아 정부라고 할 만한 제도는 존재하지 않았다고 한다. 그러나 생존양식의 변화로 재산이 축적됨과 동시에 부유한 가문이 생기고 또 사회의 규모가 커지면서 부자와 이들의 재산을 보호하기 위해 최초로 정규적 정부가 수립된 목축단계 이후에는 상황이 전혀 다르게 전개될 수밖에 없었다고 스미스는 지적하였다.

마을의 이정이나 국가의 왕이나 거의 동일한 방식으로 추대되어야 한다고 지극히 단순하게 생각한 다산은 이런 변화를 전혀 고려하지 않았다. 여기에는 대체로 두 가지 정도의 이유가 있을 수 있다. 첫째로는 위에서 시사한 바와 같이 중화문화권의 특수한 조건과 여기에 국한될 수밖에 없었던 다산의 식견을 들 수 있다. 중화문화권의 국가들은 일찍부터 높은 수준의 문화를 갖춘 농경단계에 도달하여 큰 본질적 변화를 겪지 않고 근대적 산업화를 시작하기까지 그 단계를 유지하였다.242) 둘째, 다산의 도덕적 상고주의가 현실의 객관적 인식에 부정적 영향을 미쳤을 수 있다. 스미스는 법과 정부는 축적된 재산을 소유한 부자들을 빈자들로부터 보호하기 위해 제정되고 수립되었다는 견해를 경험적 사실을 바탕으로 제시하였다. 하지만 다산은 나라와 법은 하늘이 낸 가난한 백성들을 보호하기 위해 존재하는 것이라는 당위적 주장을 초지일관 반복하였다.

다산의 법학이 그의 도덕철학 체계에서 지니고 있는 의미는 대략 다음과 같이 요약될 수 있다.

1. 다산은 공맹의 덕치에 순자의 법치를 가미하고자 노력하였기 때문에 법의 중요성을 강조하였다. 하지만 그가 예법일치 또는 예주법종의 법사상을 견지하고 또 통치의 일반원리를 도덕과 불가분의 관계에 있는 분배정의에서 찾았기 때문에 그의 법학과 윤리학은 확연히 구분되기 어렵다. 따라서 법학이 그의 도덕철학체계 내에서 지니고 있는 의미가 스미스의 경우처럼 명확히 지적되기는 쉽지 않다.

2. 예법일치 법사상의 바탕인 도덕적 상고주의가 그의 역사 인식에도 영향을 미쳐 다산의 역사관 속에는 도덕적 퇴보의 역사와 기술적 진보의 역사가 공존하고 있다. 그의 역사 인식 속에는 당위와 존재, 규

---

242) 1770년경 영국의 국민생산에서 농업이 차지하는 비중이 대략 44.7%였는데, 이것은 1950년대 중반의 한국의 상황과 유사하다. 이계식, 〈아담 스미스의 農業經濟論 - 그의 農業觀과 農業政策論을 중심으로〉, 조순 외, 『아담 스미스 硏究』, p. 151과 한국은행, 『경제통계연보 1971』, p. 12 참조

범과 사실이 혼합되어 있는 셈이다. 그러나 기술의 진보가 이용후생에 기여하고 이용후생이 예의의 발전을 초래한다는 그의 주장에는 진보 사관으로 간주될 수 있는 요소가 없지 않다.

  3. 다산은 부·귀를 추구하는 인간의 욕망을 자연적인 것으로 간주하였다. 그러나 자연적인 것을 도덕적인 것으로는 인정하지 않았고 또 법과 통치의 일반원리를 분배정의에서 구하였기 때문에, 그는 국가 중심의 집단주의적 입장을 견지하지 않을 수 없었다. 그리고 분배의 주체인 국가가 먼저 부유해져야 백성들도 따라서 부유해질 수 있다는 국익 우선의 가부장적 신념을 고수하였다.

3) 요약과 비교

좁은 의미에서의 스미스의 법학은 윤리학에서 다뤄진 여러 덕목 가운데 하나인 〈정의의 덕〉 또는 〈교환정의의 규칙〉만을 연구의 대상으로 삼고 있는 독립된 학문 분야이다. 스미스는 교환정의란 의미에서의 정의에 다른 덕목과는 다른 특수한 의미를 부여하였다. 다른 덕은 실천되지 않을 경우 인간관계에 약간의 불편을 야기할 뿐이지만, 정의가 실천되지 않으면 분쟁과 그에 따른 혼란으로 사회의 존립 자체가 위태로워진다고 보았기 때문이다. 다산은 공자와 맹자의 덕치에 만족하지 않고 그것을 순자의 법치로 보완하고자 하였다. 성리학자들의 안일한 무위이치(無爲而治)의 에토스를 혁파하고 요순이 이뤘다고 본 유위이치(有爲以治)의 정치질서를 다시 도입하여 위기에 처한 나라를 구하기 위해서였다. 덕치와 법치의 결합은 그의 예법일치의 법사상으로 표출되었다. 예법일치의 법사상은 물론 다산이 최초로 고안한 독창적인 법사상이 아니라 중국과 조선의 유가들이 오래 전부터 신봉해 오던 것이었다. 다산의 법학에 그의 예법일치에 따라 예까지 포함시키면 이것은 스미스의 광의의 법학 개념과 유사하고, 실정법만을 포함시키면 형법에 국한되어 스미스의 협의의 법학보다 더 좁은 개념이 되고 만다. 이런 이유로 해서 다산의 법학을 개념 정의와 관련된 문제에 구애받지 않고 스미스의 법학을 다뤘던 방식에 맞춰 서술하였다. 따라서 역사의 전개 과정, 그리고 법과 통치의 일반원리에 관한 그들의 견해가 논의의 중심이 되지 않을 수 없었다. 지금까지 논의된 내용을 요약하여 비교해 보면 대체로 다음과 같다.

  1. 사회의 구성원들이 사법권을 갖춘 정부를 세우고 거기에 복종하는 원리는 무엇인가? 물론 다산이 이런 문제를 명확히 제기한 적은 없으나, 비슷한 문제를 염두에 두고 있었음에는 틀림없다. 이 질문에 대한 스미스와 다산의 답변은 비슷하다. 첫째, 그들은 사회계약에서 그 답을 찾지 않았다. 둘째, 스미스는 명시적으로, 그리고 다산은 묵시적으로 효용과 권위의 원리를 제시하였다. 모든 정부는 두 원리의 상이한 조합 위에 구축되어 있다고 본 것이다. 권위의 원천으로 스미스는 지혜와 덕성 같은 개인의 자질을 위시하여 연령, 가문, 재산 등을 지적하면서 특히 가문과 재산의 중요성을 강조하였다. 하지만 다산은 가문과 재산은 논외로 하고 시종일관 개인의 자질에 따른 권위만을 언급하였다. 그 결과 가문이나 재산에 따른 권위의 원리가 지배적이 되어 효용의 원리와 충돌할 경우를 깊이 고려하지 않았다.

  2. 스미스는 유물론적 역사 해석에 따라 역사는 장기적으로 사회의 구성원들이 누릴 수 있는 자유와 정의가 확대되는 방향으로 진화한다는 진보의 역사관을 표명하였다. 생존양식의 변화는 재산의 축적 방식에 영향을 미치고 이는 다시 역사의 전개 과정에 영향을 미친다는 가

정에 입각하여, 그는 역사가 수렵, 목축, 농경, 상업의 단계를 거쳐 발전한다는 경제·사회발전 4단계 이론을 제시하였다. 다산은 역사의 장기적 변화 단계에 관하여 어떤 견해도 명시적으로 밝히지 않았다. 하지만 그의 역사관 속에는 도덕적 상고주의에 따른 퇴보의 역사와 생산 기술의 발달에 따른 진보의 역사가 공존하고 있다. 역사는 도덕적으로는 퇴보하고 있는 반면, 기술적으로는 진보하고 있다고 본 것이다. 하지만 기술의 진보가 이용후생에 기여하고 이용후생이 예의의 발전을 초래한다는 유물론적 역사 해석이 그의 지론이라면, 다산의 역사관도 진보사관으로 간주될 수 있는 여지가 없지 않다.

3. 법과 통치의 일반원리를 스미스와 다산 모두 정의에서 찾았다. 그러나 스미스의 정의가 교환정의인 데 비해, 다산의 그것은 분배정의라는 점에서 간과할 수 없는 차이가 있다. 스미스는 정의를 교환정의와 분배정의로 구분하였다. 그는 교환정의를 시행되지 않을 경우 그 시행을 요구할 수 있는 완전 권리로 보고 법학의 연구 대상으로 삼은 반면, 분배정의는 다른 덕목과 마찬가지로 시행되면 바람직하지만 그렇다고 그 시행을 강제할 수는 없는 불완전 권리로 간주하고 자세히 논의하지 않았다. 다산은 통치의 목적을 경제적 부와 정치적 권력, 그리고 상벌의 균등한 분배에서 찾았다. 스미스가 교환정의의 실천을 사회의 존립과 결부시킨 것과 마찬가지로 다산은 분배정의 실천 여부를 나라의 흥망과 결부시켰다. 그러나 분배정의는 교환정의처럼 일의적으로 명확히 정의되기 어려운 개념이라는 데 문제가 있다.

4. 스미스와 다산은 모두 경제적 부와 사회적 지위의 상승을 추구하려는 인간의 이기적 욕구를 자연적인 것으로 인정하였다. 스미스는 이런 욕구를 사회를 번영으로 이끄는 강력한 원리로 인정하고, 정의의 규칙을 어기지 않는 한 누구든 그 원리에 따라 행동할 수 있도록 기존

의 모든 법적 규제를 철폐하여 허용할 것을 촉구하였다. 이것은 왕 중심의 가부장적 권위의 원리인 〈토리의 원리〉에서 서민적 효용의 원리인 〈휘그의 원리〉로의 발전적 이행을 스미스가 염두에 두고 있었음을 의미한다. 하지만 다산은 토리의 원리에 근사한 입장을 고수하였다. 그는 인간의 이기적 욕구를 자연적인 것으로 용인은 하되 도덕적인 것으로 인정하려고 하지는 않았다. 그리고 군주를 백성의 부모로 여기고 분배의 주체로 간주하였다. 이것이 스미스의 법학을 시민을 위한 치국의 법학으로, 그리고 다산의 법학을 신민을 위한 치인의 법학으로 부른 이유이다.

5. 스미스는 정의의 규칙을 체현한 실정법을 대단히 중시하고, 그 집행의 정당성을 효용이 아니라 사람들의 동감에서 찾았다. 예주법종의 정신에 따라 실정법을 예보다 중시하지 않았던 다산도 실정법에 따른 판결이 지닌 타당성의 근거를 인정(人情)이나 민심 또는 이민(利民)에서 찾고자 했다는 점에서 스미스와 크게 다르지 않다. 민심이 천심이며, 천심은 백성을 이롭게 하는 데 있다고 보았기 때문이다. 스미스도 자연법을 신의 의도와 부합하는 법으로 간주했다는 점에서 다산과 같다. 스미스는 또 인류의 역사를 법의 관점에서도 불완전한 실정법 체계가 동감의 과정을 반복하여 거치며 완전한 자연법 체계로 수렴해 가는 진보의 과정으로 인식하였다. 하지만 다산은 같은 관점에서 역사를 후세의 자의적 실정법이 고대의 완전한 자연법으로부터 발산하며 점차 퇴보하는 과정으로 파악하였다.

6. 교환정의의 확립을 통하여 사회의 질서와 평화의 유지를 목적으로 하는 스미스의 법학은 독립된 하나의 하위체계를 이루며, 그의 도덕철학 체계 내에서 윤리학 및 경제학과 뚜렷한 유기적 분업 관계를 형성하고 있다. 인간의 사회화 과정을 탐구한 윤리학에 이어 타인의

자유를 침해하지 않도록 시민들이 지켜야할 행동 규칙을 제시함과 동시에, 범죄의 발생 빈도를 낮추기 위한 최선의 방안이 상공업을 발전시켜 안정적 일자리를 풍부하게 공급하는 데 있음을 밝혀 경제학의 연구가 필수적인 이유를 제시하고 있기 때문이다. 하지만 다산의 법학이 그의 도덕철학체계 내에서 지니고 있는 의미는 스미스의 경우처럼 뚜렷하지 않다. 다산이 예법일치를 선호하고 있을 뿐만 아니라 분배정의 구현을 통치의 기본목표로 파악하여, 윤리학 및 경세학과의 구분을 모호하게 만들었기 때문이다.

5. 정치경제학

지금까지 우리는 아담 스미스의 〈경제학〉과 다산 정약용의 〈경세학〉을 각각의 개념에 관한 별다른 언급 없이 구분하여 사용하여 왔다. 스미스의 경제학과 다산의 경세학은 모두 〈정치경제학〉이라는 명칭으로 불리고 있다는 점에서는 같다. 하지만 그 내용은 같지 않다. 위에서 서술한 바와 같이 스미스는 인간 사회가 일정 조건을 갖추면 더 나은 미래를 향하여 스스로 진화한다는 진보의 역사관을 간직하고 있었다. 따라서 그는 국가가 경기의 기본규칙에 해당하는 제도적 장치를 마련하여 엄정하게 집행하는 데 그치고 사회화된 이기적 개인들의 자유로운 경제행위에 간섭하지 않으면 사익과 공익이 조화를 이뤄 〈자연적 자유의 체계〉가 도래한다는 미래 지향적 비전을 제시하며, 국가 중심의 낡은 〈유위이치(有爲以治)〉의 패러다임에서 개인 중심의 새로운 〈무위이치(無爲而治)〉의 패러다임으로의 전환을 촉구하였다. 이러한 비전을 과학적으로 뒷받침하고 있는 것이 그의 경제학이다. 이에 비하여 다산은 성인들이 다스렸던 고대사회의 모습을 이상으로 삼고 그것을 오늘날 작위적으로 재현할 수 있기를 염원하였다. 따라서 다산은 국가가 중심이 되어 기존 제도의 폐단을 고대의 예법에 맞춰 전반적으로 개혁하고, 국익 우선의 관점에서 국부를 증대시킨 뒤에 이를 백성들에게 공정하게 분배하면 요순사회에 버금가는 사회를 오늘날 다시 구현할 수 있을 것이라는 비전을 제시하며, 주희의 무기력한 〈무위이치〉의 패러다임에서 요순의 효과적인 〈유위이치〉 패러다임으로의 전환을 강력히 주장하였다. 이러한 주장을 뒷받침하기 위해 그가 제시한 논거의 종합이 그의 경세학이라고 할 수 있다.

1) 아담 스미스의 경제학

스미스의 경제학은 〈정치경제학(political economy)〉이다.[243] 정치경제학을 스미스는 정치가 또는 입법자의 과학, 즉 국민과 국가를 동시에 부유하게 할 수 있는 방안의 강구를 목적으로 하는 과학으로 파악하였다.[244] 요컨대 국부론이 스미스 정치경제학의 요체라고 할 수 있다. 국부의 증대를 위해서는 국부의 본질과 원인에 대한 탐구가 필요하고,

---

243) "Adam Smith was not satisfied to argue that a free-market economy secures the best of all possible worlds. … the *Wealth of Nations* should remind us that the benefits of competition call for more than laissez-faire. It was not for nothing that Adam Smith spoke of *political* economy." Mark Blaug, *Economic Theory in Retrospect*, p. 62.

244) Adam Smith, *WN*, p. 428.

이를 위해서는 다시 다양한 경제적 현상의 상호 의존 관계가 명료하게 규명되어야 한다. 이러한 관점에서 구상된 경제학을 스미스는 먼저 LJ(B)의 제2부에서 광의의 법학의 한 부분으로 제시하였다가, 추후 그 것을 독자적으로 더욱 발전시킨 다음 그 결과를 WN으로 출간하였다.

스미스 경제학의 개요를 살펴보기 전에 오해의 소지를 되도록 줄이기 위해 다음과 같은 몇 가지 점이 지적될 필요가 있다. 첫째, 스미스의 경제학은 그의 윤리학 및 법학과 분리되어서는 제대로 이해될 수 없다. 위에서 〈아담 스미스 문제〉를 다루며 지적한 바와 같이, 도덕적 가치의 구현을 논하던 윤리학에서와 달리 경제학에서는 물질적 후생을 극대화하려는 이기적 개인이 분석의 주 대상으로 등장한다. 하지만 여기에서 이기적 개인은 관찰자들의 동감 여부를 고려하는 신중하고 절약하는 사람이라는 의미에서의 〈경제인(economic man)〉이지, 오로지 물질적 후생의 극대화만을 추구하는 현대 주류 경제학에서의 유물론적 〈경제인(homo economicus)〉이 아니다. 스미스의 표현을 빌린다면, "부와 명예, 그리고 승진을 향한 경주에서 사람들은 누구나 그의 경쟁자들을 앞지르기 위해 최선을 다하여 힘껏 달릴 수 있다. 그러나 경쟁자 가운데 어느 한 사람이라도 떠밀거나 넘어뜨린다면, 관찰자들의 너그러움은 완전히 끝나게 된다. 그것은 허용될 수 없는 페어플레이의 위반이다."245) 동감의 원리와 정의의 원리가 경제학의 기본원리이기도 한 이유가 여기에 있다. 둘째, 스미스의 경제학은 스미스 혼자만의 독창적 아이디어로 이룩된 것이 아니라 당시 영국과 프랑스에서 논의되고 있던 정치경제학 이론의 집대성이다. 스미스는 누구보다도 그의 스승 허치슨, 벗이었던 흄, 마지막 중상주의자로 일컬어지는 스튜어트

---

245) Adam Smith, *TMS*, p. 83.

(James Steuart: 1712-1780), 아일랜드 태생의 은행가 캉티용(Richard Cantillon: 1680-1734)을 위시하여 프랑스의 중농주의자인 케네와 튀르고 등으로부터 특히 많은 도움을 받았다. 셋째, 스미스의 경제학은 가격이론과 화폐이론, 정태분석과 동태분석, 시장과 정부의 역할 및 제도의 중요성 등 오늘날의 경제학이 다루고 있는 거의 모든 분야를 포괄하며 경제적 순환의 전 과정을 종합적으로 파악하고 있는 하나의 통일된 체계이다. 스미스의 탁월한 점은 몇몇 이론적 관점에서 그가 행한 독창적 기여보다, 많은 학자들의 아이디어를 종합하여 이처럼 하나의 일관된 경제학적 체계를 최초로 구축한 데 있다.246) 하지만 그의 체계는 포괄 범위가 광범위한 만큼, 경우에 따라 서로 다른 해석이 가능한 내용도 다수 내포하고 있다.247) 이것이 우리가 여기에서 다룰 스미스 경제학의 개요가 범위뿐만 아니라 내용에 있어서도 매우 제한적일 수밖에 없는 이유이다.

(1) 생산성 제고를 위한 분업과 축적의 기본원리: 교환의 원리

스미스의 국부론은 국민과 국가의 부(wealth)를 동시에 증대시킬 수

---

246) Dugald Stewart, "Account of the Life and Writings of Adam Smith, LL.D.," pp. 319-323; A. S. Skinner, "Adam Smith: The Development of a System," pp. 521-527.

247) 여기에 대한 Viner의 다음과 같은 논평은 음미할 만하다. "Traces of every conceivable sort of doctrine are to be found in that most catholic book, and an economist must have peculiar theories indeed who cannot quote from the *Wealth of Nations* to support his special purposes." J. Viner, "Adam Smith and Laissez Faire," p. 149.

있는 방안의 강구를 그 목적으로 한다. 그렇다면 부란 무엇인가? 당시 영국에서 지배적 영향력을 행사하고 있던 중상주의자들은 화폐 또는 금과 은이 곧 부라는 믿음을 지니고 있었다. 금과 은을 많이 소유한 개인이나 국가가 부유하다고 본 것이다. 이들에게 국부론의 핵심은 따라서 금과 은을 국내에 더욱 많이 비축할 수 있는 대책을 마련하는 것이었고, 그것은 상공업을 발전시켜 수출은 최대한 촉진하고 수입은 가능한 대로 억제해야 된다는 정부의 적극적 개입 정책으로 표출되었다.248) 이것이 이른바 특권적 상업의 체계로서, 스미스는 이 체계가 중상주의자들의 믿음과는 달리 국부의 증대에 가장 큰 장애 요인이 되고 있다는 점을 지적하고 그 논증을 시도하였다.

스미스는 부를 화폐가 아니라 노동에 의해 생산된 필수품이나 편의품 같은 소비 가능한 재화로 파악하였다. 교환의 매개 수단에 불과한 금속화폐는 재화의 생산에 기여하는 것도 아니고 직접 소비되는 것도 아니기 때문에 오히려 은행권 등으로 대체되어 그 총량이 축소될수록 국부의 증대에 기여한다고 생각하였다.249) 이처럼 노동의 생산물을 부로 파악한 스미스에게 국부의 증대 방안은 자명한 것이었다. 첫째는 노동의 생산성을 제고하는 것이고, 둘째는 후술할 〈생산적 노동(productive labour)〉과 〈비생산적 노동(unproductive labour)〉 가운데 전자의 비중을 더욱 높이는 것이다. WN의 전체 구성도 여기에 맞춰져 있다. 이 두 방안의 실현 가능성과 관련된 경제현상의 이론적 분석이 모두 다섯 편

---

248) Adam Smith, WN, pp. 429-451.

249) Adam Smith, LJ(B), pp. 503-504; WN, pp. 291, 437-439. 중상주의가 화폐를 지나치게 중시했던 데 비해, 스미스는 화폐를 과소평가한 면이 없지 않다. 정운찬, 〈아담 스미스의 貨幣金融理論〉, 조순 외, 『아담 스미스 硏究』, pp. 221-222.

으로 구성된 *WN*의 처음 두 편의 주요 내용을 이루고 있다. 장기에 걸친 경제성장 과정에 대한 역사적 고찰 및 중상주의와 중농주의에 대한 비판적 검토가 이어지는 두 편의 주제이고, 마지막 편에서는 주로 정부의 역할이 시장실패의 가능성과 함께 정책적 관점에서 논의되고 있다.

스미스는 먼저 노동의 생산성을 획기적으로 개선할 수 있는 방안이 〈분업〉에 있다고 강조하였다. 분업이 노동자의 숙련도를 높이고, 공정 간 이동 시간을 절약하며 새로운 기계의 발명을 촉진한다고 보았기 때문이다. 그렇다면 분업은 인간 심성의 어떤 원리에 근거하여 이뤄지고 있는가? 이것은 소수의 기본적 원리로 다수의 현상을 설명하려는 그의 방법론에 따라 주제가 바뀔 때마다 스미스가 늘 제기하는 당연한 질문 가운데 하나이다. 그는 분업의 발생을 그것의 이점을 예견한 인간의 지혜에서 말미암은 것이 아니라, 인간 본성에 내재된 〈교환성향(propensity to exchange)〉의 필연적 귀결로 파악하였다.250) 상대의 호의가 아니라 이기심이나 자애심(self-love)에 호소하여 자기에게 필요한 것을 얻으려는 교환성향은 다음과 같은 〈교환의 원리〉로 좀 더 구체적으로 표현될 수 있다: "네가 나에게 내가 원하는 것을 준다면, 나는 너에게 네가 원하는 것을 주겠다."251)

스미스는 이어서 분업의 정도는 구매력의 크기, 다시 말하여 시장

---

250) Adam Smith, *WN*, pp. 25-26. *WN*에서는 시사만 하고 넘어갔으나, 스미스는 다른 곳에서 교환성향의 진정한 근거가 인간의 본성에 보편화되어 있는 〈설득의 원리〉에 있다고 주장하였다. Adam Smith, *LJ*(A), p. 352; *LJ*(B), pp. 493-494.

251) Adam Smith, *LJ*(B), p. 493; *WN*, p. 26. 이것은 보편적 〈설득의 원리〉의 하나의 특수한 경우로 간주될 수 있다.

의 크기에 의해 제약될 수밖에 없다는 점에 주의를 환기시켰다. 시장의 확대와 함께 분업화가 진전될수록 교환의 필요성은 당연히 더욱 증가한다. 생활에 필요한 재화 가운데 자기 자신의 노동으로 충족시킬 수 있는 부분은 줄어들고, 시장에서의 교환을 통해 획득해야 될 부분은 늘어나기 때문이다. 교환의 가장 원시적인 형태는 물물교환이다. 물물교환이 얼마나 비효율적인 제도인가는 부연할 필요가 없다. 이런 맥락에서 스미스는 화폐의 기원과 그 기능에 대하여 설명하며, 가치(value)의 문제를 제기하였다. 물과 다이아몬드를 예로 들며 〈사용가치(value in use)〉와 〈교환가치(value in exchange)〉의 괴리를 지칭하는 이른바 〈가치의 역설(paradox of value)〉에 관해 언급한 것도 여기에서였다.[252] 그는 화폐를 〈교환의 매개체〉로만 인정하고, 서로 다른 시점에서 경제적 후생의 비교를 가능케 하는 〈가치의 척도〉로는 그 가치가 불변이라고 여긴 노동을 선호하였다. 이런 전제 위에서 스미스는 상품의 교환가치가 어떤 원리에 의해 결정되는지를 밝히기 위하여 먼저 노동량으로 평가된 상품의 〈실질가격〉과 화폐로 표시된 〈명목가격〉을 구분하였다. 다음으로 그는 실질가격이 노동과 자본, 그리고 토지 등 각각의 생산요소의 사용에 대한 대가인 〈임금〉, 〈이윤〉, 〈지대〉로 구성되어 있음을 지적하고, 가격의 결정 요인 및 변동 과정, 그리고 생산요소의 배분 문제를 논하기 위하여 상품의 가격을 〈자연가격(natural price)〉과 〈시장가격(market price)〉으로 구분하였다. 자연가격은 어떤 상품의 가격이 그 상품의 생산에 사용된 노동, 토지, 자본을 더도 덜도 아니라 정확히 각각의 〈자연율(natural rate)〉에 따라 보상할 수 있도록 정해진 경우의 가격을 말한다.[253] 따라서 자연가격은 생산요소의 자연율이

---

252) Adam Smith, *WN*, pp. 44-45.

변화할 때 비로소 변화한다. 이에 비하여 시장가격은 수요와 공급에 따라 수시로 결정되어 거래에 적용되는 가격이다. 시장가격은 수급 상황의 변화가 구매자 및 판매자 사이에 촉발시킨 경쟁의 결과로 자연가격 이상으로 오르거나 그 이하로 떨어질 수 있다. 두 가격의 괴리는 각 생산요소의 자연율과 실제 소득의 차이를 발생시켜, 그 차이를 해소하는 방향으로 생산요소의 이동을 유발한다. 자유가 충분히 허용된 사회에서 이러한 시장 메커니즘은 자원을 효율적으로 배분하여 국부의 증대를 촉진하는 기능을 담당한다. 따라서 자연가격으로의 수렴을 막는 독점가격이나 특수한 이익집단들이 지닌 배타적인 특권은 자원의 배분을 왜곡시켜 역의 결과를 초래할 수밖에 없다.[254]

스미스가 제시한 두 번째 국부 증대 방안은 비생산적 노동은 가급적 줄이고 생산적 노동은 되도록 늘리는 데 있다. 생산적 노동은 제조회사 직공의 노동처럼 상품의 생산을 통하여 가치의 증식과 소득의 창출에 기여하는 노동이고, 비생산적 노동은 하인의 노동처럼 행해지는 순간 아무런 가치의 증식 없이 소멸되어 버리는 노동이다.[255] 스미스의 견해에 따르면, 개인과 국가를 막론하고 모든 경제주체는 생산적 노동자를 많이 고용할수록 부유해지고, 비생산적 노동자를 많이 고용

---

253) 〈자연율〉은 다양한 용도에 사용되고 있는 각각의 생산요소가 특정의 시기와 장소에서 통상적으로 취하고 있는 평균적 수익률을 의미한다. Adam Smith, *WN*, p. 72.

254) Adam Smith, *WN*, pp. 73-80.

255) 스미스는 하인 외에도 모든 정부 관료, 군인, 성직자, 법률가, 의사, 문필가, 예술가 등을 비생산적 노동자로 간주하였다. 이것은 특정 기준에 따른 노동의 분류일 뿐, 그가 이들 노동의 유용성이나 필요성 자체를 부정한 것은 아니다. Adam Smith, *WN*, pp. 330-331.

할수록 가난해진다. 그런데 그는 고용될 수 있는 생산적 노동자의 수는 축적된 〈자본(capital)〉의 크기와 그 자본이 사용되는 방법에 따라 다르다고 생각하였다. 자본은 과거의 소득, 즉 임금이나 지대, 그리고 이윤으로부터 형성된 〈자산(stock)〉 가운데 소비가 아니라 소득의 창출을 위해 사용되도록 정해진 부분을 지칭한다. 이것은 자본이 근면이 아니라 검약(parsimony)과 저축으로만 증가될 수 있음을 의미하는데,[256] 검약은 위에서 논의한 바 있는 생활 상태를 개선하려는 인간의 자연적 욕구에서 비롯된 것이다. 이렇게 형성된 자본을 스미스는 그 용도에 따라 다시 〈유동자본〉과 〈고정자본〉으로 구분하였다. 예컨대 토지의 개량에 투입된 자본은 고정자본이고, 경작을 위해 고용된 노동자의 임금이나 생활 유지에 사용되는 자본은 유동자본이다. 고정자본은 유동자본과 결합될 경우에 비로소 의미를 갖게 된다. 그리고 두 자본의 적절한 결합 비율, 그리고 같은 양의 자본으로 생산적 노동을 고용할 수 있는 능력은 산업에 따라 다를 수 있다. 이런 관점에서 스미스는 생산적 노동의 고용을 가급적 많이 늘려 국민총생산, 즉 국부의 증진을 도모하기 위해서는 농업, 제조업과 국내 교역, 대외 무역의 순으로 축적된 자본의 투하가 이뤄져야 자연스럽다는 견해를 피력하기도 하였다.[257] 하지만 그는 모든 자본이 그 소유자들에 의해 그들의 사익을 극대화하는 방향으로 사용될 수 있도록 허용될 때, 공익 또한 누구도 의도하지 않은 가운데 〈보이지 않는 손〉의 인도를 받아 가장 효과적

---

256) 자본은 낭비와 무분별한 행동에 의해 감소될 수도 있다. 이런 이유를 들어 스미스는 낭비를 공공의 적으로 간주하고, 특히 비생산적 노동자만을 고용하고 있는 정부의 낭비와 방만한 관리로 인한 자본의 잠식으로 나라가 빈곤해질 수 있음을 경계하였다. Adam Smith, *WN*, pp. 337-343.

257) Adam Smith, *WN*, pp. 363-368, 376-380, 426-427.

으로 증진될 뿐만 아니라 〈자연적 자유의 체계〉가 확립될 수 있다는 결론을 제시하였다.258)

스미스는 분업과 생산적 노동의 고용 확대를 통한 국부 증대 방안을 탐구하며 결국 성장이라는 동태적 관점에서 경제 현상의 상호 의존성을 파악할 수 있는 하나의 정합적 분석체계(analytical system)를 창안했다고 할 수 있다. 지금까지 논의된 이 체계의 짜임새는 대략 다음과 같이 요약될 수 있다. 교환의 원리에 따른 시장에서의 교역은 화폐의 사용과 분업을 불가피하게 하고[가격이론], 이는 노동의 생산성을 향상시켜 요소소득의 절대적 증가와 상대적 점유율의 변화를 초래한다[분배이론]. 소득의 증가는 저축과 자본의 축적을 더욱 용이하게 하여 분업화와 생산적 노동의 고용을 더욱 촉진한다. 이런 순환 과정을 거치며 경제는 자유롭고 공정한 경쟁이 제도적으로 보장되어 있다면 지속적으로 성장한다[성장이론].

(2) 시장과 정부의 상대적 역할

스미스는 보이지 않는 손과 자연적 자유의 체계를 논하며, 시장과 정부가 국부의 증진을 위하여 각각 담당해야 할 기능과 역할에 관하여 도처에서 피력했던 자신의 견해를 더욱 명료하게 천명하였다. 요컨대 정부는 개개인의 경제적 활동에 관한 조정은 시장의 기능에 맡겨야 하며, 그것을 사회의 공익을 증진하는 방향으로 일일이 지도하고 감독하려는, 인간의 지혜나 지식으로는 감당할 수 없는 주제넘고 위험한 발상에서 벗어나야 된다는 주장이 그것이다. 전술한 바와 같이 그

---

258) Adam Smith, *WN*, pp. 454-456, 687.

의 견해에 따르면, 비생산적 노동자만을 고용하고 있는 정부가 수행해야 할 순수한 경제적 기능은 없다고 할 수 있다. 그럼에도 불구하고 정부가 없어서는 안 되는 이유를 그는 그것이 제공해야 할 비생산적이기는 하지만 대단히 중요한 세 가지 서비스, 또는 환언하여 그것이 수행해야 할 세 가지 의무인 국방과 사법행정, 그리고 공공사업과 공공시설의 설립 및 유지 같은 이른바 〈공공재(public goods)〉의 생산과 공급에서 찾았다.259) WN의 마지막 편에서 스미스는 정부가 이 세 가지 서비스를 제공하는 데 준수해야 할 기본적 원칙과 필요한 경비, 그리고 그 조달 방법 등에 관해 자세히 논의하였다.

   공공서비스의 공급과 운영의 기본적 원칙으로 스미스는 다음 세 가지를 특히 강조하였다. 첫째, 공공의 서비스는 사회적으로 꼭 필요하지만 시장이 그것을 적절히 공급할 수 없는 경우에 한하여 제공되어야 한다.260) 둘째, 공공사업과 공공시설은 가능한 한 수익자부담의 원칙에 따라 제공되고 또 운영되어야 한다. 그래야만 수혜자와 비용 부담자가 일치하여 형평에 맞으며, 정치적 또는 기타 엉뚱한 목적을 위해 이용할 사람도 없는 곳에 도로나 교량을 건설하는 비효율적 사업의 시행을 막을 수 있기 때문이다.261) 셋째, 공공서비스 제공자에 대한 보수는 다른 사적 서비스의 경우와 마찬가지로 될 수 있는 대로 정확하게 그 서비스의 특성에 맞춰 책정되고 또 실적에 비례하여 지불되어야 한다.262)

---

259) Adam Smith, WN, pp. 456, 687-688.
260) Adam Smith, WN, pp. 687-688, 723.
261) Adam Smith, WN, pp. 724-725.
262) Adam Smith, WN, pp. 719, 759, 813.

국방의 비용과 관련된 문제를 논하며 스미스는 농경사회에서는 모든 국민이 생업에 종사하며 동시에 군인이 될 수 있었으나 분업화가 상당히 진전된 상업단계의 사회에서는 일반적 조세로 뒷받침되는 전문적 상비군의 유지가 필요할 뿐만 아니라, 그것이 일부의 우려에도 불구하고 자유의 신장과 문명의 발달에도 도움이 된다는 견해를 피력하였다. 그리고 성능 좋고 값비싼 무기가 개발되면서, 고대에는 부유하고 개화된 나라의 국민들이 가난하고 야만스러운 민족의 침입으로부터 스스로를 방어하기 어려웠으나, 근대에 들어오면서 그 상황이 역전되었다는 점을 지적하였다.[263]

사법제도의 유지비용과 관련된 논의에서 스미스는, 비록 사법행정의 비용이 법정 수수료나 인지세 등으로 충분히 조달될 수 있을 정도로 많지는 않다고 보면서도, 만약 외부의 지원이 필요한 경우 사법부의 독립성이 훼손되지 않도록 적절한 방안이 강구되어야 한다는 점을 강조하였다. 개인의 자유와 안전은 사법부의 공정한 판단에 의존하고, 사법부의 공정한 판단은 사법부의 행정부로부터의 독립 여부에 크게 의존한다고 보았기 때문이다.[264]

마지막으로 스미스는 중요한 공공사업과 공공시설로 전술한 국방과 사법행정 이외에 국내외의 상업 활동을 촉진하기 위한 도로, 교량, 운하, 항만 같은 사회간접자본의 형성과 교육 등을 들고 그 비용의 조달 방법에 관하여 논하였다. 공공사업의 시행에 소요되는 경비는 대체로 조세수입에 의해 충당되는 것이 보통이지만, 가능한 한 위에서 지적한 수익자부담의 원칙과 실적에 따른 보수의 원칙에 따라 운영할

---

263) Adam Smith, *WN*, p. 708.

264) Adam Smith, *WN*, pp. 722-723.

것을 권고하였다.

　교육, 특히 노동자 자녀의 교육과 관련된 스미스의 논의는 약간 부연 설명을 요한다. 전술한 바와 같이 그는 생산과정의 세분화와 단순화를 통하여 노동의 생산성을 획기적으로 개선한다는 사실을 근거로 분업을 가장 중요한 국부 증진의 방안으로 간주하였다. 하지만 그는 분업이 경제의 성장에는 크게 기여하였으나, 그것이 노동자의 지적·육체적·도덕적 능력의 감퇴라는 비용을 치르고 얻은 결과라는 점에 주의를 환기시켰다. 그의 견해에 따르면, 분업이 폭넓게 진전되면서 대부분의 노동자는 그들의 거의 전 생애에 걸쳐 극히 단순한 한두 가지 작업만을 반복하며 누구의 관심도 끌지 못한 채 지내기 쉽다. 그로 말미암아 노동자는 교육의 필요성을 크게 느끼지 못하여 점차 우매해지고, 단순한 일상생활 속에서 용기를 잃고 나약해지며, 사회적 무관심 속에서 방탕과 악, 그리고 사회적 무질서의 근원인 광신과 미신의 망상에 쉽게 빠지게 된다고 한다.[265] 교육의 경시, 정신문화의 위축, 상무(尙武) 정신의 쇠퇴, 사회성의 상실 등 분업이 초래한 폐해를 극복할 수 있는 방안이 강구되어야 함을 강조하며, 스미스는 특히 교육비를 감당하기 어려운 상대적으로 빈곤한 노동자 계층의 자녀를 위한 교육에 정부 차원의 배려와 지원이 절실함을 역설하였다. 그러나 이 경우에도 정부의 지원으로 교육비는 낮추되 가능한 한 수익자부담의

---

265) Adam Smith, *LJ*(B), pp. 539-541; *WN*, pp. 781-788, 795-796. Heilbroner도 이러한 도덕적 쇠퇴가 흔히 낙관적으로 간주되고 있는 스미스의 진보적 역사관에 사실상 내재되어 있는 비판주의를 뒷받침하고 있는 요소 가운데 하나임을 지적하였다. R. L. Heilbroner, "The Paradox of Progress: Decline and Decay in *The Wealth of Nations*," A. S. Skinner and Thomas Wilson (eds.), *Essays on Adam Smith*,, pp. 530-532.

원칙과 실적에 따른 보수의 원칙이 지켜져야 한다고 강조했는데, 왜냐하면 정부가 교사의 봉급을 전액 또는 대부분 지급할 경우 그들은 곧 나태해져 소기의 성과를 얻을 수 없다고 보았기 때문이다.

모든 공공지출 경비를 수익자부담의 원칙을 적용하여 충당할 수는 없으므로 스미스는 다른 재원조달 방법으로 특히 지대, 이윤, 임금 등 국민들의 수입에 부과되는 일반적 조세에 관하여 자세히 논하였다. 그는 무엇보다 조세가 국민들의 경제활동을 위축시켜 국부의 증진을 저해하지 않도록 부과되어야 한다는 점을 강조하고, 다음과 같은 조세 부과의 네 가지 기본원칙을 제시하였다. 첫째, 국민들은 가능한 한 각자의 소득에 비례하여 조세를 부담하여야 한다[형평(equity)의 원칙]. 둘째, 각 개인이 지불해야 할 세금은 확정적이어야 하며 자의적이어서는 안 된다[확실성(certainty)의 원칙]. 셋째, 세금 부과의 시기와 방법은 납세자의 편의를 고려하여 결정되어야 한다[편의(convenience)의 원칙]. 넷째, 모든 세금은 납세자의 부담을 최소화할 수 있는 방법으로 징수되어야 한다[경제(economy)의 원칙]. 경제의 원칙을 지키기 위해서는 징세의 행정비용을 최소화해야 하며, 조세가 국민의 근로의욕을 해치지 않도록 하고, 무분별한 조세의 부과로 인한 탈세의 유혹을 막아야 하며, 세무공무원의 잦은 방문과 사찰로 납세자의 업무와 자유를 방해하지 않도록 해야 한다는 점을 그는 자세히 지적하였다.266)

마지막으로 〈공공채무(public debts)〉에 관하여 논하며, 스미스는 그것이 불규칙적인 재정 지출에도 불구하고 국민들의 조세 부담을 규칙적이며 안정적인 것이 되게 하는 순기능을 지닌 반면, 적자 재정을 가능하게 하고 증대된 공공지출에 대한 부담을 이연(移延)시켜 그 규모를

---

266) Adam Smith, *WN*, pp. 825-828.

팽창시키는 역기능도 동시에 지니고 있다고 지적하였다. 따라서 가능하면 균형예산을 유지하도록 노력하여야 하며, 공공부채의 규모를 줄이기 위해서는 국민들의 경제활동에 부담을 주는 세금을 늘리기보다 정부의 지출을 줄일 필요가 있다는 견해를 피력하였다.[267]

이상의 논의를 종합해 보면 스미스는 정부의 역할이 시장의 기능을 원활하게 하고 또 보완하는 제도적 환경을 조성하는 데 있다고 파악하였음에 틀림없다. 다시 말하여 그가 파악한 정부가 담당해야 할 역할의 핵심은 자연적 자유의 체계가 하루 속히 구현될 수 있도록 돕는 데 있다. 이런 맥락에서 보면 낡은 제도의 개혁도 정부가 떠맡아야 할 중요한 과제 가운데 하나라고 하지 않을 수 없다. 자유롭고 공정한 경쟁이 가능하도록 중상주의 체제가 남겨 놓은 특권적 조직을 해체하고, 또 그들이 행사해 온 독점을 폐지하는 것이 그것이다.[268] 이것이 스미스가, 우리가 만약 그를 자유방임론자라고 부를 수 있다면, 소극적 자유방임론자가 아니라 적극적 자유방임론자인 이유이기도 하다.[269]

(3) 스미스 도덕철학체계에서 경제학의 의미

스미스의 경제학은 그의 도덕철학체계라는 포괄적 상위체계를 마무리하는 마지막 하위체계임과 동시에, 그것 자체가 하나의 완결된 독

---

267) Adam Smith, *WN*, pp. 907-947; 이지순, 〈政府의 經濟的 役割에 관한 아담 스미스의 理論〉, 조순 외, 『아담 스미스 硏究』, pp. 90-94.

268) Adam Smith, *WN*, pp. 138, 163-164, 266-267, 383-384, 452-453, 470-471; R. H. Campbell and A. S. Skinner, "General Introduction," pp. 36-38.

269) J. Viner, "Adam Smith and Laissez Faire," pp. 164-165; 박세일, 〈아담 스미스의 道德哲學體系〉, pp. 54-56.

자적 체계이기도 하다. 스미스의 도덕철학체계가 인간에 대한 탐구 또는 사회 속에서 인간의 행동에 관한 탐구라고 한다면, 경제학은 그 가운데 다음과 같이 상당히 제한된 범위 안에서의 인간의 행동을 분석의 주 대상으로 삼고 있다.

> 문명화된 사회에서 인간은 항상 많은 사람들의 협조와 지원을 필요로 하지만, 그의 일생은 [그가 호의를 기대할 수 있는] 불과 몇 명의 친구를 사귀기에도 충분하지 않다. 거의 모든 동물류의 경우 각 개체는 성숙하면 완전히 독립하여 자연적 상태에서 다른 개체의 도움을 필요로 하지 않는다. 그러나 인간은 거의 끊임없이 다른 사람들의 도움을 필요로 하는데, 그것을 오로지 그들의 인애심에 호소하여 얻기를 기대하는 것은 부질없는 노릇이다. … "내가 원하는 저것을 나에게 달라. 그러면 당신은 당신이 원하는 이것을 얻을 수 있을 것이다"는 제안을 주고받는 방식으로 우리들은 우리가 필요로 하는 것들의 대부분을 획득하고 있다. 우리가 저녁식사를 기대할 수 있는 것은 정육점이나 양조장 또는 빵집 주인의 인애심 때문이 아니라 그들 자신의 이익에 대한 그들의 관심 때문이다. 우리가 호소하는 것은 그들의 인간애가 아니라 그들의 자애심이며, 우리가 그들에게 말하는 것은 우리 자신의 필요가 아니라 그들의 이익이다.[270]

널리 알려진 이 구절은 위에서 아담 스미스 문제가 논의될 때 이미 부분적으로 인용된 바 있다. 스미스는 여기에서 인간을 이기적 존재로 묘사하고 있으며, 인간의 자애심이나 이기심을 분업화된 상업사회를 움직이고 있는 교환의 원리라는 엔진에 필요한 강력한 연료로 파악하

---

[270] Adam Smith, *WN*, pp. 26-27.

고 있다. 우리는 지금까지의 논의를 통하여 이것이 스미스가 염두에 둔 인간의 전체 모습이 아니라 경제학이라는 하위체계에서 분석하고자 하는 인간의 경제적 활동 영역에 맞춰진 부분적 이미지에 불과하다는 사실을 잘 알고 있다. 요컨대 윤리학에서의 인간이 주로 도덕이라는 질적으로 정의된 후생을 추구하는 존재인 데 비해, 분석적으로 윤리학과 긴밀히 연관된 경제학에서의 그것은 전형적으로 소득 또는 생산물이라는 양적으로 정의된 후생을 추구하는 존재라는 점에서 차이가 있다.

경제학의 과제는 동감의 원리에 따라 공정한 관찰자의 비판에 귀를 기울이고, 정의의 원리에 따라 타인의 권리를 침해해서는 안 된다는 사실을 알고 있는 경제주체들이 교환의 원리에 따라 오로지 자신의 물질적 후생의 극대화를 추구하며 상호 작용할 때 어떤 결과가 초래될 것인지를 체계적으로 밝히는 데 있다. 스미스가 도달한 결론은 분산된 개별 주체들의 경쟁을 최대한 허용하는 자유시장경제가 의도적으로 설계된 어떤 경제체제보다 공익, 즉 사회적 후생의 증진에 더 적합하다는 가설로 요약될 수 있다.

> 각 개인이 자기 자본을 국내 산업에 투자하고 또 그 산업을 가장 효율적으로 운영하려고 노력한다면, [사회의 연간 총수입은 개인들의 연간 수입의 합계와 같기 때문에] 개개인은 필연적으로 사회의 연간 수입을 극대화하려고 애쓴 것과 같다. 그는 물론 공익을 촉진하려고 의도하지도 않았고, 얼마나 촉진하는지 알지도 못한다. … 투자한 산업을 가장 효율적인 방식으로 운영하며 그가 염두에 둔 것은 오로지 자신의 이득뿐이지만, 그는 이렇게 해서 다른 많은 경우와 마찬가지로 보이지 않는 손에 이끌려 그가 전혀 의도하지 않은 목적의 달성에 기여하게

된다. 그것이 그가 의도한 바가 아니라는 사실이 항상 사회에 더 나쁜 것도 아니다. 자신의 이익만을 추구함으로 해서 그는 흔히 그것을 의도했을 경우보다 사회의 이익을 더 효과적으로 촉진하게 된다. … 어떤 종류의 국내 산업에 자본을 투자해야 하고 또 어떤 산업의 생산물이 최대의 가치를 갖게 될 것인지는 개개인이 그가 처한 상황에서 어떤 정치가나 입법자보다도 더 잘 판단하리라는 점은 명백하다.271)

이상의 두 인용문을 통하여 우리는 스미스가 어떤 심리적 전제에서 출발하여 어떤 실증적 결론에 도달했는지 알 수 있다. 그의 경제학은 이러한 전제와 결론을 잇는 논증체계이며, 다양한 경제현상의 상호작용 메커니즘을 정확히 이해하기 위한 분석체계라고 할 수 있다. 이 논증체계 속에서는 각각 분리되어 있으나 서로 연관된 문제들이 종합적으로 다뤄지고 있다. 부연하자면 가치의 문제, 가격의 종류와 결정 요소, 자원의 배분, 소득의 분배, 경쟁 촉진을 위한 제도의 정립, 그리고 경제의 성장 등과 관련된 문제가 그것이다. 특히 〈경쟁〉은 이 체계 속에서 대단히 중요한 의미를 지닌다. 특정 상품 시장에서의 불균형에 의해 야기된 생산자 및 소비자 사이의 경쟁은 먼저 단기적으로는 그 시장에서의 수요와 공급을 일치시켜 다시 〈균형〉에 이르게 하는 역할을 담당하며, 다음으로 보다 장기적으로는 경제 전반의 기술 수준과 구조를 변화시켜 사회의 발전, 즉 〈진화〉를 촉진하는 역할을 담당한다.272) 따라서 스미스 경제학의 결론이 지닌 의미는 경쟁이 제한된 상태에서는 크게 제약될 수밖에 없다.

---

271) Adam Smith, *WN*, p. 456.

272) G. B. Richardson, "Adam Smith on Competition and Increasing Returns," in A. S. Skinner and T. W. Wilson (eds.), *Essays on Adam Smith*, pp. 350-351, 359.

위에서 지적한 바와 같이 스미스의 경제학에서 다뤄지고 있는 많은 문제는 당시 영국과 프랑스의 다른 학자들에 의해서도 논의되고 있었다. 하지만 이들 전체를 엮어 하나의 정합적 분석체계로 완성한 것은 스미스가 최초였다. 각 이론에 대한 스미스의 독창적 기여에 관해서는 이론의 여지가 없지 않지만, 이전의 본질적으로 나열에 그쳤던 정치경제학을 하나의 개념적이며 분석적인 체계로 전환시킨 그의 공로는 하나같이 인정되고 있다.273) 이러한 분석체계를 통하여 스미스는 전술한 그의 결론에 도달할 수 있었다. 자유시장경제가 사회적 후생의 증진 차원에서 다른 어떤 체제보다 우월하다는 그의 주장은, 이기적인 개인들이 경쟁적 조건 하에서 정당하게 사익을 추구할 경우 그것은 당시의 사회적 통념과는 달리 마치 보이지 않는 손에 이끌린 듯이 공익의 증진과 조화를 이룰 수 있다는 주장과 같다. 이것은 역으로 이기심이라는 강력한 행위 동기는 오로지 경쟁을 촉진하는 제도 하에서만 국부의 증진에 기여할 수 있다는 주장이기도 하다. 경쟁적 질서의 확립이라는 관점에서 정부의 역할이 중요한 이유도 여기에 있다.

지금까지의 논의를 바탕으로 스미스의 도덕철학체계에서 경제학이 지니고 있는 의미를 요약해 보면 대략 다음과 같다.

1. 경제학은 스미스의 도덕철학체계를 구성하고 있는 마지막 하위

---

273) Dugald Stewart, "Account of the Life and Writings of Adam Smith, LL.D.," pp. 319-320; Mark Blaug, *Economic Theory in Retrospect*, p. 50; A. S. Skinner, "Economic Theory," in Alexander Broadie (ed.), *The Cambridge Companion to the Scottish Enlightenment*, pp. 197, 201. 이런 맥락에서 Blaug와 Skinner는 스미스를 정치경제학의 비조(founding father)로 부르는 데 찬성하지 않았다. 정치경제학은 스미스 이전에도 이미 Cantillon, Quesnay, Turgot, Hume 등에 의해서도 다만 완결된 체계를 갖추지 못한 채 연구되고 있었다고 보았기 때문이다.

체계임과 동시에 그것 자체가 하나의 완결된 독자적 체계를 형성하고 있다. 하지만 윤리학 및 법학과 완전히 분리된 독자적 학문 분야로서의 경제학은 스미스가 의도한 바가 아니다.274) 교환의 원리는 동감의 원리와 정의의 원리에 의해 보완될 경우에만 상업단계의 시장경제를 움직이는 강력한 엔진이 될 수 있다.

2. 스미스의 경제학은 이기심에 바탕을 둔 교환의 원리에 의해 작동되는 자유시장경제가 가장 효과적으로 국부의 증진에 기여할 수 있는 체제라는 가설을 결론으로 제시하였다. 분산된 이기적 경제주체들의 사익 추구가 자유롭고 공정한 경쟁을 촉진하는 제도하에서는 공익의 증진과 양립할 수 있다는 이 가설은 그것이 타당할 경우 자유시장경제가 도덕적인 체제라는 주장이기도 하다.

3. 법학에서 스미스는 인류가 수렵단계부터 목축 및 농경단계를 거쳐 당시의 상업단계에 이르기까지의 역사를 장기에 걸친 진보의 과정으로 기술하였다. 그러나 상업단계 이후의 사회에 관해서는 아무런 언급도 하지 않았다. 경제학에서 그는 다시 인류가, 쉽게 도달할 수는 없지만,275) 완전한 자유가 보장된 자연적 자유의 체계라는 목표를 향하여 나아가고 있다는 새로운 비전을 제시하였다.

---

274) 고전경제학은 그러나 경제학을 윤리학 및 법학과 분리시키는 방향으로 전개되었다.

275) "To expect, indeed, that the freedom of trade should ever be entirely restored in Great Britain, is as absurd as to expect that an Oceana or Utopia should ever be established in it. Not only the prejudices of the publick, but what is much more unconquerable, the private interests of many individuals, irresistibly oppose it." Adam Smith, *WN*, p. 471.

2) 다산 정약용의 경세학

다산의 경세학도 흔히 〈정치경제학(政治經濟學)〉으로 불리고 있다. 위당(爲堂) 정인보(1892-1950?)가 실학의 한 영역을 정치경제학으로 설정하고, 다산이 반계(磻溪) 유형원(1622-1673)과 성호 이익이 개척한 이 영역의 계승자임을 지적했다고 한다.276) 하지만 실학자들 또는 다산의 경세학이 정치경제학이라고 했을 때 이것이 정확하게 무엇을 의미하는지는 분명치 않다.277) 대략 정치와 경제가 밀접한 관계를 맺고 있다는 기본적 인식 위에서 부국강병의 달성을 위해 제시된 종합적 국가운영 및 개혁론으로 파악될 수 있을 것으로 보인다. 다산 경세학의 주요 내용은 그의 『경세유표』와 『목민심서』, 그리고 여타의 단편적인 글에 실려 있다. 그의 경세학이 포괄하고 있는 범위는 대략 다음과 같다.

> 경세란 무엇인가? 관제(官制)·군현지제(郡縣之制)·전제(田制)·부역(賦役)·공시(貢市)·창저(倉儲)·군제(軍制)·과제(科制)·해세(海稅)·상세(商稅)·마정(馬政)·선법(船法)·영국지제(營國之制) 등을 시용(時用)에 구애되지 않고 경(經)을 세우고 기(紀)를 베풀어 우리의 오랜 나라를 새롭게 하기로 생각하는 것이다. 목민(牧民)이란 무엇인

---

276) 정호훈, 〈조선후기 실학 연구의 동향과 정치경제학〉, 연세대학교 국학연구원 편, 『韓國實學思想硏究 2』, pp. 16-17.

277) 정호훈 교수도 위의 논문 pp. 27-28에서 이 점을 지적했으나, 그 자신 실학의 이른바 〈정치경제학〉을 길게 논하면서도 정작 그것이 무슨 의미를 지닌 개념인지는 밝히지 않았다.

가? 오늘날의 법을 인하여 우리 백성을 다스리는 것이다. 율기(律己)·봉공(奉公)·애민(愛民)을 기(紀)로 삼고, 이전(吏典)·호전(戶典)·예전(禮典)·병전(兵典)·형전(刑典)·공전(工典)을 6전(典)으로 삼고, 진황(振荒) 1목(目)으로 끝맺음하였다.278)

이렇게 다양한 분야를 포괄하고 있는 다산의 경세학은 흔히 18세기 전반기의 경세치용학과 그 후반기의 이용후생학의 종합으로 평가되고 있다. 경세치용학은 토지제도의 개혁을 중심으로 하는 제도개혁론이고, 이용후생학은 상공업의 진흥을 중심으로 하는 기술개발론이다.279) 스미스 경제학과의 비교를 염두에 두고, 다산 경세학의 핵심적 내용을 이용후생과 경세치용의 순서로 간추려 보면 대략 다음과 같다.

(1) 이용후생의 기본원리: 지려(智慮)와 교사(巧思)의 원리

다산의 경세학도 스미스의 경제학처럼 부국강병의 도모, 즉 국가와 백성을 두루 부유하게 하고 나라의 국방을 튼튼하게 할 수 있는 방안의 강구를 목적으로 한다는 점에서 다르지 않다. 그리고 다산이 금과 은의 해외 유출을 금지시키고 국내에 비축해 둘 것 등을 주장했던 것으로 보아 그에게 중상주의적 요소가 없었던 것은 아니지만,280) 국부를 화폐보다는 인간의 노동에 의해 생산된 재화로 보았다는 점에서도

---

278) 민족문화추진회, 『국역 다산시문집 7』, 〈자찬 묘지명(自撰墓誌銘) 집중본(集中本)〉, pp. 144-5.

279) 안병직, 〈다산과 체국경야(體國經野)〉, p. 54.

280) 민족문화추진회, 『국역 다산시문집 4』, 〈전폐의(錢幣議)〉, p. 156; 민족문화추진회, 『국역 경세유표 I』, p. 169; 『국역 경세유표 II』, pp. 218-219, 222-224.

그와 스미스는 대체로 일치한다.281) 재화의 생산량을 늘리기 위해서는 노동의 생산성 제고가 필수적이다. 스미스는 생산성 제고의 가장 확실한 방안이 분업에 있다고 주장하였다. 그리고 분업의 발생 원인이 다른 어떤 동물도 지니지 않은 오로지 인간의 심성에만 내재하는 교환성향에 있다고 보았다. 모든 경제주체는 시장에서 자유스럽게 교환하기 위해 생산하고, 생산량을 늘리기 위해 분업이 필요하다고 생각한 것이다. 이에 비하여 다산은 상품으로 시장에서 교환하기 위한 개별적 생산보다는 국가 전체 또는 특정 집단 차원에서의 분배와 축적을 위한 생산을 더 중시하고 있었던 것으로 보인다. 다산도 분업의 중요성에 관하여 자주 언급하였다. 하지만 그가 언급한 것은, 곧 논의되겠지만, 생산 공정의 분할에 따른 공장 단위의 기술적 분업이 아니라 사·농·공·상이라는 사회 전체의 기능적 분업이었다. 그는 또한 생산 기술의 향상, 즉 기예(技藝)의 습득에 따른 생산성의 제고도 늘 강조하였다. 그리고 기예를 습득하여 생산을 늘릴 수 있는 것은 다른 어떤 동물도 지니지 않은, 오로지 인간만이 갖추고 있는 천부의 능력인 〈지려〉와 〈교사〉 때문이라고 생각하였다.

　　하늘이 금수에게는 발톱을 주고 뿔을 주고 단단한 발굽을 주고 날카로운 이를 주고 독을 주어서, 그들로 하여금 각기 하고 싶은 것을 얻게 하고 환난을 방어하도록 하였다. 그런데 사람에게는 벌거숭이로 태어나서 연약하여 마치 그 생활을 영위해 나갈 수 없을 것처럼 만들었으니, 어찌하여 하늘은 천하게 여길 데는 후하게 하고 귀하게 여길 데는

---

281) 다산은 나라가 피폐한 근본 이유가 재물이 생산되는 근원은 힘껏 막고, 재물이 소비되는 구멍은 마음대로 뚫은 데 있다고 보았다. 민족문화추진회, 『국역 경세유표 I』, 〈방례초본 인〉, p. 40.

박하게 하였을까? 그것은 바로 사람에게는 지려와 교사가 있음으로써 그들로 하여금 기예를 습득하여 스스로 자기의 생활을 영위하도록 한 것이다. 그러나 지려를 미루어 운용하는 것도 한계가 있고, 교사로써 사리를 연구하는 것도 차서가 있다. 그러므로 아무리 성인이라 하더라도 천 명이나 만 명의 사람이 함께 의논한 것을 당해낼 수 없고, 아무리 성인이라 하더라도 하루아침에 그 아름다운 덕(德)을 모조리 갖출 수는 없는 것이다. 그렇기 때문에 사람이 많이 모일수록 그 기예가 정교하게 되고, 세대가 아래로 내려올수록 그 기예가 더욱 공교하게 되니, 이는 사세가 그렇지 않을 수 없는 것이다.282)

스미스가 교환의 원리와 분업을 강조한 뒤에, 분업의 정도는 시장의 크기에 비례하고 또 시장의 규모가 커질수록 교환의 필요성이 증가한다고 보고, 가치와 가격 등 시장에서의 교환과 관련된 경제현상을 분석하기 시작한 데 비해, 지려와 교사의 원리를 강조한 다산은 기예, 즉 기술의 증진 방안을 강구하기 시작하였다. 이런 맥락에서 적극 재검토된 것이 동양 전래의 분업론인 이른바 〈사민·구직론(四民·九職論)〉이었다.

지금 우리나라에는 사·농·공·상이 뒤섞여서 구별이 없는데, 다만 한 마을 안에 사민(四民)이 섞여 살 뿐 아니라 또한 한 몸뚱이로써 네 가지 업[四業]을 겸해 다스리니 이것이 한 기예도 성취된 것이 없고 온갖 일에 규범이 없게 되는 까닭이다.283)

---

282) 민족문화추진회, 『국역 다산시문집 5』, 〈기예론(技藝論) 1〉, p. 97. 이것은 위에서 다산의 역사관을 논하며 지적한 바 있는 그의 진보의 역사관의 주된 논거이기도 하다.

백성을 아홉 가지 직(職)으로 가르는 것은 하늘의 이치로서, 윗사람이 비록 명령하지 않더라도 백성이 스스로 분직(分職)된다.284)

선왕(先王)의 법에 사(士)는 사와 더불어 살고 공(工)은 공과 더불어 살게 했음은 그 기예를 정밀하고 전일(專一)케 하고자 한 것이었다. 의원은 의원과 함께 살고, 역관(譯官)은 역관과 함께 살면 그 기술이 더욱 익숙해질 것이니, 또한 좋지 않겠는가.285)

다산은 이처럼 기예의 발달을 촉진하기 위해서는 먼저 사·농·공·상의 분업을 철저히 정착시켜 본업에만 전념하게 하고, 다음으로 동일 직업에 속하는 사람들을 한 곳에 집중하여 거주하도록 할 필요가 있다고 강조하였다. 그뿐만 아니라 생산적 노동에 종사하지 않고 유식(遊食)하는 비생산적인 양반을 없애기 위해 사회적 분업을 전면적으로 재조정하여 그들로 하여금 신분에 구애받지 않고 농·공·상이나 교육 또는 연구 등 생산적 기능을 담당할 수 있도록 해야 한다고 주장하였다.286)

다산은 상공업을 초기엔 농업을 근본으로 여기는 중농주의적 입장에 서서 농업보다 천시하였으나, 후기에 들어서 사회적 분업의 필요성을 인정하면서부터 농업과 대등한 것으로 보려는 견해를 표명하였

---

283) 민족문화추진회, 『국역 경세유표 Ⅱ』, p. 252.

284) 민족문화추진회, 『국역 경세유표 Ⅲ』, p. 33. 九職의 자세한 내용은 이 책 p. 26 참조.

285) 민족문화추진회, 『국역 경세유표 Ⅲ』, p. 301.

286) 김무진, 〈실학자의 신분제 개혁론〉, 연세대학교 국학연구원 편, 『韓國實學思想硏究 2』, pp. 269-285.

다.287) 상업과 공업을 전문화시키기 위하여 그는 상공업자들의 거주지를 도시로 제한하고, 도시를 상공업 중심지로 육성하려는 구상을 간직하고 있었다. 국내의 각 도시를 연결하는 원격지 상업을 원활히 하고 또 교통과 통신을 발달시키기 위해 수레와 배의 규격을 통일함과 아울러 도로의 정비와 보수를 제때에 할 수 있는 방안을 강구하기도 하였다. 이외에도 수공업과 광업의 개혁과 농업 생산력의 제고를 위한 방안 등을 논의하고, 〈전환서(典圜署)〉의 설치를 주장하며 금·은·동화의 주조와 유통의 필요성을 강조하기도 하였다.288)

화폐에 관하여 다산은 그것이 지닌 교환의 매개체로서의 기능을 인정하며, 국가의 큰 보배요 생민(生民)에 긴요한 제도라고 생각하고 있었다.289) 하지만 철저히 중농억상(重農抑商)의 입장에서 상업과 화폐의 기능을 경시한 성호 이익의 영향을 적지 않게 받아, 다산도 화폐의 경제적 기능을 깊게 검토하지는 않은 것으로 보인다.290) 그는 돈을 크게 만든다면 쓰기에 불편할 것이고, 쓰기에 불편해지면 그것은 백성의 이익이라고 생각하였다.291) 교환의 매개체로서의 화폐의 기능은 늘 강조하였으나, 화폐를 유용한 가치의 저축 수단으로 인정하지는 않았다.292)

---

287) 조성을, 〈丁若鏞의 政治經濟 改革思想 硏究〉 (연세대학교 대학원 박사학위 논문, 1991), pp. 185-194.

288) 민족문화추진회, 『국역 경세유표 II』, pp. 168-170.

289) 민족문화추진회, 『국역 다산시문집 4』, 〈문전폐(問錢弊)〉, p. 136.

290) 홍이섭, 『丁若鏞의 政治經濟 思想 硏究』 (서울: 한국연구도서관, 1959), pp. 172-179.

291) 〈錢弊議〉, 『與猶堂全書』, I:9:29 [2:59]: "令其大也 則用之不便 用之不便 民之利也"; 민족문화추진회, 『국역 다산시문집 4』, 〈전폐의(錢弊議)〉, p. 156.

요컨대 지려와 교사의 원리에 따라 기예를 정교하게 발전시키는 것이 다산이 말한 이용후생과 부국강병의 지름길이라고 할 수 있다. 사민·구직의 사회적 분업이 철저히 이뤄지는 가운데 농업의 기예, 직조(織造)의 기예, 병기(兵器)의 기예, 의원(醫員)의 기예 등 백공(百工)의 기예가 정교해지면, 나라는 부유해지고 군대는 강해지며 백성들은 유족하게 오래 살 수 있다고 보았다.293) 기예를 정교하게 다듬기 위해 다산이 제시한 방안은 두 가지로 요약될 수 있을 것으로 보인다. 첫째는 국가가 중심이 되어 모든 개혁을 선도하는 것이다. 둘째는 선진 외국의 기예를 도입하는 것이다. "우리나라에 있는 백공의 기예는 모두 옛날에 배웠던 중국의 법인데, 수백 년 이후로 딱 잘라 끊듯이 다시는 중국에 가서 배워 올 계획을 세우지 않고 있다. 이와 반대로 중국의 신식묘제(新式妙制)는 날로 증가하고 달로 많아져서 다시 수백 년 이전의 중국이 아닌데도 우리는 또한 막연하게 서로 모르는 것을 묻지도 않고 오직 예전의 것만 만족하게 여기고 있으니, 어찌 그리도 게으르단 말인가."294) 이 두 가지 방안을 동시에 구체화하기 위해 다산이 제시한 묘책이 〈이용감(利用監)〉의 설치였다. 그가 이용감에 거는 기대가 얼마나 큰 것이었는가는 다음과 같은 그의 표현에서 엿볼 수 있다. "이용감을 개설하고 북학(北學)할 방법을 의논하여 부국강병(富國强兵)하도록 도모하는 것은 변동할 수 없다."295)

---

292) 『經世遺表』, 7:29 [14:538]: "惟錢之爲物 利於流行 不利於儲蓄"; 민족문화추진회, 『국역 경세유표 II』, p. 219.

293) 민족문화추진회, 『국역 다산시문집 5』, 〈기예론 2〉, pp. 98-99.

294) 민족문화추진회, 『국역 다산시문집 5』, 〈기예론 1〉, p. 98.

295) 민족문화추진회, 『국역 경세유표 I』, p. 42. 〈이용감〉의 설치 이유와 구성

(2) 경세치용: 시장과 국가의 상대적 역할

경세치용의 주된 내용이 제도개혁이라면, 스미스가 염두에 둔 경세치용의 방향은 시장의 기능을 원활히 하는 데 있으며, 이때 정부 또는 국가가 담당해야 할 역할은 국방과 사법행정, 그리고 공공재의 생산과 공급 등 시장실패가 우려되는 영역에서 시장을 보완하는 데 국한되어야 한다는 점은 위에서 본 바와 같다. 불필요한 기능의 제거를 통하여 국가의 역할을 대폭 축소하고, 중상주의 체제가 남겨 놓은 특권적 조직의 해체와 함께 그들이 행사해 온 독점을 폐지하여 자유롭고 공정한 경쟁이 가능한 시장을 조성하는 것이 스미스 경세치용의 요체라고 할 수 있다. 경쟁적 시장이 어떤 제도보다 희소한 자원을 가장 효율적으로 배분하는 기능을 지니고 있다고 보았기 때문이다. 이에 비하여 다산의 경세치용은 전술한 바와 같이 국가가 중심이 되어 모든 개혁을 선도할 뿐만 아니라 경제활동의 조정 기능을 국가에 집중시키는 것을 핵심적인 내용으로 한다. 여기에 시장이 담당해야 할 역할에 관한 탐구는 거의 없었다고 보아도 무방하다. 다산은 시장의 가격 형성 및 자원 배분 기능을 체계적으로 분석하지 않았다. 오히려 그는 시장에 대하여 상당히 부정적인 견해를 간직하고 있었던 것으로 보인다.

오랫동안 민간(民間)에 있으면서 민간의 물정을 보니 시장(市場)을 마을마다 다 설치하였는데, 이는 커다란 폐속(弊俗)입니다. 재물을 낭비하고 산업을 폐하고 술주정하고 싸움질하고 도적질하고 사람을 죽여 넘어뜨리는 등의 변이 모두 시장으로 말미암아 일어나니 단연코 엄금

및 기능에 관해서는 같은 책 pp. 163-165 참조

해야 합니다. 대읍(大邑)에는 두세 개만 남겨 두고 소읍(小邑)에는 시장을 한 곳만 남겨 둔다면 풍속이 반드시 순화되고 송사(訟事)와 옥사(獄事)도 반드시 간소해질 것입니다. 사고파는 일을 주관하는 사람은 염두에 두어야 할 것입니다.296)

다산도 정부의 특권적 상업과 민간 상인들의 매점 행위에는 강경히 반대하였다. 지방 관료 및 토호들과 결탁된 특권 및 매점 상인들의 독점적 이윤의 추구가 중소생산자와 중소상인, 그리고 도시의 소비자들에게 큰 피해를 줄 뿐만 아니라 왕권을 약화시키는 결과를 초래할 수도 있다고 생각하였기 때문이다.297) 하지만 다산의 주된 관심은 대부분의 실학자들과 마찬가지로 시장이나 상업과 관련된 문제보다는 토지 사유화의 진전으로 위기에 처한 농민 및 농업과 관련된 문제와 그 문제를 해결하기 위한 토지제도의 개혁에 있었다. 토지제도의 개혁은 당시의 지배계층이었던 지주들의 경제적 기반과 직결된 문제여서, 그들을 효과적으로 배제할 수 있는 권력구조의 개혁이 선행되지 않는 한 구현되기 어려운 과제였다. 다산과 다른 실학자들의 토지개혁론이 대체로 개혁론의 제시에 그친 이유가 여기에 있다.

조선 후기 실학자들의 토지개혁론은 신분적 특권에 입각한 사적(私的) 토지소유의 집중 현상에서 비롯된 농업문제를 해결하고, 국가와 농민에게 두루 유익한 새로운 농업 생산체제를 창출하기 위해 제시된 것이었다. 이런 논의는 반계 유형원 이래, 하(夏)·은(殷)·주(周) 삼대

---

296) 〈上仲氏〉, 『與猶堂全書』, I:20:19 [3:308]; 민족문화추진회, 『국역 다산시문집 8』, 〈중씨께 올림(上仲氏)〉, pp. 214-215.

297) 강만길, 『朝鮮時代 商工業史硏究』(서울: 한길사, 1984), pp. 244-246.

에 걸쳐 실시되었던 정전제(井田制)가 당시 조선의 현실 속에서 실현 가능한 개혁의 모델이 될 수 있는지 여부에 집중되었다. 정전제 실시와 관련된 논란의 핵심은 토지의 소유관계에 있었다. 사적 소유를 인정하며 정전제를 실시하자는 주장과, 국가가 사적 소유를 통제하거나 박탈하여 공유 또는 국유 방식으로 실시하자는 주장의 대립이 그것이었다.298)

다산의 토지개혁론도 이런 논란의 연장선상에서 제시되었다. 그의 토지개혁론은 사환기(仕宦期)의 〈여전론(閭田論)〉과 유배 시절의 〈정전론(井田論)〉으로 구분될 수 있다. 관료 시절에 다산은 정전제를 실시될 수 없는 제도라고 생각하였다. 정전제를 왕정의 기본법제가 아니라 단순한 토지제도로 이해하고 있었던 그가 경지를 바둑판처럼 구획 정리하기가 어렵다는 점을 잘 알고 있었을 뿐만 아니라, 전국의 전지(田地)를 국유화하기에는 그것의 사유화가 이미 너무 진전되었다고 인식하고 있었기 때문이다.299) 그래서 그가 제시한 방안이 오히려 좀 더 이상에 치우친 여전론이었다. 여전제는 전국의 모든 경지를 국유화하고, 그것을 대략 30호 정도의 농가로 이뤄진 〈여(閭)〉를 기본단위로 집단농장화하여 공동으로 생산한 뒤에 노동일수에 따라 분배하는 상당히 급진적이며 공상적(空想的)인 생산방식이었다. 이런 생산방식을 통해 다산이 얻고자 의도했던 바는 다음과 같은 것이었다. 첫째, 빈부의 차이가 없이 모든 백성들이 잘살 수 있도록 살림을 고르게 하는 것, 즉 균산(均産)을 이루는 것이었다. 둘째, 노동일수에 따른 분배를 관철하

---

298) 최윤오, 〈朝鮮後期 所有論과 土地論〉, 연세대학교 국학연구원 편, 『韓國實學思想研究 2』, pp. 195-198.

299) 안병직, 〈다산과 체국경야(體國經野)〉, pp. 75-76.

여 생산의욕의 고취와 농민들의 소득 향상을 도모하고자 하였다. 셋째, 불로소득의 가능성을 원천 봉쇄하여 무위도식하는 비생산적 계층을 없애고자 하였다. 특히 선비들도 농·공·상이나 교육 또는 연구에 종사한 이후가 아니면 소득을 얻을 수 없도록 하였다. 넷째, 생산량 가운데 1/10만 세금으로 내게 하고 여타의 조세를 철폐하여 국가와 백성을 모두 부유하게 하고자 하였다. 다섯째, 병농일치의 군제(軍制)를 편성하여 군대의 조직을 용이하게 하고 또 평소의 단합된 훈련으로 군율을 강화하고자 하였다.300)

유배 시절에 다산이 경학 연구를 심화시켜 가면서 토지개혁의 모델로 삼을 수 있는 이상적인 왕정의 법제를 『주례』에서 찾을 수밖에 없다고 확신한 이후부터 정전제에 관한 그의 생각은 바뀌지 않을 수 없었던 것으로 보인다. 정전법이 단순한 토지제도가 아니라 토지의 구획, 관개시설의 구축 및 도로의 건설 등 종합적 국토 기획과 관련된 법제이며, 공평한 조세를 위한 제도라는 점을 깨달았기 때문이다.301) 그뿐만 아니라 토지의 소유권이 바로 주권(主權)임을 깊이 이해하게 되면서 전국의 토지를 왕의 소유로 간주하는 그의 이른바 〈왕토사상(王土思想)〉도 유배기에 강화되었는데, 이것도 정전제에 우호적인 쪽으로의 그의 견해 수정에 일조하였을 것으로 짐작된다.302) 다산의 정전론은 『경세유표』 〈지관수제(地官修制)〉의 〈전제(田制)〉 안에 들어 있는 〈정전론(井田論)〉과 〈정전의(井田議)〉에 집중적으로 피력되어 있다.303)

---

300) 민족문화추진회, 『국역 다산시문집 5』, 〈전론(田論)〉, pp. 80-88.

301) 안병직, 〈다산과 체국경야(體國經野)〉, pp. 75-77.

302) 이영훈, 〈茶山의 井田制改革論과 王土主義〉, 『民族文化』 제19집(1996), pp. 56-57, 62-64.

전자가 정전제 개혁의 당위성과 이론에 관한 것이고, 후자는 개혁을 위한 구체적 실무에 관한 내용을 담고 있다.

정전제는 토지의 국유를 전제로 한다. 그러나 대부분의 토지가 사유화된 현실을 감안하여 다산은 여유 재정 자금이나 광산 운영의 수익금 등으로 모든 전지(田地)의 1/9에 해당하는 공전(公田)부터 매입하거나 자발적으로 헌납 받아 국유화하여 일단 정전제를 실시해 가면서 장기에 걸쳐 모든 국토의 국유화를 달성하고자 하였다. 위에서 살펴본 여전론은 균산(均産)의 달성을 목표로 하였다. 그러나 정전론은 농민에게만 토지를 분급하되 노동 능력 순으로 하여 우선 농업 생산력의 증대를 위한 치전(治田)과 증산(增産)을 꾀하고, 다음으로 공평하게 세금을 부담시키는 균세(均稅)를 목표로 한다는 점에서 차이가 있다. 정전론에서도 병농일치의 군제가 추구되고 있다는 점에서는 여전론과 다르지 않다. 다만 정전제의 개혁과 관련된 군제의 편성에서 다산이 역점을 두었던 사항은 경성(京城) 외곽의 토지를 둔전(屯田)으로 구입하고 중앙군(中央軍)으로 삼을 기병과 보병에게 차등 분급하여 그들로 하여금 왕성을 수호하게 한다는 것이었다.[304]

토지제도의 개혁론 이외에 다산은 조세와 교육 등과 관련된 제도의 개혁에 대해서도 안을 제시하였다. 조세제도 개혁론에서 그는 다음과 같이 주장하였다. "백성의 직에 아홉 가지가 있는데, 오직 농사에만 세가 있고, 공(工)・상(商)・빈(嬪)・목(牧)은 모두 말하기조차 꺼려한다. 그런즉 아홉 가지 직의 세를 농자(農者)가 전담하게 되는데, 농자가 어

---

303) 민족문화추진회, 『국역 경세유표 II』의 한 권 전체가 田制, 즉 정전제에 관한 것이다.

304) 민족문화추진회, 『국역 경세유표 II』, pp. 308-312.

찌 견디겠는가. 농부가 초췌해지고 전야는 날로 거칠어진다. 대본(大本)이 이미 쓰러지니 생리(生理)가 날로 고갈되는데, 이는 모두 부법(賦法)을 밝히지 않은 까닭이다."305) 이것이 다산의 조세개혁론인 이른바 〈구부론(九賦論)〉의 핵심 내용이다. 세원을 확대하고 과세를 공평히 하여 농민과 농업을 보호할 뿐 아니라, 상공업 같은 분야에서도 과도한 자의적 조세 수탈로부터 중소상공인을 보호하고자 하는 것이 그의 의도였다.306) 그리고 교육의 개혁을 논하며 그는 교육이 관념적 차원에서 벗어나 효제를 중심으로 하면서도 이용후생과 직결된 현실적 문제와 밀접한 관련을 맺으며 이뤄질 수 있어야 함을 강조하였다.307)

(3) 다산 정약용의 도덕철학체계에서 경세학의 의미

다산의 경세학도 비교적 완결된 하나의 독자적 체계를 이루며 그의 도덕철학체계를 마무리하는 마지막 하위체계이다. 그의 경세학은 국가가 경제 및 국방과 관련된 거의 모든 분야를 독점적으로 관장하던 시기의 국가 조직과 운영에 관한 것이기 때문에 벽돌을 굽고 수레를 만드는 일부터 경지정리와 조세, 교육, 그리고 중앙과 지방의 세세한 군대 조직에 이르기까지 사실상 인간의 경제적 삶에 영향을 미치는 대부분의 영역을 다루고 있어 그 포괄 범위가 백과사전에 비견될 정도로 대단히 넓다. 이러한 다산의 경세학이 그의 도덕철학체계 내에서 지니고 있는 일차적 의미는 그 포괄의 범위와 내용 자체보다, 현실과

---

305) 민족문화추진회, 『국역 경세유표 Ⅲ』, p. 33.

306) 조성을, 〈丁若鏞의 政治經濟 改革思想 硏究〉, pp. 100-105.

307) 조성을, 〈丁若鏞의 政治經濟 改革思想 硏究〉, pp. 251-262.

괴리된 형이상학적 논변에 치우쳤던 당시의 학문적 풍토에서 부귀를 향한 인간적 욕망의 강렬함을 인정하며 소인들이나 염두에 둠직한 경제적 문제를 본격적으로 학구적 논의의 대상으로 삼았다는 데 있을 것으로 보인다.

> 유자(儒者)는 글 읽는 것이 정밀하지 못하고, 또 배운 것에 치우침이 있어 그 말류의 폐단은 무릇 산림(山林)과 경악(經幄)의 신하가 책을 끼고 연석(筵席)에 오르면 오직 이기설과 심성설만 논해 아뢸 뿐이고, 한 글자 반 글귀라도 감히 재부(財賦)에 대해서는 언급하지 않는다. 그 사람도 재질이 본디 소명하니, 천하 국가를 경영하는 자가 재부에 유의하지 않을 수 없다는 것을 모르지 않을 것이나, 이런 아룀이 한번 나오면 무리지어 조롱하고 많은 사람이 비웃어서 명성이 크게 떨어진다. 차라리 식자의 남모르게 하는 비웃음을 받을지언정 망령된 사람들의 현저한 배척을 감당하기 어려운 까닭에, 예(例)에 따라 부연해서 아뢰고 물러나간다. … 자고로 재물을 생산하고 돈을 모으는 데는 관중(管仲) 같은 자가 없었는데, 공자는 항상 그의 공을 칭찬했다. 재부를 전적으로 더러운 물건이라 해서 감히 입부리에 올리지도 못하는 것은 천하 국가를 경영하는 바가 아니다. 우리나라 선배로는 오직 문성공 이이(李珥)가 공안(貢案)을 개정하고 군적을 개량해서 10만 군사를 양성하자는 말로 임금 앞에 거듭 아뢰었으니, 참으로 쓸모 있는 학문이었다.308)

재론할 필요도 없이 다산의 경세학은 스미스의 경제학처럼 혼자만의 힘으로 이룩된 것이 아니라 그 이전 시기와 동시대의 국내외 여러 학자들이 논의했고 논의하고 있던 바를 절충하고 또 발전적으로 종합

---

308) 민족문화추진회, 『국역 경세유표 II』, p. 225.

한 결과라고 할 수 있다. 절충과 종합의 과정에서 두 학자에게 공통된 점은 지나간 역사에 깊은 관심을 표명하고 또 경제현상의 관찰을 중시하는 진지한 경험주의적 연구 태도이다. 하지만 도덕적 상고주의에 젖어 있던 다산이 진보적 역사관을 지녔던 스미스와 달랐던 것은, 그가 과거의 역사 속에서 미래 사회를 위한 개혁의 모델을 찾으려 했기 때문에, 역사를 사실과 당위의 결합체로 인식했다는 점이다. 그는 역사 속에서 스미스처럼 오늘의 현실 인식에 도움을 줄 수 있는 과거의 경험적 사실만을 읽으려 했던 것만이 아니라, 자기의 주장을 뒷받침할 당위적 논거도 찾고자 하였다. 이것이 그가 현실의 사회·경제적 상황을 참으로 예리하게 관찰하여 그의 경세학의 내용을 풍부하게 하고 있음에도 불구하고, 스콜라적 경학의 굴레에서 헤어나지 못하고 〈경학적 경세학〉에 머물 수밖에 없었던 이유이다. 처음에 그 시행이 불가하다고 생각했던 다산이 후일 정전제의 도입을 강력히 주장하며 제시한 논거는 다음과 같다.

> 정전(井田)이란 성인의 상법(常法)이다. 상법이라면 예나 지금이나 통할 수 있는 것인데, 예전에는 시행하기에 편리하고 지금에는 불편하다는 것은 필시 법을 밝히지 못해서 그런 것이지, 천하의 이치가 예와 지금에 다름이 있어서 그런 것은 아니다. … 아! 지금의 산천도 요·순과 삼왕(三王) 시대의 그 산천이며, 지금의 강역도 요·순과 삼왕 시대의 그 강역이다. 그 구릉과 언덕 및 숲과 진펄도 모두 크게 변하지 않았다. … 유림(儒林)들이 경서를 주석하면서 그릇한 것이 있었는데, 후세 사람은 그 주석을 받들어서 경서라 하여 독실하게 믿어 의심치 않아 차라리 요·순과 삼왕이 허황되고 괴상한 무함을 당할지언정 유림이 말한 것은 끝내 한 자도 감히 논박하지 못하는데, 모두 이런 이유이다.

… 우매한 사람은 근거 없는 속설에 젖고 총명하다는 사람은 선유의 잘못한 주석에 얽매여, 비록 혁혁한 경서를 증거로 하여 천고의 의혹을 타파하기에 족함이 있어도 살피는 사람이 없으니, 이것이 천하에 공통된 병폐이다.309)

다산이 『경세유표』에서 불가역(不可易)의 정강(政綱) 가운데 하나로 꼽으며, 중국으로부터 선진 기예의 도입을 위한 전문 기관인 〈이용감〉의 개설을 참으로 시의 적절하게 주장하면서도, 19세기 조선의 상황과 별 관련이 있어 보이지 않는 『춘추전(春秋傳)』, 『중용』, 『주례』 등에서 발췌한 전거를 제시한 것도 이런 때문인 것으로 보인다.310)

그럼에도 불구하고 다산의 경세학은 나름대로 하나의 일관된 체계를 이루며 그의 도덕철학체계에 굳건한 현실적 토대를 제공하고 있다는 점에서 올바로 평가될 필요가 있다. 다산의 경세학체계에서 이용후생의 기본원리는 천부의 지려와 교사이다. 지려와 교사로 사람들은 기예를 습득하여 경제생활을 영위한다. 따라서 국가와 국민을 모두 부유하게 하고 또 나라의 국방을 강화하기 위한 최선의 방법은 첫째, 모든 분야에서 기예의 수준을 높이고, 둘째, 비생산적인 사회계층을 축소 내지는 제거하는 것이다. 이를 위해서는 신분에 구애받지 않고 모든 사람들이 생산에 기여할 수 있도록 사회적 분업이 강화될 필요가 있다. 사회적 분업에 따라 전문화하고, 전문화된 직인들끼리 집중하여 거주하게 되면 기예의 수준은 당연히 향상될 것이다. 이를 더욱 촉진하기 위해서는 국가가 중심이 되어 개혁을 선도함과 아울러 전문 기

---

309) 민족문화추진회, 『국역 경세유표 II』, pp. 7-9.
310) 민족문화추진회, 『국역 경세유표 I』, p. 163.

관을 설치하여 외국의 선진 기예를 가능한 한 빨리 그리고 완벽하게 도입한 뒤에 그것을 필요로 하는 백성들에게 보급하는 것이다. 이런 모든 과제는 기존의 토지제도를 혁파하고 왕정의 기본법제로서 정전제를 전국적으로 실시할 때 가장 효과적으로 달성할 수 있다. 정전제를 실시하여 치전(治田)을 통한 증산과 균세(均稅)를 달성할 수 있으면, 대토지 소유자들의 불필요한 조세 수탈을 막아 백성과 국가는 두루 부유해지고, 병농일치에 따라 군제의 편성이 용이해질 뿐만 아니라 군대의 기강이 확립되어 국방도 강화될 것이다. 그리고 도성을 건설하여 상공인들로 하여금 집단적으로 거주하게 하면 상공업과 관련된 기예의 수준도 발전하게 될 것이며, 나아가 이들에게도 적정한 세율로 과세하면 농업에만 과세하던 이전의 관행에 비추어 조세의 형평을 이룸과 동시에, 부패한 관리와 독점적 호상(豪商)들로부터 중소상공인들을 보호하고 국가의 재정을 풍부하게 할 것이다. "이미 부유한 다음에 가르치는 것이 옛 도(道)였다. 정지(井地)를 이미 이룩했으니 효제(孝悌)하는 뜻을 가르침이 왕자(王者)의 정치이다."311)

　이것이 다산이 염두에 두고 있었음직한 그의 정치경제학, 즉 경세학의 기본골격이다. 지금까지 논의한 바를 중심으로 다산의 경세학이 그의 도덕철학체계 안에서 지니고 있는 의미를 요약·정리해 보면 다음과 같다.

　1. 경세학은 다산의 도덕철학체계의 마지막 하위 체계이며, 그것 자체가 하나의 일관된 체계를 이루고 있다. 다산의 경세학은 성리학적 개념과 표현 방식 때문에 자신의 의도와는 달리 상당히 형이상학적인 그의 도덕철학체계에 군건한 현실적 토대를 제공하고 있다. 하지만 그

---

311) 민족문화추진회,『국역 경세유표 II』, p. 313.

가 미래 사회를 위한 개혁의 모델을 과거의 역사 속에서 찾으려 했기 때문에, 그의 진지한 경험주의적 연구 자세에도 불구하고 주장의 논거를 주로 경전에 의지하는 〈경학적 경세학〉에 머물 수밖에 없었다.

2. 경세학은 천부의 지려와 교사로 인간이 습득할 수 있는 기예를 국부론의 기초로 삼고 있다. 국가와 국민을 모두 부유하게 하고 또 나라의 국방을 강화하기 위한 최선의 방법은 모든 분야에서 기예의 수준을 높이고, 비생산적인 사회계층을 생산적 인력으로 전환시키는 것이다. 이를 달성하기 위해서는 사회적 분업의 강화가 필수적이라고 본 다산은 결국 국부 증진의 최선책이 국가가 중심이 되어 제도를 개혁하고 운영하는 데 있다는 결론에 도달하였다.

3. 경세학은 그것이 지닌 어떤 특정의 형식이나 내용을 불문하고 국가의 운영과 백성들의 삶에 있어 경제와 관련된 문제의 중요성을 깊이 인식하고 그것을 진지한 학문적 논의의 대상으로 삼아, 다산의 도덕철학체계로 하여금 당시 성리학의 영향을 받아 현실과 관련된 문제를 속된 것으로 경시하고 기피하며 형이상학적 논변에 치우쳤던 속유(俗儒)들의 구태의연하고 진부한 학문체계의 범위를 뛰어넘게 했다는 데 큰 의미가 있다.

3) 요약과 비교

스미스의 경제학과 다산의 경세학은 지금까지의 서술을 통하여 알 수 있는 바와 같이 국가와 국민을 두루 부유하게 하고 나라의 국방을 강화할 수 있는 방안의 강구를 도모한다는 점에서 추구하는 목적은 거의 같다고 할 수 있다. 하지만 목적의 달성을 위해 제시된 수단은 전혀 다른 것이었다. 이런 결과는 무엇보다 스미스의 경제학과 다산의 경세학이 분석의 대상으로 삼은 사회의 발전단계가 상이한 데서 비롯된 것으로 보인다. 스미스의 경제학이 그가 상정한 최후의 발전단계인 상업단계에 도달한 영국과 유럽의 국가를 주된 분석의 대상으로 삼은 데 비해, 다산의 경세학은 농경단계에 머물러 있던 조선과 중화문화권 국가들을 분석의 대상으로 삼았다. 상업의 단계에 도달한 생산성이 비교적 높은 사회에서의 경제문제의 지배적 해결 수단은 시장이다. 이런 단계에 미처 도달하지 못한, 생산성이 상대적으로 낮고 시장도 성숙했다고 보기에는 아직 이른 농경사회에서의 경제문제는 주로 국가에 의해 해결될 수밖에 없다. 전자의 주된 관심사가 지속적 성장이라면, 위에서 법학을 논의하며 본 바와 같이 후자의 그것은 공평한 분배이다. 상업사회에서는 생산성의 제고를 통하여 생산을 증대시키기 위해 세분화된 경제적 분업이 중시되는 반면, 농경사회에서는 생산된 재화의 재분배를 관장할 정치적 분업이 더욱 큰 의미를 지닌다. 상업사회에서는 공동체보다 개인, 그리고 개인의 자유와 권리가 더욱 중시되는 데 비해, 농경사회에서는 공동체의 구성원들보다 공동체, 그리고 공동체 구성원들의 복종과 의무가 더욱 중시되는 이유도 여기에 있다. 스미스의 경제학과 다산의 경세학이 보여주고 있는 현격한 차이도 이런 맥락에서 이해될 수 있을 것으로 보인다. 그 차이를 좀 더 체계적으로 정리하여 비교해 보면 다음과 같다.

1. 스미스의 경제학과 다산의 경세학은 모두 정치와 경제의 밀접한 관계를 전제로 해서 국부의 증대 방안을 강구하고 있는 정치경제학이라는 점에서 같다. 하지만 스미스의 경제학이 국가 중심의 낡은 유위이치(有爲以治)의 패러다임에서 시장 중심의 새로운 무위이치(無爲而治) 패러다임으로의 전환의 필요성을 논증하고 있는 과학적 분석체계이

기 때문에 정치보다는 경제를 중시하고 있는 데 비해, 다산의 경세학은 주희의 무기력한 무위이치의 패러다임에서 요순의 효과적인 유위이치 패러다임으로의 환원을 추구하고 있는 경학적 논변체계이기 때문에 경제보다는 정치를 더욱 중시한다는 데 차이가 있다.

2. 부(富)를 노동에 의해 생산된 소비 가능한 재화로 보았다는 점에서 스미스와 다산의 생각은 같지만, 스미스가 금·은 같은 귀금속과 화폐를 부의 개념에서 완전히 제거시킨 반면, 다산은 금과 은의 해외 유출을 금지시키고 유사시에 대비하여 국내에 비축해 둘 것을 주장한 점으로 보아 그것을 어느 정도 국부의 구성 요소로 간주하고 있었다는 점에서 약간의 차이가 있다. 노동에 의해 생산된 소비 가능한 재화가 부로 정의되면, 먼저 노동의 생산성을 제고하고, 다음으로 사회 전체적으로 비생산적 노동을 줄여 국부를 증대하는 방안이 모색될 수밖에 없다. 노동 생산성의 제고 방안으로 스미스와 다산은 모두 의미는 다르지만 분업을 강조하였다. 비생산적 노동의 비율을 줄이기 위해 스미스는 봉건적 유습의 해체를 강조하였고, 다산은 선비들을 생산적 노동에 참여시켜 무위도식하지 못하게 할 방도를 강구하였다.

3. 인간이 여타 동물과 달리 경제활동을 영위하며 경제문제를 해결할 수 있는 근본적인 이유를 스미스가 인간의 본성에 내재한 교환성향에서 찾은 데 비해, 다산은 그것을 인간만이 지니고 있다고 본 지려와 교사에서 찾았다. 상대의 호의가 아니라 이기심이나 자애심에 호소하여 상대가 필요로 하는 것을 주고 자기에게 필요한 것을 그로부터 얻으려는 교환성향은 자연스럽게 시장의 확대를 촉진한다. 이에 비하여 천부의 지려와 교사는 기예, 즉 생산 기술의 발달을 초래하여 다른 동물보다 열악한 인간의 신체적 조건을 극복할 수 있게 한다. 교환하기 이전에 교환할 물품이 있어야 된다는 관점에서 보면, 지려와 교사

가 교환성향보다 앞선 더욱 원초적 인간 본성이라고 할 수 있다.

4. 노동 생산성 제고를 위하여 스미스와 다산은 모두 분업을 강조하였다. 하지만 각각의 분업이 의미하는 바는 같지 않다. 스미스가 말한 분업은 생산 공정의 분할이라는 의미에서의 분업이다. 스미스는 그것이 노동자들의 숙련도를 높이고, 공정 간 이동 시간을 절약하며 새로운 기계의 발명을 촉진하기 때문에 생산성을 획기적으로 높일 수 있는 최선의 방법이라고 생각하였다. 이에 비하여 다산은 동양 전래의 분업론인 이른바 사민·구직론에 따른 사회적 분업을 강조하였다. 그는 먼저 사·농·공·상의 분업을 신분이 아니라 기능의 관점에서 파악하였다. 그리고 이러한 분업을 철저히 정착시키고 동일 직업에 속하는 사람들이 같은 곳에 모여 살며 본업에만 전념할 수 있도록 조처하면 기예가 더욱 발달할 것으로 확신하였다.

5. 스미스는 분업의 진척과 시장의 크기가 맺고 있는 선순환의 관계를 인식하고 시장의 기능을 철저히 분석하였다. 특히 경쟁적 시장에서 형성되는 상대가격의 체계와 그 변화가 희소한 자원을 가장 효율적으로 배분할 뿐만 아니라, 요소소득의 상대적 크기를 결정한다는 점을 논증하였다. 이어서 노동 생산성의 증가에 따라 요소소득이 증가하면 자본의 축적도 그에 따라 용이해져 분업화가 더욱 촉진되면서 경제가 장기에 걸쳐 성장한다고 밝혀, 경제현상의 상호 의존성을 설명할 수 있는 정합적 분석체계를 구축하였다. 재론의 여지없이 스미스의 이러한 분석체계는 현대 미시경제학과 거시경제학의 바탕을 이루고 있다. 하지만 다산은 시장의 기능에 대하여 별다른 관심을 표명하지 않았으며 체계적으로 분석하지도 않았다.

6. 스미스는 경쟁적 시장이 희소한 자원을 가장 효율적으로 배분하여 어떤 제도보다 국부의 증진에 크게 기여한다고 확신하였기 때문에,

시장에 대한 국가의 정책적 개입에 반대하였다. 정부는 개인이나 집단의 경제적 활동을 국익을 증진하는 방향으로 일일이 지도하고 감독하려는 실패할 수밖에 없는 시도를 불식하고, 그 기능을 시장실패가 예견되는 국방과 사법행정, 그리고 공공시설의 설립과 유지 등에 국한하여야 한다고 주장하였다. 이에 비하여 다산은 사익보다 국익을 중시하며, 국가가 중심이 되어 모든 개혁을 선도하고 또 백성들의 경제적 활동의 조정 기능을 국가에 집중시켜야 한다고 생각하였다. 스미스가 자본주의의 발달에 필요한 경제학적 기초를 다졌다면, 다산은 결과적으로 사회주의와 유사한 국가 운영 모델을 제시하기 위해서 노력했다고 볼 수 있다.

7. 국방과 관련하여 스미스는 일반적인 조세로 운영되는 상비군의 설치를 주장하였다. 농경사회에서는 국민개병제 또는 병농일치제가 실현 가능한 군제일 수 있었으나, 분업화가 진척된 상업사회에서는 군대도 전문화될 필요가 있다고 보았기 때문이다. 그리고 고대에는 부유하고 개화된 나라의 국민들이 가난하고 야만스러운 민족의 침입으로부터 스스로를 방어하기가 어려웠으나, 근대에 들어와 고성능의 값비싼 신식 무기가 개발되면서 그 상황이 역전되었다고 지적하기도 하였다. 이에 비하여 국가의 본질을 군국(軍國)으로 파악한 다산은 도성의 방위에 필요한 상비군의 설치와 함께 농촌지역에서는 그의 여전론과 정전론에 볼 수 있듯이 시종일관 병농일치제를 주장하였다.312)

---

312) 안병직, 〈다산과 체국경야(體國經野)〉, pp. 72-73.

제6장 두 사상체계의 종합적 비교와 국부론

　지금까지 아담 스미스와 다산 정약용의 도덕철학체계를 신학, 윤리학, 법학, 정치경제학의 순서로 살펴보며 그 내용을 서로 비교해 보았다. 여기에서 논의되고 또 비교된 내용은 그들 사상체계의 일부분일 뿐 결코 전체가 아니다. 어떤 형태로든 두 석학의 넓고 깊은 학문 영역이 포괄하고 있는 모든 것을 비교한다는 것은 불가능한 일이 아닐 수 없다. 시대적 배경과 문제의식이 같지 않기 때문이다. 어쩌면 형평성을 보장할 수 없는 이런 비교를 시도한다는 발상 자체가 무모한 것이었는지도 모른다. 특히 다산의 경우 그의 사상체계의 내용이 먼저 서술된 스미스의 체계에 따라 취사선택된 사례가 적지 않았다. 이것은 다산에게 유리한 서술 방법이라고 할 수 없다. 스미스의 사상체계 안에는 존재하지 않는 다산 고유의 사상이, 만약 그런 것이 존재한다면, 비교의 대상이 될 수 없기 때문이다. 그럼에도 불구하고 이런 비교 방식을 택한 이유는 첫째, 스미스의 사상체계가 다산의 그것보다 훨씬 먼저 제시되었고,[1] 둘째, 스미스의 사상체계가 다산의 그것보다 더욱

체계적이며, 셋째, 비교를 통하여 〈우열〉이 아니라 〈차이〉를 드러내고
자 할 때 이런 방법도 유용할 수 있기 때문이다. 미흡한 대로 위에서
요약·비교한 내용만을 뽑아 다시 정리해 보면 다음과 같다.

1) 신 학

1. 〈신〉과 〈자연〉, 그리고 〈상제〉와 〈하늘〉은 스미스와 다산 도덕철
학 체계의 출발점이자 원동력인 점에서 같다. 인간의 도덕감과 그 실
현의 근거가 되고 있기 때문이다.

2. 스미스의 신과 다산의 상제는 인류와 만물을 나름대로 지어 내고
최선을 다해 보살피며, 행위의 결과를 상과 벌로 엄격하게 심판하는
자애와 지혜, 그리고 정의를 그 속성으로 하는 존재란 점에서 같다. 다
만 다산의 상제가 세상사를 주재하는 인격신이란 점에서 스미스의 비
인격적인 신과는 범주를 달리하는데, 주재의 공능을 구체적으로 파악
할 수 있는 방법을 우리가 알고 있지 못하기 때문에 양자의 실질적인
차이를 확인하기는 어렵다.

3. 스미스와 다산 모두 신과 상제의 존재 증명 그 자체를 진지하게
다루지는 않았다. 신의 존재를 증명하기 위해 스미스가 실제로 사용했
던 방법은 다른 이신론자들과 마찬가지로 관찰 가능한 현상의 특성으
로부터 그 생성의 궁극적 원인을 논리적으로 추론하는 〈설계논증〉이
었다. 전지전능한 인격신으로서의 상제의 존재를 증명하기 위해 다산

---

1) 국부론과 관련된 저서만 보더라도 스미스의 *WN*은 다산의 一表二書보다 40
여 년 먼저 출간되었다.

이 사용했던 방법은 그러한 존재가 인간의 도덕적 삶을 위해 필연적으로 요청된다는 점을 강조하는 〈윤리학적 논증〉이었다. 다산은 이렇게 요청되는 상제의 실재를 그를 거론한 〈성인의 권위〉와 〈천인감응의 묘리〉를 통하여 증명할 수 있다고 믿었다. 하지만 스미스와 다산 모두 설계논증과 윤리학적 논증이 신과 상제의 존재를 증명하는 완벽한 방법이 되지는 못한다는 점은 잘 알고 있었을 것으로 보인다.

4. 스미스는 〈종교〉도 철학처럼 인간이 지적으로 성숙하는 과정에서 몇몇 인간 심성의 원리에 의해 생성·발전하였다고 보았던 듯하다. 그 가운데에서도 모든 행위에 대해 이승과 저승에서 엄정한 심판을 내리는 정의로운 신을 향하여 인간이 지닌 〈두려움〉을 가장 중요한 원리로 여겼을 가능성이 높다. 인간이 지닌 두려움의 바탕 위에 세워지기 시작한 종교는 다시 인간 사회의 질서 유지와 행복의 증진을 위해 필수적인 도덕률을 재가하고 의무감을 강화시키는 기능을 담당하였다. 다산은 종교의 성립에 관해서는 논하지 않았다. 하지만 그도 상제가 인간에게 부여하고자 한 가장 중요한 심성으로 〈두려움〉을 지적하였다. 스미스와 다산은 이구동성으로 사람들은 신과 상제가 그들의 도덕적 심성에 명령하는 바에 따라 살아갈 때 두려움에서 벗어나 평온과 행복을 누릴 수 있다고 주장하였다.

5. 스미스의 〈자연신학〉과 다산의 〈상제신학〉은 그들의 도덕철학체계 안에서 인간이 도덕적으로 행동하지 않으면 안 되는 이유를 설명하고 있다는 점에서 일차적으로 중요한 의미를 지닌다. 또 신학이 과학적 탐구를 촉진한다고 이해한 점에서도 큰 차이가 없다. 신과 상제는 자연현상과 인간의 심성에 법칙과 원리를 부여하고, 만물과 인간이 그것을 준수하며 두루 융성하기를 기대한 만큼, 사람들이 이를 올바로 파악하여 활용하거나 따를 수 있을 때, 신과 상제가 의도한 우주적 사

업에 인간도 동참할 수 있다고 보았기 때문이다. 그리고 신학은 스미스에게 세상을 보는 낙관적 〈무위(無爲)의 비전〉을 심어 주었다. 선한 스토익적 신은 사회질서의 확립과 인성의 완성, 그리고 행복의 증진을 위해 항상 노력하고 있다고 확신하였기 때문이다. 이에 비하여 다산은 상제가 부여한 성선이라는 낙관적 전제에도 불구하고, 선과 악의 선택권을 지닌 인간이 처해 있는 악에 빠져 들기 쉬운 환경을 우려하며 비관적 〈유위(有爲)의 비전〉을 떨쳐 버리지 못하였다.

2) 윤리학

1. 스미스와 다산의 윤리학은 인간의 심성에 관하여 두 가지 동일한 전제에서 출발하고 있다. 첫째, 모든 인간은 선한 본성을 지니고 있다. 스토익적 신과 상제가 인간에게 선한 본성을 부여하였기 때문이다. 둘째, 인간이 비록 본성은 선하지만, 그렇다고 공동체를 원활하게 유지하기에 충분할 만큼 이타적 품성을 지닌 고결한 존재는 아니다. 스미스는 인간을 연약하고 불완전하며 강한 자기보존의 욕구를 지닌 이기적인 존재로 파악하였다. 다산도 그와 유사하지만 이기적인 데서 한 걸음 더 나아가 남을 속여서라도 이익을 취하려는 기회주의적이며 타율적인 존재로서의 인간상을 염두에 두고 있다. 다산은 인간을 선택의 자유를 지닌 도덕적인 존재로 여겼다. 그럼에도 불구하고 스미스와 달리 그들의 타율성을 강하게 시사한 것은 그가 관찰한 사람들이 군왕의 통치 하에 있는 〈신민〉이라는 방증이기도 하다.

2. 윤리학적 탐구의 목적은 스미스와 다산 모두에게 공동체의 질서와 평화를 유지할 수 있는 방안의 모색에 있었다고 할 수 있다. 이를

위해 스미스는 근대적 시민사회를 염두에 두고, 그 사회의 구성원들인 이기적이며 불완전한 시민 개개인이 어떤 원리에 따라 도덕적 판단을 내리며 스스로 질서를 유지할 수 있는지를 설명하기 위하여 구체적 사실에 입각한 새로운 실증적 규범윤리학을 정립하고자 하였다. 이에 비하여 다산은 주희 성리학의 형이상학화된 개념으로 모호해진 윤리학이 제시한 편벽된 수양론으로 말미암아 지식인 계층에 만연된 소극적이며 현실 기피적 풍조를 타파하고 적극적이며 능동적 기풍을 진작하는 것이 공동체에 질서와 평화를 도입할 수 있는 전제조건이라고 생각하고, 방대한 스콜라적 경학을 통하여 공동체 속에서 선의 실천을 강조하는 공맹 윤리학의 재건을 시도하였다.

3. 새로운 실증적 규범윤리학을 정립하기 위하여 스미스는 플라톤과 아리스토텔레스를 위시하여 스토익과 에피큐리언, 그리고 동시대의 다른 학자들이 제시한 다양한 덕목과 윤리학을 비판적으로 검토하며, 근대의 상징인 〈효용(utility)〉과 고대의 상징인 〈덕(virtue)〉의 절충을 시도하였다. 이러한 시도에는 반동적 보수계층의 비판에 직면한 신생 자유주의에 도덕적 기초를 제공하여 사회의 진보와 함께 〈자유의 신장〉과 〈경제의 성장〉을 촉진하려는 의도가 깔려 있었다. 이에 비하여 다산은 당면한 위기를 극복하기 위한 수단의 일환으로 당시의 지배적 이데올로기였던 성리학을 신랄하게 비판하며, 고경에 충실한 덕목과 윤리학의 재현을 위하여 진력하였다. 이런 관점에서 보았을 때 다산의 시대는 고대와 질적으로 다른 새로운 시대가 아니며, 그의 윤리학은 새로운 윤리학이 아니었다고 할 수 있다.

4. 스미스는 덕의 본질이 어느 특정 부류의 정감에 있는 것이 아니라 〈적정〉에 있다고 생각하였다. 적정의 관점에서 보면 이타심이나 이기심도 항상 도덕적이거나 항상 비도덕적이지 않다. 그리고 누구든 처

신의 적정성을 유지하기 위해서는 자신의 언행을 스스로 제어할 수 있어야 하며, 이때 특히 필요한 덕목이 스토익적 〈자제〉이다. 덕은 이처럼 생득적 열정의 절제를 권장하여 사람들로 하여금 사회생활에 쉽게 적응하도록 돕는 역할을 담당한다. 다산은 덕의 본질이 무엇인지 깊이 논하지 않았다. 다만 〈인〉과 〈효·제·자〉 그리고 〈인·의·예·지〉 등 전래의 유가적 덕목을 지칭하며, 덕은 인간 내면의 어떤 심성이 아니라 〈극기〉로 악을 제거하고, 더 나아가 〈선(善)〉을 꾸준히 실천하여 인륜의 실현에 기여했을 때 비로소 얻을 수 있는 결과임을 거듭 강조하였다.

5. 스미스는 도덕적 판단의 기본원리가 자기보존을 위한 〈이기심〉이나 〈이성(reason)〉에 있는 것이 아니라 〈도덕감각(moral sense)〉에 있다고 보았다. 그리고 도덕감각 가운데 〈공정한 관찰자〉의 〈동감〉을 덕의 본질인 행위의 적정 여부를 판단할 수 있는 기본원리로 삼았다. 공정한 관찰자는 스토익적 신이 모든 사람의 가슴 속에 심어 준 양심과 같은 것으로서, 사람들은 행위에 앞서 그의 동감을 얻는 과정에서 스스로 자제하는 습성을 기르게 된다. 다산은 덕의 본질에 관하여 깊이 논의하지 않았기 때문에 도덕적 판단의 기본원리에 관해서도 언급하지 않았다. 다만 적선의 결과가 덕이라고 꾸준히 강조한 만큼 무엇보다 실천을 강조하였고, 도덕적 실천의 기본원리로 〈서(恕)〉를 제시하였다. 〈서〉나 〈동감〉이나 역지사지(易地思之)를 바탕으로 하며, 극기와 자제를 요구한다는 점에서는 대단히 유사하다.

6. 도덕적 실천을 통하여 사람들이 도달하기를 바라는 수준을 스미스는 높게 설정하지 않았다. 그도 고대의 철인(哲人)들이 도달한 높은 도덕적 경지에 아낌없는 찬사를 보냈으나, 소수의 철인들에 의한 덕치를 선호하지 않았다. 그가 기대한 것은 낮은 수준의 도덕적 감수성을

지닌 다수의 보통 사람들이 공정한 관찰자의 동감을 얻는 과정에서 타인의 권리를 침해하지 않도록 스스로 자제하며 자신의 이익을 성실히 추구하는 〈신중한 사람(prudent man)〉이 되는 데 지나지 않았다. 다산은 사람들이 수기(修己)와 도덕적 실천을 통하여 도달할 수 있는 경지를 군자와 성인에서 찾았다. 성인은 〈천명(天命)〉을 알고 〈인심(人心)〉의 유혹에서 벗어난 경지에 도달한 사람을 뜻하며, 다산은 누구나 힘껏 노력하면 이 경지에 도달할 수 있다고 강조하였고, 또 그들에 의한 국가의 통치를 기대하였다.

7. 윤리학은 스미스나 다산의 도덕철학체계 안에서 유기적 관련을 맺고 있는 인접 분야를 이어 주는 고리의 역할을 담당하고 있다는 점에서 같다. 스미스의 윤리학은 다른 어떤 덕보다 〈정의의 덕〉의 자발적 실천을 강조하였다. 그러나 그것이 기대에 미치지 못할 경우 실정법에 의한 통치를 강조하여 법학의 존립 근거를 제공하였다. 또한 대부분의 인간이 동감의 원리에 의해 신중한 인간으로 사회화될 수 있음을 밝힘으로써 경제학이 윤리적 문제를 재론하지 않고 경제문제의 분석에 전념할 수 있는 전제조건을 마련하였다. 다산의 윤리학도 유가의 일관된 〈수기치인〉의 논리에 따라 그가 그의 학문체계의 본(本)으로 간주한 경학의 일부를 이룸과 동시에 말(末)로 간주한 경세학을 연결하는 고리의 역할을 담당하고 있다. 그리고 주희 성리학의 영향을 받아 정착된 무위와 존심양성(存心養性)의 수양론에 공맹이 강조한 실천의 관점에서 비판을 가하여 둔세와 좌선으로는 덕을 이룰 수 없음을 밝히고 현실에 대한 관심을 고취시켜, 경세학이 성립할 수 있는 새로운 학문적 분위기를 조성했다는 점에서 스미스의 윤리학과는 다른 특별한 의미가 있다.

3) 법 학

1. 사회의 구성원들이 사법권을 갖춘 정부를 세우고 거기에 복종하는 원리는 무엇인가? 물론 다산이 이런 문제를 명확히 제기한 적은 없으나, 비슷한 문제를 염두에 두고 있었음에는 틀림없다. 스미스와 다산의 이 질문에 대한 답변은 비슷하다. 첫째, 그들은 〈사회계약〉에서 그 답을 찾지 않았다. 둘째, 스미스는 명시적으로 그리고 다산은 묵시적으로 효용과 권위의 원리를 제시하였다. 모든 정부는 두 원리의 상이한 조합 위에 구축되어 있다고 본 것이다. 권위의 원천으로 스미스는 지혜와 덕성 같은 개인의 자질을 위시하여 연령, 가문, 재산 등을 지적하면서 특히 가문과 재산의 중요성을 강조하였다. 하지만 다산은 가문과 재산은 논외로 하고 시종일관 개인의 자질에 따른 권위만을 언급하였다. 그 결과 가문이나 재산에 따른 권위의 원리가 지배적이 되어 효용의 원리와 충돌할 경우를 깊이 고려하지 않았다.

2. 스미스는 유물론적 역사 해석에 따라 역사는 장기적으로 사회의 구성원들이 누릴 수 있는 자유와 정의가 확대되는 방향으로 진화한다는 진보의 역사관을 표명하였다. 생존양식의 변화는 재산의 축적 방식에 영향을 미치고 이는 다시 역사의 전개 과정에 영향을 미친다는 가정에 입각하여, 그는 역사가 수렵, 목축, 농경, 상업의 단계를 거쳐 발전한다는 경제·사회발전 4단계 이론을 제시하였다. 다산은 역사의 장기적 변화 단계에 관하여 어떤 견해도 명시적으로 밝히지 않았다. 하지만 그의 역사관 속에는 도덕적 상고주의에 따른 퇴보의 역사와 생산 기술의 발달에 따른 진보의 역사가 공존하고 있다. 역사는 도덕

적으로는 퇴보하고 있는 반면, 기술적으로는 진보하고 있다고 본 것이다. 하지만 기술의 진보가 이용후생에 기여하고, 이용후생이 예의의 발전을 초래한다는 유물론적 역사 해석이 그의 지론이라면, 다산의 역사관도 진보사관으로 간주될 수 있는 여지가 없지 않다.

3. 법과 통치의 일반원리를 스미스와 다산 모두 〈정의〉에서 찾았다. 그러나 스미스의 정의가 교환정의인 데 비해, 다산의 그것은 분배정의라는 점에서 간과할 수 없는 차이가 있다. 스미스는 정의를 교환정의와 분배정의로 구분하였다. 그는 교환정의를 시행되지 않을 경우 그 시행을 요구할 수 있는 완전 권리로 보고 법학의 연구 대상으로 삼은 반면, 분배정의는 다른 덕목과 마찬가지로 시행되면 바람직하지만 그렇다고 그 시행을 강제할 수는 없는 불완전 권리로 간주하고 자세히 논의하지 않았다. 다산은 통치의 목적을 경제적 부와 정치적 권력, 그리고 상벌의 균등한 분배에서 찾았다. 스미스가 교환정의의 실천을 사회의 존립과 결부시킨 것과 마찬가지로 다산은 분배정의의 실천 여부를 나라의 흥망과 결부시켰다. 그러나 분배정의는 교환정의처럼 일의적으로 명확히 정의되기 어려운 개념이라는 데 문제가 있다.

4. 스미스와 다산은 모두 경제적 부와 사회적 지위의 상승을 추구하려는 인간의 이기적 욕구를 자연적인 것으로 인정하였다. 스미스는 이런 욕구를 사회를 번영으로 이끄는 강력한 원리로 인정하고, 정의의 규칙을 어기지 않는 한 누구든 그 원리에 따라 행동할 수 있도록 기존의 모든 법적 규제를 철폐하여 허용할 것을 촉구하였다. 이것은 왕 중심의 가부장적 권위의 원리인 〈토리의 원리〉에서 서민적 효용의 원리인 〈휘그의 원리〉로의 발전적 이행을 스미스가 염두에 두고 있었음을 의미한다. 하지만 다산은 토리의 원리에 근사한 입장을 고수하였다. 그는 인간의 이기적 욕구를 자연적인 것으로 용인은 하되 도덕적인

것으로 인정하려고 하지는 않았다. 그리고 군주를 백성의 부모로 여기고 분배의 주체로 간주하였다. 스미스의 법학이 시민(市民)을 위한 치국의 법학으로, 그리고 다산의 법학이 신민(臣民)을 위한 치인의 법학으로 불린 이유가 여기에 있다.

5. 스미스는 정의의 규칙을 체현한 실정법을 대단히 중시하고, 그 집행의 정당성을 효용이 아니라 사람들의 동감에서 찾았다. 예주법종의 정신에 따라 실정법을 예보다 중시하지 않았던 다산도 실정법에 따른 판결이 지닌 타당성의 근거를 인정이나 민심 또는 이민(利民)에서 찾고자 했다는 점에서 스미스와 크게 다르지 않다. 민심이 천심이며, 천심은 백성을 이롭게 하는 데에 있다고 보았기 때문이다. 스미스도 자연법을 신의 의도와 부합하는 법으로 간주했다는 점에서 다산과 같다. 스미스는 또 인류의 역사를 법의 관점에서도 불완전한 실정법 체계가 동감의 과정을 반복하여 거치며 완전한 자연법 체계로 수렴해가는 진보의 과정으로 인식하였다. 하지만 다산은 같은 관점에서 역사를 후세의 자의적 실정법이 고대의 완전한 자연법으로부터 발산하며 점차 퇴보하는 과정으로 파악하였다.

6. 교환정의의 확립을 통하여 사회의 질서와 평화의 유지를 목적으로 하는 스미스의 법학은 독립된 하나의 하위체계를 이루며, 그의 도덕철학체계 내에서 윤리학 및 경제학과 뚜렷한 유기적 분업 관계를 형성하고 있다. 인간의 사회화 과정을 탐구한 윤리학에 이어 타인의 자유를 침해하지 않도록 시민들이 지켜야할 행동 규칙을 제시함과 동시에, 범죄의 발생 빈도를 낮추기 위한 최선의 방안이 상공업을 발전시켜 안정적 일자리를 풍부하게 공급하는 데 있음을 밝혀 경제학의 연구가 필수적인 이유를 제시하고 있기 때문이다. 하지만 다산의 법학이 그의 도덕철학체계 내에서 지니고 있는 의미는 스미스의 경우처럼

뚜렷하지 않다. 다산이 예법일치를 선호하고 있을 뿐만 아니라 분배정의의 구현을 통치의 기본목표로 파악하여, 윤리학 및 경세학과의 구분을 모호하게 만들었기 때문이다.

4) 정치경제학

1. 스미스의 경제학과 다산의 경세학은 모두 정치와 경제의 밀접한 관계를 전제로 해서 국부의 증대 방안을 강구하고 있는 정치경제학이라는 점에서 같다. 하지만 스미스의 경제학이 국가 중심의 낡은 유위이치의 패러다임에서 시장 중심의 새로운 무위이치 패러다임으로의 전환의 필요성을 논증하고 있는 과학적 분석체계이기 때문에 정치보다는 경제를 중시하고 있는 데 비해, 다산의 경세학은 주희의 무기력한 무위이치의 패러다임에서 요순의 효과적인 유위이치 패러다임으로의 환원을 추구하고 있는 경학적 논변체계이기 때문에 경제보다는 정치를 더욱 중시한다는 데 차이가 있다.

2. 부(富)를 노동에 의해 생산된 소비 가능한 재화로 보았다는 점에서 스미스와 다산의 생각은 같지만, 스미스가 금·은 같은 귀금속과 화폐를 부의 개념에서 완전히 제거시킨 반면, 다산은 금과 은의 해외 유출을 금지시키고 유사시에 대비하여 국내에 비축해 둘 것을 주장한 점으로 보아 그것을 어느 정도 국부의 구성 요소로 간주하고 있었다는 점에서 약간의 차이가 있다. 노동에 의해 생산된 소비 가능한 재화가 부로 정의되면, 먼저 노동의 생산성을 제고하고, 다음으로 사회 전체적으로 비생산적 노동을 줄여 국부를 증대하는 방안이 모색될 수밖에 없다. 노동 생산성의 제고 방안으로 스미스와 다산은 모두 의미는

다르지만 분업을 강조하였다. 비생산적 노동의 비율을 줄이기 위해 스미스는 봉건적 유습의 해체를 강조하였고, 다산은 선비들을 생산적 노동에 참여시켜 무위도식하지 못하게 할 방도를 강구하였다.

3. 인간이 여타의 동물과 달리 경제활동을 영위하며 경제문제를 해결할 수 있는 근본적인 이유를 스미스가 인간의 본성에 내재한 교환성향에서 찾은 데 비해, 다산은 그것을 인간만이 지니고 있다고 본 지려와 교사에서 찾았다. 상대의 호의가 아니라 이기심이나 자애심에 호소하여 상대가 필요로 하는 것을 주고 자기에게 필요한 것을 그로부터 얻으려는 교환성향은 자연스럽게 시장의 확대를 촉진한다. 이에 비하여 천부의 지려와 교사는 기예, 즉 생산 기술의 발달을 초래하여 다른 동물보다 열악한 인간의 신체적 조건을 극복할 수 있게 한다. 교환하기 이전에 교환할 물품이 있어야 된다는 관점에서 보면, 지려와 교사가 교환성향보다 앞선 더욱 원초적 인간 본성이라고 할 수 있다.

4. 노동 생산성 제고를 위하여 스미스와 다산은 모두 분업을 강조하였다. 하지만 각각의 분업이 의미하는 바는 같지 않다. 스미스가 말한 분업은 생산 공정의 분할이라는 의미에서의 분업이다. 스미스는 그것이 노동자의 숙련도를 높이고 공정 간 이동 시간을 절약하며 새로운 기계의 발명을 촉진하기 때문에 생산성을 획기적으로 높일 수 있는 최선의 방법이라고 생각하였다. 이에 비하여 다산은 동양 전래의 분업론인 이른바 사민·구직론에 따른 사회적 분업을 강조하였다. 그는 먼저 사·농·공·상의 분업을 신분이 아니라 기능의 관점에서 파악하였다. 그리고 이러한 분업을 철저히 정착시키고 동일 직업에 속하는 사람들이 같은 곳에 모여 살며 본업에만 전념할 수 있도록 조처하면 기예가 더욱 발달할 것으로 확신하였다.

5. 스미스는 분업의 진척과 시장의 크기가 맺고 있는 선순환의 관계

를 인식하고 시장의 기능을 철저히 분석하였다. 특히 경쟁적 시장에서 형성되는 상대가격의 체계와 그 변화가 희소한 자원을 가장 효율적으로 배분할 뿐만 아니라, 요소소득의 상대적 크기를 결정한다는 점을 논증하였다. 이어서 노동 생산성의 증가에 따라 요소소득이 증가하면 자본의 축적도 그에 따라 용이해져 분업화가 더욱 촉진되면서 경제가 장기에 걸쳐 성장한다고 밝힘으로써 경제현상의 상호 의존성을 설명할 수 있는 정합적 분석체계를 구축하였다. 재론의 여지없이 스미스의 이러한 분석체계는 현대 미시경제학과 거시경제학의 바탕을 이루고 있다. 하지만 다산은 시장의 기능에 대하여 별다른 관심을 표명하지 않았으며, 체계적으로 분석하지도 않았다.

6. 스미스는 경쟁적 시장이 희소한 자원을 가장 효율적으로 배분하여 어떤 제도보다 국부의 증진에 크게 기여한다고 확신하였기 때문에, 시장에 대한 국가의 정책적 개입에 반대하였다. 정부는 개인이나 집단의 경제적 활동을 국익을 증진하는 방향으로 일일이 지도하고 감독하려는 실패할 수밖에 없는 시도를 불식하고, 그 기능을 시장실패가 예견되는 국방과 사법행정, 그리고 공공시설의 설립과 유지 등에 국한하여야 한다고 주장하였다. 이에 비하여 다산은 사익보다 국익을 중시하며, 국가가 중심이 되어 모든 개혁을 선도하고 또 백성들의 경제적 활동의 조정 기능을 국가에 집중시켜야 한다고 생각하였다. 스미스가 자본주의의 발달에 필요한 경제학적 기초를 다졌다면, 다산은 결과적으로 사회주의와 유사한 국가 운영 모델을 제시하기 위해 노력했다고 볼 수 있다.

7. 국방과 관련하여 스미스는 일반적 조세로 운영되는 상비군의 설치를 주장하였다. 농경사회에서는 국민개병제 또는 병농일치제가 실현 가능한 군제일 수 있었으나, 분업화가 진척된 상업사회에서는 군대

도 전문화될 필요가 있다고 보았기 때문이다. 그리고 고대에는 부유하고 개화된 나라의 국민들이 가난하고 야만스러운 민족의 침입으로부터 스스로를 방어하기가 어려웠으나, 근대에 들어와 고성능의 값비싼 신식 무기가 개발되면서 그 상황이 역전되었다고 지적하기도 하였다. 이에 비하여 국가의 본질을 군국으로 파악한 다산은 도성의 방위에 필요한 상비군의 설치와 함께 농촌지역에서는 그의 여전론과 정전론에 볼 수 있듯이 시종일관 병농일치제를 주장하였다.

스미스와 다산의 도덕철학체계는 이처럼 신학에서 윤리학과 법학, 그리고 정치경제학에 이르기까지 형식과 내용에 있어 유사한 점과 상이한 점을 내포하고 있다. 서로 다른 점만 종합적으로 재정리해 보면 다음과 같다.

1. 신학은 스미스에게 낙관적 무위의 비전을 심어 주었다. 하지만 다산은 성선이라는 낙관적 전제에도 불구하고 비관적 유위의 비전을 떨쳐 버리지 못하였다.

2. 스미스는 고대의 상징인 덕과 근대의 상징인 효용을 절충한 새로운 윤리학을 정립하여 신생 자유주의에 도덕적 기초를 제공하고자 하였다. 이에 비하여 다산은 고경에 충실한 윤리학을 새롭게 가다듬어 당면한 국가적 위기의 극복 수단으로 삼고자 하였다.

3. 도덕적 실천을 통하여 도달하기를 바라는 수준은 스미스의 경우 타인의 권리를 침해하지 않고 신중하게 자신의 이익을 추구하는 보통 사람이었다. 그리고 그는 철인에 의한 덕치를 선호하지 않았다. 이에 비하여 다산은 수기를 통해 도달할 수 있는 경지를 군자와 성인에서 찾았고, 또 이들이 목민관이 되어 사람들을 다스리는 사회의 도래를 기대하였다.

4. 스미스는 유물론적 역사 해석에 따라 역사는 장기적으로 사회의 구성원들이 누릴 수 있는 자유와 정의가 확대되는 방향으로 진화한다는 진보의 역사관을 표명하였다. 하지만 다산의 역사관 속에는 도덕적 상고주의에 따른 퇴보의 역사와 기예의 발달에 따른 진보의 역사가 공존하고 있다.

5. 법과 통치의 일반원리를 스미스가 교환정의에서 찾고 시민들을 위한 치국의 법학을 염두에 둔 데 비해, 다산은 그것을 분배정의에서 찾고 신민들을 위한 치인의 법학을 세우고자 하였다.[2]

6. 스미스의 경제학이 국가 중심의 낡은 유위이치의 패러다임에서 시장 중심의 새로운 무위이치 패러다임으로의 전환의 필요성을 논증하는 과학적 분석체계인 데 비해, 다산의 경세학은 주희의 무기력한 무위이치의 패러다임에서 요순의 효과적인 유위이치 패러다임으로의 환원을 추구하는 경학적 논변체계이다.

7. 스미스와 다산은 모두 노동 생산성의 제고를 위한 수단으로 분업을 강조하였다. 하지만 스미스가 말한 분업이 생산 공정의 분할이라는 의미에서의 기술적 분업인 데 비해, 다산의 그것은 사민·구직론에 의한 사회 전체의 기능적 분업이었다. 스미스의 분업론이 모든 사회에 적용될 수 있는 포괄적인 것인 반면, 다산의 그것은 지극히 단순한 사회에서만 적실성을 지닐 수 있는 매우 제한적인 것이다.

8. 스미스는 경쟁적 시장이 희소 자원을 가장 효율적으로 배분할 수 있는 제도임을 확신하고, 경제의 진행 과정에 대한 정부의 자의적 개

---

2) Ludwig von Mises는 臣民이 市民이 되려면 오랫동안에 걸친 자기 학습의 과정이 필요하다고 하였다. 루드비히 폰 미제스 저, 이지순 역, 『自由主義』 (서울: 한국경제연구원, 1988), p. 78.

입에 반대하였다. 이에 비하여 다산은 시장의 기능을 체계적으로 분석하지 않았으며, 백성들의 경제적 활동의 조정 기능을 국가에 집중시키고자 하였다.

9. 스미스의 경제학이 자본주의의 도입과 발달에 필요한 경제학적 기초를 제공한 반면, 다산의 경세학은 결과적으로 사회주의와 유사한 국가 운영 모델을 제시하였다. 만약에 이러한 추론이 타당하다면, 인류가 그동안 축적해 온 경험과 지식에 비추어 보았을 때, 우리들은 시장, 그리고 시장에서의 개인들의 경쟁적 상호 작용이 경시된 분배 지향적 다산의 경세학으로는 부국강병의 지속적 달성이 쉽지 않다는 결론에 도달하지 않을 수 없다.

제7장 보론: 『로빈슨 크루소』와 『허생전』

　지금까지 살펴본 바와 같이 아담 스미스와 다산 정약용은 모두 박학, 심문, 신사, 명변뿐만 아니라 독행의 경지에 이르기까지 타의 추종을 불허한다는 점에서 서로 참으로 훌륭한 비교의 대상이 된다고 하지 않을 수 없다. 이들은 모두 당대의 석학으로서 고전부터 동시대의 학자들이 저술한 것들까지 가능한 거의 모든 자료를 섭렵하고 비판적으로 검토한 뒤 절충·종합하여 각각의 학문체계를 구축하였다. 이런 의미에서 스미스와 다산의 도덕철학체계도 시대의 산물이라고 하지 않을 수 없다. 그들은 다른 학자들에게 영향을 미치기 이전에 국내외, 그리고 고금의 수많은 학자들로부터 영향을 받으며 스스로 일가(一家)를 이뤘다고 할 수 있다. 하지만 비교의 결과 시간과 공간, 즉 역사와 사회에 대한 다산의 인식과 이해의 폭이 스미스의 그것에 비하여 상당히 제한되어 있다는 사실을 우리는 인정하지 않을 수 없다. 여기에서 도덕철학체계와 아무런 관련이 없는 영국의 『로빈슨 크루소』와 조선의 『허생전』을 잠시 비교해 보고자 하는 이유는 그러한 제약이 어는 한 학자의 개인적인 노력에 의해 극복되기 어려운 시대적인 것이라는 점을 다시 한 번 헤아려 보기 위한 것이다.

『로빈슨 크루소(Robinson Crusoe)』는 디포(Daniel Defoe: 1660-1731)가 1719에 발표한 영국의 대표적인 고전 장편소설이다.[1] 『허생전(許生傳)』은 다산이 자주 거론했던 북학파의 대표적 학자인 연암 박지원(1737-1805)이 1780년의 연행(燕行)에서 착상한 작품으로 보이는데, 그의 『열하일기(熱河日記)』의 〈옥갑야화(玉匣夜話)〉에 실려 있는 단편소설이다.[2] 『허생전』은 『로빈슨 크루소』보다 대략 60년 정도 늦게 발표된 소설이라는 점을 기억해 둘 필요가 있다.

먼저 『허생전』의 줄거리를 소개하면 대략 다음과 같다. 이 소설의 주인공 허생은 서울 남산 밑 묵적골의 어느 바람과 비를 가리지 못하는 초가집에서 살았다. 그는 글 읽기만을 좋아해서 그 아내가 남의 바느질품을 팔아 겨우 호구를 하며 지내고 있었다. 하루는 아내가 배가 고파 눈물을 지으면서, 당신은 과거를 보려고 하지도 않고 글만 읽어 무엇을 하며, 장인 노릇도 장사치도 못할 바엔 도적질이라도 못 할 것이 뭐냐고 나무랐다. 허생은 계획한 글공부를 중단하지 않을 수 없음을 한탄하며, 책을 덮고 집을 나서 운종가로 갔다. 그는 한양성에서 제일가는 갑부라는 변씨로부터 돈 만 냥을 빌려 안성에 자리를 잡고 장사를 시작하였다. 허생은 안성에서는 과일을 매점하여 폭리를 취하고, 제주에서는 말총을 매점하여 폭리를 취해 많은 돈을 벌었다. 어느 날

---

1) 다니엘 디포 장편소설, 김병익 옮김, 『로빈슨 크루소 제1부』(서울: 문학세계사, 2004); 다니엘 디포 장편소설, 최인자 옮김, 『로빈슨 크루소 제2부』(서울: 문학세계사, 2004).

2) 박지원 씀, 리상호 옮김, 『열하일기 下』(파주: 도서출판 보리, 2004), pp. 254-270.

바닷가로 간 허생은 한 늙은 사공에게 물어 바다 가운데 사람들이 살 만한 빈 섬이 있음을 안 뒤에 직접 그곳으로 가 확인하였다. 그리고 변산에 출몰하는 도적떼들을 찾아가 도적 한 사람당 백 냥씩의 돈을 주며 여편네 한 명과 소 한 마리씩 데려오게 해서 2천 명이 한 해 동안 먹을 양식을 준비하여 빈 섬으로 갔다. 섬에 도착한 그들은 나무를 베어 집을 짓고 기름진 생땅을 개간하여 곡식을 심어 수확한 뒤 3년 먹을 양식만 남기고 나머지는 일본의 장기(長崎)로 가서 팔아 은 100만 냥을 벌었다. 허생은 그 가운데 50만 냥은 바다에 버리고, 40만 냥은 나라 안을 두루 돌아다니면서 가난한 사람과 의지할 데 없는 사람들을 고루 구제한 뒤 나머지 10만 냥은 변씨에게 돌려주었다. 변씨에게 돈을 갚는 대목을 소설에서 그대로 인용하면 다음과 같다.

"당신은 나를 기억하겠소?" 하니, 변씨는 깜짝 놀라서,
"당신의 얼굴빛이 옛날보다 조금도 나은 데가 없으니 만 냥 돈을 치패보지나 않았소?" 하니, 허생은 웃으면서 말했다.
"재물 때문에 얼굴이 돋보이는 것은 임자네들 일일 것만 같소 만 냥 돈이 어찌 도를 살찌울 수야 있겠소?"
허생은 이러고야 은 10만 냥을 변씨에게 내어 주면서,
"내가 한때 굶주림을 견디지 못하여 글공부를 끝내지 못하고 당신에게 돈 만 냥을 꾸게 되어 미안하오." 하였다. 변씨는 깜짝 놀라 일어서서 절을 하는 사양하면서 십분의 일만 이자로 받겠다고 하니 허생은 크게 화를 내며,
"임자는 어째서 나를 장사치로 보는가!" 하고는 옷을 뿌리치고 가 버렸다. 변씨는 가만히 뒷발만 밟아 따라가 바라보니 그 손은 남산 밑으로 가서 어느 오막살이집으로 들어갔다.

그 후 허생은 변씨와 친해져 그의 도움을 받아 의식주 문제를 해결하며 계속 가난한 선비로 살았다. 변씨가 어느 날 허생에게 어떻게 5년 동안에 100만 냥을 벌었냐고 조용히 물으니 그가 답하기를, 조선은 배가 외국으로 통하지 못하고 수레가 국내에 다니지 못하므로 온갖 물건이 제 바닥에서 나서 제 바닥에서 잦아지게 마련이기 때문에 한두 가지 물건을 선택하여 전량 매점하여 쌓아두었다가 나중에 팔면, 비록 그것이 백성을 해치는 장사 방법이기는 해도, 큰돈을 벌 수 있다고 하였다. 이 소설은 당시 사회적 논란거리가 되고 있었던 북벌론의 허실(虛實)에 대한 신랄한 비판으로 이어지는데, 그 부분은 약하기로 한다.

다음으로 『로빈슨 크루소』는 너무나도 잘 알려진 소설이고, 그 주인공 크루소는 오늘날까지도 꾸준히 적지 않은 경제학 교과서나 논문 속에서 대표적인 〈경제인(*homo economicus*)〉 모델로 등장하고 있기 때문에 여기에서는 그 줄거리만 간략히 소개하고자 한다. 영국 중류층의 가정에서 태어난 크루소는 공부에는 취미가 없고 배 타고 모험하는 것을 무엇보다 즐기면서도 상식을 존중하고 또 경건한 기독교 신앙을 지닌 사람이었다. 그는 사회적 출세와 가정적 안정을 바라는 아버지의 충고를 뿌리치고 집을 도망쳐 나와 항해에 나섰으나 곧 배가 난파되는 수난을 겪었다. 그러나 집으로 돌아가지 않고 친절한 어느 선장을 만나 아프리카 연안 무역에 종사하던 중 해적에 붙잡혔으나 탈출하여 브라질로 들어가 농장주가 되었다. 하지만 여기에서도 안주하지 못하고 다시 배를 탔다가 카리브해에서 폭풍을 만나 일행을 모두 잃고 홀로 절해의 고도에 표류하게 된다. 이 섬에서 28년 2개월이란 세월 동안 혼자 생활한 기록이 바로 소설의 주된 내용이다. 무인도에서의 크루소의 생활은 우선 난파선으로부터 약간의 식량, 총과 화약, 공작도구, 의복, 그리고 돈 등을 운반하여 쌓아 놓는 것으로부터 시작되었다. 다음으로 해야 할 일은 집을 짓고, 가구를 만들고, 가축을 기르고, 곡식의 씨앗을 뿌려 수확하여 식량을 마련하는 등 생존하기 위해 필요한 의식주 문제의 해결이었다. 이렇게 혼자 기술을 익혀 가며 생활하다가 대륙의 식인종족에게서 구출해낸 흑인 프라이데이를 노예로 만들어 같이 살게 된다. 그 뒤 다시 노예의 아버지와 스페인 사람까지 합쳐 모두 네 사람이 섬에서 함께 살게 되는데, 이런 상황 속에서도 크루소는 섬 전체를 자신의 재산으로 삼는 것을 잊지 않았다. 마침내 반란을 일으킨 상선을 맞아 선장을 구출함으로써 영국으로 무사히 귀국하여 오래 전에 맡겨둔 자신의 재산을 되찾아 부자가 된다는 것이 제1부의 결말이다. 제2부에서는 환갑이 넘은 크루소가 다시 그가 표류했던 섬을 찾은 뒤 중국을 횡단 여행하고 타타르족 사이를 지나 러시아를 거쳐 고향으로 돌아온다는 이야기가 펼쳐진다.

『로빈슨 크루소』와 『허생전』에는 다음과 같은 몇 가지 점에서 간과할 수 없는 차이가 있다.

1. 크루소가 모험심이 강하고 진취적이며 경건한 중류층의 보통 사람인 데 비해, 허생은 몰락했지만 자신의 신분에 강한 긍지를 간직하고 있는 선비이다. 크루소의 모습이 스미스가 그의 윤리학과 경제학에서 분석의 대상으로 삼고자 했던 표준적 인간상에 가깝다면, 허생은 다산이 염두에 두었음직한 수기 이후 치인을 달성하고자 하는 군자의 상에 가깝다고 할 수 있다.

2. 크루소가 철저히 이기적이지만 합리적인 이윤만 취하고 또 오로지 자신의 노력에 의해 조금씩 부와 자본을 축적한 반면, 허생은 이기적이라고는 할 수 없지만 그것이 백성을 해치는 줄 알면서도 독점적 폭리를 취하는 것을 서슴지 않고, 남의 자본을 사용하면서도 자본 축적의 어려움을 전혀 인식하지 못하고 있다.

3. 크루소가 무인도에 살면서도 쓸모없는 돈을 잘 간수하고 또 선점(先占)한 자로서 섬 전체를 자신의 재산으로 여기는 등 합리적으로 처신한 데 비해, 허생은 자기가 번 돈을 바다에 버리고 또 빌린 돈을 10배로 갚으면서도 자신의 수중에는 동전 한 닢도 남기지 않고 의식주를 남에게 의지하는 등 납득하기 어려운 비합리적 처신을 하고 있다.

4. 두 소설 모두 부분적으로 섬을 무대로 하고 있지만 크루소의 섬이 그가 탄 배가 태풍을 만나 전복하는 바람에 도달하게 된 전혀 알지 못했던 무인도였고 또 그렇기 때문에 처음부터 생존을 위해 처절하게 노력하지 않으면 안 되었던 섬이었던 데 비해, 허생이 갔던 섬은 무인도이긴 하지만 미리 답사를 하고 풍부한 자금을 바탕으로 많은 인력을 동원하여 개간한 섬이라는 데 차이가 있다.

5. 허생의 섬은 조선과 일본의 중간 어느 곳에 있는, 늙은 사공이 배를 저어 도달할 수 있는 섬이었다. 이것은 허생의 활동 영역이 그렇게 넓지 않았음을 시사한다. 하지만 크루소의 활동 영역은 허생의 그것과 비교할 수 없을 정도로 넓었다고 하지 않을 수 없다. 그가 표류한 무인도가 유럽과는 다른 대륙에 속해 있었을 뿐만 아니라, 무인도에서 귀환한 뒤에 다시 중국과 몽골, 그리고 러시아를 관통하는 여행을 계속했기 때문이다.

이런 점이 스미스와 다산의 사고방식을 제약한, 그들이 살았던 영국과 조선 사회의 시대적 분위기를 전적으로 대변한다고 말할 수는 없다. 하지만 영국의 크루소와 조선의 허생이 소설 속에서 취했던 행동에는 당시 두 나라의 시대정신이 어느 정도 반영되어 있다고 하지 않을 수 없다. 한 가지 분명한 사실은 허생의 처신에 심정적으로 동감하는 사람들이 많은 사회에서 진정한 자본주의와 민주주의의 정신이 싹트기는 어렵다는 점이다.

제8장 결론: 비교를 통해 본 다산 사상의 한계와 가능성

　지금까지 〈신〉과 〈자연〉에서 시작하여 모든 개인이 최대의 자유를 누릴 수 있는 〈자연적 자유의 체계〉에 도달하고자 하는 아담 스미스의 도덕철학체계와, 〈상제〉와 〈하늘〉에서 시작하여 균민(均民)의 이상을 달성코자 원시유학의 왕토사상을 새롭게 구현하려고 하는 다산 정약용의 도덕철학체계의 골격을 대략 살펴보았다. 그 가운데 가장 중요한 부분은 똑같이 부국강병의 방안을 모색한 스미스의 경제학과 다산의 경세학이라고 할 수 있다. 다산이 비록 경학이 본이고 경세학은 말이라고 표현했지만, 경학만으로 부국강병이 달성될 수 있다면 모르거니와, 실학자로서의 그에게 가장 중요한 것은 경세학이 아닐 수 없다. 더욱이 경학도 경세치용이나 이용후생을 목적으로, 성리학에 젖어 안일하고 명분에 집착하는 기존의 도덕적·학문적·사회적 풍토를 쇄신하여 실천과 실용을 강조하는 새로운 도덕적·학문적·사회적 기풍을 조성하기 위해 존재하는 것이라고 본다면, 경세학으로 연결되지 않은 경학은 중도반단(中途半斷)이라 별다른 의미가 없으며, 경세학 없는 실학은 실학이라고 할 수 없기 때문이다.

하지만 다산 경세학의 근본적인 한계는 위에서 서술한 바와 같이 그것이 경학의 방법론에서 크게 벗어나지 않은 경세학, 즉 〈경학적 경세학〉이라는 데 있다. 경학이 표현 및 사상의 자유가 극히 제한된 교조적 전통사회에서 정치적 탄압을 피하기 위한 수단의 일환으로 선택될 수밖에 없었다는 점을 감안하더라도, 객관적 현상에 대한 과학적 탐구를 일차적 과제로 삼아야 할 경세학마저 훈고학적 주석 작업으로 그 골격을 세우려 했다는 것은 문제가 아닐 수 없다. 다산의 투철한 상고(尙古) 정신은 아래의 인용문에서 볼 수 있듯이 남다른 데가 있다.

> 수사(洙泗)의 구로(舊路)가 세월이 오래되어 초목이 우거져 황폐하였으나 그 입구와 착수할 곳이 오직 이 한 길에 있을 뿐이니, 어찌 감히 입술이 타고 혀가 닳도록 말씀드려 이 즐거움을 함께 누리지 않을 수 있겠습니까.1)

> 나는 일찍이 말하기를, 『성호사설(星湖僿說)』은 후세에 전할 만한 올바른 책이 되지 못한다고 하였는데, 그 이유는 옛사람이 만들어 놓은 글과 자신의 의논을 뒤섞어서 책을 만들었으므로 올바른 의례(義禮)가 될 수 없기 때문이다. 『일지록(日知錄)』도 이와 같으며, 예론(禮論)에 있어서는 특히 오류가 많다.2)

---

1) 민족문화추진회, 『국역 다산시문집 8』, 〈이여홍에게 보냄〉, p. 159; 〈與李汝弘〉, 『與猶堂全書』, I:19:35 [3:254].
2) 민족문화추진회, 『국역 다산시문집 9』, 〈두 아들에게 부침〉, pp. 10-11; 〈寄二兒〉, 『與猶堂全書』, I:21:6 [3:365].

비록 요지를 밝히고 사례를 든 범례(凡例)가 부암(浮菴)의 손에서 이루어지기는 하였으나, 한 글자, 반 구절도 모두가 성현의 경전과 선유(先儒)의 말에서 나오지 않은 것이 없고, 자기 의견으로 단정하거나 자기 손으로 함부로 고친 흔적은 끝내 하나도 찾아볼 수 없었으니, 아, 겸손한 군자가 아니겠는가.3)

스미스는 바로 이러한 상고의 정신이 새로운 지식의 획득에 장애가 된다는 점을 잘 알고 있었다.

안토니우스(Antoninus)의 치세 이후, 그리고 안토니우스보다 거의 3세기 전에 살았던 천문학자인 히파르쿠스(Hipparchus, B.C. 140년경) 시대 이후, 이전의 철학자들이 얻었던 신망은 인류의 상상력에 영향을 미쳐 후세의 사람들로 하여금 그들의 명성에 필적할 만한 가망이 없다고 느끼게 했던 것으로 보인다. 그들을 요약하고, 설명하고, 주석하여 그들의 숭고한 비전(秘傳)을 최소한 이해할 수는 있다는 것을 보이는 것이 명성에 이르는 단 하나의 가능한 길이었다. 프로클루스(Proclus, A.D. 410-485)와 테온(Theon, A.D. 4세기경)은 프톨레마이오스(Ptolemy, A.D. 150년경)의 체계에 대한 주석서를 썼다. 그러나 새로운 체계를 고안한다는 것은 주제넘은 짓으로, 그리고 존숭 받는 선구자들의 추념(memory)에 불경스러운 짓으로 간주되었을 것이다.4)

새로운 지식의 점진적 축적에 장애가 된 이러한 고증학적인 학문

---

3) 민족문화추진회, 『국역 다산시문집 6』, 〈나씨 경 가례집어 서〉, p. 35; 〈羅氏 烎 家禮輯語序〉, 『與猶堂全書』, I:12:44-45 [2:362-363].

4) Adam Smith, *EPS*, p. 67.

풍토가 중세가 끝나갈 무렵에 가서야 제시된 코페르니쿠스(Copernicus: 1473-1543)의 천문학적 체계를 〈코페르니쿠스적 전환〉이 될 수밖에 없게 만든 이유 가운데 하나라고 할 수 있다. 경전의 면밀한 독해와 해석이 지식을 얻을 수 있는 올바른 방법이라는 중세의 스콜라철학적 공부 방법에 최후의 일격을 가한 것은 전술한 바와 같이 계몽주의 시대의 보호성인이었던 뉴턴의 〈실험적 방법〉이었다. 여기에서 강조된 것은 현상의 예리한 관찰과 통제된 실험, 그리고 논리적 추론을 가능하게 하는 인간의 이성이었다. 스미스는 뉴턴 방법론의 계승자인 허치슨의 제자이기 때문에 결국 뉴턴의 직계 적손이라고 할 수 있다. 스미스의 학문적 염원이 뉴턴이 자연철학에서 이뤘던 것을 도덕철학에서 이루고자 하는 것이었다는 점은 위에서 이미 서술한 바 있다.

상업자본주의라는 경제혁명도 없었고 계몽주의라는 문화혁명도 없었던 폐쇄된 교조적 농경사회 속에서 개혁을 시도했던 다산이 자신에게 부과한 시대적 과제는, 두 가지 혁명을 겪으며 이전과는 질적으로 다른 사회의 새로운 구성 원리를 모색해야 했던 스미스의 그것보다 더 어렵고 복잡한 것이었다고 보기는 어렵다. 다산의 도덕철학체계 속에는 인간의 기예가 시간이 흐를수록 정교해진다는 언명만 있을 뿐, 기예의 정교화, 다시 말하여 생산 기술의 발달이 사회의 구성 및 조직 원리를 변화시켜 질적으로 다른 사회를 초래할 가능성에 대해서는 아무런 언급이 없다. 그가 그러한 가능성을 전혀 인식하지 못한 것으로 보인다. 이것이 다산으로 하여금 선진 고경의 세계를 모델로 삼아 "헌 부대에 새 술을 붓는"[5) 방식의 개혁을 태연하게 시도하게 한 가장 큰 원인으로 보인다. 그리고 그 개혁의 토대로 마련된 것이 그의 경학적

---

5) 배병삼, 〈다산 사상의 정치학적 해석〉, p. 410.

경세학이라고 할 수 있다.

  다산 연구자들이 대체로 인정하고 있는 다산의 업적은 다음과 같다고 한다. "주자학 독존의 풍토에서 서학의 영향과 청대 고증학, 일본 유학의 영향을 받아 새로운 인간학과 사회과학을 세웠다."[6] 하지만 다산의 경학적 경세학은 〈사회과학〉이 아니다. 학계의 통념에 어긋나는 듯한 이런 도발적 명제를 제시하며, 우리가 바라는 것은 새삼스럽게 〈과학〉이 무엇인가 하는 해묵은 과학철학의 논쟁을 재연시키는 데 있지 않다. 다만 다산의 경세학은 스미스의 경제학이 사회과학의 일종이라는 의미에서의 사회과학이 아니라는 사실을 강조하고 싶을 뿐이다. 슘페터는 경제학설사를 쓰기 시작하며 가장 먼저 경제학이 하나의 과학이 될 수 있는가를 물었다.[7] 만약 수리물리학(mathematical physics) 같은 것만이 과학으로 간주될 수 있다면 경제학뿐만 아니라 모든 사회과학은 과학이 아니다. 수리물리학이 사용하고 있는 방법과 유사한 방법의 사용 여부를 과학의 판정 기준으로 삼는다면, 경제학의 극히 일부만이 과학이 될 수 있다고 본 그는 과학의 개념을 조금 넓게 정의하여 경제학도 과학의 범주에 포함시키고자 하였다. 그리고 그는 과학을, 좀 더 자세히 말한다면 실증과학을 사실의 발견을 위한, 그리고 추론과 분석을 위한 전문화된 방법을 개발하여 사용하고 있는 모든 지식의 영역이라고 정의하였다. 여기에서 사실이란 관찰이나 실험을 통해 검증될 수 있는 사실만을 말하며, 방법은 검증된 사실들로부터의 논리적 추론에 국한된 것이다. 결국 과학은 과학적 훈련을 받지 않은 문외한들이 찾기 어려운 새로운 사실을 찾아내 인류가 소유하고 있는

---

  6) 한형조, 〈리뷰: 하버드에서의 다산학 국제학술회의〉, p. 306.

  7) Joseph A. Schumpeter, *History of Economic Analysis*, pp. 6-11.

지식의 재고를 풍부하게 하기 위한, 그리고 그 결과가 경험적 사실에 비추어 반증 가능한 가설이나 이론으로 제시되는 인간의 지적 활동이라 할 수 있다.

스미스의 경제학은 이렇게 정의된 실증과학이라는 의미에서 사회과학의 일종이다. 경제학뿐만 아니라 그의 도덕철학체계에 속하는 모든 하위체계는 위에서 살펴본 바와 같이 경험적 사실로 검증이 가능한 원리 위에 구축되어 있으며, 반증 가능한 이론을 포괄하고 있다. 하지만 스미스가 이룩한 가장 큰 업적은 사익을 추구하는 이기적 경제주체들의 공정하고 자유로운 경쟁을 최대한 허용하는 시장경제가 의도적으로 설계되거나 계획된 어떤 경제체제보다 공익, 즉 사회적 후생의 증진에 더 적합하다는, 사회적 통념과는 사뭇 다른 가설을 제시한 데 있다. 환언하여 그의 뛰어난 업적은 생성 중에 있던 자본주의에 확고한 경제학적 기초를 제공한 데 있다고 할 수 있다. 스미스의 이러한 경험적 가설이 그의 가설과 반대되는 주장을 펼쳤던 마르크스와 엥겔스(Friedrich Engels: 1820-1895), 그리고 레닌(V. I. Lenin: 1870-1924) 등의 사회주의 이론을 바탕으로 이뤄진 70여 년간에 걸친 통제된 실험의 결과 아직까지는 반증되지 않고 타당하다는 사실을 우리 모두는 잘 알고 있다. 특히 동일한 조건하에서 스미스와 마르크스의 가설을 각각 국가 운영의 기본적 지침으로 삼아 출발한 남한과 북한이 60여 년이 경과한 오늘날 정치와 경제 등의 여러 측면에서 보여 주고 있는 현격한 차이는 스미스 가설의 타당성을 입증하는 좋은 경험적 사례가 아닐 수 없다. 이처럼 새로운 사실의 발견을 목적으로 했던 실증과학으로서의 스미스의 경제학은 오늘날의 우리에게까지 살아 있는 가르침이 되고 있다.

경학의 주된 목적은 경학이라는 개념 자체가 함의하고 있듯이 새로운 사실의 발견에 있지 않다. 『경세유표』에 주로 담겨 있는 다산의 경학적 경세학도 마찬가지다. 사유화가 많이 진척된 토지 소유관계의 객관적 현실로 보아 정전제의 시행이 불가능하다고 생각했던 다산이 토지의 점진적 국유화를 통해서라도 정전제를 반드시 시행해야 한다고 주장한 것은, 그렇게 하면 토지의 생산성이 대폭 향상되어 국가와 농민의 소득이 증대될 것이라는 경험적 사실이나 혹은 그러한 사실을 바탕으로 제시된 어떤 가설에 따른 것이 아니라, 그가 개혁의 모델로 삼은 『주례』에 정전제가 왕정의 기본법제의 한 축으로 기능하고 있음을 뒤늦게 인식한 데 기인한 것으로 보인다. "정전(井田)이란 성인의 상법(常法)이다. 상법이라면 예나 지금이나 통할 수 있는 것인데, 예전에는 시행하기에 편리하고 지금에는 불편하다는 것은 필시 법을 밝히지 못해서 그런 것이지, 천하의 이치가 예와 지금에 다름이 있어서 그런 것은 아니다."[8] 이것은 객관적 사실보다는 고전의 권위에 의탁하여 문제를 해결하려는 과학과는 거리가 먼 태도라고 하지 않을 수 없다.

스미스 도덕철학체계와의 비교를 통하여 확연하게 드러나는 다산 사상의 근본적인 한계는 첫째, 농경사회와 질적으로 다른 사회의 도래 여부를 주도면밀하게 검토하지 않아 시대의 변화 가능성을 전혀 인식하지 못한 점과, 둘째, 새로운 사실의 발견보다는 옳다고 생각된 기존 지식의 확인을 위해 고경의 권위에 과도하게 의지한 비과학적 태도라고 할 수 있다. 이것은 당시 대부분의 조선 지식인들이 받아들일 수밖에 없었던 구조적 제약이라고 할 수도 있다. 여기에서 잠시 다음과 같은, 조금 엉뚱하기는 하지만 현실성이 전혀 없지도 않은 가정을 해 보

---

8) 민족문화추진회, 『국역 경세유표 II』, p. 7. 이 구절은 위에서 이미 인용된 바 있다.

기로 하자.

  다산은 만 21세 되던 1783년에 초시에 합격하고 성균관에 입학하였다. 성균관에 입학한 다산의 출중한 기재를 높이 평가한 정조가 그를 국비 장학생으로 선발하여 영국에 가서 5년 동안 머물며 견문을 넓히고 오라는 어명을 내렸다. 어명에 따라 영국에 간 다산은 런던에 6개월 정도 머물며 영어를 마스터한 다음 옥스퍼드 대학을 둘러보고 맨체스터와 글래스고를 거쳐, 7년 전 *WN*을 출간한 뒤 에든버러에 거주하며 스코틀랜드 관세청장직을 맡고 있는 육순의 스미스를 만났다. 런던에 도착하여 책방부터 들러 *WN*을 구입한 다산은 이미 그것을 다 읽은 뒤였다. 그 동안 영국의 여러 곳에서 생생하게 견문한 바와 스미스와의 대화를 통하여 다산은 새로운 시대가 열리고 있음을 직감하였다. 그곳에서 머무는 사이 영국 이외의 나라에 대한 호기심도 점차 커져가던 차에 스미스의 권유도 있고 해서 다산은 다시 유럽 대륙을 향하여 여행길에 나섰다. 에든버러를 떠나 런던을 거쳐 프랑스 파리에 도착한 그는 유럽의 공자라고 불렸던 중농학파의 영수 케네의 후예들을 만나 교유하며 유익한 시간을 가졌다. 다산은 이곳에서 특히 두 가지 점에서 깊은 인상을 받았다. 첫째는 이곳의 학자들이 동양의 유교사상에 관심이 많을 뿐 아니라 이미 해박한 지식을 가지고 있다는 점이었고, 둘째는 중농주의자들이 농업을 중시하면서도 주희를 비롯한 신유가의 영향을 받아 정부의 간섭을 일체 거부하는 자유주의 사상을 철저하게 신봉하고 있다는 점이었다. 파리에서 한동안을 보낸 다산은 칸트를 만나기 위해 다시 독일로 향하였다. 스미스보다 한 살 아래인 칸트는 스미스를 높이 평가하고 또 존경하고 있었다. 스미스의 근황을 전한 다산은 그와 함께 동양과 서양의 철학에 관해 격의 없는 대화를 나누기도 하였다. 대화의 결과 칸트도 스미스처럼 인간 사회가 개인의 자유와 자율이 확대되는 방향으로 발전한다는 진보의 역사관을 지니고 있다는 점을 발견하고 다시 깊은 인상을 받았다. 그뿐만 아니라 그가 스미스 못지않게 시장(market)을 인간의 성숙에 기여하는 도덕적으로 가치 있는 제도로 파악하고 있다는 점도 인상적이었다.9) 칸트와 작별하고 함부르크와 런던을 거쳐 에든버러에 돌아온 다산은 스미스에게 그의 안부를 전하고, 여행에서 견문한 바를 주제로 그와 즐거운 대화의 시간을 가졌다. 스미스의 소개로 스코틀랜드 계몽주의의 산실인 글래스고 대학에 연구실을 얻은 다산은 그곳에 자리를 잡고, 1787년 스미스가 그곳의 총장으로 올 때까지 연구와 여행, 그리고 집필을 계속하였다. 그해 가을 스미스와 아쉬운 작별을 나눈 다산은 조선으로 돌아와 그 동안 집필한 방대한 견문록에 약간의 수정을 가한 뒤 정조에게 제출하였다. 며칠에 걸쳐 밤잠을 설쳐 가며 다산의 견문록을 읽은 정조의 놀라움은 이루 말할 수 없었다. 그 자신 군사(君師), 즉 임금이면서 스승을 자처했으나 이제 가르칠 것이 별로 없어진 정조는 다산을 극진히 총애하여 밤늦게까지 독대하는 날이 잦아졌다. 이것은 공서파에게 위기이자 기회이기도 하였다. 그들은 번갈아 가며 다산이 제출한 견문록은 사학(邪學)인 서학으로서 정학(正學)인 유학 전래의 학문 풍토를 어지럽히고, 또 더 나아가 소중화인 조선의 국시를 해칠 수 있는 내용을 담고 있을 것이 분명한바, 마땅히 폐기처분해야 한다는 상

---

9) "Kant does not justify the market as a mere means to already chosen ends, an institution helping one to do what one likes, nor yet as a direct *expression* of free activity, but as a *training ground* for the full development of freedom. As such, it may indeed be a morally valuable institution, but one whose value will always depend on how much training in freedom it in fact provides." Samuel Fleischacker, "Values Behind the Market: Kant's Response to the *Wealth of Nations*," p. 406.

소를 1791년 진산사건이 일어날 때까지 계속하였다. 이에 지치고 만 정조도 다산의 견문록을 출판하여 널리 읽히게 하려는 원래의 계획은 포기하고, 서고에 내려 잘 보관케 하였다. 하지만 얼마 뒤 그것은, 공서파 아니면 수구파의 소행으로 보이지만, 그만 도난당하여 오늘날까지 소재가 파악되지 않고 있다. 참으로 안타까운 일로서 멸실된 것이 분명하다. 다산은 영국에서 귀국한 이후에는 역사에 기록된 것과 똑같은 삶을 살았다.

　이런 가정 하에서 학자로서 역사적 다산의 삶에 어떤 변화가 있었을지 추측해 본다면 아래와 같은 몇 가지가 지적될 수 있을 것으로 보인다. 첫째, 육경사서의 주석, 즉 경학에 그렇게 많은 시간을 할애할 수 없었을 것이다. 새로운 사회의 도래 가능성을 염두에 두고, 서구의 눈부신 발전의 원동력에 관한 탐구와 낙후된 조선의 경제·사회적 현실에 대한 분석, 그리고 개혁 방안의 모색 등 진정한 의미에서의 〈실학(實學)〉에 매진하는 과정에서 자신을 보호하고 변명하기에 족한 최소한의 경학에 그쳤을 것으로 보인다. 둘째, 혹시 『목민심서』는 몰라도 『경세유표』 같은 책은 저술하지 않았을 것이다. 농업보다는 공업과 상업이 주축이 될 새로운 시대에 적실한 개혁의 모델을 『주례』와 같은 고경에서 찾지는 않았을 것이기 때문이다. 셋째, 체계화되지 않은 원론적인 주장과 개혁을 위해 제안된 정책의 나열에 불과한 기존의 실학과 경세학을 사회 및 경제현상을 분석하고 종합하여 새로운 사실의 발견에 기여할 사회과학으로 승격시킬 수 있는 수준 높은 연구를 수행하였을 것이다. 농업의 생산성 제고뿐만 아니라 상공업의 진흥을 위한 제도의 개혁과 정비에 관한 방안을 연구하되 경학적인 방법이 아니라 과학적인 방법을 택하였을 것이기 때문이다. 그 결과 다산은 서구의 학자들과 거의 동시에, 그리고 유교 문화권에서는 가장 먼저 사회과학을 시도하고 발전시킨 학자가 되었을 것이다.

　아쉽지만 이것은 가정일 뿐이다. 그럼에도 불구하고 이러한 가정을 전혀 불필요한 것으로 여기는 듯한, 역사적 다산의 저술 속에 이미 서구의 근대를 뛰어넘을 수 있는 업적이 내포되어 있음을 강조하고 있는 다산 연구자들이 없지 않다. 조금 길지만 몇몇 학자들의 소견을 인용해 보기로 하자.

　　이리하여 유형원·윤휴에서 시작된 민본주의의 변화는 이익 단계에서 단초적으로 민(民)을 나라의 주인으로 볼 수 있게 하는 과정을 거쳐 정약용에 이르러서는 완전히 민주주의적 단계에 이르렀다. 이것은 공자·맹자에서 시작되어 동아시아 중세의 정치이념으로 기능하여 왔던 유학의 민본주의가, 우리 실학에 의해 궁극적으로 민주주의 단계로 발전하였다는 뜻이다. 조선 후기 기호남인계 정치사상을 흔히 왕권강화론으로 이해하여 왔으나, 그들이 실제로 추구한 것은 왕권강화가 아니라 국가 공권력의 강화였으며 왕권은 국가 공권력의 상징으로 주장된 것이다. 왕권은 정약용 단계에서는 실제적으로 완전히 명목적인 것이 되었다. … 실학의 정치이념을 민본주의에서 민주주의로 발전한 것으로 이해할 수 있다면, 우리는 실학 전체의 성격에 대하여 보다 적극적인 주장을 할 수 있다. 정치이념의 측면에서 실학은 근대 지향적인 데 그치는 것이 아니었다. 근대 지향적인 데서 출발하여 점차 발전하는 가운데 근대적인 것에 도달하였다. 이것을, 실학자들의 신분제 개혁론이 점차 그 해체를 지향하는 방향으로 나아가서, 마지막으로 정약용 단계에 이르러서는 신분제 자체의 해체를 생각하는 데까지 도달한 것 및 농본주의를 극복하고 사농공상의 대등성을 주장하는 단계에 이른 것 등과 아울러 생각하면, 실학의 정치사상은 마지막 단계에서는 전체적으로 중세적 성격을 완전히 극복한 것으로 규정할 수 있다. 이것은 16

세기에 서경덕·이황·이이 등에 의해 우리의 독자적인 조선 성리학이 성립된 기반 위에서 발생한 실학이, 명말청초의 양명학 및 경세치용학과 청대 고증학이라는 외적 영향을 받는 가운데에서도, 기본적으로는 내재적으로 발전하여 이룩한 성과였다. 즉 이것은 공자·맹자에 의해 민본주의 이념으로 출발한 유학이 우리 실학자들에 의해 민주주의 이념에 기초한 정치사상으로 발전하였음을 의미한다. 이런 점에서 조선 후기 실학은 동아시아 유학 발전의 최정점에 있는 동시에 동아시아 문화권이 스스로의 힘에 의해 내재적으로 '중세 극복을 달성'하였음을 의미한다. 한편 실학은 원래 유학이 갖고 있던 강력한 위민정치(爲民政治) 관념의 연장선상에서 민생에 적극적인 관심을 기울였다. 이것은 서구의 부르주아 민주주의가 형식적·절차적 민주주의만을 주장하는 것과 차이가 있다. 실학은 서구가 수정자본주의 단계에서나 갖기 시작한 복지의 이념을 이미 갖고 있는 한편, 소민(小民: 소농민·중소상공업자) 입장에서의 경제발전을 추구하였다. 이것은 실학이 오늘날 21세기 초에도 우리에게 현실적·실천적 의미를 갖고 있음을 뜻한다. 더욱이 실학은 근대 서구가 내셔널리즘의 경향을 갖는 것과 달리, 매우 개방적인 대외관(對外觀), 보편주의적 시각을 갖고 있었다. 따라서 실학의 성격을 '민족적'이라고 이해하는 방식은 수정되어야 한다. 이것은 우리가 너무 지나치게 서구의 근대를 의식하면서 우리의 실학을 생각하여 왔기 때문이다. 우리의 실학은 서구의 근대를 넘어설 수 있는 요소까지도 이미 갖고 있었다. 여기에서 우리의 실학은 21세기에도 여전히 현재적·실천적 의미를 갖고 있다. 조선 후기 실학의 이념은 남북의 이데올로기적 대립을 넘어설 수 있게 하는 것이며 동아시아가 앞으로 그것을 기반으로 함께 나아가야 할 공동의 유산이며 21세기에 전 세계 민중이 같이 추구해야 할 목표이기도 하다.[10]

---

10) 조성을, 〈朝鮮後期 實學의 理想國家와 政治體制論〉, pp. 97-100.

그의 일표이서(一表二書)는 지나간 시대에 있어서 하나의 사상(思想), 사상(事象)을 기술한 데 그치지 않고 시대를 초월하여 타당한 자연법적 생명력을 끼치고 남겨 주었으며, 그의 법사상은 구태여 서구적 근대적 법사상과 비교하거나 발전적 연속성을 고려할 필요 없이 바로 우리의 영원한 현행법이며 다산자연법(茶山自然法)이라고 불러도 지나치지 않으리라고 본다.[11]

요컨대 전후기에 걸친 다산의 변신은 그의 실학이 경험적으로 또 이론적으로 성숙하는 과정을 충실히 반영하고 있음에 다름 아니다. 모두(冒頭)에서 언급한 본고의 문제의식과 관련하여 좀 더 구체적으로 평가하자면, 국가질서 가운데서 민생(民生)의 상호 제관계(諸關係)를 자기 합리성에 바탕한 독자적 정재(定在)로서 승인하고 국가의 역할·기능을 그에 대한 공정한 부세 수취의 관계로 제한함으로써, 이른바 경제와 정치의 근대적 분리로의 지향성을 적어도 논리적인 수준에서 확보하였다는 점이야말로 오늘날의 시점에서 다시 바라본 다산 정전제론의 기본적인 역사적 의의라고 생각한다.[12]

인용문을 통해 알 수 있듯이, 물론 모든 다산 연구자들이 이에 동조하고 있는 것은 아니지만, 〈근대성〉 또는 〈근대 지향성〉의 확인이라는 목적론적 관점에서 다산을 파악하려는 시도가 객관적 사실로 지지되기 어려운 무리한 결론을 이끌어 내고 있는 듯이 보인다. 하지만 조성을 교수와 박병호 교수의 다산 읽기에 비하면 이영훈 교수의 그것은 참으로 소박하다고 하지 않을 수 없다. 따라서 만약 우리가 이영훈 교

---

11) 박병호, 〈茶山의 法思想〉, p. 90.
12) 이영훈, 〈茶山의 井田制改革論과 王土主義〉, p. 89.

수의 주장을 논박할 수 있다면, 다른 두 주장에 대해서는 새삼스럽게 반론을 제기할 필요가 없을 것으로 생각된다.

정치와 사회로부터 경제의 분리와 자율화는 근대성을 규정하는 핵심적 요소 가운데 하나이다. 시장의 자율규제(self-regulation)에 따라 생산·교환·분배가 지배적으로(predominantly) 이뤄지는 시장경제가 아닌 근대의 국가는 상상할 수 없고, 시장이 정치와 사회에 배태(胚胎)되어 충분한 자율성을 지니지 못한 곳에서 시장경제는 생성·유지될 수 없기 때문이다.13) 정치는 주로 징세와 이전지출에 의한 소득의 강제적 재분배를 통하여 경제에 영향을 미치고, 사회는 전통적 가치규범에 따라 이윤의 추구 등 상업적 행위에 대한 도덕적 제약을 통하여 경제에 영향을 미친다. 이윤의 합리적 추구가 도덕적으로 존중받는 행위의 동기로 인정되고, 재산 및 생산수단의 사적 소유가 법과 제도로 보장되며, 시장에서의 자유스러운 거래가 경제행위를 조정하는 보편적 수단으로 정착될 때 경제는 비로소 정치와 사회로부터 분리되어 자율적 영역을 확보했다고 할 수 있다.14) 경제의 자율화 과정은 사회 내지는 공동체로부터 〈개인(individual)〉이 해방됨과 동시에 소외되는 과정이기도 하며, 세습적 신분이 지배하던 전통사회에서 계약(contract) 및 개인의 능력이 중시되는 합리적인 사회로의 이행 과정이기도 하다. 근대로의 이행, 즉 근대화는 대체로 이런 과정을 지칭하며, 근대성은 일의적으로 정의되기는 어렵지만 근대화를 촉진하는 정치·사회·문화적 특성의 집합을 의미한다고 볼 수 있다.15)

---

13) Karl Polanyi, *The Great Transformation* (Boston: Beacon Press, 1944), pp. 68-76.

14) Peter F. Koslowski, "The Ethics of Capitalism," pp. 35-37.

15) Malcolm Waters, "General Commentary: The Meaning of Modernity," in Malcolm

이영훈 교수의 지적처럼 다산이 정전론을 통하여 국가의 역할을 공정한 부세 수취 관계로 제한했다고 하더라도, 그것이 그의 사상 속에 근대 지향성이 내재되어 있다는 결론을 정당화시키기는 어렵다. 다산의 『주례』에 따른 정전론은 지금 당장은 어렵더라도 장기에 걸친 토지의 국유화를 목표로 한다. 만약 다산의 정전론 속에 이영훈 교수가 지적하는 것과 같은 근대 지향성이 있을 수 있다면, 그것은 다산이 국가의 역할을 제한함과 동시에 토지와 노동, 그리고 토지의 생산물 등은 시장에서 자유롭게 매매될 수 있도록 허용했을 때에만 가능하다. 자유로운 매매는 차치하고 토지에 대한 사적 소유를 제한할 뿐만 아니라 모든 경작지의 국유화를 달성하고자 하는 곳에서는 경제가 정치로부터 분리될 가능성 자체가 희박하며,16) 또 분리된다고 하더라도 그것이 담당할 수 있는 역할은 거의 없다고 하지 않을 수 없다. 그리고 다산은 부귀를 추구하는 인간의 욕구를 행위의 강력한 동기로 인정하기는 하였으나, 그것을 도덕적인 것으로 간주하지는 않았다. 다산의 사상에서 근대성 또는 근대 지향성을 찾을 수 있다고 하는 주장은, 비록 그것이 중국의 상황에 국한된 것이긴 해도, 풍우란의 다음과 같은 직설적 주장과 좋은 대비를 이룬다.

Waters (ed.), *Modernity: Critical Concepts*, Volume I (London: Routledge, 1999), pp. xii-xiii.

16) 정호훈, 〈實學者의 政治理念과 政治運營論〉, 연세대학교 국학연구원 편, 『韓國實學思想研究 2: 政治經濟學篇』, pp. 151-152. 이영훈 교수가 의미한 바와 같은 근대로의 지향성은 다산보다는 오히려 도가의 사상에서 더욱 확실하게 발견될 수 있을 것으로 보인다. 박홍기, 〈민본주의 전통과 열린 경제질서의 형성〉, 김형효 외, 『민본주의를 넘어서: 동양의 민본사상과 새로운 공동체 모색』(수원: 청계, 2000), pp. 319-322.

최근까지 중국은 어느 분야를 막론하고 아직 중세에 있다. 중국이 여러 분야에서 서양에 뒤지는 것은 중국 역사에 근대가 빠졌기 때문이다. 철학은 다만 그 중의 한 항목이다. 요즘 논의되는 동서 문화의 차이는 여러 면에서 사실인즉 중세 문화와 근대 문화의 차이이다. … 서양의 학설이 처음 동쪽으로 전래되었을 때 중국인들, 예컨대 강유위(康有爲 1858-1927) 무리는 여전히 그것을 경학에 부회하여 낡은 병에 극히 새로운 그 술을 담으려고 했으나, 낡은 병은 용량을 늘리는 일이 이미 한계에 달한 데다 또 새 술이 아주 많고 극히 새로웠기 때문에 결국 터졌던 것이다. 경학의 낡은 병이 터지자 철학사의 경학 시대도 끝이 났다.17)

〈근대성〉이 무엇을 의미하는지는 논자에 따라 다를 수 있지만, 한 가지 분명한 사실은 그것이 〈전근대성〉과 질적인 차원에서 다를 것이란 점이다. 양자 사이에 어떤 정성적(定性的) 차이가 없다면 이런 구분 자체가 무의미할 것이기 때문이다. 그렇다면 전근대 사회가 근대 사회로 탈바꿈하기 위해서는 임계치(臨界値)를 넘는 질적 변화가 수반되어야 한다. 누구든 다산의 사상 속에서 근대성을 찾고자 한다면, 변화의 기미(幾微)만을 운위할 것이 아니라 바로 이런 점을 지적할 수 있어야 한다. 그런데 다산의 사상 속에서는 전술한 바와 같이 질적 변화의 비전을 찾아보기 힘들다. 스미스는 도덕은 도외시하고 효용만을 강조하는 흄 같은 학자들을 비판하며 당시 태동하고 있던 자유주의에 도덕적 기초를 제공하고자 노력한 데서 알 수 있듯이 비교적 보수적이었으며, 그가 제시한 개혁의 방안은 몇 가지 단순한 원리에 불과한 것이

---

17) 풍우란 지음, 박성규 옮김, 『중국철학사 하』 (서울: 까치, 1999), pp. 6, 7. 풍우란이 이 글을 썼던 때는 1930년대였다.

었다. 하지만 그것은 사회의 모습을 완전히 바꿀 정도로 대단히 개혁적인 것이었다. 이에 비하여 다산은 세세한 부분까지 일일이 지적하며 언필칭 개혁을 주장하였으나, 전체적으로 보아 새로운 것이 별로 없는 보수적인 틀 속에 머물지 않을 수 없었다. 스미스의 가르침은 오늘날까지도 유효할 뿐만 아니라, 서론에서 지적한 바와 같이 경제학을 공부하는 학자들은 스미스의 WN을 읽고 여전히 많은 영감과 교훈을 얻을 수 있다. 그러나 경제학 또는 정치경제학을 전공하는 학자들이 오늘날 다산의 『경세유표』를 읽고 얻을 수 있는 교훈이 무엇인지를 말하기는 쉽지 않다. 이것은 그가 현재를 과거와 차별화시키며 미래의 비전을 찾으려고 하기보다, 과거 속에서 현재의 개혁을 정당화할 수 있는 근거를 찾으려는 전근대 사회의 전통적 사고방식에 충실했기 때문이다.

만약 근대성 또는 근대 지향성과 유의미(有意味)한 관련이 있지 않다는 결론이 타당하다면, 그렇다면 다산의 사상은 무의미하고 쓸모없는 것인가? 다산의 사상 속에서 근대성이나 근대성의 단초를 찾고자 진력했던 다산 연구자들에게는 그럴 수도 있을지 모른다. 그리고 이들이 갖게 될 실망감은 대단히 큰 것일 수 있다. 하지만 이러한 실망감과 다산의 도덕철학이 지닌 의미는 별개의 것이다. 다산이 당시와 질적으로 다른 새로운 사회의 구축과 인류가 지향해야 할 보편적 가치의 정립을 위해 경세학과 경학에 몰두했다고 밝힌 적이 없기 때문이다. 스미스를 깊이 연구한 학자들은 위에서 이미 지적한 바 있듯이 그를 〈정치경제학의 비조(founding father)〉로 간주하고 있는 학계의 관행이 적절하지 않다고 생각하였다. 왜냐하면 자기보다 먼저 정치경제학을 연구했던 학자들의 존재를 잘 알고 있었을 뿐만 아니라 그들의 도움을 받기도 했던 스미스가 후세인들이 그러한 선구자들을 도외시하고 자신을 그 분야의 비조로 부르고 있다는 사실을 알게 된다면, 그것을 즐겁게 여기지 않을 것이란 이유에서이다.[18] 다산도 스미스의 경우와는 조금 다르지만 자신을 마치 〈근대화의 기수〉처럼 떠받들고 있는 학자들이 있다는 사실을 안다면, 그 사실을 조금도 즐겁게 여기지 않을 것으로 보인다. 무엇보다도 근대화를 외친 적이 없었으며, 만약 자신이 근대화의 기수라면 조선 후기의 많은 실학자들도 똑같이 근대화의 기수라는 점을 누구보다도 그가 잘 알고 있을 것이기 때문이다.

왜 많은 다산 연구자들은 정치학과 경제학은 말할 것도 없고 철학과 종교학을 전공하는 학자들까지 그의 사상을 굳이 근대성과 연결시키려고 하는가? 여러 가지 이유가 있겠지만 중요한 것 두 가지만 들어본다면 그것은 첫째, 다산이 생존했던 시기가 세계사적인 관점에서 보았을 때 근세, 즉 중세에서 근대로의 이행기에 해당되기 때문이다. 만약 다산이 조선의 말기가 아니라 임진왜란 이전이나 또는 한일합방 이후에 활동하며 비슷한 개혁론을 주장했다고 한다면, 근대성이 다산학의 중심 주제가 되지는 않았을 것이다. 둘째, 다산은 곧 실학의 집대성자라는 학계를 지배하고 있는 가공된 이미지가 연구자들에게 영향을 미쳤을 것으로 보인다. 실학은 경세치용과 이용후생의 관점에서 이해되지 않을 수 없고, 경세치용과 이용후생은 부국강병을 목표로 하며, 부국강병은 학자들로 하여금 자연스럽게 근대성을 연상하게 하였을 가능성이 높다. 왜냐하면 그것이 비록 일의적으로 정의되기 힘든 개념이라고 하더라도, 경제의 지속적 성장이 근대성의 핵심 징표란 점은 대부분 충분히 짐작하고 있을 것이기 때문이다. 하지만 스미스 경

---

18) Mark Blaug, *Economic Theory in Retrospect*, p. 59; A. S. Skinner, "Economic theory," p. 201.

제학과의 비교를 통해서 확연히 알 수 있듯이, 다산의 경세학으로는 복잡한 근대사회의 작동 방식이 설명될 수 없으며 부국강병의 달성도 쉽지 않다.

왜 다산의 경세학으로는 부국강병의 달성이 쉽지 않은가? 다산은 스미스가 그랬던 것처럼 인류의 〈자연법〉이라고 부를 수 있을 만한 만고불변의 법칙을 발견하였다. 위에서 이미 인용한 바 있는, 지극히 간단명료한 다음과 같은 그의 언명이 그것이다: "백성이 이(利)를 따라가는 것은 마치 물이 아래로 흐르는 것과 같다. 백성이 해(害)를 피해가는 것은 마치 불이 습기를 피하는 것과 같다."19) 두 문장의 주어가 〈개인〉이 아니라 〈백성〉이라는 점에서 같은 문장으로 자신의 견해를 표명했다면 개인 또는 사람을 문장의 주어로 삼았을 것이 분명한 스미스와 상당한 차이가 있다. 전자가 근대적 시민사회의 모든 구성원을 지칭한다면, 후자는 전통적 신분사회의 특정 계층을 시사한다고 볼 수 있기 때문이다. 그럼에도 불구하고 백성이 위와 같은 보편적 속성을 지니고 있다는 명제는 정곡을 찌른 예리한 통찰력의 산물이라고 하지 않을 수 없다. 문제는 스미스가 이러한 자연법적 성향을 존중하며 인간의 경제적 활동을 설명할 수 있는 이론을 제시하고 또 부국강병의 정책을 제안한 데 비해, 다산은 그것이 함의하는 바를 깊이 논구하지 않았으며, 결과적으로는 오히려 인간의 자연적 성향에 어긋나는 부국강병 정책을 제안했다는 데 있다. 토지의 사유를 제한하거나 또는 국유화를 통하여 여전제나 정전제를 실시하자고 주장한 것이 그것이다. 그가 제시한 상공업 진흥책의 핵심도 사익을 추구하는 상공업자들의 자유로운 선택을 국가가 조장하고 지원하려는 데 있는 것이 아니라,

---

19) 제5장 각주 225 참조.

국가 주도의 치밀한 계획에 따라 상공업을 재편·육성하고자 하는 데 있는 것이었다. 이러한 정책은 당시의 상황에서 불가피한 면이 없지 않았다 하더라도, 생산수단의 사유와 사익의 건전한 추구가 제도적으로 뒷받침되지 않은 곳에서, 다시 말하여 인간의 자연적 성향이 한껏 발휘될 수 없는 상황에서 자본의 축적과 경제의 지속적 고도성장이 이뤄진 예가 없다는 경험적 사실을 놓고 본다면, 부국강병의 달성을 위한 수단으로는 미흡한 것이라고 하지 않을 수 없다.

이러한 이유로 해서 우리는 다산 사상의 진면목이 경세학에 있지 않으며, 또 그것을 굳이 근대성의 잣대로 평가하려는 학자들의 시도가 오히려 그의 도덕철학이 지닌 참된 의미를 희석시킬 우려가 없지 않다는 점을 지적하고자 한다. 그리고 다산의 도덕철학이 지닌 참된 의미를 올바로 파악하기 위해서는 그를 무의식적으로 경세학, 그리고 근대성과 연관시키는 이른바〈실학〉의 굴레로부터 해방시킬 필요가 있다는 점을 조심스럽게 제안하고자 한다. 다산은 자신의 사상체계에서 경학이〈본〉이며 경세학은〈말〉이라고 분명히 밝혔다. 하지만 이제까지 적지 않은 다산 연구자들은 명시적이거나 또는 암묵적으로 경세학을〈본〉으로 삼고 경학을〈말〉로 여기며 실학의 집대성자로서의 다산이라는 광맥을 파헤쳐 왔다고 생각된다. 위에서 본 바와 같이 다산의〈경학적 경세학〉은 스미스의〈과학적 경제학〉과 비교되었을 때, 어떤 점에서든 비교우위를 주장할 수 있는 입장에 있지 않다. 그러나 경학적 경세학이 아니라〈경학〉그 자체는 스미스의 도덕철학체계에서 찾아볼 수 없는 다산 도덕철학의 일관된 방법론적 요소이다. 고경의 해석을 통하여 현재의 문제를 정당화하려는 경학적 경세학에는 시대착오적인 요소가 없지 않다. 하지만 고경이 지닌 본래의 의미를 다른 고경을 근거로 하여 객관적으로 온전히 밝히려는 그의 치열한 학구열의 산물인 경학 자체에는 유가사상에 대한 세인들의 관심이 소멸되지 않는 한 시대를 초월한 적실성이 배어 있다.

> 한마디로 다산은 선진(先秦) 고경(古經)의 세계가 함유하고 있는 사실과 사상을 본래의 면모 그 자체로서 온전하게 드러내고자 하였다. 경전 그 자체를 떠난 자리에서 모종의 이념이나 이념에 대한 비전을 잡아두고 그것을 경전 주석에 관철시키고자 한 기미는 추호도 없다. 다산은 선진 고경의 세계가 한대(漢代) 이래의 잡스러운 참위설(讖緯說)과 송학(宋學)의 사변적(思辨的) 관념에 의해 겹겹이 가려지고 왜곡되었다고 보고, 이것들을 제거해 내고 선진 고경의 원초 모습을 드러내는 데에 자신의 생애를 걸었던 것이다.[20]

결론적으로 다산 사상의 보고(寶車)는 그의 경세학이 아니라 경학에 있다고 할 수 있다. 따라서 다산의 사상이나 도덕철학체계가 지니고 있는 깊은 의미를 찾을 수 있는 가능성은 다산 연구자들이 그의 표현 그대로 경학을 본으로 삼고 경세학을 말로 여기며 기존의 선입관에서 자유로운 탐구를 계속할 때 열릴 수 있을 것으로 보인다.

---

20) 이동환, 〈茶山思想에서의 '上帝' 도입경로에 대한 序說的 고찰〉, p. 303.

아담 스미스와 다산 정약용의 간추린 연보

아담 스미스	다산 정약용
1723 스코틀랜드 파이프(Fife)주의 소읍인 커콜디에서 출생(출생일 미상; 6월 5일 유아세례).	
1737 글래스고 대학 입학.	
1740 스넬 기금의 장학금으로 옥스퍼드 대학에 유학.	
1746 옥스퍼드 대학을 떠나 커콜디에 정착하고 어머니와 같이 지냄.	
1748 에든버러로 이사; 문학과 법학 등에 대한 공개 강좌.	
1751 글래스고 대학 논리학 교수로 선출.	
1752 글래스고 대학 도덕철학 교수로 선출되어 1763년 말까지 근무.	
1759 *TMS* 출간.	
1762 글래스고 대학에서 법학박사 학위(LL.D.) 취득.	1762 6월 16일 경기도 광주 초부면 마재에서 출생.
1764 버클루 공작의 개인교사 자격으로 그와 프랑스로 출발; 1766년까지 프랑스와 이태리 등지로 여행.	
1766 10월 런던으로 돌아와 그곳에 반년 정도 체류.	

아담 스미스	다산 정약용
1767 5월 커콜디로 돌아와 어머니와 같이 지내며 1773년 4월까지 WN 집필.	
1773 4월부터 1776년 5월까지 런던에 머물며 WN 집필 및 교정 작업.	
1776 WN 출간.	1776 홍화보의 딸과 혼인.
1778 스코틀랜드 관세청장에 임명되어 에든버러로 어머니와 함께 이주하여 죽을 때까지 그곳에 거주.	
	1783 초시에 합격하고 성균관에 입학.
	1784 정조에게 『중용강의』를 바침. 이벽을 통하여 『천주실의』와 『칠극』 등 천주교 교리서를 빌려 읽으며 천주교에 심취하기 시작.
	1785 〈을사추조적발사건〉에 연루.
1787 글래스고 대학 총장에 취임하여 1789년까지 재임	1787 〈정미반회사건〉에 연루되어 비판과 공격의 표적이 됨.
	1789 과거에 급제.
1790 7월 17일 사망.	1790 2월 예문관 검열에 임명; 3월 해미현에 유배되었다가 10일 만에 풀려남.
	1791 〈진산사건〉이 발생하여 남인 벽파의 공격을 받기 시작.
	1794 경기도 암행어사로 나가 백성들의 고통을 목격하고 관리들의 탐욕을 복명.
	1797 〈자명소〉를 올려 천주교도라는 비난에 대해 해명. 황해도 곡산부사로 부임하여 약 2년 동안 지냄.
	1800 정조 승하. 벼슬살이를 끝내고 고향으로 돌아가 학문에 열중.

아담 스미스	다산 정약용
	1801 천주교도로 체포되어 경상도 장기로 유배되었다가 다시 〈백서사건〉으로 전남 강진으로 이배됨.
	1810 『시경강의보』 12권 저술.
	1813 『논어고금주』 40권 저술.
	1814 『맹자요의』, 『대학공의』, 『중용자잠』 등을 저술.
	1817 『경세유표』를 편집하였으나 완성하지는 못함.
	1818 봄에 『목민심서』를 완성하고 8월 18년 만에 해배되어 귀향.
	1819 『흠흠신서』 완성.
	1834 『상서고훈』과 『매씨서평』 개정.
	1836 2월 22일 고향 집에서 사망.

참고문헌

강만길, 『朝鮮時代 商工業史硏究』, 서울: 한길사, 1984.
____, 〈丁若鏞時代의 經濟事情〉, 정석종 외, 『丁茶山과 그 時代』, pp. 47-70.
강만길 외, 『茶山의 政治經濟 思想』, 서울: 창작과비평사, 1990.
강재언, 『조선의 西學史』, 서울: 민음사, 1990.
고승제, 『다산을 찾아서』, 서울: 중앙일보사, 1995.
곽신환, 『조선조 유학자의 지향과 갈등』, 서울: 철학과 현실사, 2005.
금장태, 〈茶山의 儒學思想과 西學思想〉, 최석우 외, 『茶山 丁若鏞의 西學思想』, 서울: 다섯수레, 1993, pp. 81-100.
____, 『한국 실학의 집대성: 정약용』, 증보판, 서울: 성균관 대학교 출판부, 2002.
김광수, 『애덤 스미스의 학문과 사상』, 서울: 도서출판 해남, 2005.
김무진, 〈실학자의 신분제 개혁론〉, 연세대학교 국학연구원 편, 『韓國實學思想硏究 2』, pp. 247-343.
김문식, 〈정약용의 대외 인식과 국방론〉, 『茶山學』, 제4호(2003), pp. 129-162.
김상준, 〈南人 禮論과 근대 주권론〉, 『茶山學』, 제4호(2003), pp. 163-194..
김영호, 〈『與猶堂全書』의 텍스트 檢討〉, 한우근 외, 『丁茶山硏究의 現況』, 서울: 민음사, 1985, pp. 23-41.
김정호, 『도전과 응전의 정치사상: 19세기 동아시아 3국의 개혁·개방 사상』, 서울: 모시는 사람들, 2005.
김형효, 〈茶山 實學의 독법과 양면성의 이해〉, 김형효 외, 『茶山의 사상과 그 현대적 의미』, 성남: 한국정신문화연구원, 1998, pp. 1-96.
노대환, 〈정조시대 서기 수용 논의와 서학 정책〉, 정옥자 외, 『정조시대의 사상과 문화』, pp. 201-245.

니덤, 조셉 지음, 콜린 로넌 축약, 김영식·김제란 옮김,『중국의 과학과 문명: 사상 적 배경』, 서울: 까치, 1998.

다산연구회,『譯註 牧民心書 I, III, IV』

다카시마 젠야,『아담 스미스 - 근대화와 민족주의의 시각에서』,(1968) 서울: 도서 출판 소화, 2004.

달레, 샤를르 원저 안응렬, 최석우 역주,『韓國天主敎會史(上)』,(1874) 서울: 한국교 회사연구소, 1979.

디포, 다니엘 장편소설 김병익 옮김,『로빈슨 크루소 제1부』, 서울: 문학세계사, 2004.

디포, 다니엘 장편소설 최인자 옮김,『로빈슨 크루소 제2부』, 서울: 문학세계사, 2004.

마루야마 마사오 지음 김석근 옮김,『日本政治思想史硏究』,(1952) 서울: 통나무, 1995, p. 83.

마테오 리치 지음 송영배 외 옮김,『천주실의』, 서울: 서울대학교출판부, 1999.

미제스, 루드비히 폰 저 이지순 역,『自由主義』, 서울: 한국경제연구원, 1988.

민족문화추진회,『국역 경세유표 I, II, III』

민족문화추진회,『국역 다산시문집 1, 2, 3, 4, 5, 6, 7, 8, 9』

박기주, 〈재화가격의 추이, 1701-1909: 慶州 지방을 중심으로〉, 이영훈 편,『수량경 제사로 다시 본 조선후기』, pp. 173-223.

박병호, 〈茶山의 法思想〉, 한우근 외,『丁茶山硏究의 現況』, pp. 71-90.

박석무, 〈茶山의 法律觀 - 부패 방지를 위한 法制改革〉,『民族文化』제19집(1996), pp. 112-133.

____,『다산 정약용 유배지에서 만나다』, 파주시: 한길사, 2003.

박석무·정해렴 역주,『역주 欽欽新書 1, 2, 3』, 서울: 현대실학사, 1999.

박세일, 〈아담 스미스의 道德哲學體系 - 神學·倫理學·法學·經濟學의 內的 聯關에 대 한 統一的 把握을 위하여〉, 조순 외,『아담 스미스 硏究』, pp. 29-62.

박지원 씀 리상호 옮김,『열하일기 下』, 파주: 도서출판 보리, 2004, pp. 254-270.

박홍기, 〈민본주의 전통과 열린 경제질서의 형성〉, 김형효 외,『민본주의를 넘어

서: 동양의 민본사상과 새로운 공동체 모색』, 수원: 청계, 2000, pp. 301-342.
박홍기, 〈아시아적 가치 논쟁: 논쟁의 추이와 주요 쟁점에 관한 비판적 검토〉,『比較經濟研究』, 제12권(2005) 제1호, pp. 165-216.
성대경, 〈茶山의 技術官吏 育成策〉, 강만길 외,『茶山의 政治經濟 思想』, pp. 109-131.
성태용, 〈다산 철학에 있어서 계시 없는 상제〉,『茶山學』, 제5호(2004), pp. 103-126.
안병직, 〈『牧民心書』考異〉, 한우근 외,『丁茶山硏究의 現況』, pp. 42-65.
_____, 〈다산과 체국경야(體國經野)〉,『茶山學』, 제4호(2003), pp. 54-95.
안외순, 〈丁若鏞의 사상에 나타난 西學과 儒學의 만남과 갈등〉,『정치사상연구』, 2집(2000년 봄), pp. 7-36.
연세대학교 국학연구원 편,『韓國實學思想硏究 1, 2』, 서울: 혜안, 2006.
유초하, 〈茶山 存在觀의 哲學史的 위치〉,『民族文化』제19집(1996), pp. 29-41.
윤사순, 〈茶山의 人間觀 - 脫性理學的 觀點에서〉, 한우근 외,『丁茶山硏究의 現況』, pp. 140-160.
이계식, 〈아담 스미스의 農業經濟論 - 그의 農業觀과 農業政策論을 중심으로〉, 조순 외,『아담 스미스 硏究』, pp. 129-153.
이동환, 〈茶山思想에서의 '上帝' 도입경로에 대한 序說的 고찰〉, 강만길 외,『茶山의 政治經濟 思想』, 서울: 창작과비평사, 1990, pp. 300-320.
_____, 〈茶山思想에 있어서의 '上帝' 문제〉,『民族文化』제19집(1996), pp. 9-27.
이승환,『유가사상의 사회철학적 재조명』, 서울: 고려대학교 출판부, 1998.
이영훈, 〈茶山의 井田制改革論과 王土主義〉,『民族文化』제19집(1996), pp. 55-111.
_____, 〈다산의 인간관계 범주구분과 사회인식〉,『茶山學』, 제4호(2003), pp. 8-53.
_____, 〈총설: 조선후기 경제사 연구의 새로운 동향과 과제〉, 이영훈 편,『수량경제사로 다시 본 조선후기』, pp. 368-391.
이영훈 편,『수량경제사로 다시 본 조선후기』, 서울: 서울대학교 출판부, 2004.
이영훈·박이택, 〈농촌 미곡시장과 전국적 시장통합, 1713-1937〉, 이영훈 편,『수량경제사로 다시 본 조선후기』, pp. 225-300.
이을호, 〈茶山經學 成立의 背景과 性格〉, 한우근 외,『丁茶山硏究의 現況』, pp. 117-139.

이정린,『황사영백서연구 - 한반도 분단의 근본 원인을 찾아』, 서울: 일조각, 1999.
이지순, 〈政府의 經濟的 役割에 관한 아담 스미스의 理論 -『國富論』을 중심으로〉, 조순 외,『아담 스미스 硏究』, pp. 63-103.
이지형, 〈茶山經學의 考證學的 태도 -『梅氏書評』을 중심으로〉, 강만길 외,『茶山의 政治經濟 思想』, pp. 273-299.
장승구,『정약용과 실천의 철학: 다산 철학의 근대성 탐구』, 서울: 서광사, 2001.
____, 〈동서사상의 만남과 정약용의 인간관: 작위의 주체로서의 인간〉,『茶山學』, 제8호(2006년 6월), pp. 385-415.
장승희,『茶山 倫理思想 硏究』, 서울: 경인문화사, 2005.
장하준 지음 형성백 옮김,『사다리 걷어차기』, 서울: 도서출판 부키, 2004.
전주대 호남학연구소,『國譯 與猶堂全書 1』, 전주: 전주대학교출판부, 1986.
____,『國譯 與猶堂全書 2, 3, 4』, 서울: 여강출판사, 1989.
____,『國譯 與猶堂全書 5』, 서울: 여강출판사, 1995.
정석종 외,『丁茶山과 그 時代』, 서울: 민음사, 1986.
정약용 편찬 정갑진·정해렴 역주,『압해정씨가승』, 서울: 현대실학사, 2003.
정옥자, 〈정조시대 연구 총론〉, 정옥자 외,『정조시대의 사상과 문화』, 서울: 돌베개, 1999, pp. 15-43.
정운찬, 〈아담 스미스의 貨幣金融理論〉, 조순 외,『아담 스미스 硏究』, pp. 217-235.
정창렬, 〈實學의 歷史觀 - 李瀷과 丁若鏞을 중심으로〉, 강만길 외,『茶山의 政治經濟 思想』, pp. 13-51.
____, 〈實學의 世界觀과 歷史認識〉, 연세대학교 국학연구원 편,『韓國實學思想研究 1』, pp. 271-344.
정호훈, 〈조선후기 실학 연구의 동향과 정치경제학〉, 연세대학교 국학연구원 편,『韓國實學思想研究 2』, pp. 15-53.
____, 〈實學者의 政治理念과 政治運營論〉, 연세대학교 국학연구원 편,『韓國實學思想研究 2: 政治經濟學篇』, pp. 101-154.
조성을, 〈丁若鏞의 政治經濟 改革思想 硏究〉, 연세대학교 대학원 박사학위 논문, 1991.

조성을, 〈朝鮮後記 實學의 理想國家와 政治體制論〉, 연세대학교 국학연구원 편, 『韓國實學思想硏究 2』, pp. 55-100.

조순, 〈아담 스미스의 思想과 한국의 經濟社會〉, 조순 외, 『아담 스미스 硏究』, pp. 9-28.

조순 외, 『아담 스미스 硏究』, 서울: 민음사, 1989.

주겸지 지음 전홍석 옮김, 『중국이 만든 유럽의 근대』,(1940) 서울: 청계, 2003.

최석우, 〈丁若鏞과 天主敎의 관계: Daveluy의 備忘記를 중심으로〉, 최석우 외, 『茶山 丁若鏞의 西學思想』, pp. 20-47.

최석우 외, 『茶山 丁若鏞의 西學思想』, 서울: 다섯수레, 1993.

최윤오, 〈朝鮮後期 所有論과 土地論〉, 연세대학교 국학연구원 편, 『韓國實學思想硏究 2』, pp. 195-246.

최진덕, 〈茶山 實學의 構造와 그의 喪服制度論〉, 김형효 외, 『茶山의 사상과 그 현대적 의미』, pp. 243-406.

풍우란 지음 박성규 옮김, 『중국철학사 상, 하』, 서울: 까치글방, 1999.

한영우, 〈茶山 丁若鏞의 歷史觀〉, 한우근 외, 『丁茶山硏究의 現況』, pp. 295-317.

한우근, 〈茶山思想의 展開〉, 한우근 외, 『丁茶山硏究의 現況』, 서울: 민음사, 1985, pp. 12-22.

한우근 외, 『丁茶山硏究의 現況』, 서울: 민음사, 1985.

한형조, 『주희에서 정약용으로 - 조선 유학의 철학적 패러다임 연구』, 서울: 세계사, 1996.

_____, 〈동양철학은 왜 어려운가? 어디로 길을 뚫어야 할까?〉, 『정신문화연구』, 2003 여름호(제26권 제2호), pp. 53-80.

_____, 〈리뷰: 하버드에서의 다산학 국제학술대회〉, 『茶山學』, 제5호(2004), pp. 283-331.

홉슨 존 M. 지음 정경옥 옮김, 『서구 문명은 동양에서 시작되었다』, 서울: 에코리브르, 2005.

홍이섭, 『丁若鏞의 政治經濟 思想 硏究』, 서울: 한국연구도서관, 1959.

Andreozzi, Luciano, "A Note on Paradoxes in Economics," *Kyklos*, Vol. 57(2004), pp. 3-19.

Bayly, C. A., *The Birth of the Modern World 1780-1914*, Oxford: Blackwell Publishing, 2004.

Bittermann, H. J., "Adam Smith's Empiricism and the Law of Nature, Part I-II,"(1940) in John Cunningham Wood(ed.), *Adam Smith Critical Assessments*, Vol. I, pp. 190-235.

Blaug, Mark, *Economic Theory in Retrospect*, 5th ed., Cambridge: Cambridge University Press, 1996.

Broadie, Alexander (ed.), *The Cambridge Companion to the Scottish Enlightenment*, Cambridge: Cambridge University Press, 2003.

_____, "Introduction," in Alexander Broadie (ed.), *The Cambridge Companion to the Scottish Enlightenment*, pp. 1-7.

Campbell, R. H. and A. S. Skinner, "General Introduction," in Adam Smith, *An Inquiry into the Nature and Causes of the Wealth of Nations*, pp. 1-60.

Campbell, T. D., "Scientific Explanation and Ethical Justification in the *Moral Sentiments*," in A. S. Skinner and T. Wilson (eds.), *Essays on Adam Smith*, pp. 68-82.

Clarke, J. J., *Oriental Enlightenment: The Encounter Between Asian and Western Thought*, London: Routledge, 1997.

Diamond, Jared, *Guns, Germs, and Steel: The Fates of Human Societies*, New York: W.W. Norton & Company, 1999.

Emerson, Roger, "The contexts of the Scottish Enlightenment," in Alexander Broadie (ed.), *The Cambridge Companion to the Scottish Enlightenment*, pp. 9-30.

Evensky, Jerry, "The Two Voices of Adam Smith: Moral Philosopher and Social Critic,"(1987) in John Cunningham Wood(ed.), *Adam Smith Critical Assessments*, Vol. VI, pp. 175-195.

_____, "'Chicago Smith' versus 'Kirkaldy Smith'," *History of Political Economy*, Vol. 37(2005), pp. 197-203.

Ferre, Frederick, "Design Argument," article in Philip P. Wiener (ed.), *Dictionary of the History of Ideas*, Vol. I, New York: Charles Scribner's Sons, 1978, pp. 670-677.

Fitzgibbons, Athol, *Adam Smith's System of Liberty, Wealth, and Virtue*, New York: Oxford University Press, 1995.

Fleischacker, Samuel, "Values Behind the Market: Kant's Response to the *Wealth of Nations*," *History of Political Thought*, Vol. 17(1996), pp. 379-407.

Force, Pierre, *Self-interest before Adam Smith: A Genealogy of Economic Science*, Cambridge: Cambridge University Press, 2003.

Fry, Michael, *Adam Smith's Legacy: His Place in the Development of Modern Economics*, London: Routledge, 1992.

Hallie, Philip P., "Stoicism," article in Paul Edwards (ed.), *The Encyclopedia of Philosophy*, Vol. 8, New York: Macmillan, 1978, pp. 19-22.

Harrison, L. E., and S. P. Huntington (eds.), *Culture Matters: How Values Shape Human Progress*, New York: Basic Books, 2000.

Hayek, F. A., *Law, Legislation and Liberty*, Volume 1, *Rules and Order*, Chicago: University of Chicago Press, 1973.

_____, *Law, Legislation and Liberty*, Volume 2, *The Mirage of Social Justice*, London: Routledge & Kegan Paul, 1982.

_____, *The Fatal Conceit: The Errors of Socialism*, The Collected Works of Friedrich August Hayek, Vol. 1, edited by W. W. Bartley, III, London: Routledge, 1988.

Heilbroner, R. L., "The Paradox of Progress: Decline and Decay in *The Wealth of Nations*," in A. S. Skinner and Thomas Wilson (eds.), *Essays on Adam Smith*, pp. 524-539.

_____, "The Socialization of the Individual in Adam Smith,"(1982) in John Cunningham Wood(ed.), *Adam Smith Critical Assessments*, Vol. V, pp. 122-134.

Hirschman, Albert O., *The Passions and the Interests: Political Arguments for Capitalism before Its Triumph*, Princeton, New Jersey: Princeton University Press, 1977.

Hume, David, *An Enquiry concerning the Principles of Morals*,(1751) edited by T. L. Beauchamp, Oxford: Oxford University Press, 1998.

_____, *Essays, Moral, Political, and Literary*,(1777) edited by Eugene F. Miller, Indianapolis: Liberty Fund, 1985.

Hutchison, T. W., "The Bicentenary of Adam Smith,"(1976) in John Cunningham Wood(ed.), *Adam Smith Critical Assessments*, Vol. II, pp. 160-171.

Jones, E. L., *Growth Recurring: Economic Change in World History*, Ann Arbor: The University of Michigan Press, 1988.

Keynes, J. M., "Adam Smith as Student and Professor,"(1938) in John Cunningham Wood(ed.), *Adam Smith Critical Assessments*, Vol. I, pp. 75-86.

Koslowski, Peter F., "The Ethics of Capitalism," in Svetozar Pejovich(ed.), *Philosophical and Economic Foundations of Capitalism*, Lexington, Massachusetts: Lexington Books, 1983, pp. 33-64.

Ma, Debin, "Why Japan, Not China, Was the First to Develop in East Asia: Lessons from Sericulture, 1850-1937," *Economic Development and Cultural Change*, Vol. 52(2004), pp. 369-394.

Macfie, A. L., "Adam Smith's Theory of Moral Sentiments,"(1961) in John Cunningham Wood(ed.), *Adam Smith Critical Assessments*, Vol. I, pp. 297-309.

Macfie, A. L., "The Invisible Hand of Jupiter," *Journal of the History of Ideas*, Vol. 32(1971), pp. 595-599.

Meek, R. L., "Smith, Turgot, and the 'Four Stages' Theory,"(1971) in John Cunningham Wood(ed.), *Adam Smith Critical Assessments*, Vol. IV, pp. 142-155.

Mizuta, Hiroshi, "Moral Philosophy and Civil Society," in A. S. Skinner and T. Wilson (eds.), *Essays on Adam Smith*, pp. 114-131.

Montes, Leonidas, "Das Adam Smith Problem: Its Origins, the Stages of the Current Debate, and One Implication for Our Understanding of Sympathy," *Journal of the History of Economic Thought*, Vol. 25(2003), pp. 63-90.

Morishima, Michio, *Why has Japan 'succeeded'? Western technology and the Japanese ethos*, Cambridge: Cambridge University Press, 1982.

Morrow, G. R., "Adam Smith: Moralist and Philosopher,"(1927) in John Cunningham Wood(ed.), *Adam Smith Critical Assessments*, Vol. I, pp. 168-181.

Mossner, Ernest Campbell, "Deism," article in *The Encyclopedia of Philosophy*, Vol. 2,

New York: Macmillan, 1978, pp. 326-336.

Nielsen, Kai, "Ethics, Problems of," article in *The Encyclopedia of Philosophy*, Vol. 3, New York: Macmillan, 1978, pp. 117-134.

Olson, Mancur, "collective action," article in *The New Palgrave: A Dictionary of Economics*, Vol, 1, London: The Macmillan Press Limited, 1987, pp. 474-477.

Oncken, A., "The Consistency of Adam Smith,"(1897) in John Cunningham Wood(ed.), *Adam Smith Critical Assessments*, Vol. I, pp. 1-6.

Polanyi, Karl, *The Great Transformation*, Boston: Beacon Press, 1944.

Rae, John, *Life of Adam Smith*,(1895) New Jersey: Augustus M. Kelley, 1965.

Raphael, D. D., "The Impartial Spectator," in A. S. Skinner and T. Wilson (eds.), *Essays on Adam Smith*, pp. 83-99.

Raphael, D. D. and A. L. Macfie, "Introduction," in Adam Smith, *The Theory of Moral Sentiments*, pp. 1-52.

Recktenwald, H. C., "An Adam Smith Renaissance anno 1976? The Bicentenary Output - A Reappraisal of His Scholarship,"(1978) in John Cunningham Wood(ed.), *Adam Smith Critical Assessments*, Vol. IV, pp. 249-277.

Reinert, Erik S., "Institutionalism Ancient, Old and New," WIDER Research Paper No. 2006/77, Helsinki: UNU-WIDER, July 2006.

Richardson, G. B., "Adam Smith on Competition and Increasing Returns," in A. S. Skinner and T. W. Wilson (eds.), *Essays on Adam Smith*, pp. 350-360.

Ross, Ian Simpson, *The Life of Adam Smith*, Oxford: Clarendon Press, 1995.

Rostow, W. W., *The Stages of Economic Growth*, Cambridge: Cambridge University Press, 1960.

Schumpeter, Josep A., *Capitalism, Socialism and Democracy*(1942), New York: Harper Colophon Books, 1975.

_____, *History of Economic Analysis*, London: Oxford University Press, 1954.

Scott, W. R., *Adam Smith as Student and Professor*, Glasgow: Jackson, 1937.

Sen, Amartya, *On Ethics & Economics*, Oxford: Blackwell, 1987.

Skinner, A. S., "Adam Smith: an Economic Interpretation of History," in A. S. Skinner and T. Wilson (eds.), *Essays on Adam Smith*, pp. 154-178.

____, "Adam Smith: The Development of a System,"(1976) in John Cunningham Wood(ed.), *Adam Smith Critical Assessments*, Vol. I, pp. 508-529.

____, *A System of Social Science*, 2nd ed., Oxford: Oxford University Press, 1996.

____, "Economic theory," in Alexander Broadie (ed.), *The Cambridge Companion to the Scottish Enlightenment*, pp. 178-204.

Skinner, A. S. and Thomas Wilson (eds.), *Essays on Adam Smith*, Oxford: Oxford University Press, 1975.

Smith, Adam, *Correspondence of Adam Smith(Corr.)*, The Glasgow Edition of the Works and Correspondence of Adam Smith, Vol. VI, edited by E. C. Mossner and I. S. Ross, 2nd ed., Oxford: Oxford University Press, 1987.

____, "An Early Draft of Part of *The Wealth of Nations(ED)*," in W. R. Scott, *Adam Smith as Student and Professor*, pp. 315-356.

____, *Essays on Philosophical Subjects(EPS)*, The Glasgow edition of the Works and Correspondence of Adam Smith, Vol. III, edited by W. P. D. Wightman, Oxford: Oxford University Press, 1980.

____, *Lectures on Jurisprudence(LJ)*, The Glasgow Edition of the Works and Correspondence of Adam Smith, Vol. V, edited by R. L. Meek, D. D. Raphael, and P. G. Stein, Oxford: Oxford University Press, 1978.

____, *Lectures on Rhetoric and Belles Lettres(LRBL)*, The Glasgow Edition of the Works and Correspondence of Adam Smith, Vol. IV, edited by J. C. Bryce, Oxford: Oxford University Press, 1983.

____, *The Theory of Moral Sentiments(TMS)*, The Glasgow Edition of the Works and Correspondence of Adam Smith, Vol. I, edited by D. D. Raphael and A. L. Macfie, Oxford: Oxford University Press, 1976.

____, *An Inquiry into the Nature and Causes of the Wealth of Nations(WN)*, The Glasgow Edition of the Works and Correspondence of Adam Smith, Vol. II (2 vol.) edited by R. H. Campbell, A. S. Skinner, and W.B. Todd, Oxford: Oxford University Press, 1976.

Stewart, Dugald, "Account of the Life and Writings of Adam Smith, LL.D.,"(1795) in Adam Smith, *EPS*, pp. 269-351.

Stigler, George J., "Does Economics Have a Useful Past?" *HOPE*, Vol. 1(1969), pp. 217-230.

Stuke, Horst, "Aufklärung," in Otto Brunner, Werner Conze, Reinhart Koselleck (Hrsg.), *Geschichtliche Grundbegriffe*, Band 1, Stuttgart: Klett-Cotta, 1992, pp. 243-342.

Tönnies, Ferdinand, *Gemeinschaft und Gesellschaft*,(1935) Darmstadt: Wissenschaftliche Buchgesellschaft, 1991.

Van Steenberghen, F., "Aristotelismus," article in Joachim Ritter (Hrsg.), *Historisches Wörterbuch der Philosophie*, Basel: Schwabe & Co, 1971, Band 1, Sp. 508-517.

Viner, J., "Adam Smith and Laissez Faire,"(1927) in John Cunningham Wood(ed.), *Adam Smith Critical Assessments*, Vol. I, pp. 143-167.

Waters, Malcolm, "General Commentary: The Meaning of Modernity," in Malcolm Waters (ed.), *Modernity: critical concepts*, Volume I, London: Routledge, 1999, pp. xi-xxiii.

Wight, Jonathan B., *Saving Adam Smith: A Tale of Wealth, Transformation, and Virtue*, Upper Saddle River, NJ: Prentice Hall, 2002.

_____, "The Rise of Adam Smith: Articles and Citations, 1970-1997," *History of Political Economy*, Vol. 34(2002), pp. 55-82.

Wightman, W. P. D., "Introduction," in Adam Smith, *EPS*, pp. 5-27.

Wood, John Cunningham(ed.), *Adam Smith Critical Assessments*, Vol. I-IV, London: Croom Helm, 1983.

_____(ed.), *Adam Smith Critical Assessments*, Second Series, Vol. V-VII, London: Routledge, 1994.

Zhang, Wei-Bin, *On Adam Smith and Confucius: The Theory of Moral Sentiments and the Analects*, New York: Nova Science Publishers, 2000.

찾아보기

사항 색인

(ㄱ)

가격   310, 316, 320
가격이론   296, 302
가공된 다산   17, 18, 22
가렴주구(苛斂誅求)   91, 243
가문(家門)   227, 255, 257, 259, 275, 287, 290, 342
가신(家臣)   258
가정경제(oikonomia)   73, 81
가족법   263
가치의 역설(paradox of value)   299
가치의 척도   299
각성(覺性)   109, 197
감정이입   219, 237
강화학파   65
개인   38, 70, 80, 131, 211, 260, 263, 279, 294, 301, 331, 364, 370, 375
개인주의적(individualistic) 방법론   115
검약   85, 131, 227, 301
격물궁리(格物窮理)   107
결속의 문제(cohesion question)   81

결의론(casuistry)   89
경(敬)   244, 347
경성(硬性)의 덕   214, 220, 235
경세유표(經世遺表)   64, 112, 149, 151, 168, 173, 313, 324, 328, 363, 366, 373
경세제민(經世濟民)   111, 242
경세치용   314, 320, 357, 374
경세치용학   149, 151, 156, 314
경세학(經世學)   14, 21, 64, 118, 139, 156, 171, 204, 252, 271, 284, 293, 313, 325, 331, 341, 357, 366, 376
경야(經野)   149
경외(admiration)   162, 163, 183
경쟁   90, 300, 302, 307, 310, 312, 320, 362
경제 결정론   269
경제문제   53, 54, 252, 331, 332, 341, 346
경제사회발전의 4단계 이론   254, 291
경제(economy)의 원칙   306
경제인(economic man) 217, 267, 295
경제인(homo economicus) 130, 295, 354
경제인(homo economicus) 가설   82,

찾아보기   395

123, 153
경제학 22, 43, 90, 118, 122, 132, 152, 175, 186, 224, 252, 269, 293, 312, 331, 344, 357, 373
경제학의 제1원리 152, 155
경제학자들(économistes) 46
경제혁명 69, 360
경학(經學) 14, 16, 21, 64, 102, 104, 118, 160, 204, 245, 271, 341, 357, 366, 376, 377
경학적 경세학 327, 330, 358, 361, 363, 376
경험주의 164
계몽운동 39, 43, 49, 59
계몽주의 21, 37, 38, 54, 69, 169, 175, 182, 360
계시 79, 181, 183, 185, 194, 201, 205
계신공구(戒愼恐懼) 203, 232
계약 40, 249, 254, 372
고경(古經) 112, 169, 193, 240, 250, 339, 348, 363, 376
고과제 279
고적법(考績法) 113, 147
고전경제학 19, 22, 312
고증학 361, 368
곡산부사 62
공공재(public goods) 303, 320
공동사회(Gemeinschaft) 80, 248
공리공담 97
공법(公法) 263
공서파(功西派) 57, 60, 61, 98

공손추(公孫丑) 상(上) 224
공익 74, 82, 115, 135, 148, 279, 293, 303, 309, 362
공정한 관찰자(impartial spectator) 85, 212, 220, 225, 229, 237, 251, 264, 309, 340
과거학(科擧學) 112
과학 16, 37, 72, 77, 98, 177, 182, 190, 294, 361, 363
과학적 방법론 130, 164
관념론 94, 152, 164, 165
관념론자 124, 138, 139
관념철학 72
관습법 281, 286
광신(狂信) 78, 305
교사(巧思) 315, 328, 330, 333, 346
교환 297, 316, 370
교환가치(value in exchange) 299
교환경제(katallaxia) 81, 258, 266
교환성향(propensity to exchange) 298, 315, 333, 346
교환의 매개체 299, 318, 319
교환의 원리 297, 298, 302, 309, 312, 316
교환정의 215, 260, 263, 282, 285, 291, 343, 349
구부론(九賦論) 325
구성주의적 합리주의(constructivist rationalism) 119
구역사학파 124
국민개병제 334, 348

국방 262, 303, 304, 320, 328, 334, 347
국부론(國富論) 31, 295, 297, 330, 335
국부론(WN) 24, 35, 85, 122, 152, 221, 295, 364, 373
군국(軍國) 334, 348
군사(君師) 59, 367
군자(君子) 192, 235, 242, 252, 279, 341, 348
군현제 149, 150, 157
권리 70, 110, 131, 229, 264, 309, 331, 341, 348
권위의 원리 255, 257, 260, 275, 290, 292, 342
권형(權衡) 198, 200
귀납 126
귀납적 방법 178, 205
귀신(鬼神) 192, 196, 202
규범윤리학(normative ethics) 210, 230, 250, 339
규제력(regulative force) 132
균민(均民) 282, 357
균산(均産) 323, 324
균세(均稅) 324
균형(均衡) 104, 310
극기(克己) 145, 156, 240, 242, 247, 251, 340
극기복례(克己復禮) 204, 232, 240
극기의 윤리학 230, 242
근대 지향성 21, 27, 369, 371, 373
근대로의 징후 21, 27
근대사회 93, 103, 119, 211, 228, 235, 377
근대성 14, 20, 369, 374, 376
근대화 20, 27, 36, 49, 55, 99, 158, 370
근대화의 기수 157, 374
글래스고 대학 42, 48, 59, 71, 165, 172, 365
금욕 145, 156
금욕적 수양 107
기(氣) 94, 106, 141, 187
기계 161, 178, 182, 189
기계론(mechanism) 81, 87, 179
기독교 75, 116, 118
기독교 신학 71, 76, 80, 116
기독교 철학 72, 93, 105
기독교적 관념론 76
기독교적 세계관 59
기예(技藝) 74, 182, 275, 276, 315, 328, 330, 333, 349, 360
기적 181, 185, 201
기질 94, 107
기질지성(氣質之性) 143
기호(嗜好) 197, 199

(ㄴ)

남인(南人) 56, 61
내부의 사람(man within) 222
내세 117, 183, 185, 194, 203, 206
네오 에피큐리언 82, 86, 123
노동 297, 315, 332, 345, 371
노동의 생산성 297, 302, 305, 315, 345, 349

노론(老論)   56, 60, 63
놀라움(surprise)   162, 183, 185
농경단계   53, 268, 278, 288, 312, 331
농경사회   52, 304, 331, 347, 360, 365
농본주의   367
농업   34, 52, 258, 301, 318, 322, 325, 329, 364, 366
뉴턴 물리학   42, 72
뉴턴의 과학   80
뉴턴의 방법   74, 163, 164, 178, 223, 224, 254, 360
뉴턴의 체계   163
니덤 수수께끼(Needham puzzle)   28, 29

(ㄷ)

다산 정약용 문제   31, 121, 122, 137, 155, 278
다산학   14, 16, 27, 29, 55, 102
다신계(茶信契)   65
다신교   183
당쟁   91, 243
당혹(wonder)   162, 163, 183
대체(大體)   197
대학(大學)   60
덕(德 virtue)   85, 88, 123, 188, 203, 211, 221, 230, 238, 245, 250, 272, 341, 348
덕의 본질   84, 211, 216, 222, 229, 236, 241, 250, 339
덕치(德治)   90, 114, 119, 251, 272, 284, 288, 340, 348
도(道)   39, 79, 106, 192
도가   93, 106, 230, 238
도교   98, 103
도덕감각(moral sense)   251, 340
도덕감각이론   218, 237
도덕감정론(TMS)   45, 85, 122, 152, 179, 206, 211, 223, 253, 379
도덕률(rules of morality)   77, 185, 189, 208, 337
도덕인(moral man)   217
도덕적 상고주의(尙古主義)   275, 288, 291, 327, 349
도덕적 완벽주의   85
도덕적 판단의 기본원리   211, 217, 237, 251, 340
도덕철학   37, 43, 75, 117, 122, 139, 144, 156, 164, 176, 190, 360
도덕철학체계   31, 165, 171, 185, 201, 223, 242, 252, 270, 284, 293, 308, 312, 325, 335, 344, 351, 376
도리(道理)   105, 106, 110, 116
도심(道心)   143, 199, 206
도의지성(道義之性)   143
독일   124, 126, 127, 152, 159, 364
독일 역사학파   126, 152, 156, 159
동(動)의 철학   105
동감(sympathy)   85, 123, 135, 219, 224, 237, 251, 264, 292, 340, 344
동감 정의론   264
동감의 원리   136, 217, 222, 229, 264,

267, 270, 295, 309, 312, 341
동기력(motivating force) 132
동력인(efficient cause) 81, 180, 181, 191
두려움 185, 192, 202, 205, 208, 211, 337
둔세(遁世) 247, 252, 341
둔전(屯田) 324

(ㄹ)
로빈슨 크루소 31, 351, 352
르네상스 72
리카도 경제학 126, 127

(ㅁ)
마과회통(麻科會通) 62
마르크스주의 268
만든 질서(taxis) 73, 119
만물의 원리(the principle of all things) 176
만인의 만인에 대한 투쟁 82
말부합일(末復合一) 241
매씨서평(梅氏書評) 168
맨더빌의 역설 87, 134, 153
맹자(孟子) 224, 233
맹자요의(孟子要義) 150, 381
메이지유신 27
메타윤리학(metaethics) 210, 230
명(命) 192
명덕(明德) 233
명목가격 299

명변(明辯) 19, 20, 26, 351
명예혁명 36, 259, 260
모방예술(Imitative Arts) 47
목민심서(牧民心書) 64, 150, 157, 168, 173, 313, 366
목적(telos) 81, 178, 179, 182
목적론(teleology) 81, 87
목적론적 모델 81
목적론적 연구 16, 27
목적인(final cause) 81, 180, 181, 191
목축단계 257, 287
묘지명 65, 99, 160, 168
묘합(妙合) 109
무신론(無神論 atheism) 78
무신론자 78, 79, 116
무위(無爲) 104, 192, 246, 252, 270
무위(無爲)의 비전 210, 338, 348
무위의 윤리학 241
무위의 정치 112
무위의 철학 248
무위이치(無爲而治) 112, 118, 271, 289, 294, 332, 345, 349
묵가(墨家) 238
문장학 112
문화혁명 37, 40, 69, 360
물리(物理) 106, 110, 116
물상간(物上看) 187
물질-에너지(matter-energy) 95
미신(迷信) 71, 78, 113, 163, 182, 305
민본주의 274, 367, 368
민심(民心) 204, 283, 292

민주주의　274, 356, 367, 368

(ㅂ)

박학(博學)　19, 20, 26, 351
박해(迫害)　55, 79
반동적 복고주의　54, 55
반성(反省: reflection)　132, 225
반이신론자　79
반주자학자　138
방례초본(邦禮艸本)　173
백서사건(帛書事件)　63, 99
범주론　108
법가(法家)　204, 238, 281, 284
법과 통치의 일반원리　253, 260, 278, 282, 285, 289, 291, 349
법치(法治)　90, 114, 119, 272, 284, 288
법칙(nomos)　81, 182
법학　24, 31, 45, 90, 118, 128, 165, 173, 204, 224, 247, 265, 270, 284, 295, 312, 335, 341, 344
법학강의(LJ)　166
베이리얼(Balliol) 칼리지　43
벽파(僻派)　56
병농일치제　334, 347, 348
병자호란　49
보이지 않는 손(invisible hand)　86, 87, 88, 90, 227, 229, 302, 310, 311
복례(復禮)　240, 242, 247
본원유학　96, 97
봉건제도　70, 91, 149, 150, 157, 258
봉곡사(鳳谷寺)　61

부(富: wealth)　297, 332, 347
부국강병　26, 114, 144, 152, 157, 160, 168, 173, 247, 277, 313, 350, 376
부귀(富貴)　226, 371
부르주아　258
북벌론　50
북학(北學)　50, 320
북학론　50
분배정의　262, 263, 282, 285, 288, 291, 293, 343, 345, 349
분배정의의 원리　278
분업　52, 297, 302, 305, 315, 329, 332, 346, 349
불가역(不可易)의 정강(政綱)　328
불경법(blasphemy laws)　169, 191
불경죄　177
불교　57, 64, 94, 98, 103, 106, 230, 238
불완전 권리(jura imperfecta)　263, 285, 291, 343
불의(injustice)　185, 188, 255, 264
불인장(不忍章)　224
비생산적 노동(unproductive labour)　298, 300

(ㅅ)

사간원　61
사농공상　315, 317, 333, 346
사단(四端)　230, 233, 235, 238, 246
사덕(四德)　233, 238, 246
사문난적(斯文亂賊)　51
사민구직론(四民九職論)　316, 333,

346, 349
사법(私法) 263
사서삼경(四書三經) 169
사양지심(辭讓之心) 233, 236
사용가치(value in use) 299
사익(私益) 74, 82, 114, 148, 279, 293, 302, 311, 334, 347, 362, 375
사학(邪學) 51, 58, 63
사회계약 290, 344
사회계약론 218, 237, 274
사회과학 24, 155, 190, 267, 361, 366
사회주의 334, 347, 350, 362
사회화(socialization) 216, 228, 253
산업혁명 26, 34, 35, 49, 69
삼교 통합 102, 106, 230
삼위일체 197
삼정(三政)의 문란 91, 242
상례(喪禮) 64
상무(尙武) 정신 305
상비군 304, 334, 347, 348
상서(尙書) 168
상서고훈(尙書古訓) 168
상서학(尙書學) 65
상업단계 53, 258, 266, 304, 312, 331
상업사회 83, 134, 215, 220, 309, 331, 334, 348
상업자본주의 69, 360
상제(上帝) 101, 148, 173, 190, 198, 200, 230, 245, 249, 336, 357
상제신학 141, 145, 190, 201, 205, 337
상제의 속성 191

상제의 존재 196, 202
상호 동감 219
상호 동감의 즐거움 225
상호 반감의 고통 225
생계취득양식(mode of earning subsistence) 256, 257, 258, 277
생산적 노동(productive labour) 297, 298, 300, 301, 302
생성(生性) 109, 197
생존양식(mode of subsistence) 256, 259, 268, 287, 291, 342
서(恕) 231, 237, 239, 240, 242, 244, 251, 340
서경(書經) 143
서교(西敎) 50, 57, 64, 98, 100, 144, 156, 191, 245
서교파 60, 99
서(恕)의 원리 237
서학(西學) 14, 50, 93, 98, 102, 141, 204, 230, 361
서학파 60, 99
선(善) 198, 232, 251, 279, 338
선과 악 200, 205, 210, 231, 338
선악혼설(善惡渾說) 198
설계(design) 134, 135, 200, 201, 211
설계논증(design argument) 178, 181, 185, 208, 219, 336
설계로부터의 논증(argument from design) 179, 187
설계로의 논증(argument to design) 179, 181, 187

설득의 원리　298
설화적(narrative) 역사　268
섭리(Providence)　78, 86, 180
성(性)　94, 142, 192, 197, 233
성균관　7, 58, 61, 364
성기호설　245
성리학　20, 50, 92, 101, 138, 167, 201, 230, 243, 339, 357
성삼품설(性三品說)　109
성선(性善)　144, 198, 230
성선설　146, 245
성악설　198
성인(聖人)　195, 236, 240, 252, 294, 341, 348
성즉기호(性卽嗜好)　142, 143
성즉리(性卽理)　95, 245
성호사설(星湖僿說)　358
성호우파　57
성호좌파　57, 93, 98
소극적인 덕　228
소인(小人)　235, 239, 279, 326
소중화(小中華)　50, 55
소체(小體)　198
송학(宋學)　377
수기(修己)　15, 170, 172, 247, 252, 271, 341
수기치인　252, 343
수렵단계　256, 287, 312
수리물리학(mathematical physics)　361
수사학(洙泗學)　97, 100, 101
수사학(修辭學) 및 순수문학 강의 (*LRBL*)　172
수양공부　94, 97, 244, 247, 252, 339, 341
수오지심(羞惡之心)　233, 236
수익자부담의 원칙　303, 305, 306
순조　48, 61, 63
술수학　112
스넬(Snell) 기금　43, 75
스미스 구하기(*Saving Adam Smith*)　23
스미스 르네상스　24
스코틀랜드　36, 40, 48, 71
스코틀랜드 계몽주의　37, 45, 365
스코틀랜드 역사학파　253
스코틀랜드학파　218
스콜라적 경학　238, 250, 327, 339
스콜라철학　177
스토아철학　42, 79, 83, 178
스토익　78, 83, 116, 211, 215, 250, 339
승정원　61, 62
시경(詩經)　60
시민(市民)　70, 249, 263, 292, 339, 344
시민사회　80, 87, 212, 248, 339, 375
시비지심(是非之心)　233, 236
시장　40, 52, 73, 96, 258, 296, 315, 331, 345, 365, 370
시장경제(chrematistika)　73
시장실패　298, 320, 334, 348
시장의 기능　73, 88, 303, 307, 320, 333, 347, 349
시파(時派)　56, 61
식민사관　15, 16

신(神: God)　78, 117, 141, 175, 190, 207, 249, 336, 357
신독(愼獨)　144, 156
신민(臣民)　70, 80, 249, 292, 338, 344
신분　80, 107, 279, 317, 328, 333, 346, 355, 370
신분사회　40, 55, 375
신사(愼思)　19, 20, 26, 351
신서파(信西派)　58, 60, 61, 98
신역사학파　124
신유교옥(辛酉教獄)　54, 63
신유학(Neo-Confucianism)　21, 93, 94, 116, 230
신의 속성　188
신의 존재　177, 195, 196, 208
신중(prudence)　84, 131, 214, 216, 227
신중한 사람(prudent man)　85, 252, 341
신학　31, 69, 77, 90, 116, 173, 186, 203, 246, 335, 348
신학적 난제　182
신학적 단계　190
신형묘합(神形妙合)　109, 117, 142, 146, 198, 206, 246
실정법　204, 228, 252, 264, 281, 292, 341, 344
실질가격　299
실천윤리　103, 105
실천이성　73
실학　15, 27, 50, 138, 313, 367, 376
실학사상　16, 17, 18

실학의 집대성　102
실학의 집대성자　18, 374, 376
실험적 방법　177, 360
실험적 철학　96
심문(審問)　19, 20, 26, 351
심성론　156
심신묘합(心身妙合)　109
심신이원론　142, 144, 145, 146
심신일원론　142, 144, 145, 146
심학(心學)　141, 142, 145

(ㅇ)

아담 스미스 문제　31, 121, 122, 138, 152, 164, 295, 309
아리스토텔레스 방법　74
아리스토텔레스 철학　43, 71, 72, 80, 92, 116
아리스토텔레스의 물리학　72
아리스토텔레스의 윤리학　73
악(惡 vice)　88, 181, 188, 198, 221, 279
악(樂)　169, 284
악의 문제(problem of evil)　181, 188
양명학　65, 368
양심　212, 220, 222, 225, 229, 251
엄숙주의　107
에고이즘　218
에피큐리언　84, 123, 215, 235, 250, 339
여(閭)　322
여유당(與猶堂)　62
여유당전서(與猶堂全書)　15

여전론(閭田論)　322, 324, 334
역사발전 단계론　266, 267, 277
역사·윤리학파　126, 127
역사의 경제적 해석　259
역사적 다산　17, 18, 22, 366, 367
역사학파　124, 126, 127, 128, 129
역지사지(易地思之)　219, 237, 240, 242, 251, 340
역학(易學)　64
연결 원리　74, 163, 164, 175, 183, 190
연성(軟性)의 덕　214, 220, 235
연역　126, 164, 204, 219
연역적 방법　178
열정　212, 216, 223, 228
열하일기(熱河日記)　352
영국　34, 67, 115, 124, 169, 206, 254, 296, 311, 331, 351, 364
영명(靈明)　110, 196, 202
영명성(靈明性)　109, 196
영성(靈性)　109, 197
영조　48, 57
영체(靈體)　197, 200
예(禮)　169, 204, 272, 280, 286, 292, 344
예법일치(禮法一致)　272, 281, 284, 286, 288, 290, 293, 345
예수회　96, 100
예악(禮樂)　113, 143, 171, 244, 272
예정조화(pre-established harmony)　87
예주법종(禮主法從)　284, 288, 292, 344

예학(禮學)　64, 170, 171, 172, 173
오륜(五倫)　232, 233, 248
오리엔탈리즘　28
오학론　112, 167
옥갑야화(玉匣夜話)　355
옥스퍼드 대학　43, 75, 364
완전 권리(jura perfecta)　263, 291, 346
완전한 자유(perfect liberty)　265
왕정의 기본법제　148, 150
왕토사상(王土思想)　323, 357
외부의 사람(man without)　222
외유내야(外儒內耶)　100
요순사회　110, 114, 118, 294
요순시대　105, 138
용서(容恕)　241
우주　83, 94, 117, 178, 182, 188
우주론　94, 108, 230
원목(原牧)　139, 274
원시유학　21, 64, 93, 98, 145, 193, 201, 204, 205, 357
원정(原政)　167
원초적 인간　216, 228
위정척사(衛正斥邪)　51, 54
유럽　28, 29
유럽 계몽운동　39, 59
유럽 계몽주의　37, 40, 45
유럽의 공자(the Confucius of Europe)　39, 364
유럽중심주의　28
유명론적(nominalistic) 인식론　108
유물론　127, 152, 164, 165

유물론자　124, 125
유물론적 역사 해석　259, 268, 271, 289, 291, 345, 348
유비규칙(rules of analogy)　179
유신론(有神論 theism)　78, 103, 118, 146, 178, 182, 190, 201, 205
유신론적 이신론　206
유위(有爲)　105, 111, 114, 192, 247
유위(有爲)의 비전　210, 338, 348
유위의 윤리학　241
유위이치(有爲以治)　118, 289, 294, 332, 345, 349
유학(儒學)　94, 98, 102, 141, 146, 244, 271, 368
육경사서(六經四書)　118, 168, 169, 366
육관수제(六官修制)　150
윤리적 합리주의　218
윤리학(ethics)　31, 45, 85, 89, 118, 125, 130, 153, 165, 173, 186, 203, 210, 217, 223, 242, 266, 284, 295, 309, 312, 335, 368, 344, 348
윤리학적 논증　196, 208, 337
율(律)　286
을사추조적발사건(乙巳秋曹摘發事件)　58
음양오행　106
의(義)　235, 279, 286
의도되지 않은 결과　264, 267, 269
의뢰자(依賴者)　108
의리지변(義利之辨)　235

의부자(依附者)　108, 109
이(利)　235, 278, 279, 377
이(理)　94, 102, 105, 107, 110, 116, 141, 187, 192, 201, 141
이기가설(selfish hypothesis)　82, 123, 124, 125, 131
이기론　92, 95, 97, 101, 103, 106, 116, 201, 205
이기심　128, 131, 135, 146, 156, 218, 237, 250, 270, 298, 309, 333, 339, 346
이론적 역사　162, 268
이민(利民)　204, 283, 292
이상간(理上看)　187
이성(理性)　38, 40, 79, 164, 212, 237, 251, 340, 360
이신론(理神論 deism)　78, 79, 103, 119, 175, 178, 181, 205
이신론자　79, 95, 117, 182, 206, 208
이신론적 유신론　205, 206
이용감(利用監)　320, 328
이용후　42, 276, 277, 289, 291, 314, 319, 325, 328, 343, 357, 374
이원론　106
이원론적 인식론　164
이익사회(Gesellschaft)　80, 248
이일분수(理一分殊)　107
이타심　135, 137, 156, 250, 339
인(仁)　203, 233, 238, 240, 242, 244, 251, 340
인간 본성의 원리(principles of human

nature)　166, 172
인간관　142, 146
인간애　123, 212, 213
인간의 본성　123, 155, 162, 175, 181,
　　　214, 219, 223, 230, 298
인간의 심성　176, 182, 191
인간의 이성　178
인간학　103, 108, 145, 245, 361
인격신　95, 191, 196, 205, 207, 336
인륜(人倫)　173, 233, 236, 245, 246
인성론(人性論)　142, 143, 145
인식론　126, 164, 187, 188
인식론적 전환　109, 110
인심(人心)　143, 144, 147, 200, 203,
　　　231, 235, 239, 252, 279
인애심(仁愛心; benevolence)　123, 128,
　　　131, 180, 188, 212, 216, 219,
　　　235, 308
인욕(人慾)　94
인의예지(仁義禮智)　95, 233, 234, 238,
　　　247, 251, 340
일관성 테제(consistency thesis)　127
일리만수(一理萬殊)　241
일반적 행동규칙(general rules of
　　　conduct)　226, 229
일본　26, 27, 29, 356, 361
일신교　183
일이관지(一以貫之)　240
일지록(日知錄)　358
일체(一體)　197
일표이서(一表二書)　64, 118, 139, 168,

　　　369
임진왜란　49, 96
입헌군주제　36
잉글랜드　36, 40, 71

　　　　　(ㅈ)
자기기만(self-deceit)　226
자기보존　211, 232, 248, 251, 338, 340
자기조직의 원리　107
자리심(self-interest)　25, 82, 90, 117,
　　　123, 125, 131, 134, 227
자립자(自立者)　108
자명소(自明疏)　62, 99, 380
자본주의　81, 153, 155, 334, 347, 350,
　　　356, 362
자생적 질서(cosmos, spontaneous order)
　　　73, 87, 119
자애심(自愛心; self-love)　122, 128,
　　　131, 189, 211, 217, 229, 298,
　　　308, 333, 346
자애심의 망상(delusion of self-love)
　　　226
자연　37, 78, 83, 104, 106, 175, 176,
　　　178, 180, 184, 207, 336, 357
자연가격(natural price)　299, 300
자연공화국　84, 117
자연과학　37, 72, 105, 106, 172
자연법　39, 79, 204, 265, 271, 281, 286,
　　　292, 344, 375
자연법칙　178, 190
자연상태　82, 246

자연신학(natural theology)　45, 165, 170, 181, 185, 191, 205, 209, 228, 337
자연의 기만(deception of Nature)　88, 227, 229
자연적 무위(無爲)의 체계　90
자연적 자유(natural liberty)　42, 105
자연적 자유의 체계(system of natural liberty)　47, 90, 118, 260, 265, 294, 302, 307, 312, 357
자연적 정의(natural justice)　265
자연종교　78
자연철학(natural philosophy)　75, 76, 116, 163, 362
자유　42, 131, 257, 268, 286, 291, 300, 304, 331, 339, 349, 365
자유방임(laissez faire)　46, 90, 154
자유방임주의　125, 127
자유시장경제　309, 311, 312
자유의지　146, 147, 182, 200, 206, 231, 246
자유자(自由者)　108
자유주의　70, 250, 339, 348, 364, 372
자제(self-command)　84, 85, 214, 227, 229, 235, 250, 340
자제의 윤리학　210, 242
작위(作爲)　111, 114
재부(財賦)　143, 171, 326
적극적인 덕　228
적정(propriety)　136, 216, 217, 222, 226, 229, 250, 266, 339, 340

적정의 척도　217, 219, 222, 229
전론(田論)　139, 167
전정(田政)　91
전환(Umschwung)　125, 152
전환서(典圜署)　318
전환이론(Umschwungstheorie)　124, 125, 127, 133, 164
절약하는 사람(frugal man)　85, 267
절충　155, 211, 327, 341, 353
절충주의자　121
정(靜)의 철학　104
정미반회사건(丁未泮會事件)　58
정부의 역할　298, 307, 312
정의　84, 131, 166, 181, 207, 214, 227, 262, 268, 282, 285, 291, 336, 349
정의론　45, 264, 267
정의의 규칙　89, 253, 263, 279, 292, 344
정의의 덕　228, 229, 252, 262, 265, 270, 289, 341
정의의 법　263, 264
정의의 원리　131, 265, 266, 271, 295, 309, 312
정전론(井田論)　322, 324, 334, 371
정전법(井田法)　149, 151, 157, 323
정전의(井田議)　324
정조　48, 51, 54, 57, 60, 61, 102, 366
정치경제학　31, 37, 39, 44, 165, 293, 311, 313, 329, 332, 335, 345, 373
정치경제학의 비조(founding father)　311, 373

정학(正學)   51, 367
제1원리   125, 163
제1원인   78
제3의 인격신   193, 201
제도   88, 94, 104, 111, 118, 126, 166, 204, 224, 253, 296, 310, 365
조물주   180, 191
조선 성리학   138, 368
조선 중화사상   50
조세   149, 304, 306, 323, 325, 329, 347
조정의 문제(coordination problem)   81, 86
조직의 원리(principle of organization)   38, 95, 106, 360
존명배청(尊明排淸)   50
존심양성(存心養性)   252, 341
존재론   188
존재론적 전환   110
종교   34, 40, 50, 64, 72, 80, 86, 176, 182, 193, 208, 337
종교적 관용   43, 46, 55, 71, 79
종교적 박해   191
좌선(坐禪)   97, 233, 252, 343
주기론(主氣論)   106
주례(周禮)   112, 149, 157, 168, 283, 287, 323, 328, 363, 366, 371
주리론(主理論)   106, 107, 108
주자학   20, 29, 51, 58, 64, 92, 98, 101, 108, 116, 230, 244, 361
중국   27, 35, 40, 50, 55, 79, 93, 96, 101, 275, 290, 328, 371

중농억상(重農抑商)   318
중농주의   39, 47, 298
중상주의   35, 46, 53, 90, 297, 298, 307, 320
중용(中庸)   60, 95, 102, 328
지관수제(地官修制)   324
지려(智慮)와 교사(巧思)의 원리   314, 316, 319
지옥   194, 202, 205
진보의 역사관   268, 271, 276, 291, 293, 342, 349, 365
진산사건(珍山事件)   60, 98, 99, 100
진화(evolution)   73, 118, 166, 226, 310
진화론적 윤리   132
진화론적 합리주의(evolutionary rationalism)   119
질서   25, 36, 73, 74, 83, 94, 101, 119, 167, 178, 212, 339
집단행동(collective action)   88, 90

(ㅊ)

찰방(察訪)   61
참위설(讖緯說)   377
천당   194, 202, 205
천리(天理)   39, 79, 94, 111, 204, 231, 235, 280, 283
천명(天命)   199, 200, 203, 204, 252, 282
천문학의 역사   161, 162
천심(天心)   292
천인감응의 묘리   196, 202, 208, 337

천인분리   108, 117
천인합일   108, 109, 117
천주(天主)   101, 110, 117, 148, 193, 201, 205
천주교   50, 57, 60, 62, 93, 98, 102, 108, 116, 146, 191, 193, 201, 205
천주실의   100, 101, 102, 108, 109, 193, 195
철학논집(*EPS*)   161
철학자들(philosophes)   46
체계(system)   19, 129, 148, 160, 165, 171, 182, 265, 296
체국경야(體國經野)   149, 150, 151, 157
체용(體用)   245
초계문신(抄啓文臣)   59
초자아(superego)   225
추서(推恕)   144, 156, 241
춘추(春秋)   169
춘추전(春秋傳)   328
충서(忠恕)   239, 241
측은지심(惻隱之心)   233, 236
치국(治國)의 법학   253, 292, 344, 349
치인(治人)의 법학   271, 292, 344, 349
칠서대전(七書大全)   169

(ㅋ)

칼라 사건(Calas affair)   184
커콜디(Kirkaldy)   42, 47
코페르니쿠스적 전환   360
쾌락   84, 85

(ㅌ)

타율성   249, 338
탈아입구(脫亞入歐)   26
탕론(湯論)   139
태극   108, 110, 141, 194
토리(tory)의 원리   259, 343
토지개혁론   321, 322
토지제도   149, 150, 167, 314, 321, 322, 323, 325, 329
퇴보의 역사   275, 287, 289, 291, 340, 347
특권적 상업의 체계   90, 297

(ㅍ)

패러다임   93, 104, 118, 130, 169, 177, 205
패턴   23, 95, 115, 116, 268
편의(convenience)의 원칙   306
프랑스   46, 79, 124, 125, 127, 128, 184, 296, 311
프랑스혁명   35, 59

(ㅎ)

하늘   101, 105, 174, 190, 199, 202, 207, 246, 280, 336, 357
한사(限嗣)상속 제도   258
합병법(The Act of Union)   36, 42
행사(行事)   141, 198, 233, 245
향벽관심(向壁觀心)   97, 103
허령불매(虛靈不昧)   97
허생전   31, 351, 352

허영심(vanity)　70, 226
혈구지도(絜矩之道)　239
형법　272, 281, 284, 290
형이상(形而上)　78, 106, 201, 205
형이상학　15, 77, 86, 94, 96, 103, 113, 116, 169, 177, 186, 192, 230
형이상학적 원리　187, 188, 197
형이하(形而下)　106
형이하학　110
형평(equity)의 원칙　306
혼돈(chaos)　74, 117
혼삼품설(魂三品說)　109
홉스 문제　137, 153, 211, 212, 213, 215, 220
홉스의 자연상태　86, 228, 246, 248
홍문관　54, 60, 61
화이론(華夷論)　50, 51
화폐　297, 302, 315, 318, 332
화혼양재(和魂羊才)　27
확실성(certainty)의 원칙　306
환곡(還穀)　91
회심(回心)　100
효론(孝論)　102
효용(utility)　85, 123, 211, 250, 254, 274, 292, 341, 344, 348
효용 정의론　264
효용의 원리　255, 257, 259, 260, 267, 290, 292, 342, 343
효율적 시장 가설(efficient market hypothesis)　23
효제자(孝弟慈)　114, 169, 234, 238,
247, 251, 342
훈고학　112, 167
휘그(whig)의 원리　259, 343
휴머니즘　79
흠흠신서(欽欽新書)　64, 168, 173

인명 색인

(ㄱ)

감원(弇園)　233
강유위(康有爲)　372
공자　39, 79, 97, 112, 113, 168, 170, 204, 230, 240, 241, 244, 245, 272, 289, 326, 367
관중(管仲)　326
권상연　60
권일신　58
권철신　58, 63
급암(汲黯)　285
김범우　58
김형효　140, 145, 146, 156, 157

(ㄴ)

노대환　50
뉴턴(Newton)　164, 166, 177, 178
니덤(Needham)　28, 93

(ㄷ)

다산 정약용　13, 48, 67, 91, 115, 121,

140, 159, 167, 190, 206, 230, 248, 271, 288, 293, 313, 325, 331, 335, 351, 357
단군   112
데카르트(Descartes)   164
디드로(Diderot)   46
디포(Defoe)   31, 352

(ㄹ)
라이프니츠(Leibniz)   87
라파엘(Raphael)   133, 135
레닌(Lenin)   362
렉텐발트(Recktenwald)   24, 25, 154
로크(Locke)   71, 254, 267
리스트(List)   124
리카도(Ricardo)   126, 127

(ㅁ)
마루야마 마사오   27
마르크스(Marx)   259, 362
마키아벨리(Machiavelli)   212
마테오 리치(Matteo Ricci)   100, 101, 102, 103, 108, 109, 110, 193, 194
맥피(Macfie)   133, 135
맨더빌(Mandeville)   81, 82, 218
맹자   230, 233, 241, 244, 245, 289, 367
모로우(Morrow)   130
모리시마(Morishima)   27
목만중   60
몬테스(Montes)   124, 136
몽테스키외(Montesquieu)   267

미라보(Mirabeau)   46
미제스(Mises)   349

(ㅂ)
바이너(Viner)   129, 130, 132, 133, 153, 186, 189
박병호   369
박지원   31, 352
버클루 공작(Duke of Buccleuch)   45
베버(Weber)   27
볼테르(Voltaire)   39
브렌타노(Brentano)   124
블랙(Black)   161
블록(Blaug)   68, 87, 311
비터만(Bittermann)   161, 187

(ㅅ)
사도세자   56, 57
샤프츠버리(Shaftesbury)   218
서경덕   368
서용보   61, 63, 64, 65
성태용   249
세네카(Seneca)   215
센(Sen)   132
소크라테스(Socrates)   18
순자   198, 272, 288, 289
슈몰러(Schmoller)   124, 126
슘페터(Schumpeter)   22, 30, 41, 160, 361
스미스(Smith)   19, 34, 37, 67, 115, 121, 175, 190, 206, 210, 248, 253,

찾아보기   411

289, 293, 294, 311, 331, 335, 354, 357
스카르친스키(Skarzynski)　124
스키너(Skinner)　133, 311
스티글러(Stigler)　23
스티븐(Stephen)　132, 135
시드니(Sidney)　254
신후담　58

(ㅇ)
아리스토텔레스(Aristoteles)　71, 73, 74, 108, 211, 214, 216, 250, 274, 339
아암(兒菴)　64
아퀴나스(Aquinas)　72, 92, 93
안병직　140, 148, 151, 157
안외순　101, 195
안재홍　15
안정복　58
안토니우스(Antoninus)　359
양연(梁涓)　92
양웅(揚雄)　198
에피쿠로스(Epicurus)　84
엘베시우스(Helvétius)　46, 82, 124, 127, 128
엥겔스(Engels)　362
온켄(Oncken)　127, 128, 133, 134
와이트(Wight)　23
요·순　97, 112, 113, 118, 289, 332, 345
유형원　313, 322, 367

윤지충　60
윤휴　367
이가환　57, 60, 61, 63
이기경　60
이동환　101, 249
이벤스키(Evensky)　134, 139, 156
이벽　57, 58, 60, 100
이승훈　57, 58, 61, 63
이영훈　14, 369, 371
이이(李珥)　326, 368
이익(李瀷)　57, 313, 318, 367
이황(李滉)　368

(ㅈ)
장승구　140, 145, 147, 148, 156, 157
장탕(張鴞)　285
정순대비 김씨　63
정약전　58, 60, 62, 63
정약종　58, 60, 63
정약현　63
정인보　15, 313
정재원　56
정호훈　313
조성을　369
주공(周公)　97, 112, 113, 168
주문모　61
주희　20, 92, 101, 110, 138, 165, 187, 190, 201, 230, 241, 250, 294, 332, 339, 349, 364
증자　240

(ㅊ)

채제공 51, 58, 60, 62
초의(草衣) 64

(ㅋ)

칸트(Kant) 128, 277, 364
캉티용(Cantillon) 296, 311
케네(Quesnay) 39, 46, 79, 296, 311, 364
코페르니쿠스(Copernicus) 360
크니스(Knies) 124

(ㅌ)

타운센드(Townshend) 45
테온(Theon) 359
튀르고(Turgot) 39, 46, 267, 296, 311

(ㅍ)

푸펜도르프(Pufendorf) 267
풍우란 55, 371, 372
프로클루스(Proclus) 359
프톨레마이오스(Ptolemy) 359
플라톤(Platon) 72, 78, 211, 214, 215, 216, 250, 268, 339

(ㅎ)

하이에크(Hayek) 73
하일브로너(Heilbroner) 133, 134, 135, 153, 305
한형조 14
허치슨(Hutcheson) 37, 43, 44, 83, 124, 128, 178, 211, 213, 216, 218, 219, 222, 296, 360
허치슨(Hutchison) 133
허튼(Hutton) 161
홉스(Hobbes) 81, 153, 218, 246
홍낙안 60
홍화보 57
황사영 63
흄(Hume) 37, 46, 47, 78, 83, 124, 164, 177, 181, 211, 213, 218, 222, 267, 311
히파르쿠스(Hipparchus) 359
힐데브란트(Hildebrand) 124

다산 정약용과 아담 스미스

초판 제1쇄 찍은날 : 2008. 7. 28
초판 제1쇄 펴낸날 : 2008. 7. 30

지은이 : 박 홍 기
펴낸이 : 김 철 미
펴낸곳 : 백산서당

등록 : 제10-42(1979.12.29)
주소 : 서울 은평구 대조동 185-71 강남빌딩 2층
전화 : 02)2268-0012(代)
팩스 : 02)2268-0048
이메일 : bshj@chol.com

※ 저작권자와의 협의 아래 인지는 생략합니다.

값 22,000원

ⓒ 한국학중앙연구원 2008

ISBN 978-89-7327-421-5 93340